LA RÉPUBLIQUE DE CICÉRON

TRADUITE D'APRÈS LE TEXTE DÉCOUVERT PAR M. MAI

AVEC

UN DISCOURS PRÉLIMINAIRE

ET DES SUPPLÉMENTS HISTORIQUES

Nouvelle édition, revue et corrigée

PAR

M. VILLEMAIN

DE L'ACADÉMIE FRANÇAISE

PARIS
DIDIER ET C\ie, LIBRAIRES-ÉDITEURS
35, QUAI DES AUGUSTINS
Réserve de tous droits
1858

OEUVRES
DE M. VILLEMAIN

LA RÉPUBLIQUE DE CICÉRON

Paris. — Imprimerie de P.-A. BOURDIER et Cie, rue Mazarine, 30.

PRÉFACE

DE CETTE ÉDITION.

En reproduisant, à plus de trente ans des premières éditions, la plus ancienne étude, et le premier essai de traduction en langue vulgaire, que suscita, parmi nous, la précieuse découverte du cardinal Mai, j'ai senti tout ce qui manquait à ce travail ; et je n'ai rien négligé pour le rendre moins indigne du sujet. Lorsque le livre parut, à part la curiosité que faisait naître une telle annonce, il était porté par une sorte de faveur publique pour les idées qu'on y rencontrait, et qu'on y cherchait. Aussi, tous les journaux en parlèrent longuement, comme s'ils n'avaient pas eu, dans ce temps-là, bien d'autres choses à dire. De l'Italie et du patronage pontifical le texte tomba dans le domaine public européen, et fut réimprimé et commenté de toutes parts. Les suppléments même, que j'avais ajoutés, sur tant de points où les *palimpsestes* de M. Mai laissaient encore des lacunes, étaient traduits à l'étranger. Cela s'explique par les préoccupations habituelles de cette époque. On aimait à retrouver, dans la pensée des grandes âmes de l'antiquité, ce qui était pour tous l'entretien et l'allusion de chaque jour.

Sur cela, du moins, les dissidences étaient rares. Je me souviens seulement qu'un professeur de l'université de Varsovie, par ordre ou par zèle, écrivit un savant volume, pour réfuter les théories dangereuses, les idées de pondération des Pouvoirs et de droit absolu, qu'il notait avec inquiétude, dans les nouveaux fragments de la *République*, et même dans les observations du traducteur.

En France, on était surtout frappé du langage si modéré, de l'esprit de liberté si scrupuleux et si légal, que Cicéron avait mis dans la bouche de Scipion Émilien, de ce héros vertueux, l'adversaire et la victime de cette démocratie, dont le dernier triomphe devait aboutir à la domination des Césars. On remarquait comment la stabilité d'un principe monarchique était donnée, dans le vœu de l'illustre Romain, pour contre-poids à l'action des assemblées, et à la puissance du nombre. Mais, à Varsovie, ou du moins dans la chaire du professeur, armé d'office contre la publication de M. le cardinal Mai, il n'en était pas ainsi. Le *palimpseste* déchiffré par le pieux érudit restait dénoncé, comme un avant-coureur de l'esprit séditieux, si bien réprimé dans le *Grand-Duché*. La doctrine de la division des Pouvoirs, indiquée dans ces pages antiques, le principe, surtout, d'une justice abstraite, supérieure à la force, et inviolable à la toute-puissance, était signalé comme une pernicieuse utopie et un premier essai des doctrines anarchiques, dont s'effrayait l'Europe, en 1825.

Le lieu et la date de cette réfutation en affaiblissaient beaucoup l'autorité : et, dans les nombreuses éditions du texte qui se firent en Italie, en Allemagne, en Angleterre, personne ne se plaignit des principes de justice et de liberté à recueillir ou à conclure des nouveaux *fragments* de la République. Un célèbre orateur anglais, M. Brougham, en cita, même avec admiration, quelques lignes, dans une séance de la Chambre des communes.

En serait-il autrement aujourd'hui, je ne dis pas, à la Chambre des communes, ou même des lords de l'empire britannique, mais dans des pays devenus moins parlementaires? Je suis tenté de le croire, quand je vois un ancien député, un brillant orateur, illustré même par quelques-unes de ces nobles résistances, qui sont les hauts faits de la tribune, ignorer, ou désavouer les libres et invariables maximes de Cicéron, comme de Montesquieu, et proclamer la Dictature excellente et nécessaire, pourvu qu'elle soit souverainement démocratique.

Cette doctrine, il est vrai, non moins étrangère aux grands poëtes de l'antiquité qu'à ses grands orateurs, M. de Lamartine la met dans une autre bouche que la sienne; mais, en la citant de mémoire, d'après les expressions littérales de M. Béranger, il déclare l'adopter pour son compte et n'y concevoir aucune réponse. Il se borne donc à transcrire les paroles mêmes du poëte populaire, son ami, qu'il célèbre à juste titre d'ailleurs, mais qu'il félicite surtout, en cette occasion, d'avoir été *très-gouvernemental dans ses instincts* [1] : « La République, lui « aurait dit souvent M. Béranger, qui paraît à quel- « ques-uns la dissémination des forces du peuple, « doit en être, à mon avis, la plus puissante concen- « tration. Quand le droit de tous est représenté, « quand la volonté de tous est exprimée, *cette vo-* « *lonté doit être irrésistible.* »

Oui, aurait répondu le moindre disciple de la sagesse antique, si cette volonté est juste. Mais, si vous ne mettez en avant que la puissance du nombre, le poids de la foule, votre langage devient la négation du droit en lui-même : vous n'admettez pas

---

[1] *Cours de littérature,* entretien 22e, p. 338.

une justice absolue; antérieure et dominante, à laquelle la loi même doit se conformer ; vous violez, ou vous ignorez les principes ; et vous faites mentir les mots ; car ce que vous appelez la volonté de tous n'est jamais que la volonté de la majorité : et cette majorité elle-même n'a pas le droit d'imposer l'iniquité.

Quoi qu'il en soit, M. Béranger voulait, pour la République de 1848, un gouvernement plus concentré, plus dictatorial que les gouvernements parlementaires ; et il conseillait à M. de Lamartine, si l'occasion lui revenait, « de prendre tout au moins une « dictature de dix ans, ou une dictature à vie, avec « faculté de désigner son successeur ; le tout, afin de « donner à la liberté le temps de devenir une habi- « tude[1]. » On ne reconnaît pas ici la raison piquante et la précision d'idées du poëte populaire. Comment, en effet, la liberté deviendrait-elle une habitude, pendant qu'elle serait suspendue ? L'interruption est bien plutôt faite pour amener la désuétude.

Du reste, lorsqu'il résumait ainsi sa doctrine politique, M. Béranger en faisait surtout l'application à un peuple, disait-il, plus soldat que citoyen. Mais, M. de Lamartine, en confirmant cette pensée, la généralise. Le pouvoir concentré du peuple, la dictature populaire, si sujette à se personnifier dans un homme

---

[1] *Cours de littérature*, entretien 22ᵉ, p. 339.

et si facilement tyrannique, parce qu'elle est irresponsable, lui paraît la vraie solution du problème social. « Car, dit-il, la liberté n'a pas moins besoin « de gouvernement que la monarchie[1]. » De gouvernement, oui. Mais, vous parlez de dictature ; et ce n'est pas la même chose.

Ici, je le crois, malgré le progrès du temps et l'autorité même du publiciste, que M. de Lamartine appelle l'*homme-progrès*[2], on peut, à propos, rappeler les maximes de cette ancienne sagesse politique, qui, de bonne heure, instruite par les vicissitudes des grands et des petits États et toutes les formes de tyrannie, ou de liberté, qu'elle avait sous les yeux, s'était naturellement élevée à la recherche d'une justice absolue et d'une règle d'équité suprême, indépendante de la tyrannie de tous, ou d'un seul.

On ne retrouvera pas sans intérêt ces vérités premières et durables, dans le langage si ferme et si sensé de Xénophon, homme de guerre, philosophe, historien, longtemps exilé de son orageuse patrie. Qu'il nous soit donc permis d'opposer à l'éloge ou au regret de la Dictature, même démocratique, quelques-unes des judicieuses et fines déductions, que Xénophon nous donne, comme un dialogue entre Alcibiade et Périclès[3] !

---

[1] *Cours de littérature*, entretien 22e, p. 339.
[2] *Ibid.*, entretien 21e, p. 252.
[3] Xénoph. Socrat. memor. lib. I, c. II, 40.

« On raconte qu'Alcibiade, avant d'être à l'âge de
« vingt ans, eut avec Périclès, son tuteur et le
« premier magistrat de la ville, l'entretien que voici
« sur les lois : « Dis-moi, Périclès, pourrais-tu
« m'enseigner ce que c'est que la loi? — Parfaite-
« ment, répondit Périclès. — Eh bien, au nom des
« dieux, enseigne-le-moi, dit Alcibiade; car, j'en-
« tends louer certaines gens, à titre d'hommes
« amis des lois ; et j'imagine qu'on ne peut obtenir
« justement cette louange, si on ne sait ce que
« c'est que la loi. — Tu désires, ô Alcibiade, reprit
« Périclès, une chose qui n'a rien de difficile, quand
« tu veux savoir ce qu'est la loi. Sont lois toutes
« les choses qu'a décrétées le peuple réuni, délibérant
« et prescrivant ce qu'il faut faire et ce qu'il ne faut
« pas faire. — Mais est-ce le *bien* que, par lois, on
« déclare obligatoire, ou le *mal?* — Le bien, certes,
« ô jeune homme : le mal, jamais. — Mais, ce qui
« arrive dans l'oligarchie, lorsqu'un petit nombre
« seulement décrète ce qu'on doit faire, qu'est-ce que
« cela? — Tout ce que le pouvoir maître de la cité,
« délibérant et statuant, prescrit de faire s'appelle
« loi. — Et, reprit Alcibiade, si un tyran, maître de
« la ville, prescrit aux citoyens ce qu'ils doivent faire,
« cela aussi est-il loi? — Oui, tout ce qu'un tyran,
« devenu maître, prescrit, s'appelle aussi loi. —
« Qu'est-ce donc que la violence et l'illégalité, ô
« Périclès? N'est-ce pas l'action du puissant, alors

« que, non par persuasion, mais par force, il con-
« traint le plus faible à faire ce qu'il lui plaît, à lui?
« — Je le pense ainsi, dit Périclès. — Et le tyran,
« qui, sans avoir persuadé les citoyens, les contraint
« d'agir, d'après ses décrets, est-il ennemi des lois?—
« Je le pense, dit Périclès; et je désavoue cette asser-
« tion, que les choses qu'un tyran décrète, sans
« assentiment obtenu, soient lois. — Et les choses
« qu'un petit nombre de puissants décrètent, sans
« les avoir persuadées au grand nombre, dirons-
« nous que ce soit là violence, ou non? — Toutes les
« choses, dit Périclès, que quelqu'un contraint quel-
« qu'un de faire, sans assentiment préalable, mais
« par décrets ou autrement, sont violences plutôt
« que lois. — Et ce que tout le peuple, domi-
« nant sur les riches, décrète, sans leur libre as-
« sentiment, sera donc aussi violence, plutôt
« que loi. — Tout à fait, reprit Périclès, ô Alci-
« biade. »

Ainsi, selon les deux interlocuteurs, d'accord cette fois, l'action collective du peuple ne rendait pas plus légitime toute décision, que le libre examen et le libre assentiment n'avaient pas précédée. Cela nous laisse bien loin de ce droit irrésistible, que M. de Lamartine reconnaît dans le peuple en masse, et sur lequel il fonde la légitimité de cette Dictature, que lui conseillait son ami. A cette seule raison du nombre, à cette prétendue volonté de tous, au nom de laquelle, on supprime la volonté de chacun, je préfère, je l'avoue, la naïve profondeur du dialogue grec. Elle répond, ce me semble, victorieusement à la préférence des deux poëtes publicistes pour la démocratie dictatoriale : elle fait justice de cette illusion qui les porte à supposer que le Pouvoir arbitraire change de nature, en changeant d'origine, et qu'il devient sage et juste, s'il s'exerce au nom de tous.

La sagacité des sages antiques, avertie par l'exemple des Cités diverses qu'ils avaient sous les yeux, avait admirablement démêlé ce vieux sophisme de l'ignorance et de la force, qu'on nous vante aujourd'hui, comme une découverte. Ils donnaient pour principe à la loi l'équité, pour condition aux suffrages l'aptitude, l'examen et la liberté. Ils pensaient, comme Bossuet l'a dit : « qu'il n'y a pas de droit contre le droit; » et ils reconnaissaient les caractères et l'autorité de la loi, non pas à l'acclamation tumultueuse ou à la coaction qui l'aurait imposée, mais à la justice qui en avait préparé les bases, à la persuasion éclairée qui en assurait l'empire, et à la force légitimée par elle qui la défendait à son tour.

Voilà ce que le poëte célèbre, analysé et admiré comme publiciste par M. de Lamartine, aurait pu recueillir dans quelques pages de Xénophon, inspirées par Socrate; ou plutôt, voilà ce qu'il aurait mérité de trouver lui-même, par cette affinité naturelle, que son panégyriste lui attribuait avec le sage même d'Athènes.

Que serait-ce, si nous remontions plus haut, et si nous allions chercher l'autre disciple et l'interprète plus sublime du sage Athénien? Que dire des sanctions lumineuses et divines, dont le génie de Platon a revêtu ce principe fondamental d'une justice absolue, indépendante de la force et du nombre, et visible image, ici-bas, de la vérité qui réside en Dieu même? C'est la doctrine qui respire dans tous les dialogues de Platon et qu'on peut voir supérieurement résumée par un moderne, dans le discours préliminaire, que M. Cousin a mis en tête de la traduction du *Traité des lois*. Cicéron, il faut le dire, n'était que le traducteur, habile et passionné de cette philosophie. C'est d'elle qu'il empruntait la définition de la vraie, de la suprême loi, de cette loi « contre laquelle on ne peut légiférer, à laquelle on ne peut, même partiellement, déroger et qu'on ne peut abroger tout entière[1] ; de cette loi, dit-il encore, « dont nous ne pouvons être relevés ni par décret du sénat, ni par plébiscite. »

Sous cette conviction, apprise des sages de la Grèce, mais agrandie par le spectacle de Rome, le Consul romain, loin de faire résulter de la puissance

---

[1] Huic legi nec obrogari fas est, neque derogari ex hâc aliquid licet, neque tota abrogari potest. (Lact. lib. vi, cap. viii.)

du nombre le droit de tout faire, et de trouver légitime la Dictature, pourvu qu'elle soit au nom de tous, déclarait que le but de la loi devait être, que le plus grand nombre n'eût pas le plus de pouvoir. En réponse à de lâches sophismes de tous les temps, sur la distinction du droit positif et de la justice, ou plutôt sur la nécessité d'une seconde justice, qu'on appellerait politique et qui n'appartiendrait qu'au plus fort, soit la multitude, soit un maître, il ajoutait : « Non-seulement il est faux
« que la république ne puisse se gouverner, sans
« une part d'injustice; mais le vrai, c'est qu'elle ne
« peut être gouvernée qu'avec une suprême jus-
« tice. »

C'étaient ces pures maximes du droit public et civil, que le christianisme, à sa naissance, trouvait dans quelques sages du monde païen, et qu'il opposait vainement à la tyrannie des lois impériales. La Cité de Dieu empruntait à la république de Platon ces belles paroles, que nous conserve saint Augustin : « Là où la justice n'est pas, le droit ne
« peut pas être. Car, ce qui se fait au nom du
« droit doit être juste; et ce qui est injuste en soi
« ne peut se faire au nom du droit. On ne doit pas,
« en effet, appeler *Droit* certaines constitutions ini-
« ques des hommes : car, eux-mêmes déclarent que le
« droit est ce qui émane des sources de la justice :
« et, c'est faussement qu'il a été dit, par quelques

« esprits mal avisés, que le droit est ce qui est utile
« au plus puissant[1]. »

Le monde, à travers le fléau des invasions barbares et la ruine des anciennes sociétés, entrevit encore la lumière de ces saintes et pures doctrines, que le christianisme avait reconnues siennes et qu'il marquait de son divin sceau. Le moyen âge leur dut, par intervalle, ce qu'il compta de jours heureux, ce qu'il vit briller de grands hommes, un pape Léon le Grand, un empereur Othon, un saint Louis, un saint Bernard, un Suger.

Si, plus tard, la corruption raffinée de l'Italie, les convoitises de ses États rivaux, le mélange de grandes lumières avec des vices grossiers, vint altérer cette belle tradition des sages et des saints, la vérité ne changea pas cependant : et elle se renouvela dans d'immortels écrits, depuis le chancelier de L'Hôpital, et l'historien de Thou jusqu'à Montesquieu, à Burke, et aux plus nobles représentants des libertés modernes.

M. de Lamartine a, par moments, figuré dans cette élite de la parole militante; et le grand poëte

---

[1] Ubi vero justitia non est, nec jus potest esse : quod enim jure fit, profecto jure fit; quod autem fit injuste, nec jure fieri potest. Non enim jura dicenda sunt, vel putanda, iniqua hominum constituta, cùm illud etiam ipsi jus esse dicant, quod de justitiæ fonte manaverit, falsumque sit, quod a quibusdam non recte sentientibus dici solet, id jus esse, quod ei, qui plus potest, utile est. *August. Civit. Dei.* Lib. xix, c. xxi.

s'est montré quelquefois puissant et généreux orateur. Qu'il n'oublie donc pas, qu'il ne sacrifie à aucun mécompte, à aucune illusion, les doctrines inaltérables de l'ancienne sagesse et de la vraie liberté ! qu'il ne prenne pas la tyrannie ou l'inertie du grand nombre pour une liberté, sa dictature réelle ou nominale pour un heureux progrès ! qu'il ne préconise pas le gouvernement concentré de la foule ! Car c'était là précisément cette république non libre, prédite par Montesquieu, et ce gouvernement de la Convention et des clubs, dont tout le monde connaît l'histoire. Pareille méprise était plus excusable chez Rousseau, avant l'épreuve des faits, et dans la première ardeur des théories. C'est ainsi, comme l'a fortement démontré Benjamin Constant, que du *Contrat social*, des conséquences outrées de la Souveraineté populaire, de la puissance irrésistible du suffrage universel, on voit sortir, sous la main de Rousseau, tout un ordre d'instruments, et, qui pis est, de spécieux motifs pour la tyrannie.

Que cette erreur d'une belle imagination et d'un puissant esprit préserve ceux qui lui ressemblent ! On peut pardonner encore aux penseurs inactifs, aux poëtes restés toujours et exclusivement poëtes, d'avoir souhaité, ou regretté la Dictature, par amour de la liberté, et fait l'apothéose de la force, par amour de l'équité. Mais le poëte entré dans la vie politique, exposé aux luttes des assemblées, aux manœuvres des partis, aux instabilités de la foule, à ses alternatives de fièvre ou de léthargie, n'a pas le droit de se méprendre sur les choses, ni sur les mots, de justifier l'arbitraire par le nombre de ceux qui le votent ou l'exercent, et de recommander la dictature comme un nécessaire et heureux passage vers la liberté.

C'est à ce point de vue, et par respect pour quelques hautes traditions du génie antique, trop oubliées aujourd'hui, sans être moins évidentes, qu'il nous a semblé permis de contredire tant soit peu l'illustre auteur des *Entretiens familiers* sur la littérature de tous les pays et de tous les temps. Il n'exclut pas, sans doute, du cercle infini qu'il embrasse, cette parole classique, dont nous avons reproduit quelques accents trop affaiblis. Il ne dédaigne pas plus Cicéron ou Xénophon, qu'il n'oublie les poëtes de l'Inde et qu'il ne néglige la mythologie chrétienne du Dante. Plus la variété et le charme de ses écrits lui donnent de lecteurs, plus il doit permettre quelques dissentiments. Il n'en est pas de moins offensif que la modeste étude qui, devant des erreurs plus que littéraires et des prédilections imprudentes pour la force et le nombre, oppose la protestation du bon sens et l'autorité de l'ancienne sagesse, en fait de droit public et d'histoire.

Il faut le reconnaître, d'ailleurs, cette pensée toujours présente d'un principe supérieur, cette idée d'une justice abstraite et nécessaire est bien autrement efficace que l'argument matériel du nombre, pour élever les âmes, en même temps qu'elle éclaire les esprits. Elle inspire bien mieux, ce qui est si utile à l'ordre des sociétés, le sentiment profond du devoir, l'instinct rapide de l'honneur, le courage du sacrifice, le mépris de l'intérêt personnel et des sophismes, qu'il se fait à lui-même. On tire quelquefois, un peu arbitrairement, les conséquences de ce qu'on appelle le droit naturel et le droit civil. On fait plus ou moins grande part de l'un ou de l'autre, selon la liberté d'action et la latitude de conscience, qu'on désire se réserver. Mais cette loi du vrai et du juste, cette loi des lois, dont Dieu lui-même est l'auteur et le promulgateur[1], disait le grand consul romain, si on la place une fois en tête de tout, on ne peut ensuite la tordre et l'infléchir à volonté. Il importe donc aux esprits généreux, comme M. de Lamartine, d'en recommander, ici-bas, la conviction et le culte, en dehors même de ce qu'ils croient l'expression la plus complète de la souveraineté populaire.

Dans le dix-septième siècle, lorsque le ministre Jurieu s'avisa de soutenir, que le peuple était la seule autorité dans le monde, qui n'avait pas besoin de la raison pour valider ses actes, on lui répondit, de

---

[1] Ille Deus hujus legis inventor, disceptator, lator. *Cic. in fragment.*

toutes parts, au nom de la logique, encore plus que de la Monarchie alors si puissante.

La même doctrine[1], renouvelée sous d'autres noms, appliquée à d'autres formes de concentration et de Dictature populaires, n'est pas aujourd'hui plus vraie, ni plus digne des lumières du temps. Il ne faut pas surtout que l'imagination et le talent se chargent de fournir des prétextes à la servilité qui n'en manque jamais.   VILLEMAIN.

[1] Ces réflexions, déjà publiées dans un recueil littéraire, m'ont attiré les injures d'un journal politique, heureusement fort décrédité, et dont le premier mensonge est dans son titre même, le *Constitutionnel*. Le rédacteur le plus érudit de ce journal se moque des arguments de Xénophon contre le suffrage universel ; et il ne comprend pas beaucoup mieux saint Augustin. Mais sa plus grande colère est contre leur traducteur, qu'il accuse épisodiquement de ne pas savoir un mot de grec, et d'avoir mal traduit, d'après des versions latines, quelques fragments de saint Chrysostôme. « M. Villemain, dit-il, prend sur la foi du « latin une discussion commencée pour les premiers feux du « jour. Un peu plus loin, il prend des impies pour des em- « pires, parce que le texte latin porte *imperiorum* pour *impio- « rum*. S. Chrysostôme montre les païens accroupis devant leurs « dieux de pierre ; M. Villemain, etc., etc., fait asseoir les Gen- « tils à la lumière de la vérité. »

A ces phrases sans indication du livre, de la page, ni du texte original, ma réponse est bien simple : Je défie le *Constitutionnel*, même appuyé sur l'*Univers*, de produire littéralement en français, en grec, en latin, les passages auxquels il prétend faire allusion. J'engage les descendants dégénérés de la *Décade philosophique* à s'unir pour cette bonne œuvre à l'école agrandie du P. *Garasse*.

DISCOURS PRÉLIMINAIRE.

De tous les anciens monuments de la littérature latine, il y en a peu, dont la perte ait dû laisser plus de regrets que les dialogues de Cicéron *de Re Publicâ*; il y en a peu, dont la découverte authentique puisse exciter davantage l'attention des hommes instruits, et la curiosité générale. Les grandes portions qui nous manquent des chefs-d'œuvre historiques de Salluste, de Tite-Live et de Tacite, offriraient seules un intérêt plus marqué.

Mais l'étendue même de ces pertes ôte, à cet égard, toute espérance. On ne peut supposer que l'ingénieux procédé qui rend au monde littéraire le manuscrit, que nous publions aujourd'hui, trouve jamais son application sur des parties volumineuses de récits historiques; et ce procédé est pourtant la seule voie de communication qui nous reste avec cette antiquité à jamais fermée pour nous par la mort et le temps. Tout autre moyen est impraticable et désespéré : les charbons d'Herculanum sont stériles. Ces trésors de l'esprit humain, que le feu semblait avoir conservés, en les consumant, ces manuscrits calcinés par la flamme, où l'on aperçoit encore des lettres, des mots, et qui donnaient d'abord tant d'espérances, n'en ont réellement satisfait aucune.

On achève de les détruire, en les touchant. Depuis plus de trente ans, avec un travail continuel et des expériences fort diverses, on a tiré à peine d'un nombre considérable de manuscrits, quelques pages mutilées d'un traité sur la musique, quelques phrases sur la philosophie d'Épicure, quelques vers d'un poëme de Cornélius Gallus sur la guerre d'Égypte et sur Cléopâtre. Tout récemment, la chimie la plus inventive a épuisé tous ses efforts pour décomposer quelques-uns de ces rouleaux d'Herculanum, et pour en séparer les pages qui ne sont plus qu'une masse noire et compacte, extérieurement parsemée de caractères. Le célèbre M. Davy, auteur de cette dernière tentative, n'a pas obtenu un succès plus favorable que ses prédécesseurs. Il a, de son propre aveu, dissous plusieurs de ces blocs, sans pouvoir en extraire aucun débris utile; et la science reste muette et découragée devant cet infructueux dépôt, et cette triste succession qui ne s'ouvrira jamais pour elle.

Cependant, un savant d'Italie, M. Angelo Mai, possédé de cet amour de l'antiquité qui a inspiré tant de prodiges de patience, a tourné ses regards vers une autre source de découvertes, d'où il a tiré quelques richesses précieuses pour l'érudition, et à laquelle nous devons aujourd'hui le traité *de la République*.

Plusieurs savants avaient remarqué dès longtemps, que, dans l'ignorance et la pénurie du moyen âge [1], on avait souvent fait gratter d'anciens parchemins manuscrits, pour les employer à des copies de nouveaux ouvrages plus conformes au goût du temps, et qui, pour la plupart, se

---

[1] Disons vrai cependant. L'usage d'effacer une première écriture et de la remplacer par une autre, existait dès longtemps. Le nom même de *palimpseste*, dont se sert aujourd'hui M. Mai, est employé par Cicéron pour désigner un manuscrit de ce genre. Il plaisante à ce sujet dans une lettre au jurisconsulte Trébatius, qui lui avait écrit sur une feuille ainsi rayée : « Votre lettre, lui « répondit-il, est fort bien de tous points. Qu'elle soit sur *pa-* « *limpseste*, j'en loue votre économie ; mais je ne conçois pas ce « qu'il pouvait y avoir écrit d'abord sur ce petit papier, pour « que vous ayez mieux aimé l'effacer que de ne pas écrire ceci ; à « moins de supposer que c'étaient vos formules de chicane. Car « je ne pense pas que vous grattiez mes lettres, pour écrire les « vôtres à la place. » — Ut ad epistolas tuas redeam, cætera belle, etc. etc. Nam quòd in palimpsesto, laudo equidem parcimoniam : sed miror quid in hâc chartulâ fuerit, quod delere malueris, quàm hæc non scribere, nisi forte tuas formulas : non enim puto te meas epistolas delere, ut reponas tuas. (*Ad Familiares*, VII, 18.)

Cet expédient économique était donc fort ancien. Le tort du moyen âge fut dans le peu de discernement que l'on mit à l'appliquer.

sont conservés, par la même préférence qui les avait fait écrire.

Un des hommes les plus érudits de l'Europe, notre père Montfaucon, avait fait cette observation et l'avait, à ce qu'il paraît, vérifiée sur un grand nombre de vieux manuscrits. Ecoutons-le s'expliquer lui-même avec cette candeur d'érudition si respectable et si piquante. C'est dans une dissertation sur la découverte et l'usage du papier de coton.

« L'usage du papier de coton, dit-il, vint fort
« à propos, dans un temps, où il paraît qu'il y avait
« grande disette de parchemin, ce qui nous a fait
« perdre plusieurs anciens auteurs; voici comment :
« depuis le douzième siècle, les Grecs plongés dans
« l'ignorance s'avisèrent de racler les écritures
« des anciens manuscrits en parchemin, et d'en
« ôter autant qu'ils pouvaient toutes les traces,
« pour y écrire des livres d'église. Ce fut ainsi
« qu'au grand préjudice de la république des
« lettres, les Polybe, les Dion, les Diodore de Si-
« cile et d'autres auteurs que nous n'avons plus,
« furent métamorphosés en *Triodons*, en *Pentécos-*
« *taires,* en homélies et en d'autres livres d'église.
« Après une exacte recherche, je puis assurer que
« des livres écrits sur du parchemin, depuis le dou-
« zième siècle, j'en ai plus trouvé dont on avait
« raclé l'ancienne écriture, que d'autres. Mais

« comme tous les copistes n'étaient pas également
« habiles à effacer ainsi ces premiers auteurs, il
« s'en trouve quelques-uns, où l'on peut lire au
« moins une partie de ce qu'on avait voulu ratu-
« rer. » (*Mémoires de l'Académie des Inscriptions*,
tome VI, page 606.)

Si pareille chose était arrivée dans l'Orient, dont
la barbarie ne fut jamais complète, et à Constanti-
nople, où il resta toujours tant de mauvaise littérature et de livres, cette misérable ressource avait dû
se présenter beaucoup plus tôt dans l'empire latin,
qui, tant de fois inondé par les barbares, se
trouva, dès le sixième siècle, presque entièrement
privé d'industrie, et plongé dans la plus grossière
ignorance. Ce fut aussi vers ce temps que, dans les
monastères d'Italie, seuls asiles inviolables, où de
pieux dépositaires conservaient les anciens manuscrits, on imagina trop fréquemment de gratter ces
précieux parchemins, pour les couvrir d'une nouvelle écriture. Ces copistes latins furent souvent
aussi heureusement maladroits que l'avaient été
les copistes grecs; mais on avait négligé, jusqu'à
nos derniers temps, d'examiner ces doubles manuscrits, qui demeuraient ignorés dans les bibliothè-
ques. Le docte Angelo Mai, gardien de la bibliothèque ambrosienne, s'avisa le premier de scruter
ces débris d'une nouvelle espèce, et de recueillir
quelques parcelles du génie antique, sur ces ma-

nuscrits, oubliés qu'il a fait connaître à l'Europe savante, sous la désignation de *Palimpsestes*.

C'est ainsi qu'il découvrit et publia, en 1814, des fragments de trois discours de Cicéron, qui étaient ensevelis sous les vers de Sédulius, poëte latin du moyen âge. Je n'essaye pas d'exprimer les transports que le docte Angelo Mai ressentit, au moment de sa précieuse conquête, lorsque sur ces vieux parchemins, conservés dans un coin de la bibliothèque de Milan, il vit, à travers les lignes barbares d'un versificateur du sixième siècle, apparaître des noms, des phrases qui lui révélaient un ouvrage de Cicéron. C'est là une de ces joies savantes et naïves qui semblaient perdues, depuis le quinzième siècle, et que notre époque n'était guère en droit d'espérer.

Cette découverte authentique et incontestée encouragea les recherches et la patience de M. Mai. Quelque temps après, un immense manuscrit du septième siècle, qui renfermait les actes volumineux du concile de Calcédoine, lui offrit, sur les feuilles de parchemin, dont il était formé, les traces souvent lisibles d'une première écriture. Ces feuilles étaient des lambeaux réunis de plusieurs anciens manuscrits : et le savant investigateur y déchiffra de nouveaux fragments de Cicéron, avec un antique commentaire, de longs passages de Symmaque, orateur si célèbre au quatrième siècle, des harangues sophistiques, des épîtres grecques et latines de Fronton, orateur également admiré dans une époque de décadence, et enfin quelques lettres latines de Marc-Aurèle. M. Mai publia successivement ces précieux débris; et il y joignit, en 1817, des fragments d'un commentaire fort ancien sur Virgile, qu'il avait trouvé dans un manuscrit recouvert des homélies de saint Grégoire.

On conçoit que ce mode nouveau de découverte, par sa nature même, doit laisser bien des lacunes, et pour ainsi dire, bien des pertes et des avaries dans les débris si bizarrement sauvés du naufrage. On voit aussi que l'application de ce procédé est soumise à des hasards qui ne sont pas tous également heureux. Le grattoir des copistes ne s'est pas toujours exercé sur des chefs-d'œuvre. Quelquefois il est arrivé à ces manuscrits *palimpsestes* ce qui arrive aux préjugés humains, qui se poussent et s'effacent l'un l'autre, sans que la raison gagne ni perde à ces changements. Le sixième siècle a rayé les ignorances du cinquième, pour écrire les siennes : et alors le fond ne vaut guère mieux que la superficie.

M. Angelo Mai, et nous en rendons hommage à sa candeur érudite, a recueilli avec le même scrupule, et presque avec la même joie, toutes les premières traces de caractères qu'il a pu découvrir, sous une seconde et nouvelle écriture. Il a publié les antithèses et les pauvretés sophistiques de Fronton et de Symmaque, aussi religieusement qu'il recueille aujourd'hui l'admirable traité *de la République*, découvert par le même moyen et par une chance plus heureuse.

Cette préoccupation si respectable, si nécessaire dans de longues et patientes recherches, serait, au besoin, une preuve de plus en faveur de la parfaite sincérité du savant éditeur. Mais ici les preuves sont surabondantes ; et le doute est aussi impossible que la fiction. M. Mai, appelé à Rome, en récompense de ses premiers travaux approuvés par tous les savants de l'Europe, a fait de nouvelles recherches dans la bibliothèque du Vatican. C'est là qu'il a eu le bonheur de trouver un manuscrit formé de pages confondues et à demi-effacées du dialogue *de Re Publicâ*, que l'on avait dans le sixième siècle croisées par une nouvelle écriture renfermant des commentaires de saint Augustin sur les psaumes.

C'est sur ce manuscrit que M. Mai a travaillé, aux yeux de tous les savants d'Italie. Ce sont ces pages précieuses qu'il a textuellement recueillies, sans addition, en marquant les lacunes avec une douloureuse exactitude, en conservant l'orthographe antique, et en indiquant par des italiques la moindre conjecture qu'il a été obligé de faire, pour suppléer une lettre, ou un demi-mot irréparablement effacé.

Il suffit de jeter les yeux sur le naïf et savant exposé de ses peines à cet égard, pour être convaincu d'une authenticité matériellement, et je dirai presque, judiciairement démontrée. Mais, pour les hommes de goût, elle éclatera bien plus encore dans les grands caractères d'élévation patriotique, de génie et d'éloquence qui marquent le texte si longtemps inédit que nous publions. Ce genre de preuve morale, plus agréable au lecteur que des dissertations sur l'orthographe d'un vieux mot, et sur la dimension probable d'une lettre, nous conduira naturellement à quelques détails touchant l'ouvrage de Cicéron, l'époque où ce grand homme l'a composé, l'idée qu'il en avait, et qu'il en donne dans ses autres écrits, le caractère du petit nombre de fragments qui en avaient été détachés et qui s'étaient conservés, leur liaison, leur rapport avec la découverte actuelle. Enfin, grâces à cette découverte, nous examinerons l'ensemble même d'une composition si imparfaitement connue jusqu'à ce jour, la nature et l'origine des théories qu'elle présente, et les points d'antiquité et d'histoire politique qu'elle peut éclaircir.

En remplissant ce cadre trop étendu pour notre faiblesse, nous serons soutenus du moins par la contemplation toujours présente des pensées d'un grand homme, source féconde pour l'esprit le moins heureux, noble plaisir qui élève l'intelligence, et la fait jouir encore de ce qu'elle ne saurait atteindre.

Quoique les siècles n'eussent conservé jusqu'à nous que quelques parcelles de cet écrit célèbre, la postérité pouvait prendre une haute idée du monument qu'elle avait perdu, d'après les notions qu'en avait données Cicéron lui-même, dans ses lettres et dans ses autres ouvrages. Car, il n'est aucun de ses écrits, auquel il fasse des allusions plus fréquentes, et dont il parle avec plus de prédilection et de joie. Nous voyons d'abord par ses lettres à Atticus, qu'il le commença dans la cinquante-deuxième année de son âge, quelque temps après son retour de l'exil, et dans une époque où, sans avoir repris son influence, il était occupé des affaires publiques et du barreau. Ainsi, ce ne fut pas comme la plupart de ses traités philosophiques, une espèce de refuge qu'il eût choisi, dans ses malheurs et dans son inaction; mais il voulut, du milieu de cette vie si agitée, où il était encore retenu, exprimer ses pensées sur les premiers objets de son ambition et de ses affections, le gouvernement et la patrie; et cela même explique le caractère plus positif qu'il a donné à cet ouvrage, si on le compare à la république purement spéculative de Platon.

Il s'y prépara par des études sur les Institutions et sur les antiquités de la république [1]; et consulta pour cet usage les ouvrages et la bibliothèque du savant Varron, l'ami d'Atticus. Du reste, dès ce premier moment, l'idée de son ouvrage fut liée à la forme d'un dialogue, dont Scipion Émilien et Lælius étaient les principaux interlocuteurs. Il indique cet ordre de composition dans sa lettre à Atticus, en annonçant le désir de consacrer à Varron l'un des prologues qu'il avait dessein de mettre en tête de chacun des livres de son ouvrage.

« Puissé-je l'achever, ajoute-t-il, car, j'ai entre-
« pris là une tâche importante et difficile, et qui
« demanderait un grand loisir, la chose qui me
« manque le plus. »

Cette même année, dans un séjour à Cumes, il s'occupa d'écrire ce traité, qu'il appelle toujours une tâche rude et laborieuse. « Mais, dit-il, si je
« réussis à en faire ce que je veux, ce sera du tra-
« vail bien employé; sinon, je le jetterai dans la
« mer que j'ai sous les yeux en écrivant, et je
« commencerai quelque autre chose, puisque je ne
« peux demeurer oisif [2]. »

---

[1] *Ad Atticum*, lib. IV, 16.

[2] Scribebam sane illa, quæ dixeram πολιτικά; spissum sane opus et operosum ; sed si ex sententiâ successerit, bene erit opera

Une lettre de Cicéron à Quintus, sous la date de la même année, roule entièrement sur cet important ouvrage, qu'il avait déjà fort avancé. Nous nous garderons bien de rompre et de morceler les précieux détails, que donne cette lettre, où se montre à découvert l'auteur et le grand homme.

« Vous me demandez [1] où j'en suis de l'ouvrage
« que je m'étais mis à écrire pendant mon séjour
« à Cumes; je ne l'ai point quitté et je ne le quitte
« pas; mais j'ai plus d'une fois changé tout mon
« plan, et tout l'ordre de mes idées. J'avais achevé
« deux livres où, prenant pour époque les neuf
« jours de fêtes, sous le consulat de Tuditanus et
« d'Aquilius, je plaçais un entretien de Scipion
« l'Africain avec Lælius, Philus, Manilius, Tubé-
« ron, Fannius et Scævola, tous deux gendres de
« Lælius. L'entretien tout entier, touchant la meil-
« leure forme de gouvernement et les caractères
« du vrai citoyen, se partageait en neuf journées
« et en neuf livres. Le tissu de l'ouvrage avançait
« heureusement; et la dignité des personnes don-
« nait du poids au discours. Mais, comme on me
« lisait ces deux premiers livres à Tusculum, en
« présence de Salluste, il m'avertit qu'il serait

---

posita; sin minus, in illud ipsum mare, dejiciemus, quod scribentes spectamus, et alia aggrediemur, quoniam quiescere non possumus. (*Ad Quint. fr.* II, 14.)

[1] *Ad Quint. frat.* lib. III. 5.

« possible de traiter une telle matière avec plus
« d'autorité, si je prenais moi-même la parole,
« surtout n'étant pas un Héraclite de Pont, mais un
« consulaire et l'homme même qui avait pris part,
« dans la République, aux plus grandes choses :
« que tout ce que j'attribuerais à des personnages
« si anciens paraîtrait fictif; que, dans mes livres
« où je traitais de l'art de bien dire, si j'avais, et
« cela même avec grâce, évité pour mon compte
« la démonstration oratoire, du moins je l'avais
« mise dans la bouche de personnages que je pou-
« vais avoir vus; qu'Aristote enfin, dans ce qu'il
« a écrit sur le gouvernement et sur les qualités
« du grand homme d'État, parle en son nom. Cette
« remarque me frappa d'autant plus que, par mon
« plan, je me privais de toucher les plus grands
« événements de notre patrie, parce qu'ils sont
« d'une date beaucoup plus rapprochée que le siè-
« cle de mes personnages. A la vérité, c'était pré-
« cisément cela que j'avais d'abord cherché pour
« n'avoir pas à craindre, en rencontrant notre
« époque, de heurter quelqu'un. Mais je veux
« tout à la fois éviter ce danger, et prendre la
« forme d'un entretien avec vous. Cependant, si je
« vais à Rome, je vous enverrai ce que j'avais fait
« d'abord : car, vous jugerez, je crois, que je n'ai
« pas, sans quelque dépit, abandonné ces pre-
« miers livres. »

Cette confidence détaillée laisse facilement entrevoir tout le regret qu'avait Cicéron de perdre un long travail ; et ce regret explique assez comment, malgré ces velléités de changements, il en revint à sa première ordonnance, reprit le dialogue comme il l'avait commencé, et ne tarda pas de le finir avec cette rapidité qui, toûjours unie à la perfection la plus sévère, et cela dans une vie si laborieuse, avec une âme si agitée et si naturellement inquiète, semble la plus étonnante merveille du génie même de Cicéron. Mais il eut soin de le borner à six livres. C'est donc, sous cette forme, que l'ouvrage fut rendu public, peu de temps après l'époque où Cicéron s'en occupait avec tant d'ardeur. Il paraît que ce fut au moment même de son départ pour la Cilicie. En effet, le plus spirituel de tous ces hommes supérieurs, dont les lettres se trouvent mêlées à celles de Cicéron, Cælius qui lui écrivait sans cesse des nouvelles de Rome, pendant cette époque, finit sa première lettre, toute pleine des intrigues du Sénat et du Forum, par ces mots : « Vos livres politiques [1] prennent faveur auprès de tout le monde. » A la même époque, Cicéron les rappelle à Atticus, qu'il supposait occupé de cette lecture, et auquel il demande en conséquence des lettres fortement politiques sur la situation de l'É-

---

[1] Tui libri politici omnibus vigent. (*Cælius apud Cic.* VIII. 3.)

tat. Dans une autre lettre à son ami, toujours écrite du fond de son gouvernement, il parle de ces six livres *sur la République*, comme d'une publication récente, par laquelle il a pris de plus forts engagements de justice et de pureté dans son administration. C'est même le motif qu'il oppose aux instances d'Atticus, qui le pressait de favoriser des mesures de rigueur et d'exaction, que Brutus exerçait contre la ville de Salamine, dont il était créancier. Après avoir montré toute la dureté de cette conduite, et sa résolution de ne pas seconder de telles passions, Cicéron s'écrie : « Se plaigne de moi qui « voudra ! Je m'y résignerai, si la justice est de « mon côté, maintenant surtout que je viens de me « lier par ces six livres, que je me réjouis de savoir « si fort approuvés de vous [1]. »

Précieuse naïveté d'un grand homme ! Admirable Cicéron, en qui la vanité même tournait au profit du devoir et de la vertu ! Que tous les hommes puissants n'ont-ils ainsi composé des livres, afin de se croire à jamais liés au bien, et invinciblement forcés à la justice, à la modération !

L'idée de son ouvrage sur la république était présente à Cicéron, pendant toute l'époque de son gouvernement de Cilicie, qui fut, dans l'avare

---

[1] Irascatur qui volet, patiar, τὸ γὰρ εὖ μετ'ἐμοῦ, præsertim cùm sex libris tanquam prædibus, me ipsum obstrinxerim, quos tibi tam valde probari gaudeo. (*Ad Att.* VI, 1.)

tyrannie des Romains, une exception sans modèle, un exemple unique de désintéressement et d'équité. Cette idée lui sert pour résister aux instances et à l'autorité de Brutus[1]; elle le fait jouir des honneurs[2], que lui décerne la reconnaissance du peuple qu'il gouverne : elle le guide, elle le retient dans toutes ses actions.

Lorsque Cicéron, après dix-huit mois d'une administration, pendant laquelle il avait changé le sort de sa province et gagné une bataille, voulut obtenir les honneurs du triomphe, au milieu de la joie du bien qu'il a fait, c'est encore le souvenir des principes posés dans son livre qui le préoccupe et l'inquiète. Il avait probablement énoncé dans cet ouvrage que le vrai citoyen devait servir la patrie pour elle-même, et sans soin des honneurs et de la gloire ; et sur ce point, la pratique rigoureuse de ce qu'il avait recommandé était au-dessus de ses forces. Aussi, dans cet embarras, heureux en lui-même de sa conduite, ne pouvant se défendre d'un scrupule sur sa vanité triomphale, mais n'ayant pas la force de renoncer à cette espérance, il écrit à son ami avec cette candeur involontaire qui peint si bien l'homme. « En vérité,

---

[1] Et ego audebo legere unquam, aut attingere libros, quos tu dilaudas, si tale quid fecero! (*Ad Att.* VI, 2.)

[2] Reliqua plena adhuc laudis et gratiæ, digna iis libris, quos tu dilaudas; conservatæ civitates; cumulate publicanis satisfactum : offensus contumeliâ nemo. (*Ad Att.* VI, 3.)

« sans cette idée du triomphe que l'on m'a inspirée,
« et que vous-même vous approuvez, vous n'au-
« riez pas beaucoup à faire pour trouver sous vos
« yeux ce parfait citoyen, dont j'ai tracé le modèle
« dans mon sixième livre [1]. »

Plusieurs autres passages des lettres de Cicéron rappellent cet ouvrage chéri, et répondent à des observations d'Atticus, qui était pour son ami un utile et savant critique. Dans l'une, il combat le reproche d'avoir fait dire inexactement à Scipion, que ce fut Flavius qui, le premier, publia les fastes des audiences judiciaires; et il se justifie assez légèrement d'une autre faute, peut-être moins innocente, de s'être moqué des gestes de théâtre d'un certain orateur, qui, sans doute, n'est pas autre que le célèbre Hortensius. Deux fois encore, dans ses lettres, il parle de son ouvrage, l'une pour discuter avec un scrupule, que l'on croirait plus digne d'un académicien moderne, que d'un orateur antique, la manière dont il avait construit sans préposition le mot *Piræea*, nom du port d'Athènes [2], et une autre fois, pour corriger l'orthographe fautive qu'il avait donnée à un nom de peuple, et pour avertir Atticus de marquer ce

---

[1] Quòd si ista nobis cogitatio de triumpho injecta non fuisset, quam tu quoque adprobas, næ tu haud multum requireres illum virum, qui in sexto informatus est. Quid enim tibi faciam qui libros illos devorasti? (*Ad Att.* VII, 3.)

[2] *Ad Atticum*, VII. 3.

changement sur son exemplaire [1]. On pardonnera ces minuties par le même intérêt qui nous fait lire dans la correspondance de Voltaire les inquiétudes et les impatiences de ce grand écrivain pour un mot mal imprimé, ou pour un vers mal récité sur la scène.

On remarquera seulement que l'époque où Cicéron s'occupait avec tant de soin de cet ouvrage consacré aux libres Institutions de sa patrie, était précisément celle qui allait voir disparaître les lois et la liberté sous les armes de César. En effet, c'est au moment même de son retour de Cilicie, que Cicéron, suivant son expression, se vit tombé au milieu des flammes de la guerre civile. Cicéron suivit Pompée, sans l'approuver ni se fier à lui; et bientôt il eut le regret de ne pas trouver, dans ce défenseur de la Constitution romaine, les qualités qu'il exigeait de l'homme d'État, dans son livre *de la République*. Car, ce souvenir se présentait naturellement à son esprit; et il ne peut se défendre, en écrivant à Atticus, de citer un passage [2] où il avait fait parler Scipion, et qui ne sert en ce moment qu'à lui montrer tout ce qui manque à Pompée.

Après la victoire de César, quoique Cicéron, éloigné du sénat et du barreau, eût cherché à

---

[1] *Ad Atticum*, VI, 2.
[2] *Ad Atticum*, VIII, xi.

dessein, dans les études philosophiques, un travail paisible et peu suspect, il n'oublia pas, dans les ouvrages qu'il fit à cette douloureuse époque, ce traité *de la République*, écrit naguère dans des jours plus heureux, et sans doute avec une meilleure espérance. Il le cite, il y renvoie le lecteur, surtout dans le dialogue *des Lois*, qu'il paraît avoir composé comme une suite et une dépendance naturelle de ce premier ouvrage. Dans son traité *des Devoirs*, composé après la mort de César, mais à une époque où la tyrannie menaçait de survivre au dictateur immolé, Cicéron rappelle encore ce dialogue *de la République*, immortelle protestation contre les César, les Antoine et leurs successeurs. Enfin, lorsque dans son traité ingénieux et sceptique sur la Divination, il parle des services qu'il a rendus aux sciences, et qu'il énumère ses écrits philosophiques : « A tout cela, dit-il avec com-
« plaisance, il faut ajouter les six livres sur la
« République, que j'ai écrits, à l'époque même où
« je tenais le gouvernail de la république[1]. » Souvenir d'ambition et de gloire qu'il ne peut taire, et dont la philosophie ne le consolait pas !

En recueillant de Cicéron lui-même ces fréquents témoignages, on sent que le livre, qu'il aime tant

---

[1] Atque his libris annumerandi sunt sex de Re Publicâ libri, quos tunc scripsimus, cùm rei publicæ gubernacula tenebamus. (*De Divin.* II, 1.)

à rappeler, était une sorte de testament politique, où il se flattait d'avoir retracé, et fixé, pour l'avenir, l'image de ce gouvernement, auquel il avait dévoué sa vie.

Faut-il se demander maintenant pourquoi cet ouvrage n'est désigné nulle part dans les monuments, qui nous restent de la littérature du siècle d'Auguste? On sait que les écrivains de cette époque, à l'exception de Tite-Live, craignirent même de nommer Cicéron, dont la gloire était si récente, mais accusait si haut les crimes du triumvirat. Plutarque nous raconte qu'un jour Auguste trouva, dans les mains d'un de ses neveux, un livre que le jeune homme essaya de cacher sous sa robe. L'empereur le prit, et vit un ouvrage de Cicéron : après en avoir parcouru la plus grande partie, en se tenant debout, il le rendit, et ajouta : « C'était « un savant homme, mon fils, un savant homme, « et qui aimait bien son pays. » Quelle que fût, en ce moment, la tolérance inattendue de l'empereur, j'ai quelque idée que ce livre si généreusement amnistié par lui n'était pas le traité *de la République*.

Lorsque l'usurpation rusée d'Auguste eut amené la tyrannie de Tibère et le despotisme insensé de tant de monstres, on peut croire qu'il ne fut guère permis de louer le livre de Cicéron, et que l'on écarta ce beau souvenir de l'ancienne Rome, avec le même soin qui proscrivait jusqu'aux images des héros de la république. Quand le sénat condamnait à mort l'historien Cremutius Cordus, pour avoir raconté les actions des grands hommes contemporains de Cicéron, on peut croire que le livre dépositaire de leurs maximes n'eût pas été impunément célébré. Sénèque, faible défenseur, et pourtant martyr de la liberté à la cour de Néron, cite assez longuement l'ouvrage de Cicéron pour quelques curiosités historiques. « Lorsque, dit-il[1], « un philologue, un grammairien, un homme « occupé de philosophie, prennent chacun de leur « côté l'ouvrage de Cicéron *sur la République*, « chacun y cherche des choses diverses. » Sénèque n'oublie, dans cette énumération, que ceux qui, dans l'ouvrage, chercheraient le fond même du sujet. Quintilien n'en parle pas; il a loué Domitien. Pline le jeune, qui cependant vécut dans des temps meilleurs et plus libres, Pline le jeune, si rempli d'allusions à l'ancienne littérature, et si particulièrement admirateur de Cicéron, ne rappelle nulle part ces fameux Dialogues. Pline le naturaliste, qui, dans un seul ouvrage, a donné presque l'inventaire de toutes les idées de l'antiquité, a cité deux fois le livre de Cicéron, mais sous des rapports dénués d'intérêt.

Tacite, dans ce qui nous reste de ses écrits, en

---

[1] Sen. epist. CVIII.

y comprenant le Dialogue des Orateurs, n'a jamais désigné le traité *de Re Publicâ;* et il en avait peu l'occasion. Mais, on ne saurait douter que sa grande âme ne fût pénétrée de cette lecture. Un passage de ses Annales, dont nous parlerons plus loin, montre même qu'il avait beaucoup discuté une des principales idées, ou plutôt la plus belle espérance que Cicéron eût exprimée dans ce livre. Ne cherchons plus dans les écrivains des deux premiers siècles de l'empire : nous n'y trouverions aucune trace de l'admiration qui devait s'attacher au plus bel écrit de Cicéron ; mais nous pouvons croire qu'en secret cet ouvrage nourrissait la vertu des Thraséas, des Helvidius, et de ces grands hommes dont l'histoire nous a conservé les morts héroïques.

Deux siècles plus tard, il est rappelé d'une manière intéressante et curieuse dans la Vie d'Alexandre Sévère par Lampride. On sait que cet Alexandre, successeur de l'abominable Héliogabale, fut un des princes les plus vertueux qui aient consolé la terre. Il mourut à vingt-neuf ans, assassiné par les soldats, qui ne pouvaient supporter la discipline où il les faisait vivre, et sa justice égale pour tous. Après avoir dépeint ses grandes qualités et ses efforts pour surmonter le vice du pouvoir absolu et de la dictature militaire, l'historien ajoute ces mots remarquables :

« Quand il avait rempli tous les soins du gou-
« vernement et de la guerre, Alexandre donnait
« sa principale attention à la littérature grecque,
« lisant surtout les livres de la République de
« Platon. En latin [1], il n'avait pas de lecture plus
« assidue que le traité *des Devoirs* et celui *de la
« République*, par Cicéron. ».

Ce même Alexandre avait, dans un sanctuaire, les images consacrées de Cicéron, et de Virgile, qu'il appelait le Platon de la poésie. Cette espèce d'idolâtrie philosophique et littéraire qui, pour quelques âmes élevées et enthousiastes, remplaçait les vieilles fables du polythéisme, était peu susceptible de gagner la foule et d'influer utilement sur les mœurs et les destinées des peuples. Les belles idées de justice éternelle, de devoir, de raison, de liberté, sur lesquelles reposaient la politique et la philosophie de Cicéron, allaient chaque jour s'affaiblissant, et s'effaçant davantage dans un monde abruti par la servitude et l'ignorance. La littérature même ne servait pas à les rappeler : elle n'était plus qu'une science insipide de sophiste et de scoliaste. Commenter d'anciennes idées était encore au-dessus de l'abaissement de cette époque ; il n'y avait plus que des commentateurs de phrases et de mots. Ainsi, un assez grand nombre

---

[1] Latina cùm legeret, non alia magis legebat, quàm de Officiis Ciceronis et de Re Publicâ. (*Lampridius in Alex. Sev.* cap. xxx.)

de termes et de tournures du traité *de la République* se conservèrent à titre de citations grammaticales, dans plusieurs écrivains profanes du quatrième et du cinquième siècle, dont la pensée ne paraissait pas se porter plus loin.

Mais tandis que la civilisation païenne, stérile et épuisée, oubliait ses propres traditions, sa propre histoire, et ne voyait plus dans les chefs-d'œuvre philosophiques de l'ancienne éloquence qu'une lettre morte, que des signes et des formes, la société chrétienne, qui grandissait dans la persécution, portait un regard plus hardi sur ces mêmes chefs-d'œuvre, les interrogeait, les discutait, les comparait avec le dépôt mystérieux de ses propres lois. Remuant toutes les questions, ne s'interdisant aucune vérité, cherchant partout des arguments contre l'oppression et l'injustice, elle remplissait ses admirables plaidoyers de fragments sublimes ou curieux empruntés à ces sages, qui n'avaient plus, dans le paganisme, d'interprètes, ni de postérité.

Ce serait, sous ce point de vue seul, l'objet d'une observation piquante, de rechercher dans les écrivains des deux religions, les fragments qu'ils nous avaient conservés du traité *de Re Publicâ*. Que j'ouvre, je ne dis pas seulement le grammairien Diomède, ou Nonius, auteur d'un traité sur la Propriété des Termes; mais que je consulte le recueil savant d'Aulu-Gelle, et les fragments de l'orateur Fronton, j'y vois les livres *de Re Publicâ* cités à l'appui d'une acception rare du verbe *superesse*, ou du verbe *gratificari*. J'y vois que Cicéron avait fait dans cet ouvrage tel emploi d'une ellipse ou d'une métaphore.

Mais que je parcoure Lactance, ou saint Augustin, que j'interroge cette littérature chrétienne, féconde et nouvelle comme les vertus qu'elle annonçait au monde, j'y retrouve le livre de Cicéron souvent cité, sous les rapports le plus philosophiques et le plus élevés ; j'y trouve exactement reproduits, et quelquefois fortifiés ou combattus avec éloquence, les passages du traité *de la République*, que l'on possédait presque seuls jusqu'à ce jour, et qui avaient donné une si haute idée de l'original. C'est Lactance qui transcrit l'un de ces beaux fragments traduits de Platon, que Cicéron avait fréquemment insérés dans son ouvrage, la comparaison du juste condamné, et du coupable triomphant. On conçoit en effet que de semblables idées fussent avidement saisies par les premiers chrétiens.

« Supposez [1], je vous prie, deux hommes, l'un
« le meilleur des mortels, d'une équité, d'une jus-
« tice parfaite, d'une foi inviolable ; l'autre d'une

---

[1] Lact. *Instit.* lib. V, cap. XII.

« perversité et d'une audace insigne. Supposez en-
« core l'erreur d'un peuple qui aura pris cet homme
« vertueux pour un scélérat, un méchant, un in-
« fâme, et aura cru tout au contraire que le mé-
« chant véritable est plein d'honneur et de probité.
« Qu'en conséquence de cette opinion universelle,
« l'homme vertueux soit tourmenté, traîné captif,
« qu'on lui mutile les mains, qu'on lui arrache les
« yeux ; qu'il soit condamné, chargé de fers, tor-
« turé dans les flammes; qu'il soit rejeté de sa pa-
« trie ; qu'il meure de faim; qu'il paraisse enfin
« à tous les yeux le plus misérable des hommes, et
« le plus justement misérable. Au contraire, que le
« méchant soit entouré de louanges et d'hommages,
« qu'il soit aimé de tout le monde, que tous les
« honneurs, toutes les dignités, toutes les riches-
« ses, toutes les jouissances viennent affluer vers
« lui. Qu'il soit enfin, dans l'opinion de tous,
« l'homme le plus vertueux, et le plus digne de
« toute prospérité. Est-il quelqu'un assez aveugle
« pour hésiter sur le choix entre ces deux desti-
« nées? »

La réflexion de Lactance sur ce passage, est
belle et digne de remarque : « En faisant, dit-il,
« cette supposition, il semble que Cicéron eût de-
« viné quels maux devaient nous arriver, et com-
« ment nous devions les souffrir pour la justice. »

Saint Augustin est-il engagé contre le célèbre

hérésiarque Pélage dans un combat théologique sur la nature et la chute de l'homme, il invoque également Cicéron, et il lui emprunte ce beau passage que Pascal a si éloquemment développé :

« La nature [1], plus marâtre que mère, a jeté
« l'homme dans la vie avec un corps nu, frêle et
« débile, une âme que l'inquiétude agite, que la
« crainte abat, que la fatigue épuise, que les pas-
« sions emportent, et où cependant reste, comme
« à demi-étouffée, une divine étincelle d'intelli-
« gence et de génie. »

C'est aussi saint Augustin qui, dans la Cité de Dieu, ouvrage entrepris évidemment sur l'idée du traité *de Re Publicâ*, nous a conservé comme un des fondements que Cicéron avait donnés à ses opinions sur l'origine et la nature des pouvoirs, le beau principe de la souveraineté de la justice, antérieure à toute souveraineté du peuple et de la force. Voici le passage tel qu'il l'a cité :

« La chose publique [2] est réellement la chose
« du peuple, toutes les fois qu'elle est régie avec
« sagesse et justice, ou par un roi, ou par un petit
« nombre de grands, ou par l'universalité du peu-
« ple. Mais que le roi soit injuste, c'est-à-dire
« tyran; ou les grands injustes, ce qui transforme

---

[1] August. lib. IV, *Contra Pelagium*.
[2] August. *Civit. Dei*, lib. II, cap. XXI.

« leur alliance en faction ; ou le peuple injuste, ce
« qui ne laisse plus d'autre nom à lui appliquer
« que celui même de tyran ; dès lors la républi-
« que est non-seulement corrompue, mais elle cesse
« d'exister : car elle n'est pas réellement la chose
« du peuple, quand elle est au pouvoir d'un tyran
« ou d'une faction ; et le peuple lui-même n'est
« plus un peuple, s'il devient injuste, puisqu'il
« n'est plus alors une agrégation formée sous la
« sanction du droit, et par le lien de l'utilité com-
« mune. »

Ailleurs, c'est Lactance, qui, protestant contre les décrets barbares, dont le despotisme des empereurs avait frappé la résistance des premiers chrétiens, empruntait à Cicéron, et transmettait à la postérité ces belles paroles extraites du troisième livre *de la République* :

« Il est une loi véritable [1], la droite raison, con-
« forme à la nature, universelle, immuable, éter-
« nelle, dont les ordres invitent au devoir, dont
« les prohibitions éloignent du mal. Soit qu'elle
« ordonne, soit qu'elle défende, ses paroles ne sont
« ni vaines auprès des bons, ni puissantes sur les
« méchants. Cette loi ne saurait être contredite
« par une autre, ni rapportée en quelque partie,
« ni abrogée tout entière. Ni le sénat, ni le peu-

---

[1] Lact. *Instit.* lib. VI, cap. VIII.

« ple ne peuvent nous délier de l'obéissance à
« cette loi. Elle n'a pas besoin d'un nouvel inter-
« prète, ou d'un organe nouveau. Elle ne sera pas
« autre dans Rome, autre dans Athènes; elle ne
« sera pas demain autre qu'aujourd'hui; mais dans
« toutes les nations, et dans tous les temps, cette
« loi régnera, toujours une, éternelle, impérissa-
« ble ; et le souverain de l'univers, le roi de toutes
« les créatures, Dieu lui-même a donné la nais-
« sance, la sanction et la publicité à cette loi que
« l'homme ne peut transgresser, sans se fuir lui-
« même, sans renier sa nature, et par cela seul,
« sans subir les plus dures expiations, eût-il évité
« d'ailleurs tout ce qu'on appelle supplice. »

Paroles sublimes! précieux et immortels débris d'une révélation primitive qu'avait oubliée l'univers! antique tradition de Dieu lui-même, tradition obscurément conservée par quelques sages, mais perdue bientôt dans les grossières erreurs du polythéisme, et promulguée enfin pour tout le monde par la foi chrétienne, qui restituait à ces vérités naturelles une sanction plus haute!

A côté de ces précieux fragments qui passèrent ainsi de l'ouvrage de Cicéron dans ceux des premiers défenseurs du christianisme, il faut placer cependant un morceau plus connu, dont nous avons dû la conservation à un philosophe platonicien. C'est assez indiquer le Songe de Scipion, épisode admirable du traité *sur la République*, fiction sublime où Cicéron faisait sortir de la bouche d'un grand homme le dogme de l'immortalité de l'âme, pour ajouter l'appui de cette grande vérité à toutes les lois et à toutes les institutions de la terre. Macrobe, qui, au commencement du cinquième siècle, transcrit et commente ce morceau, était, comme presque toute la littérature latine de cette époque, fort occupé de curiosités philologiques, et étranger aux grandes idées du christianisme, dont il ne prononce pas le nom dans son commentaire et dans son recueil : mais, Grec d'origine, quoiqu'il écrivît en latin, il avait le goût de cette espèce de théurgie, de ce mélange d'abstraction et d'*illuminisme*, par lequel la Grèce alimentait ses vieilles croyances, et cherchait à les rajeunir. Ce qui l'intéresse, et ce qu'il développe dans son commentaire, ce sont des raisonnements chimériques sur quelques idées pythagoriciennes, auxquelles Cicéron avait fait allusion dans certains endroits du Songe de Scipion, sans doute pour donner à la vérité fondamentale de ce morceau quelque chose de mystérieux et de solennel. Cicéron ouvrant le ciel aux yeux de son héros, avait nommé diverses constellations. Le commentateur fait à ce sujet des dissertations astronomiques, qu'il entremêle à ces rêveries bizarres sur les nombres, par lesquelles les anciens étaient parvenus à faire délirer jusqu'à la judicieuse géométrie. Mais il ne faut pas en savoir moins de gré à Macrobe, d'avoir reproduit dans son recueil cet admirable épisode de l'ouvrage, que les siècles nous ont caché si longtemps.

Dans l'ignorance du moyen âge, Macrobe fut conservé, et le livre original de Cicéron se perdit. Il n'est plus que bien rarement désigné dans les écrivains postérieurs au cinquième siècle. On peut conjecturer seulement, d'après un passage de Photius, que les Grecs de Byzance, chez qui la barbarie fut plus tardive, eurent quelque connaissance de ce précieux monument.

« J'ai lu, dit Photius [8] dans sa *Bibliothèque*, un
« ouvrage sur la politique, où sont introduits deux
« personnages dialoguant, le patricien Menas et
« le référendaire Thomas. Cet ouvrage renferme six
« livres, et présente une nouvelle forme de société
« politique, différente de toutes les idées expri-
« mées par les anciens, et qui est appelée le gou-
« vernement de la justice. Quant à l'essence même
« de ce nouveau gouvernement, il se compose,
« suivant les deux interlocuteurs, de la royauté,
« de l'aristocratie, et de la démocratie ; la réunion
« de chacun de ces éléments, pris dans sa pureté,
« devant former la meilleure constitution poli-
« tique. »

---

[8] Φωτίου Μυριόβιβλον, col. 23.

Quel était cet ouvrage? Photius se trompe, en supposant que l'idée d'une monarchie mixte fût nouvelle et inconnue des anciens. Nous la trouverons dans une époque bien antérieure même à Cicéron. Mais, dans tous les cas, cette idée, dont Photius s'étonne, serait-elle née sous le despotisme avilissant des empereurs grecs, et au milieu des arguties théologiques qui, dans l'Orient, avaient déjà si fort altéré la sublimité du christianisme? Un Grec de Byzance et du huitième siècle, aurait-il imaginé cette forme de gouvernement, dont rien sous ses yeux ne lui retraçait le modèle? Il est donc vraisemblable que cet ouvrage en six livres était quelque version incomplète, quelque abrégé maladroit de l'ouvrage de Cicéron, où l'imitateur, étranger aux mœurs et aux grandes traditions romaines, avait jugé à propos de changer les noms des personnages, sans peut-être s'apercevoir combien Scipion l'Africain était un interlocuteur plus intéressant que le référendaire Thomas.

Quoi qu'il en soit, il n'est resté de ce livre grec, que la rapide analyse de Photius; et lorsque, à la première renaissance des lettres en Europe, on s'occupa de rechercher les monuments de l'antiquité, le dialogue *de Re Publicâ* ne se retrouva dans aucune langue.

Au dixième siècle cependant, ce précieux monument avait encore apparu dans quelques rares dépôts. Ainsi Gerbert, alors archevêque de Reims, appelant près de lui un moine de l'abbaye de Fleury-sur-Loire, lui écrivait [1] : « Apporte avec toi les ouvrages de Cicéron, et sur la République et contre Verrès, et les nombreux discours, que le père de l'éloquence romaine a composés, pour la défense de beaucoup d'accusés. » Et le docte prélat semblait faire cette désignation avec autant de certitude que, dans une autre lettre, il demande à son correspondant de Bobio les deux livres de l'Achilléide de Stace. Deux siècles plus tard, un dernier collecteur de la tradition antique, Jean de Salisbury, citait, de première ou de seconde main, de courts fragments des livres de la République; et deux théologiens du même siècle, Pierre de Blois et Pierre de Poitiers, semblent avoir connu quelque manuscrit de cet ouvrage. Il y avait donc espoir de le retrouver, dans l'active renaissance qui suivit sitôt après : et les généreuses recommandations de Clément VI à Pétrarque, les recherches du Pogge, et, plus tard, les primes offertes par le cardinal Polus, méritaient un succès qu'elles n'obtinrent pas. Faut-il croire que le sujet même du livre fut un obstacle à la découverte tant désirée par de nobles esprits? Ramus, du moins, le

---

[1] Comitentur iter tuum tulliana opuscula et de Re Publicâ et in Verrem, et quæ pro defensione multorum plurima romanæ eloquentiæ parens conscripsit. (Gerberti in Epist. LXXXVII.)

soupçonne, et pose l'alternative, ou que les six li-
« vres sur la République aient péri, ou qu'ils soient,
« ainsi qu'on le dit, par gens trop scrupuleux en
« matière d'État, retenus dans l'ombre et sous
« clef, comme des *livres sibyllins.* »

Quelle qu'en fût la cause, les siècles suivants n'amenèrent à ce sujet aucun hasard plus favorable ; et jusqu'à ce jour, jusqu'à la découverte authentique enfin livrée au public, on ne connaissait de cet ouvrage que les beaux fragments cités plus haut, le Songe de Scipion, quelques phrases, quelques demi-phrases, et beaucoup de termes, de mots disséminés dans les grammairiens et les scoliastes du moyen âge.

On sait que ces fragments, dont la réunion ne formerait pas vingt pages, ont cependant inspiré à un savant estimable, l'idée de recomposer l'ouvrage de Cicéron, en recueillant de toutes parts dans les ouvrages de ce grand homme, les pensées, les expressions qui se rapportent au gouvernement et à la politique. Mais on croira sans peine que ce plan, même sous la main la plus habile, ayant pour condition inévitable de mêler les éléments les plus disparates, ne pouvait donner une idée du livre original. Cicéron n'écrivait pas du même style une épître familière, une lettre politique, une harangue, un traité de philosophie. Que l'on juge du singulier assortiment qui résulte d'un ouvrage fait de pièces de rapport, où la même matière est traitée en phrases empruntées çà et là aux productions les plus diverses de l'écrivain qui savait le mieux varier son langage, et le proportionner aux différents caractères de composition.. Sous ce point de vue, il est possible, on le concevra, que rien ne soit moins cicéronien qu'un écrit tout composé de phrases de Cicéron. Mais, sans appliquer ce jugement au travail ingénieux du savant M. Bernardi, nous remarquerons seulement que cet emploi, plus ou moins habile et heureux, d'éléments connus, ne peut avoir aucun rapport avec la découverte de M. Angelo Mai, qui nous rend aujourd'hui, d'après un manuscrit antique, le texte même du dialogue original dans sa forme primitive, et nécessairement une foule de notions et de pensées, que Cicéron avait réservées pour cet ouvrage, et qu'aucun autre écrit de ce grand homme ne pouvait suppléer, ni fournir.

Malheureusement, ce manuscrit, dont l'authenticité n'est pas douteuse, présente encore de bien nombreuses lacunes; et l'état même d'imperfection et de ruine dans lequel il nous est rendu, les pages détruites, les phrases incomplètes, les sens interrompus, tout en attestant la religieuse fidélité de l'éditeur, diminuent l'intérêt de ce précieux monument, et en obscurcissent quelquefois l'intelligence. Cependant les grandes divisions subsistent;

l'ordonnance des idées est sensiblement marquée ; sur quelques points, des développements complets sont conservés ; et la découverte est admirable, quoique insuffisante.

On peut donc, sur le texte inédit que nous publions, juger enfin avec connaissance, si le traité *de Re Publicâ* était digne de tant d'éloges et de regrets. On peut aussi, d'après cette précieuse et nouvelle autorité, se faire une idée plus exacte de l'état des connaissances politiques dans l'antiquité, et peut-être recueillir quelques lumières nouvelles sur cette Constitution de la République romaine, où les recherches de tant de savants hommes ont encore laissé beaucoup de points obscurs et douteux. Essayons d'examiner ces diverses questions, en remontant d'abord à la source, d'où les Romains, et particulièrement Cicéron, avaient tiré, presque en toute chose, leurs principes et leurs connaissances : je parle des Grecs qui sont les seuls inventeurs de la civilisation classique. Car on ne sait rien d'assuré sur les Égyptiens : le monde ne connut pas les Hébreux, avant la conquête d'Alexandre ; et les Romains ne furent que des copistes pleins de génie, mais peu féconds, surtout si on les compare aux Grecs leurs modèles. En effet, cette science du gouvernement qui, chez les Romains, paraît n'avoir inspiré, pendant plusieurs siècles, qu'un seul écrit théorique, le livre même de Cicéron, avait produit chez les Grecs des ouvrages variés sous toutes les formes, et dont la multiplicité est presque digne de nos temps modernes. On peut expliquer à cet égard l'infériorité littéraire des Romains par leur grandeur même : ils étaient trop occupés de régner, pour beaucoup écrire :

> Tu regere imperio populos, Romane, memento.

Et peut-être cette domination guerrière et civile qui pesait sur une si grande portion du monde, était-elle chose trop sérieuse, pour en faire l'objet fréquent de dissertations oisives, à la manière de ces Grecs du Péloponèse ou de la Sicile, qui raisonnaient dans les paisibles murs de leurs petites cités. On a longtemps imprimé plus de livres politiques à Genève qu'à Paris.

L'idée de la science politique chez les Grecs rappelle aussitôt les noms des deux grands génies si diversement admirables qui, après avoir régné sur la littérature antique, ont encore formé dans l'Europe moderne des partis et des sectes, Aristote et Platon ; l'un le plus pénétrant observateur de la nature et de la société, l'autre le plus brillant et le plus élevé des esprits spéculatifs. On suppose aisément que Cicéron qui, dans tous ses ouvrages, leur a beaucoup emprunté, qui, même dans les combats de la tribune et du barreau, ramenait sans cesse la politique à la philosophie, n'a pas dû se priver, dans un écrit sur le gouvernement, des pensées que ces deux grands hommes avaient exprimées sur le même sujet. On concevra aussi que, suivant sa méthode éclectique, il a dû faire une imitation mélangée de leurs expériences et de leurs systèmes, tempérer les théories de Platon par les idées positives d'Aristote, et surtout rapporter ces vues étrangères et diverses au modèle qu'il avait sous les yeux, à ce gouvernement d'une patrie qu'il aimait tant, et qu'il avait si glorieusement sauvée.

Quelles idées, quelles lumières lui offraient donc ces deux grands hommes? Platon, comme l'a remarqué Rousseau, avait tracé dans sa *République* plutôt un traité d'éducation qu'un système de gouvernement. Il n'avait imaginé l'art de gouverner les hommes qu'en les transformant dès le berceau, et même en altérant les rapports naturels de la naissance : il détruisait la famille, pour y substituer en quelque sorte la paternité de l'État. Il faisait disparaître la relation des sexes; et ôtant aux femmes leurs plus aimables vertus, la pudeur et la fidélité, il avait voulu leur ôter aussi la faiblesse physique, et les rendre robustes et guerrières comme les hommes. En tout cependant, cette théorie n'était qu'un commentaire exagéré des rudes Institutions de Lacédémone, écrit avec l'imagination enthousiaste et ingénieuse d'un philosophe athénien. Mais, il était arrivé à Platon ce qui arrive également à Rousseau dans son *Émile*. A côté de systèmes généraux poussés à l'excès et de spéculations bizarres, il avait répandu une foule de vérités particulières; et, quoique ses principes puissent quelquefois choquer les lois mêmes de la morale, il avait donné à cette même morale de sublimes applications et de nouvelles preuves parées de toutes les grâces de son éloquence.

Cet ouvrage offrait donc à Cicéron, avec ce charme de la parole, qu'il étudia sans cesse, de grandes vues sur la nature de l'homme, et surtout un spiritualisme élevé qui vivifie la science des choses humaines. C'est ainsi que le Songe de Scipion, fragment si connu *de la République* de Cicéron, est une imitation visible et embellie de l'épisode, où Platon exposait la doctrine de l'âme immortelle, et des peines et des récompenses, en faisant parler un certain Her de Pamphylie, tué dans une bataille, et miraculeusement rappelé du tombeau, pour en raconter les secrets : mais, dans l'ordonnance de son ouvrage, dans le choix, dans la disposition de ses idées, Cicéron n'avait que des occasions peu fréquentes d'imiter Platon, puisque son but et sa marche même étaient différents, l'un s'attachant à concevoir une république idéale, l'autre à décrire une république existante, l'un cherchant la perfection dans de capricieuses hypothèses, l'autre croyant l'avoir trouvée dans l'ancienne Constitution romaine.

Cicéron se plaint dans ses lettres, que Caton, avec les intentions les plus vertueuses, et la probité la plus austère, nuisait quelquefois à la République, parce qu'il donnait ses avis, comme s'il eût vécu dans la cité chimérique de Platon, et non dans la lie du peuple de Romulus. Ce reproche indique assez que, dans un livre qu'il voulait rendre utile à ses contemporains, Cicéron a dû faire peu d'usage de ces illusions purement philosophiques, dont sa vie tout entière, éprouvée par le pouvoir et par l'injustice, l'avait sans doute assez détrompé. Mais, sans rêver pour les hommes plus de sagesse et de bonheur qu'ils n'en peuvent espérer, et surtout sans vouloir changer le fond de la nature humaine, Cicéron ne rangeait point parmi les utopies impraticables le règne des lois, de la justice et de la liberté. Il avait foi à la vertu. Les maximes généreuses de la philosophie platonicienne avaient souvent dirigé ses actions; pouvaient-elles ne pas se mêler encore aux pensées qu'il exprimait sur la politique? Ainsi, dans sa *République*, il n'emprunte pas les systèmes de Platon, mais il reproduit souvent la sublimité de sa morale.

Aristote, dont les écrits sont presque toujours le contraire de ceux de Platon, par la même cause qui fait qu'un homme d'un génie profond et d'un sens exact, est naturellement tenté de contredire ou de récuser le témoignage d'un improvisateur éloquent; Aristote qui, fidèle dans sa politique au principe même de sa philosophie, n'avait consulté que les faits et l'expérience, présentait à Cicéron un trésor d'observations et de recherches, dont une partie est aujourd'hui perdue pour nous. On sait que ce grand homme avait fait le recueil des lois et des constitutions de plus de cent cinquante-huit États, depuis l'opulente Carthage, jusqu'à la pauvre et petite Ithaque. Ses huit livres politiques étaient le résumé de ce travail : c'est pour ainsi dire l'*Esprit des Lois* de l'antiquité. Et si l'état moins avancé du monde n'ouvrait pas au philosophe grec un champ aussi vaste que celui qui a été parcouru par notre Montesquieu, il faut avouer cependant que la variété des découvertes n'est guère moindre, et que presque toutes les combinaisons sociales se trouvent déjà classées et analysées dans cet étonnant ouvrage. A côté des formes républicaines les plus habiles et les plus diverses, on y voit que la sagesse antique, loin d'exclure la monarchie, la concevait sous diverses formes, absolue, mixte, tempérée par les lois ou par les mœurs. Mais ce qui frappe surtout, c'est de voir que ce jeune et étroit univers de la Grèce, d'une portion de l'Asie et de quelques îles, avait déjà épuisé pour ainsi dire tous les accidents politiques, toutes les chances et tous les systèmes qui se produisent sur notre vieux univers agrandi par tant de contrées nouvelles, et tant de merveilleuses inventions. Sous ce point de vue, le livre d'Aristote est aujourd'hui même d'un intérêt singulier. Lorsqu'il fut apporté d'Athènes dans Rome, qui était si fort ignorante de tout ce qu'elle n'avait pas conquis, cette lumière dut être nouvelle pour les esprits les plus éclairés. Cicéron en a profité, sans doute : mais occupé de faire un ouvrage romain, voulant surtout raffermir les croyances politiques de sa patrie, et porter secours à cette antique constitution menacée de toutes parts, on conçoit qu'il ne pouvait adopter le plan d'un livre qui, par la variété des formes et des exemples, dont il est rempli, semble plutôt propre à faire naître ou à favoriser le scepticisme sur le choix d'un gouvernement, et l'incertitude sur sa durée. Aussi, ce grand homme, qui se défie de Platon comme trop conjectural, semble redouter l'expérience, et, pour ainsi dire, la pratique trop variée d'Aristote : peut-être aussi, du haut de sa fierté romaine, dédaigne-t-il de compiler les institutions passagères de tant de petites républiques ; et peut-être lui en coûterait-il trop de croire que sa chère et puissante patrie fût soumise aux mêmes destinées de corruption et de décadence.

Mais les traités de Platon et d'Aristote, chefs-d'œuvre de la philosophie politique des Grecs, n'en formaient que la partie la moins étendue. Ces grands hommes furent suivis par une foule de disciples; et ils avaient eu de nombreux prédécesseurs, dont tous les ouvrages étaient connus de Cicéron, le plus curieux amateur des trésors de la Grèce.

Cicéron ne choquait aucune vraisemblance historique, en plaçant quelques-unes de leurs opinions dans la bouche de Scipion. Il nous apprend lui-même que cet homme illustre avait toujours à la main le livre de la Cyropédie; « et avec juste « raison, dit-il : car aucun des devoirs d'un gou- « vernement vigilant et modéré n'est oublié dans « cet ouvrage[1]. »

Mais le livre de la Cyropédie lui-même ne faisait qu'embellir ce que beaucoup de philosophes grecs avaient déjà dit sur les bienfaits d'une sage monarchie opposés aux malheurs de la licence populaire. C'est une chose remarquable que l'idée et le vœu de ce gouvernement ait été formé sans cesse dans les démocraties de la Grèce et de la Sicile, par les esprits les plus éclairés et les plus

---

[1] Quos quidem libros non sine causâ noster ille Africanus de manibus ponere non solebat; nullum est enim prætermissum in iis officium diligentis et moderati imperii. (*Ad Quint. frat.* lib. ep. 1, 8.)

indépendants de toute passion. A cet égard, la philosophie dans l'antiquité formait l'opposition : cette circonstance est assez expliquée par la nature même de ces petits états, où la brigue, la violence, l'aveuglement populaire laissaient si peu de place et d'autorité à des esprits calmes et doux. Là, le peuple était le maître absolu, contre lequel la raison se tenait toujours en défiance, et réclamait des barrières, que la liberté ne donnait pas. On n'insisterait pas sur ce mouvement de l'esprit philosophique chez les anciens, s'il n'avait fait qu'inspirer ce mot célèbre de Platon qui souhaitait au peuple un bon tyran aidé d'un bon législateur, espèce d'anathème contradictoire peu digne d'un sage. Mais cette aversion des excès populaires devait produire, et produisit en effet, parmi les philosophes de la Grèce, la théorie la plus précise de cette monarchie mixte et légale, dont l'histoire n'offrait encore que des modèles incomplets.

Montesquieu a dit que les anciens n'avaient pas une idée bien claire de la monarchie, parce qu'ils ne connaissaient pas le gouvernement fondé sur un corps de noblesse, et encore moins le gouvernement fondé sur un corps législatif formé par les représentants de la nation.

Cette opinion est en partie vraie : les anciens n'ont pas connu le système de la représentation politique; et cela par deux causes évidentes : le petit nombre des citoyens, et l'existence des esclaves. Une nation resserrée presque dans les murs d'une seule ville, et ayant sous ses pieds un autre peuple esclave, ne pouvait avoir ni l'idée, ni le besoin de borner à une partie des siens, un droit qui distinguait l'homme libre, et de substituer le choix de quelques-uns à la présence de tous. Aussi, dans ces mêmes États trop rapidement agrandis, cette promiscuité du droit de suffrage fut la cause la plus prompte de leur destruction.

Mais, quant à toutes les idées de souveraineté mixte, de balance des pouvoirs, de corps de noblesse, si nous les trouvons dans Cicéron, qui tâche d'y rappeler la constitution romaine, il ne faut pas nous en étonner. Dès longtemps ces idées étaient discutées par les philosophes grecs, avec une précision et un détail fort remarquables, quoique nous ne puissions en juger que par quelques fragments conservés dans le recueil informe de Stobée. Ce fut surtout la préoccupation des philosophes de la grande Grèce. « Il faut, dit « Archytas, que la meilleure cité se compose de « la réunion de toutes les autres formes politi- « ques, qu'elle renferme en soi une part de démo- « cratie, une part d'oligarchie, de royauté et « d'aristocratie. »

La même idée reçoit un développement plus

étendu et des formes presque modernes, dans un autre fragment extrait d'un livre sur la république du pythagoricien Hippodame :

« Les lois produiront surtout la stabilité [1], si
« l'État est d'une nature mixte, et composé de
« toutes les autres constitutions politiques : j'en-
« tends de toutes celles qui sont conformes à l'or-
« dre naturel des choses. La tyrannie, par exem-
« ple, n'est jamais d'aucune utilité pour les États,
« non plus que l'oligarchie. Ce qu'il importe donc
« de placer pour première base, c'est la royauté;
« et, en second lieu, l'aristocratie. La royauté, en
« effet, est une sorte d'imitation de la Providence
« divine : et il est difficile à la faiblesse humaine
« de lui conserver ce caractère; car elle se déna-
« ture bientôt par le luxe et la violence. On ne
« doit donc pas en user sans limites; mais la re-
« cevoir aussi puissante qu'il faut, et dans la pro-
« portion la plus utile à l'État. Il n'importe pas
« moins d'admettre l'aristocratie, parce qu'il en
« résulte l'existence de plusieurs chefs, un combat
« d'émulation entre eux, et un fréquent déplace-
« ment de pouvoir. La présence de la démocratie
« est aussi nécessaire : le citoyen qui est une por-
« tion de tout l'État a droit de recevoir sa part
« d'honneur; mais il faut s'y prêter modérément;

---

[1] Ἰωάννου Στοβαίου Ἀνθολόγιον, page 251.

« car la multitude est entreprenante, et se préci-
« pite. »

Ce passage extraordinaire, écrit il y a plus de deux mille ans, et qui semble une prédiction du gouvernement britannique, non-seulement dans l'ordonnance extérieure de ses éléments, mais dans le jeu secret de ses ressorts, et dans le combat salutaire des ambitions qu'il développe, qu'il surveille l'une par l'autre, et qu'il fait tour à tour monter au pouvoir; ce passage, que nous avons traduit avec autant de fidélité que nous l'avions lu d'abord avec surprise, expliquera facilement les idées à peu près semblables que Cicéron met dans la bouche du sage et grand Scipion, nourri de toute la philosophie des Grecs, l'ami de Polybe et de Panætius, et l'adversaire constant des Gracques, dont il fut peut-être la victime.

Nous avons perdu les écrits de Panætius, que Cicéron avait beaucoup imité dans son traité des *Devoirs*. Il nous reste en partie Polybe, qui avait instruit Scipion dans les sciences de la Grèce, et qui, sans doute, avait appris de lui le génie de la république romaine, si admirablement décrit dans son histoire. On voit, dans les fragments de son traité sur les diverses formes de la république, qu'il avait renouvelé les idées d'Hippodame et d'Archytas.

« La plupart de ceux, dit-il [1], qui font profes-
« sion de raisonner sur ces matières, reconnaissent
« trois natures de gouvernement : la royauté,
« l'aristocratie, et l'État populaire. Mais il me
« semble qu'on peut, avec quelque fondement,
« s'enquérir s'ils nous produisent ces formes poli-
« tiques comme les seules existantes, ou simple-
« ment et à bon droit, comme les meilleures. Car
« sur les deux points, je les crois dans l'erreur. Il
« est évident en effet qu'il faut estimer la plus
« excellente constitution, celle qui se compose-
« rait de toutes les autres formes déjà nommées.
« De plus, on ne saurait admettre que ces trois
« formes soient les seules, etc. Toute domination
« d'un seul n'a pas le droit d'être appelée Royauté;
« mais celle-là seulement qui s'appuie sur une
« juste obéissance, et qui s'exerce plutôt par la
« sagesse que par la terreur et la force. Il ne faut
« pas croire non plus que toute oligarchie soit une
« aristocratie; mais celle-là seulement qui porte
« au pouvoir par élection les hommes les plus
« justes et les plus sages. De même, il ne faut pas
« nommer Démocratie un État, où toute la foule est
« maîtresse de faire ce qu'elle propose; mais là
« où il est d'un usage antique et familier d'adorer
« les dieux, de servir les pères, d'honorer les

---

[1] *Polyb. in fragmentis.*

« vieillards, d'obéir aux lois : voilà la réunion
« d'hommes que, si l'avis du plus grand nombre y
« domine, il faut appeler démocratie. »

On voit par ces diverses pensées, comment Cicéron, dans le premier livre du dialogue de la *République*, après avoir défini séparément la royauté, le gouvernement aristocratique, et la démocratie, a pu dire que son choix était pour une quatrième forme politique, composée de l'essence et de la réunion des trois autres; vœu auquel Tacite faisait allusion, quelques siècles plus tard, lorsque ce grand homme, rappelant aussi les trois principales natures de gouvernement, ajoutait, avec une expression de regret non équivoque :
« Une forme de société issue et composée de leur
« mélange, est plus facile à vanter qu'à obtenir;
« ou si elle se rencontre, elle ne saurait être
« durable [1]. »

On conçoit que Cicéron, qui n'avait pas la triste expérience et le découragement, que l'empire des Césars inspirait à Tacite, eût exprimé ce même vœu, avec plus de force et de confiance. Après une vive peinture des factions oligarchiques, de la tyrannie, et de la licence populaire, il ajoute, en

---

[1] Cunctas nationes aut urbes populus, aut primores, aut singuli regunt : delecta ex his et consociata rei publicæ forma laudari facilius, quàm evenire; vel si evenit, haud diuturna esse potest. (*Tacit. Ann.* lib. IV, cap. XXXIII.)

effet, ces paroles si remarquables [1] : « A la vue de
« tels maux, la royauté me semble l'emporter de
« beaucoup sur ces trois gouvernements corrom-
« pus; mais ce qui l'emportera sur la royauté,
« c'est un gouvernement qui se composera du mé-
« lange égal des trois meilleurs modes de consti-
« tution, réunis et tempérés l'un par l'autre. J'aime
« en effet que, dans l'État, il existe un principe
« éminent et royal, qu'une autre portion de pou-
« voir soit acquise et donnée à l'influence des
« grands, et que certaines choses soient réservées
« au choix et à la volonté de la multitude. Cette
« Constitution a d'abord un grand caractère d'éga-
« lité, condition nécessaire à l'existence de tout
« peuple libre. Elle offre ensuite une grande sta-
« bilité. En effet, les premiers éléments, dont j'ai
« parlé, lorsqu'ils sont isolés, se dénaturent aisé-
« ment, et tombent dans l'extrême opposé, de
« manière qu'au roi succède le despote, aux
« grands, l'oligarchie factieuse, au peuple, la
« tourbe et l'anarchie. Souvent aussi ils sont rem-
« placés, et comme expulsés l'un par l'autre. Mais,
« dans cette combinaison de gouvernement qui les
« réunit et les confond avec mesure, pareille chose
« ne saurait arriver, à moins de supposer de
« grandes erreurs dans les chefs de l'État. Car il

---

[1] Cic. *de Re Publicâ*, lib. I, c. XLV.

« n'y a point de cause de révolution là où chacun
« est assuré dans son rang, et n'aperçoit pas au-
« dessous de place libre pour y tomber. »

Un illustre écrivain [1] avait dit que le gouvernement représentatif était au nombre des trois ou quatre grandes découvertes, qui, chez les modernes, ont créé un autre univers : mais ce beau système n'est-il pas tout entier dans ces paroles de Cicéron, bien plus que dans les bois de la Germanie, où Montesquieu prétend qu'il fut trouvé? et ce passage, dont la profondeur et la force doivent se reconnaître jusque dans la faiblesse de la traduction, ce passage, où les idées de Polybe ont été poussées bien plus avant par le génie de l'orateur romain, ne suffirait-il pas pour donner un intérêt immense de curiosité au précieux manuscrit, où se rencontrent de telles révélations de la sagesse antique, et de telles justifications anticipées de l'expérience moderne?

On n'en conclura pas sans doute que Cicéron ait voulu, dans cet ouvrage, ébranler la constitution romaine, lui qui se montre, dans ses lettres, si fatigué de la puissance des premiers triumvirs, si indigné de voir Pompée seul consul, si prompt à l'accuser d'usurpation et de tyrannie : mais ce grand homme sentait profondément le vice de la

---

[1] M. de Chateaubriand, *Génie du Christianisme*.

République, la domination toujours croissante d'une multitude toujours prête à s'enivrer de licence et d'enthousiasme, et à livrer les lois et l'empire aux fureurs de Catilina ou à la gloire de César. Il voyait que le pouvoir de ces grands, dont il redoutait l'ambition, n'avait pas de meilleure racine que les abus mêmes du gouvernement populaire; il voyait que la dictature leur était vendue par un tribun factieux, ou déférée par les cris d'une foule aveugle. D'autre part, il était manifeste que, dans les premières époques de Rome, après l'expulsion des rois, l'autorité royale, plutôt déplacée que détruite, avait passé tout entière aux consuls et au sénat, et que c'était à la faveur de cette puissante aristocratie, et de cette unité persévérante de vues et de projets, que s'était élevé l'édifice de la grandeur et de la vertu romaine.

Cicéron essayait de remonter, au moins en théorie et en espérance, vers cet état de choses; et comme il arrive toujours, il embellissait ce qui n'existait plus; il attribuait au passé une sagesse, une régularité, que peut-être Rome n'avait jamais connue; il expliquait les accidents par des causes générales et profondes; et en même temps il cherchait à faire cadrer la succession de ces accidents avec le système de politique le plus sage et le plus spécieux que ses réflexions et ses études pouvaient lui offrir. Ceci sert à expliquer la marche presque historique qu'on lui verra suivre, dans le second livre de cet ouvrage, où il reprend l'un après l'autre les règnes des rois de Rome, indique leurs principales Institutions, passe ensuite à l'établissement de la République, examine les divers pouvoirs qui furent d'abord créés pour la régir, en marque la date, le motif, la durée. Mais ces différentes mutations avaient-elles un rapport véritable avec le plan de gouvernement mixte qu'il se plaît à proposer? Rome ne présenta-t-elle pas toujours la lutte violente et unique de deux corps rivaux? Ne lui manquait-il pas un pouvoir modérateur, inviolable et paisible? et l'absence de ce pouvoir ne fut-elle pas dangereusement suppléée par la création de cette formidable dictature qui, mise une fois en usage, devait tôt ou tard, chez une nation belliqueuse, être la seule et dernière puissance?

Il ne paraît pas que Cicéron ait été, nulle part, assez sincère pour faire cet aveu; mais il est visible que son génie lui inspira, dans la pratique même du gouvernement, l'idée de chercher un remède à ce vice de la République. Ce fut en effet ce besoin d'un pouvoir médiateur qui lui fit, pendant son consulat, recréer[1], pour ainsi dire, l'ordre

---

[1] Marcus Cicero demum stabilivit equestre nomen in consulatu suo, catilinanis rebus, ex eo se ordine profectum esse celebrans, ejusque vires peculiari popularitate quærens. Ab illo tempore

des chevaliers, et donner à cette classe de citoyens assez de prépondérance, pour qu'elle devînt un troisième corps de l'État. Mais quelle que fût la grandeur et le succès momentané de cet effort, il ne faisait qu'introduire dans l'État un élément de même nature que les autres, tumultueux, variable comme eux, et dès lors insuffisant pour leur servir de limite et de barrière.

Du reste, en examinant ce que ce grand homme avait dit sur les avantages d'un pouvoir mixte et tempéré, et en le rapprochant de l'espèce d'illusion qui lui faisait trouver ces avantages dans l'ancienne constitution romaine, n'est-on pas naturellement frappé d'une grande vérité ? C'est que l'ancien monde, le monde païen, ne pouvait, par l'imperfection de ses croyances religieuses, s'élever à la pratique de cette monarchie tempérée, dont quelques sages avaient conçu le vœu et l'espérance. Un point d'appui manquait : il n'y avait pas de consécration du pouvoir, il n'y avait pas d'autorité moralement obligatoire qui le rendît inviolable, en lui ordonnant d'être juste. C'est là peut-être le plus grand pas que le genre humain ait fait par l'œuvre de la régénération chrétienne ;

---

plane hoc tertium corpus in re publicâ factum est, cœpitque adjici senatui populoque romano, et equester ordo ; quâ de causâ et nunc post populum scribitur, quia novissime cœptus est adjici. (C. *Plinii Secundi Natur. Hist.* lib. XXXIII, C. VIII.)

elle a donné à la puissance une autre base que la force, ou que le nombre. Par là, même dans les temps les plus barbares, elle a modéré la violence des dominations les plus injustes; par là, enfin, le christianisme bien compris favorise et appelle ce beau système politique qui concilie le mouvement et la stabilité, et qui, sous l'abri d'un pouvoir inviolable, perpétuel, établit des pouvoirs électifs et des droits populaires.

Il semble que Cicéron ait cherché toute sa vie, dans sa conduite politique et dans ses écrits; un principe conservateur qui assurât la durée du noble ouvrage de la grandeur romaine. Dans le désespoir d'y parvenir, ayant sauvé Rome de Catilina, mais sentant bien qu'elle était réservée pour César, il demandait aux anciennes mœurs, aux vieux souvenirs de la patrie cet appui, qu'il n'attendait plus des lois, ni de la distribution des pouvoirs. De là ce choix de Scipion pour principal interlocuteur, afin de saisir et de marquer le moment, où l'élégance de la civilisation naissante touchait et s'unissait encore à la simplicité des premiers temps; de là cet éloge perpétuel des coutumes antiques, ce culte du passé, qu'on retrouve également dans le traité des *Lois*, et qui fait dire ailleurs à Cicéron, que la législation des Douze Tables, encore si barbare, surpassait en profondeur et en utilité les méditations de tous les sages. Mais quelque patriotique que soit ce sentiment, il donne à la politique des bornes bien étroites. Comme le progrès de la civilisation est un résultat nécessaire du temps, soutenir que ce progrès entraîne la destruction des peuples, exclure de la vie sociale le perfectionnement et les lumières, c'est prononcer l'arrêt de mort des États; car c'est subordonner leur existence à une condition unique et peu durable.

Cicéron était sans doute un grand et admirable génie. Mais combien cette prédilection exclusive pour le passé, sur laquelle il fondait son ouvrage, n'est-elle pas inférieure à la noble idée exprimée naguère par un orateur anglais, qui, depuis cinquante ans, zélateur assidu de toutes les libertés sociales, de toutes les réformes salutaires, de toutes les améliorations de la destinée humaine, s'écriait, en proposant une bienfaisante innovation : « Pour « les peuples anciens appuyés sur des croyances « fausses et périssables, la civilisation était toute « dans le passé, et n'avait pas d'avenir : mais « pour nous, sectateurs de la vérité, notre civili- « sation, c'est un progrès continuel vers le plus « haut degré de lumière, de justice et d'humanité. » Sans doute ce n'est pas M. Wilberforce personnellement qui l'emporte sur Cicéron. Ce que l'on voit ici, c'est la supériorité du principe des sociétés modernes sur les bases fragiles de la société antique.

Mais le spectacle de ces gouvernements de l'antiquité, si grands quelquefois, dans leur courte durée, devait fournir à Cicéron une foule de vives images et de réflexions profondes. Il en retrace l'instabilité en peu de mots avec une force inimitable. « Ainsi, dit-il, le pouvoir est comme une « balle que l'on s'arrache l'un à l'autre, et qui « passe des rois aux tyrans, des tyrans aux aristo- « crates et au peuple, et de ceux-ci aux factions « et aux tyrans, sans que jamais la même forme « de constitution politique se maintienne long- « temps. »

De quel feu brillent, dans le texte original, les diverses peintures que fait Cicéron de tous ces maux des États ! avec quel art sont-elles amenées par le mouvement naturel du dialogue ! Quel sentiment profond, quelle conscience de l'homme d'État les anime ! Mais achevons cette analyse, trop souvent interrompue par les lacunes du manuscrit.

Après avoir discuté, dans le premier livre, les principaux éléments de la constitution des peuples, et tracé dans le second la peinture embellie de l'ancienne République romaine, en liant ces souvenirs historiques à d'admirables digressions sur les cités de la Grèce, Cicéron touche, dans le troisième livre, une question que l'on pourrait prendre pour une thèse vulgaire et superflue, l'existence et l'utilité de la justice. Mais, que l'on ne s'y trompe pas : sous des noms divers, sous les noms de raison d'État, de politique, de machiavélisme, ce principe si manifeste et si sacré trouvera toujours également des contradicteurs et des adversaires. Le problème est d'une grande évidence ; mais la solution a toujours besoin d'être répétée. Celle que présente Cicéron, admirable dans quelques parties, incomplète dans d'autres, laisse encore beaucoup à dire sur une matière, que les sophismes de l'intérêt rajeunissent sans cesse.

Les livres suivants devaient naturellement amener des considérations et des détails sur les parties les plus importantes de la constitution romaine. Mais notre manuscrit ne renferme que de bien faibles débris de cette seconde moitié de l'ouvrage. Quelques restes du dialogue primitif, quelques pages entières, mais détachées, des phrases, des citations partielles, voilà tout ce qui sert à nous donner une imparfaite idée de ce qui remplissait le quatrième et le cinquième livre. Nous avons précieusement recueilli ces monuments si mutilés ; nous avons tâché de les éclaircir par des recherches historiques ; mais nous sentons toute l'insuffisance et toute la stérilité de ce travail. L'industrieuse patience de nos savants modernes a rétabli des inscriptions anéanties, en calculant le nombre et la forme des caractères, dont elles se composaient, d'après les empreintes que les clous d'airain, qui attachaient ces caractères détruits, avaient laissées dans le marbre du monument. Ainsi une admirable sagacité réparait les outrages du temps, et parvenait, en s'aidant de quelques restes d'indices matériels, à rétablir un ouvrage de main d'homme; mais cette divination ne peut s'appliquer aux grands ouvrages de la pensée : on ne saurait calculer les inspirations du génie, d'après la place qu'elles occupaient sur le parchemin du manuscrit déchiré. Il n'y a pas ici d'hypothèses géométriques qui puissent nous conduire sur les traces de la vérité perdue sans retour. La pensée n'occupe point d'espace nécessaire; l'imagination, l'éloquence, les sentiments sublimes effacés, disparus, ne laissent pas d'empreintes qui servent à les retrouver par conjecture. Que renfermaient ces pages détruites? Quelle vérité y discutait Cicéron? De quelle lumière l'avait-il éclairée? De quel charme de la parole l'avait-il embellie? Ces termes isolés, ces expressions insignifiantes, qu'un grammairien nous a transmises, ne faisaient-elles point partie de quelque mouvement sublime, n'entraient-elles pas dans le développement de quelque grande vérité morale ou politique? Ne pouvez-vous savoir ce que Cicéron avait dit, ce qu'il avait senti, en parlant des plus beaux temps de Rome puissante et libre encore? Hélas! sur tout cela nous ne pouvons qu'ignorer et douter. Je ne sais si les Anglais ne pourraient pas, quelque jour, reconstruire le Parthénon d'Athènes, avec toutes les pierres qu'ils en ont successivement détachées et recueillies; mais personne ne pourra refaire un livre de Cicéron, en eût-il tous les débris! car qui peut savoir ce que le génie d'un grand homme avait mis dans l'intervalle de deux pensées? Comment suppléer cet art admirable d'une ordonnance dictée par la plus sublime raison?

Mais, dira-t-on, cette découverte, ainsi réduite et bornée par tant de pertes irréparables, n'ajoutera donc que bien peu de choses à nos connaissances sur les antiquités et la politique romaines? Tant de points obscurs et contestés resteront donc enveloppés de la même incertitude? nous ne pouvons le nier: et nous sommes convaincus même que l'ouvrage de Cicéron, eût-il été retrouvé intact et complet, serait loin de satisfaire à cette investigation curieuse, et à ce besoin de précision et d'exactitude, que les modernes ont porté dans l'étude de l'histoire et des institutions sociales. Et d'abord la science critique de l'histoire, si imparfaite dans l'antiquité, et avant la découverte de l'imprimerie, était, au temps de Cicéron, encore plus douteuse et plus restreinte qu'elle ne le fut dans les siècles suivants. On en verra la preuve par la conformité que le second livre de la *République* offre avec les récits de Tite-Live sur les premiers temps de Rome. On n'y découvre également aucune trace des curieuses circonstances, que Tacite et Pline recueillirent plus tard, touchant la prise de Rome [1] par Porsena, et l'état singulier de servitude où furent quelque temps réduits ces mêmes Romains, dont Cicéron et Tite-Live présentent la fortune naissante comme une prospérité continuelle. En effet, dans une première époque d'enthousiasme, les Républiques ont leurs complaisants historiographes, comme les Rois. De fausses traditions consacrant des faits glorieux s'établissent, et deviennent un préjugé national, que les écrivains répètent : le temps les affermit; et il n'est plus permis d'y porter atteinte. A Rome, la domination exclusive du patriciat, le dépôt de la religion, des lumières et du gouvernement remis longtemps dans les mains d'une seule classe, avait encore favorisé ces fictions, et interdit l'examen qui pouvait les détruire. Cicéron nous apprend lui-même quelque part, que l'ostentation des grandes familles [2], et

---

[1] Porsena, deditâ urbe, etc. (*Tacit. Hist.* lib. III, cap. LXXII.) — In fœdere, quod expulsis regibus populo romano dedit Porsena, nominatim comprehensum invenimus, ne ferro nisi in agriculturâ uterentur. (*Plin. Hist. natur.* lib. XXXIV, cap. XXXIX.)

[2] Ipsæ enim familiæ sua monumenta servabant ad memoriam laudum domesticarum. Quamquam his laudationibus historia rerum nostrarum facta est mendosior. Multa enim scripta sunt in

l'abus des panégyriques prononcés aux funérailles des personnages illustres avait introduit dans l'histoire de faux événements, des consulats, des triomphes imaginaires. On conçoit, dès lors, comment ces mensonges des vanités particulières et de l'orgueil public avaient anciennement altéré les Annales romaines, et concouraient à y jeter cette espèce de merveilleux, que les critiques modernes reprochent à Tite-Live, et dont n'est pas exempt l'éloquent abrégé des premiers événements de Rome, que Cicéron trace dans le second livre de la *République*.

Mais, en admettant cette altération de faits, ne devait-on pas espérer du moins la peinture exacte des institutions? Sans doute, sur ce point, la destruction presque entière des derniers livres de la *République* nous a enlevé de précieux renseignements. Il ne faut pas oublier cependant que les anciens, abstraction faite des fables et des fausses traditions, traitaient l'histoire même contemporaine, d'une manière beaucoup moins technique et moins exacte que nous. Le même caractère devait se retrouver dans l'exposé de leur politique. On peut du reste le remarquer, jamais l'histoire d'un peuple, écrite par un compatriote, jamais un ouvrage national sur les Institutions d'un pays ne

---

iis, quæ facta non sunt : falsi triumphi, plures consulatus, genera etiam falsa. (*Cic. Brutus, seu de Claris Oratoribus.* c. XVI.)

répond à toutes les questions, à tous les doutes que peut former la curiosité étrangère ; et la cause en est simple : ce qui embarrasse les étrangers, ce qu'ils ignorent le plus dans l'histoire d'une nation, c'est presque toujours ce qu'il y a de plus familier, de plus usité dans la forme de ses lois, et dans la pratique habituelle du gouvernement. Et ce sont là précisément les choses que néglige l'auteur qui écrit sur le théâtre des faits, et pour des concitoyens instruits de tout le détail des Institutions et des mœurs. On ne doit donc pas s'étonner si la grande histoire de Tite-Live laisse tant d'obscurité sur une foule de points de la Constitution romaine ; et il n'est pas surprenant que des livres presque entiers du traité de la *République* offrent également peu de lumières tout à fait nouvelles.

Combien de difficultés se présentent à notre esprit, après avoir lu les historiens latins ! et l'homme qui a le plus étudié le livre où Montesquieu explique, d'après eux, la grandeur et la décadence des Romains, pourrait-il résoudre une foule de questions très-simples en apparence, et qui touchent aux principes les plus essentiels de toute société ? Quel était, par exemple, l'ordre des tribunaux à Rome ? Y avait-il plusieurs degrés de juridiction ? Comment se renouvelait le sénat ? Était-ce par droit de naissance, par élection, ou en vertu de certaines charges une fois remplies? Un plébiscite était-il loi souveraine, et pouvait-il intervenir en toute matière? Les citoyens romains payaient-ils un impôt? Quelles étaient les dépenses publiques de l'État? Et, pour passer à des détails plus secondaires, mais toujours curieux, les grandes magistratures étaient-elles gratuites? Ces dictateurs, ces consuls, dont l'histoire célèbre la pauvreté, ne recevaient-ils aucun salaire de la République? Cet usage fut-il constant? A quelle date peut-on en marquer la fin?

En posant ces questions, que la critique savante est encore loin d'avoir éclaircies, nous sommes persuadés que les parties perdues de l'ouvrage de Cicéron ne contenaient pas sur tous ces points des explications exactes et positives. Aucune de ces prétendues difficultés n'était un problème pour les contemporains; et ces grands hommes, que Cicéron faisait converser ensemble, se comprenant à demi-mot sur tout ce qui touchait aux principes et aux usages de la Républibue romaine, devaient, dans la rapide élévation de leurs entretiens, sous-entendre une foule de notions et de détails, que l'érudition recherche aujourd'hui.

D'ailleurs, en comparant le caractère de généralité qui domine dans les plus beaux passages de ce dialogue sur le gouvernement, avec la finesse si pratique, l'expérience si nette et si précise que

Cicéron montre dans ses lettres, je suis tenté de croire qu'il distinguait beaucoup la politique des livres de celle des affaires et que, dans l'une, il ne disait pas tous les secrets de l'autre. Sa manière de composer sur ce sujet ne semblera pas, il est vrai, toute paradoxale et systématique comme celle de Platon ; mais elle est oratoire, et beaucoup plus morale que ne le sont les réalités. Son livre est une exhortation au patriotisme, un panégyrique de Rome, peut-être un manifeste adroit en faveur de l'autorité du Sénat. En tout, le genre de politique, dont il est rempli rappelle les pensées ingénieuses et les belles images d'Isocrate, dans son *Éloge d'Athènes*, plutôt que les vues fortes et le sens énergique de Démosthènes, dans ses *Harangues*. Ce jugement sans doute ne répond pas à la première idée que fait naître un ouvrage politique de Cicéron, d'un grand homme d'État, quelque temps le chef, et toujours un des premiers citoyens de la plus forte et de la plus habile nation du monde.

Un historien de l'antiquité disait, en parlant des lettres de Cicéron à Atticus : « Il y marque si bien « les passions des chefs de parti, les fautes des « généraux, les changements de la république, « qu'il n'est rien qu'on n'y voie à découvert : d'où « l'on peut juger que la prudence est une sorte de « divination. Car Cicéron n'a pas seulement prévu

« et annoncé les choses qui sont arrivées durant sa
« vie ; mais il a comme prophétisé ce qui se fait
« aujourd'hui [1]. » Il y a loin d'un tel éloge à ce
reproche d'un peu de vague et de généralité, que
nous ne craignons pas d'adresser au livre *de la
République*; mais ce défaut, qui existe pour nous,
s'explique, comme nous l'avons dit, par la volonté
même de l'auteur, et par la nature du gouvernement romain. Pareille observation pourrait s'appliquer aux harangues de Cicéron ; et elle a été
faite plus d'une fois. Ces harangues, lorsqu'elles
roulent sur les affaires d'État les plus importantes,
paraissent moins raisonnées, moins remplies de
vues et de faits, moins politiques enfin, que les
discours de Démosthènes. L'orateur s'y montre
davantage : les lieux communs de l'éloquence et
de la philosophie y prennent plus de place. On y
chercherait en vain l'explication et l'esprit de cette
politique profonde, que Bossuet et Montesquieu ont
si admirablement définie, et par laquelle Rome
mit l'univers à ses pieds. C'est que cette politique
ne se publiait pas, et n'était pas le texte de l'élo-

---

[1] Quæ qui legat, non multum desideret historiam illorum temporum. Sic enim omnia de studiis principum, vitiis ducum, mutationibus rei publicæ prescripta sunt, ut nihil in iis non appareat, et facile existimari possit, prudentiam quodam modo esse divinationem. Non enim Cicero ea solum quæ vivo se acciderunt futura prædixit; sed etiam quæ nunc usu veniunt cecinit, ut vates. (*Cornelius Nepos in Attici vitâ.* c. XVI.)

quence du Forum; elle résidait dans le corps et les traditions du Sénat. C'est là que s'étudiait l'art de maintenir dans l'obéissance un peuple si tumultueux et si fier, de le conduire où il ne voulait pas aller, de le faire servir à des desseins, que souvent il ignorait. Le gouvernement de Rome républicaine avait été, dans l'origine, un privilége et presque un mystère, concentré dans les mains d'un petit nombre de familles, qui réunissaient la possession de toutes les charges publiques, la magistrature, le sacerdoce, la science exclusive des lois et des rites religieux. Quelques brèches que le temps eût faites à ce rempart, et bien que la plupart des barrières qui fermaient l'entrée de cette puissante aristocratie, eussent été successivement arrachées par des fortunes et des ambitions nouvelles, sans cesse cependant elle tendait à se rétablir; elle se fortifiait de ce qu'elle cédait; elle s'enrichissait de ses défaites, en unissant à elle, en pénétrant de ses maximes les grands hommes, que le flot des lois populaires apportait dans son sein. A cette *confarréation* mystérieuse, qui liait jadis tous les membres des familles patriciennes, elle substituait une ambitieuse confédération de dignités, de richesses, de talents. Quand le monopole des superstitions augurales, qu'elle retint si longtemps, eut perdu sa puissance, elle conserva la science exclusive des intérêts de l'État, devenus chaque jour plus compliqués, plus nombreux, plus impénétrables à la foule, par la grandeur même des entreprises et des prospérités publiques.

Vainement le peuple enleva successivement toutes les grandes dignités, le Consulat, la Préture : l'aristocratie du Sénat, toujours renouvelée, mais immuable, s'incorporait les consuls et les préteurs plébéiens; et elle suivait, sans s'arrêter, le cours de ses vastes projets, au dedans, au dehors, infatigable, inflexible, tantôt immolant les Gracques, tantôt même, se réfugiant sous le glaive du proscripteur Sylla, et enfin retrouvant, pour frapper César, une force qui n'était pas dans le reste des Romains, et qui ressemblait plus au désespoir de souverains déshérités, qu'au fanatisme populaire des premiers temps.

Homme nouveau, mais entraîné par cette action si puissante de l'aristocratie, c'est dans les rangs du Sénat, que s'était naturellement placé Cicéron, quoiqu'il eût consacré ses premiers écrits à célébrer Marius. Il apprit dans le Sénat les profondes maximes du gouvernement romain; il y trouva son appui pour enlever Rome à Catilina; il y attacha pour toujours sa gloire et son génie. C'est là, qu'avec tous les principes de cette politique intérieure qui maintenait le Sénat lui-même contre tant d'orages, se conservaient la suite et les traditions de cette habileté dominatrice qui avait subjugué, et qui gouvernait tant de royaumes, tant de peuples appelés du nom d'alliés, et tant de villes prétendues libres. C'est de là que se transmettaient les règles de cette administration ferme, sûre, quoique souvent odieuse, qui s'étendait à tant de contrées lointaines, embrassait des populations si diverses, et éprouvait si rarement des révoltes, ou des troubles.

Par quel art les Romains soutenaient-ils des guerres si éloignées, avec des armées si peu nombreuses? Quel était le système de leurs alliances? avec quelle sagesse, respectant les cultes, les lois des vaincus, leur laissaient-ils tout ce qui ne nuisait pas à la conquête? Comment le Sénat tenait-il dans la main ce gouvernement municipal, dont il avait couvert l'Italie? Voilà ce qui nous semble constituer la politique romaine; et voilà ce que Cicéron ne disait pas dans ses discours aux Comices; et ce qu'on ne trouvera nulle part dans le traité *de la République*. Ces confidences publiques et complètes sur tous les intérêts d'un peuple, étaient bonnes pour la démocratie d'Athènes, et expliquent le caractère des discours de Démosthènes. Mais, dans la grande aristocratie romaine, les discours de Cicéron au Forum n'étaient que des plaidoyers habilement ménagés, pour apprendre au peuple seulement ce qu'il était utile de lui faire connaître, au profit et pour la grandeur du Sénat.

C'est dans le secret du Sénat même, que se discutait la vraie politique de Rome. Quelques lettres, où Cicéron rend compte à son ami de ces débats intimes, nous font assez concevoir cette différence. En effet, la politique ne peut jamais devenir une science populaire, même dans les gouvernements les plus libres. Il y a toujours beaucoup d'illusion dans cette idée qu'un peuple conduit lui-même ses affaires : le mieux, c'est une forme de gouvernement qui les fasse tomber dans les mains des plus habiles. Aujourd'hui même, que tant de découvertes ont porté partout la lumière et la publicité, s'il est une nation, qui, selon la diversité des temps, approche du génie des Romains, en se servant du commerce et de l'industrie, comme ils se servaient de la conquête, croit-on que toute la politique de ceux qui la dirigent soit complétement à découvert dans des livres, ou dans des discours ? Trouverait-on quelque part tous les secrets de cette science du commandement, qui domine le continent indien, de ce génie maritime qui tient sous sa garde toutes les voies du commerce et tous les passages des navigateurs, depuis Malte jusqu'à Ceylan ; enfin, de cette politique changeante, mais pour un seul but, qui porte sur tous les points de l'Europe, ses armes, son alliance, ou sa neutralité ? Doit-on s'étonner dès lors, que les ouvrages de l'antiquité nous laissent ignorer, sur les anciens, ce que les écrits même contemporains ne nous apprennent pas toujours sur les modernes?

Mais si ce traité *de Re Publica*, tel qu'il nous est rendu, offre peu de nouveaux détails touchant la Constitution de Rome et sa politique, l'intérêt de ce précieux monument ne semble-t-il pas s'affaiblir, et la curiosité publique n'éprouvera-t-elle pas quelque mécompte? Il reste les grandes idées générales, que nous avons indiquées plus haut, et qui sont d'un intérêt si puissant et si moderne; il reste, ce qui nous paraît toujours inappréciable, les pensées et les sentiments d'un grand homme; il reste ce caractère, ce langage de l'antiquité, qui lors même qu'il ne s'applique pas à la révélation de tel ou tel fait particulier, est à lui seul, et par lui-même, un objet d'instruction et d'étude, un renseignement pour l'érudition et le goût.

Que de choses d'ailleurs des yeux plus éclairés que les nôtres ne pourront-ils pas découvrir dans deux cents pages nouvelles de Cicéron! Et pour ne parler ici que des beautés littéraires, de quelle émotion ne sera-t-on pas saisi, en lisant l'admirable début du premier livre, où Cicéron se montre lui-même, avant de faire place aux acteurs de son drame oratoire, et où il met à nu toute son âme, avec une sincérité de noble orgueil, une grandeur, une éloquence que le souvenir tant reproduit de son Consulat ne lui a jamais inspirée au même degré, dans aucun autre de ses ouvrages? Combien de peintures gracieuses, de traits caractéristiques dans les détails qui lui servent à préparer le dialogue, et à présenter les différents personnages! Puis, quelle dignité, quelle élévation dans le langage de Scipion! Comme on sent bien que ce n'est pas ici un sophiste grec qui disserte, mais Scipion ou Cicéron lui-même qui parle de Rome! Vous trouvez trop peu de critique dans le choix des faits historiques ; mais vous y voyez la superstition de ces grands hommes pour la gloire de leur patrie; et cela même est un fait qui vous instruit et vous touche. Enfin, ce charme continu de la parole, donné à si peu d'hommes, et que personne n'a porté plus loin que Cicéron, cette vérité de style, cette pureté, cette éloquence, répandue dans tout le dialogue *de la République,* ne sont-elles pas aussi pour l'imagination de précieuses découvertes, dont elle profite et s'enrichit?

Nous irons plus loin même, dût-on nous reprocher cette manie d'admiration innée dans les traducteurs. Telle digression du traité *de la République,* par elle-même assez froide, nous semble offrir par réflexion un intérêt remarquable. Ainsi, dans le premier livre, le dialogue commence par une controverse astronomique, assez inutilement amenée. A l'occasion d'un parhélie observé dans le ciel, on raisonne sur le soleil, sur les éclipses, sur le monde planétaire, sur une sphère mobile inventée par Archimède; et la transition pour arriver au sujet, c'est de dire : « Pourquoi tant discuter sur « ce qui arrive dans le ciel, quand nous ne som- « mes pas sûrs de ce qui se fait dans nos murailles « et dans notre patrie? » Toute cette astronomie ignorante et fautive, comme on peut le croire, paraîtra sans doute médiocrement utile. Mais peut-on se défendre d'un mouvement de respect, quand on songe à ce beau caractère de curiosité philosophique, à ce goût universel de la science, dont fut animé Cicéron, et qui, au milieu d'une vie agitée par tant de travaux, et dans un état de civilisation encore dénué de secours, lui fit rechercher avec une insatiable ardeur tous les moyens de connaissances nouvelles et de lumières?

Cet homme, qui avait médité avec tant de soin l'art de l'éloquence, et le pratiquait chaque jour dans le Forum, dans le Sénat, dans les tribunaux; ce grand orateur, qui, même pendant son consulat, plaidait encore des causes privées, au milieu d'une vie toute de gloire, d'agitations et de périls, dans ce mouvement d'inquiétudes et d'affaires, attesté par cette foule de lettres si admirables et si rapidement écrites, étudiait encore tout ce que, dans son siècle, il était possible de savoir. Il avait cultivé la poésie : il avait approfondi et transporté chez les Romains toutes les philosophies de la Grèce; il cherchait à recueillir les notions encore imparfaites des sciences physiques. Nous voyons même, par une de ses lettres, qu'il s'occupa de faire un traité technique de géographie, à peu près comme Voltaire compilait laborieusement un abrégé chronologique de l'histoire d'Allemagne. Ces deux génies, que nous ne voulons pas comparer, ont eu en effet ce caractère distinctif, de mêler aux plus brillants trésors de l'imagination et du goût, l'ardeur de toutes les connaissances, et cette activité intellectuelle qui ne s'arrête, ni ne se lasse jamais.

Sans doute il y avait entre eux de grandes dissemblances, surtout dans cette vocation prédominante qui entraînait l'un vers l'éloquence et l'autre vers la poésie; sans doute aussi la diversité des temps et des situations mettait plus de différence encore entre l'auteur français du dix-huitième siècle, et le consul de la république romaine : mais cette passion de tout savoir, ce mouvement de la pensée qui s'appliquait également à tout, forme un trait éminent qui les rapproche; et peut-être le sentiment confus de cette vérité agissait-il sur Voltaire dans l'admiration si vivement sentie, si sérieuse, que cet esprit, contempteur de tant de renommées antiques, exprima toujours pour le génie de Cicéron.

Après avoir beaucoup parlé de Cicéron et du traité *de la République,* il resterait quelques mots à dire sur cette traduction. J'avouerai que je l'avais commencée avec enthousiasme, si le mot n'était pas bien ambitieux pour un traducteur : il y avait un charme d'illusion dans ce travail, dans cette jouissance exclusive d'un chef-d'œuvre si long-temps inconnu. On m'envoyait les feuilles de Rome, à mesure qu'elles étaient enlevées au précieux manuscrit. Je les attendais avec impatience : j'étais comme un Gaulois quelque peu lettré, un habitant de Lugdunum ou de Lutetia qui, lié avec un citoyen de Rome par quelque souvenir de clientèle, ou d'hospitalité, aurait reçu de lui successivement, et par chapitres détachés, le livre nouveau du célèbre consul.

Dans cette espérance si curieuse, je maudissais souvent la lenteur des courriers romains ; souvent j'accusais les pertes que l'ouvrage me semblait avoir éprouvées dans ce long trajet, avant d'arriver jusqu'à moi ; et en effet, il avait traversé deux mille ans. Quelquefois aussi mon illusion se dissipait presque entièrement ; et je me retrouvais au dix-neuvième siècle, en lisant les longues notes et les curieux commentaires, dont M. Mai entourait le texte trop abrégé de son manuscrit. Cependant, mon intérêt, un moment affaibli, se ranimait par l'importance et la singularité de la découverte, par les grandes beautés philosophiques et littéraires, qui m'apparaissaient du milieu de ces ruines renaissantes, par ce caractère inimitable de l'écrivain de génie, et du consul romain, qui brille dans toutes les pages, dans les moindres traits du livre original, et leur donne une sublime authenticité.

J'ai achevé une difficile entreprise, soutenu par la satisfaction de m'associer aux pensées d'un grand homme, et peut-être aussi par l'espérance que mes faibles efforts, en s'attachant à un monument désormais indestructible, deviendraient moins périssables, et laisseraient, une fois, quelque souvenir. Mon travail, tout imparfait qu'il doit être, se conservera, protégé par l'heureux hasard d'avoir le premier fait connaître cette précieuse et tardive découverte; et moi, qui ne suis ici qu'un copiste et qu'un imitateur, j'aurai cependant le même privilége que cet artiste d'Athènes, qui, ayant travaillé à la statue de Minerve, grava son nom dans un coin de l'immortel ouvrage, sous le bouclier de la déesse.

DE LA RÉPUBLIQUE.

LIVRE PREMIER.

I.... *Sans cette vertu* (¹), Duillius, Régulus, Métellus n'auraient point affranchi Rome de la terreur de Carthage; les deux Scipions n'auraient point éteint dans leur sang l'incendie à peine allumé de la seconde guerre punique; Fabius n'eût point amorti, Marcellus n'eût point étouffé ce fléau réveillé plus terrible; et Scipion, l'arrachant de nos portes, ne l'eût point refoulé tout entier dans les murs de nos ennemis. Caton, que nous tous, ambitieux de la même gloire, suivons comme le premier guide dans la route du talent et de la vertu, Caton, d'abord homme nouveau et inconnu,

M. TULLII CICERONIS DE RE PUBLICA.

LIBER PRIMUS.

I.... Impetu liberavissent; nec G. Duillius, Aulus Atilius, L. Metellus terrore Carthaginis; non duo Scipiones oriens incendium belli punici secundi sanguine suo restinxissent; nec id excitatum majoribus copiis aut Quintus Maximus enervavisset, aut M. Marcellus contudisset, aut a portis hujus urbis avulsum P. Africanus compulisset intra hostium mœnia. M. vero Catoni homini ignoto

était libre de jouir, à Tusculum, d'un agréable repos, dans une retraite salutaire et peu éloignée; mais cet homme, insensé, s'il faut en croire de tels philosophes, aima mieux, quand nulle nécessité ne lui en faisait une loi, être battu par les flots de ces tempêtes publiques, jusqu'à la dernière vieillesse, que de mener une vie délicieuse, dans cette paix et ce loisir. Je laisse de côté cette foule d'hommes qui ont servi tour à tour au salut de la République; je ne rappelle point ceux dont les noms touchent encore aux souvenirs de nos contemporains, de peur que quelqu'un ne me reproche d'oublier ou sa famille, ou lui-même. J'établis seulement une vérité. La nature donne à l'homme un sentiment si impérieux de la vertu et une ardeur si vive pour la défense du salut commun, que cet instinct triomphe en lui de tous les charmes du plaisir et du repos.

II. Or, la vertu n'est pas comme un art qu'il suffise

et novo, quo omnes, qui iisdem rebus studemus, quasi exemplari ad industriam virtutemque ducimur, certe licuit Tusculi se in otio delectare, salubri et propinquo loco. Sed homo demens, ut isti putant, cum cogeret eum necessitas nulla, in his undis et tempestatibus ad summam senectutem maluit jactari, quàm in illa tranquillitate atque otio jucundissime vivere. Omitto innumerabiles viros quorum singuli saluti huic civitati fuerunt : et qui sunt *haud* procul ab ætatis hujus memoriâ commemorare eos desino, ne quis se aut suorum aliquem prætermissum queratur. Unum hoc definio, tantam esse necessitatem virtutis generi hominum a naturâ, tantumque amorem ad communem salutem defendendam datum, ut ea vis omnia blandimenta voluptatis otiique vicerit.

II. Nec vero habere virtutem satis est, quasi artem aliquam,

de posséder, sans le mettre en pratique. Un art, en effet, lors même que vous ne l'appliquez pas, peut vous appartenir par la théorie; mais la vertu n'est rien, si elle n'est active. Son activité la plus glorieuse, c'est le gouvernement de l'État et l'application, non pas en paroles, mais en fait, des choses mêmes que ces gens-là débitent dans leurs écoles. Car rien n'est dit par les philosophes, du moins de juste et d'honnête, que les premiers législateurs des États n'aient découvert, n'aient proclamé. D'où viennent en effet le respect des dieux et le culte public? D'où vient le droit des gens, et cette législation, que l'on appelle le droit civil? D'où vient la justice ([2]), la foi, l'équité? D'où vient le sentiment de la pudeur ([3]), la continence, l'horreur de l'infamie, l'ambition de la gloire et de l'estime, le courage dans les peines et dans les dangers? De ces hommes qui, après en avoir préparé le principe par l'éducation, l'ont ou affermi par l'influence des mœurs, ou consacré par les lois.

On rapporte que Xénocrate, philosophe du premier

---

nisi utare. Etsi ars quidem, cum eâ non utare, scientiâ tamen ipsâ teneri potest; virtus in usu sui tota posita est : usus autem ejus est maximus civitatis gubernatio, et earum ipsarum rerum, quas isti in angulis personant, reapse, non oratione, perfectio. Nihil enim dicitur a philosophis, quod quidem recte honesteque dicatur, quod *non* ab his partum confirmatumque sit, a quibus civitatis jura descripta sunt. Unde enim pietas? aut a quibus religio? unde jus aut gentium, aut hoc ipsum civile quod dicitur? Unde justitia, fides, æquitas? unde pudor, continentia, fuga turpidinis, adpetentia laudis et honestatis? unde in laboribus et periculis fortitudo? Nempe ab his, qui hæc disciplinis informata, alia moribus confirmârunt, sanxerunt autem alia legibus. Quin

ordre, interrogé sur l'avantage que ses disciples retiraient de ses leçons, répondit : « Ils apprennent à faire par leur choix ce que les lois leur ordonnent de faire. » Le citoyen qui, par l'autorité et les menaces de la loi, oblige tout un peuple aux mêmes choses, que les conseils de la philosophie peuvent inspirer à quelques hommes, ce citoyen est donc préférable même aux démonstrateurs les plus éloquents des vérités, que seul il met en action. Quel discours si achevé peuvent-ils faire qui vaille mieux qu'un État sagement ordonné, qu'une constitution sociale, que des mœurs publiques? Pour moi, autant les grandes cités, les cités dominatrices, suivant l'expression d'Ennius, me paraissent supérieures à des villages et à des châteaux, autant les hommes qui gouvernent ces villes par le conseil et le commandement, l'emportent, à mes yeux, en sagesse véritable sur ces esprits spéculatifs, étrangers à toute affaire publique. Aussi, puisque notre passion la plus vive est d'accroître l'héritage du genre humain ([4]), puisque nos pensées et nos efforts aspirent à rendre l'exis-

---

etiam Xenocraten ferunt, nobilem in primis philosophum, cùm quæreretur ex eo, quid adsequerentur ejus discipuli, respondisse, ut id suâ sponte facerent quod cogerentur facere legibus. Ergo ille civis qui id cogit omnes imperio legumque pœnâ, quod vix paucis persuadere oratione philosophi possunt, etiam his, qui illa disputant, ipsis est præferendus doctoribus. Quæ etenim istorum oratio tam exquisita, quæ sit anteponenda bene constitutæ civitati, publico juri, et moribus? Equidem quemadmodum urbes magnas atque imperiosas, ut appellat Ennius, viculis et castellis præferendas puto, sic eos qui his urbibus consilio atque auctoritate præsunt, his qui omnis negotii publici expertes sint, longe duco sapientiâ ipsâ esse anteponendos. Et quoniam maxime rapi-

tence humaine plus forte et plus assurée, puisque nous sommes excités à cette heureuse tâche par le cri même de la nature, suivons, dans ce but, la route qui fut toujours celle des plus grands hommes, et n'écoutons point ce signal de la retraite, qui retentit à nos oreilles, et voudrait rappeler ceux mêmes qui déjà se sont avancés dans la carrière.

III. A ces raisons si certaines et si visibles nos adversaires opposent les travaux à supporter, dans la défense de l'État; faible obstacle pour le zèle et pour le talent, considération méprisable, lors même qu'il s'agit d'intérêts médiocres, de devoirs, d'occupations secondaires, loin que l'on puisse jamais l'appliquer à des intérêts si grands ! On ajoute les périls, dont la vie est menacée ; on allègue cette crainte de la mort, si honteuse aux yeux des hommes de courage, qui trouvent bien plus malheureux de périr lentement consumé par le temps et la vieillesse, que de saisir un mo-

---

mur ad opes augendas generis humani, studemusque nostris consiliis et laboribus tutiorem et opulentiorem vitam hominum reddere, et ad hanc voluptatem ipsius naturæ stimulis incitamur; teneamus eum cursum, qui semper fuit optimi cujusque ; neque ea signa audiamus, quæ receptui canunt, ut eos etiam revocent, qui jam processerint.

III. His rationibus tam certis tamque illustribus opponuntur ab his, qui contra disputant, primum labores qui sint re publicâ defendendâ sustinendi : leve sane impedimentum vigilanti et industrio; neque solum in tantis rebus, sed etiam in mediocribus vel studiis, vel officiis, vel vero etiam negotiis contemnendum. Adjunguntur pericula vitæ, turpisque ab his formido mortis fortibus viris opponitur : quibus magis id miserum videri solet, naturâ se consumi et senectute, quàm sibi dari tempus, ut possint

ment, pour déposer, au profit de la patrie, cette vie mortelle, qu'il fallait bien toujours rendre à la nature.

Cependant, c'est là surtout que nos contradicteurs triomphent et se croient éloquents, lorsqu'ils rassemblent toutes les infortunes des grands hommes, et les injustices qu'ont fait peser sur eux d'ingrats concitoyens. Là se retrouvent ces fameux exemples empruntés aux Grecs, Miltiade, vainqueur et exterminateur des Perses, encore tout saignant des blessures qu'il avait reçues en face, dans une glorieuse journée, et préservé des glaives ennemis, pour venir expirer dans les cachots d'Athènes; Thémistocle, proscrit et chassé de sa patrie délivrée, se réfugiant non dans les ports de la Grèce sauvés par son bras, mais sur les rivages de la Puissance barbare, qu'il avait abattue. Les exemples de l'inconstance et de la cruauté des Athéniens envers leurs plus grands hommes ne manquent pas : ces exemples, nés et souvent renouvelés chez ce peuple, ont passé, dit-on, jusque dans la gravité des mœurs romaines ; et

eam vitam, quæ tamen esset reddenda naturæ, pro patriâ potissimum reddere.

Illo vero se loco copiosos et disertos putant, cùm calamitates clarissimorum virorum, injuriasque iis ab ingratis impositas civibus colligunt. Hinc enim illa et apud Græcos exempla, Miltiadem victorem domitoremque Persarum, nondum sanatis vulneribus iis, quæ corpore adverso in clarissimâ victoriâ accepisset, vitam ex hostium telis servatam, in civium vinclis profudisse : et Themistoclem patriâ, quam liberavisset, pulsum atque proterritum, non in Græciæ portus per se servatos, sed in barbariæ sinus confugisse, quam adflixerat. Nec vero levitatis Atheniensium crudelitatisque in amplissimos cives exempla deficiunt : quæ nata et frequentata apud illos, etiam in gravissimam civitatem nostram

on rappelle alors, ou l'exil de Camille, ou la disgrâce d'Ahala, ou l'impopularité de Nasica, ou le bannissement de Lénas, ou la condamnation d'Opimius, ou la fuite de Métellus, ou le désastre de Marius, et les morts violentes des chefs, et les meurtres si nombreux qui suivirent. On en vient à citer mon nom ; et peut-être même, dans la pensée qu'on doit à mes conseils et à mes périls la conservation de la vie et du repos, on s'arrête avec plus de force et d'attendrissement sur les maux que j'ai soufferts. Mais moi, j'ai peine à concevoir dans les mêmes hommes, que l'étude ou la curiosité entraîne au delà des mers, *l'étonnement que d'autres aient bravé de plus grands périls, pour servir la patrie* (⁵)....

IV.... Lorsque sortant du consulat, je jurai, dans l'assemblée du peuple romain que j'avais sauvé la patrie, et que le peuple entier répéta mon serment, ce jour-là, je reçus le dédommagement de toutes les injustices et de toutes les douleurs. Ma disgrâce même, à tout prendre, fut plus éclatante que pénible ; j'y trouvai

dicuntur redundasse. Nam vel exilium Camilli, vel offensio commemoratur Ahalæ, vel invidia Nasicæ, vel expulsio Lænatis, vel Opimii damnatio ; vel fuga Metelli, vel acerbissima C. Marii clades, principum cædes, vel eorum multorum pestes, quæ paulo post secutæ sunt. Nec vero jam meo nomine abstinent ; et credo, quia nostro consilio ac periculo sese in illâ vitâ atque otio conservatos putant gravius etiam de nobis queruntur et amantius. Sed haud facile dixerim, cur cùm ipsi discendi aut visendi causâ maria tramittant. . . . .

IV..... Salvam esse consulatu abiens in concione, populo romano idem jurante, juravissem, facile injuriarum omnium compensarem curam et molestiam. Quamquam nostri casus plus honoris habuerunt quàm laboris, neque tantum molestiæ, quantum gloriæ ; majoremque lætitiam ex desiderio bonorum percepi-

moins d'amertume que de gloire; et la joie d'être
regretté par les bons citoyens surpassa la douleur, que
m'inspirait l'allégresse des méchants; mais, le succès
même eût-il été différent, quelle plainte pouvais-je
former ? Il ne me serait arrivé rien d'imprévu, rien de
plus terrible que ce qu'il était naturel d'attendre pour
prix de si grandes actions. N'étais-je pas maître, en
effet, de partager le repos général, et d'en faire un
plus heureux emploi que tout autre, par la douceur et
la variété des études, que j'avais cultivées dès l'enfance?
Ne pouvais-je pas même, s'il survenait quelque désastre
public, ne m'y trouver associé que dans la proportion
commune, et sans un surcroît personnel de malheur?
Et n'était-ce pas volontairement que j'avais couru au-
devant des plus terribles tempêtes et des fleuves dé-
bordés, pour sauver mes concitoyens, et conquérir, par
mes périls, le repos de tous les autres ! En effet, je le
pense, la patrie ne nous a point donné la naissance et
l'éducation, pour n'espérer de nous, en retour, aucun

mus, quàm ex lætitiâ improborum dolorem. Sed si aliter, ut
dixi, accidisset, qui possem queri? cùm mihi nihil improviso, nec
gravius quàm expectavissem pro tantis meis factis, evenisset. Is
enim fueram, cui cùm liceret aut majores ex otio fructus capere,
quàm cæteris, propter variam suavitatem studiorum, in quibus a
pueritiâ vixeram; aut si quid accideret acerbius universis, non
præcipuam sed parem cum cæteris fortunæ conditionem subire;
non dubitaverim me gravissimis tempestatibus ac pene fluminibus
ipsis obvium ferre, conservandorum civium causâ, meisque propriis periculis parere commune reliquis otium. Neque enim hâc
nos patria lege genuit aut educavit, ut nulla quasi alimenta
exspectaret a nobis, ac tantummodo nostris ipsa commodis ser-
viens, tutum perfugium otio nostro suppeditaret, et tranquillum
ad quietem locum; sed ut plurimas et maximas nostri animi, in-

subside alimentaire, dirai-je, et pour être seulement la servante de nos intérêts, fournir un sûr asile à notre oisiveté, un lieu tranquille pour notre repos; elle entend au contraire avoir un droit privilégié sur les plus nombreuses et les meilleures facultés de notre âme, de notre esprit, de notre raison, et ne nous en laisse, pour notre propre usage, que la part qui lui est inutile à elle-même.

V. Les détours, les excuses que l'on prend, pour s'autoriser plus facilement dans l'inaction, ne méritent pas d'être écoutés. On allègue que la République est entourée par des hommes incapables de tout bien, avec lesquels le parallèle est humiliant (6), et le combat déplorable et dangereux, surtout en présence des passions populaires; que dès lors, il n'appartient ni au sage de prendre en main les rênes, puisqu'il ne pourrait contenir les mouvements aveugles et désordonnés de la foule; ni à l'homme généreux de s'exposer, en luttant contre d'impurs et coupables adversaires, à subir d'ou-

---

genii, consilii partes ipsa sibi ad utilitatem suam pigneraretur; tantumque nobis in nostrum privatum usum, quantum ipsi superesse posset, remitteret.

V. Jam illa perfugia, quæ sumunt sibi ad excusationem, quò facilius otio perfruantur, certe minime sunt audienda; cùm ita dicunt, accedere ad rem publicam plerumque homines nullâ re bonâ dignos, cum quibus comparari sordidum, confligere autem, multitudine præsertim incitatâ, miserum et periculosum sit. Quam ob rem neque sapientis esse accipere habenas, cùm insanos atque indomitos impetus vulgi cohibere non possit, neque liberalis, cum impuris atque immanibus adversariis decertantem, vel contumeliarum verbera subire, vel exspectare sapienti non ferendas injurias: proinde quasi bonis, et fortibus et magno animo præditis ulla sit ad rem publicam adeundi causa justior, quàm ne

trageuses atteintes, et de se livrer en butte à des injures intolérables pour sa vertu ; comme si, pour les hommes vertueux, fermes, et doués d'une grande âme, il pouvait y avoir plus juste cause d'approcher le gouvernement, que ce besoin même de ne pas obéir aux méchants, et de ne pas leur laisser la République en proie, pour se voir ensuite, lorsqu'on veut la secourir, incapable de le faire.

VI. Quant à cette restriction qui interdit au sage de se charger d'aucune partie de la chose publique, à moins que la circonstance et la nécessité ne l'y forcent, peut-on jamais l'approuver? Certes, il ne saurait survenir pour personne une nécessité plus pressante que celle, où je me suis rencontré : eh bien, qu'aurais-je pu faire dans cette grande circonstance, si, alors même, je n'avais été consul? et comment pouvais-je me trouver consul, si je n'avais suivi dès l'enfance tous les degrés de la carrière qui, du point où j'étais né, dans le rang des chevaliers, devait me conduire à cet honneur suprême?

pareant improbis, neve ab isdem lacerari rem publicam patiantur, cùm ipsi auxilium ferre si cupiant, non queant.
VI. Illa autem exceptio cui probari tandem potest, quòd negant sapientem suscepturum ullam rei publicæ partem, extra quàm si eum tempus et necessitas coegerit? quasi vero major cuiquam necessitas accidere possit, quàm accidit nobis ; in quâ quid facere potuissem, nisi tum consul fuissem? consul autem esse qui potui, nisi eum vitæ cursum tenuissem a pueritiâ, per quem equestri loco natus pervenirem ad honorem amplissimum? Non igitur potestas est ex tempore, aut cùm velis, opitulandi rei publicæ, quamvis ea prematur periculis, nisi eo loco sis, ut tibi id facere liceat. Maximeque hoc in hominum doctorum oratione mihi mirum videri solet, quòd qui tranquillo mari gubernare se negent posse, quòd nec didicerint nec unquam scire curaverint, iidem ad guber-

Vous ne pouvez donc trouver en vous à l'improviste et à volonté, la puissance de secourir l'État, quelque grands que soient ses périls, si vous ne vous êtes ménagé d'avance une situation qui vous permette d'agir. Et, ce qui m'étonne le plus dans les discours de nos sages, c'est d'entendre les mêmes hommes qui s'avouent impuissants à gouverner sur une mer paisible, parce qu'ils n'ont, à cet égard, ni instruction, ni expérience, déclarer qu'ils prendront le gouvernail au milieu de la tempête. C'est une chose en effet qu'ils disent hautement, et dont ils aiment à tirer gloire ; ils n'ont point recherché, et ils n'enseignent pas les moyens qui servent à l'établissement ou à la défense des États ; ils regardent cette connaissance comme étrangère à la méditation des savants et des sages, et l'abandonnent aux hommes qui en ont fait leur étude exclusive. Sont-ils donc raisonnables et conséquents, de promettre leur secours à la République, dans la chance d'une impérieuse nécessité, lorsque, trop faibles pour une tâche plus aisée, ils ne savent point conduire l'État, en l'absence

---

nacula se accessuros profiteantur, excitatis maximis fluctibus. Isti enim palam dicere, atque in eo multum etiam gloriari solent, se de rationibus rerum publicarum aut constituendarum aut tuendarum, nihil nec didicisse unquam nec docere; earumque rerum scientiam non doctis hominibus ac sapientibus, sed in illo genere exercitatis concedendam putant. Quare qui convenit polliceri operam suam rei publicæ tum denique, si necessitate cogantur? cùm, quod est multo proclivius, nullà necessitate premente, rem publicam regere nesciant. Equidem, ut verum esset suâ voluntate sapientem descendere ad rationes civitatis non solere ; sin autem temporibus cogeretur, tum id munus denique non recusare; tamen arbitrarer hanc rerum civilium minime negligendam scientiam

même de tout péril ? Pour moi, en admettant tout à la fois, que le sage n'a pas coutume de descendre spontanément au soin de l'administration civile, et que, si les circonstances l'y forcent, il ne se refuse point à ce devoir, je croirais encore qu'il ne doit en rien négliger la science des affaires publiques, pour se préparer d'avance toutes les ressources, dont il ignore s'il n'aura pas besoin quelque jour.

VII. J'ai donné sur ce point quelque développement à mes idées, parce que cet ouvrage est une discussion entreprise et suivie par moi, sur le gouvernement de l'État, et que, pour ne pas la rendre vaine, j'ai dû, avant tout, combattre cette hésitation pusillanime, qui éloigne des affaires publiques. S'il est des personnes qui soient fort touchées de l'autorité des philosophes, je les engage à prendre garde au choix, et à écouter de préférence, parmi ces philosophes, ceux qui ont le plus de gloire et d'autorité, dans l'opinion des esprits les plus éclairés : elles verront que ces hommes, lors même qu'ils n'ont point personnellement régi la chose publi-

---

sapienti, propterea quòd omnia essent ei præparanda, quibus nesciret an aliquando uti necesse esset.

VII. Hæc plurimis a me verbis dicta sunt ob eam causam, quòd his libris erat instituta et suscepta mihi de re publicâ disputatio ; quæ ne frustra haberetur, dubitationem ad rem publicam adeundi in primis debui tollere. Ac tamen si qui sunt, qui philosophorum auctoritate moveantur, dent operam parumper atque audiant eos, quorum summa est auctoritas apud doctissimos homines et gloria : quos ego existimo, etiam si qui ipsi rem publicam non gesserint, tamen quoniam de re publicâ multa quæsierint et scripserint, functos esse aliquo rei publicæ munere. Eos vero septem, quos Græci sapientes nominaverunt, omnes pene video in mediâ re-

que, doivent être considérés, par l'étendue de leurs recherches et de leurs écrits sur l'administration des États, comme ayant exercé (⁷) une sorte de magistrature politique. Quant à ceux que la Grèce a désignés sous le nom de sept sages, je vois qu'ils ont tous vécu au milieu des affaires. Et en effet, il n'est rien qui place le génie de l'homme plus près de la providence des dieux que de fonder, ou de maintenir les États.

VIII. Pour nous, s'il nous a été donné de faire dans le gouvernement quelque chose digne de mémoire, et si nous avons d'ailleurs quelque aptitude à expliquer les mouvements et les ressorts de la politique, nous pouvons porter dans ce sujet, avec notre expérience, l'art d'étudier et d'instruire ; tandis que, avant nous, les uns, habiles dans la théorie, ne s'étaient signalés par aucun acte ; les autres, hommes d'État estimés, étaient inhabiles à parler. Au reste, il ne s'agit pas ici pour moi d'établir un système nouveau et arbitrairement imaginé. Je veux reproduire l'opinion des hommes les plus illustres de leur siècle et de notre République, telle que vous et moi, dans notre jeunesse,

---

publicâ esse versatos. Neque enim est ulla res, in quâ propius ad deorum numen virtus accedat humana quàm civitates aut condere novas, aut conservare jam conditas.

VIII. Quibus de rebus, quoniam nobis contigit, ut iidem et in gerendâ re publicâ aliquid essemus memoriâ dignum consecuti, et in explicandis rationibus rerum civilium quamdam facultatem, non modo usu sed etiam studio discendi et docendi essemus auctores; cùm superiores alii fuissent in disputationibus perpoliti, quorum res gestæ nullæ invenirentur, alii, in gerendo probabiles, in disserendo rudes : nec vero nostra quædam est instituenda nova et a nobis inventa ratio, sed unius ætatis clarissimorum ac

nous trouvant à Smyrne, l'avons entendue de la bouche de Rutilius (⁸), qui nous rendit compte d'un entretien prolongé pendant plusieurs jours, et dans lequel, à mon avis, on n'avait oublié aucun point de ces grandes questions.

IX. Sous le consulat de Tuditanus et d'Aquilius, Scipion l'Africain, le fils de Paul-Émile, ayant fait le projet de passer les féries latines dans ses jardins, où ses plus intimes amis lui avaient promis de fréquentes visites, pendant ces jours de repos, dès le matin de la première férie, il vit entrer, avant tout le monde, son neveu Quintus Tubéron (⁹). Charmé de le voir, et l'accueillant avec amitié : Comment, vous, de si bonne heure, mon cher Tubéron ! lui dit-il ; il me semble que ces jours de fête vous donnaient une favorable occasion pour vous livrer à vos études. Mais, répondit Tubéron, tout le temps qui me reste est bon pour mes livres ; car ils sont toujours là, et n'ont rien à faire que de m'attendre ; tandis que vous, Scipion, il y a grande difficulté à vous trouver libre, surtout dans cette crise de la République. Vous me trouvez en effet, dit Sci-

---

sapientissimorum nostræ civitatis virorum disputatio repetenda memoriâ est, quæ mihi tibique quondam adolescentulo est a P. Rutilio Rufo, Smyrnæ cùm simul essemus, complures dies exposita, in quâ nihil fere quod magnopere ad rationes omnium rerum pertineret prætermissum puto.

IX. Nam cùm P. Africanus, hic Pauli filius, feriis latinis, Tuditano consule et Aquilio, constituisset in hortis esse ; familiarissimique ejus ad eum frequenter per eos dies ventitaturos se esse dixissent : latinis ipsis mane ad eum primus sororis filius venit Q. Tubero, quem cùm comiter Scipio appellavisset libenterque vidisset : — Quid tu, inquit, tamm ane, Tubero? Dabant enim hæ

pion, plutôt libre d'affaires que d'inquiétude. Il faudra bien, répondit Tubéron, que votre liberté d'esprit soit entière; car nous sommes plusieurs, suivant nos conventions, très-disposés, si notre empressement ne vous gêne pas, à perdre avec vous ces moments de loisir. — Très-volontiers de ma part, si nous pouvons y gagner quelques notions sur la science.

X. Eh bien, dit Tubéron, puisque vous m'y invitez, et que vous vous offrez vous-même, examinons d'abord, avant l'arrivée de nos amis, ce que signifie cette apparition d'un double soleil, dont il a été parlé dans le sénat. Les témoins prétendus de ce prodige ne sont ni peu nombreux, ni peu dignes de foi, de sorte qu'il s'agit moins désormais de le nier que d'en chercher l'explication.

Ah! dit Scipion, que je voudrais avoir ici notre ami Panætius, qui, dans les recherches de son esprit curieux, se plaît surtout à l'étude de ces merveilles célestes! Pour moi, cependant, Tubéron (car, avec vous,

feriæ tibi opportunam sane facultatem ad explicandas tuas litteras.—Tum ille: Mihi vero omne tempus est ad meos libros vacuum; nunquam enim sunt illi occupati : te autem permagnum est nancisci otiosum, hoc præsertim motu rei publicæ.—Tum Scipio: Atqui nactus es, sed mehercule otiosiorem operâ quàm animo. — Et ille : At tu vero animum quoque relaxes oportet; sumus enim multi, ut constituimus, parati, si tuo commodo fieri potest, abuti tecum hoc otio. — Libente me vero, ut aliquid aliquando de doctrinæ studiis admoneamur.

X.— Tum ille: Vis-ne igitur, quoniam et me quodammodo invitas, et tui spem das, hoc primum, Africane, videamus, ante quàm veniunt alii, quidnam sit de isto altero sole quod nunciatum est in senatu? neque enim pauci, neque leves sunt qui se duo soles vidisse dicant; ut non tam fides non habenda, quàm ratio quæ-

je dirai franchement ce que je pense), je ne saurais, en toute cette matière, me ranger à l'opinion de notre ami, lorsque, sur des choses que nous pouvons à peine soupçonner par conjecture, je l'entends parler avec tant de certitude qu'il semblerait les voir de ses yeux et les toucher de ses mains ; et je n'en admire que davantage la sagesse de Socrate, d'avoir laissé là toute curiosité semblable, et d'avoir dit que ces investigations sur la nature étaient, ou supérieures aux efforts de l'humaine raison, ou indifférentes à la conduite de la vie humaine.

Mais, dit Tubéron, je ne sais, vainqueur de l'Afrique, d'où vient cette tradition, qui suppose Socrate ennemi de toute étude semblable, et occupé seulement de recherches sur les mœurs et la conduite de la vie. A son égard, quelle autorité plus imposante pouvons-nous citer que celle de Platon ? Et dans ses ouvrages, en beaucoup d'endroits, tel est le langage de Socrate, que, même discutant sur les mœurs, sur les vertus, sur le

---

renda sit. — Hîc Scipio : Quàm vellem Panætium nostrum nobiscum haberemus, qui cùm cætera tum hæc cœlestia vel studiosissime solet quærere! Sed ego, Tubero, nam tecum aperte quod sentio loquar, non nimis adsentior, in omni isto genere, nostro illi familiari, qui quæ vix conjecturâ qualia sint possumus suspicari, sic adfirmat, ut oculis ea cernere videatur, aut tractare plane manu. Quò etiam sapientiorem Socratem soleo judicare, qui omnem ejusmodi curam deposuerit ; eaque, quæ de naturâ quærerentur, aut majora quàm hominum ratio consequi possit, aut nihil omnino ad vitam hominum adtinere dixerit.

—Dein Tubero : Nescio, Africane, cur ita memoriæ proditum sit, Socratem omnem istam disputationem rejecisse, et tantum de vitâ et de moribus solitum esse quærere. Quem enim auctorem de illo locupletiorem Platone laudare possumus? cujus in libris mul-

gouvernement, il a soin d'y mêler toujours la puissance des nombres, la géométrie, l'harmonie, suivant le procédé de Pythagore..

Il est vrai, dit Scipion; mais vous le savez, je crois : Platon, après la mort de Socrate, avait été conduit en Égypte, par le goût des sciences, puis en Italie, en Sicile, par l'envie de pénétrer les dogmes de Pythagore; il communiqua beaucoup avec Archytas de Tarente et Timée de Locres, recueillit les ouvrages de Philolaüs, et trouvant, à cette époque et dans ces lieux, la renommée de Pythagore toute florissante, il s'était livré aux hommes de cette école et à leurs études : puis, dans sa première et dominante affection pour Socrate, voulant tout reporter sur lui, il unit avec art l'enjouement et la finesse de l'élocution socratique ([10]), à la profondeur de Pythagore et à cette variété de hautes connaissances.

XI. Scipion achevait ces mots, lorsqu'il vit entrer Furius; et, après un salut plein d'amitié, lui prenant la

---

tis locis ita loquitur Socrates, ut etiam cùm de moribus, de virtutibus, denique de re publicâ disputet, numeros tamen et geometriam et harmoniam studeat Pythagoræ more conjungere.

—Tum Scipio : Sunt ista, ut dicis; sed audisse te credo, Tubero, Platonem, Socrate mortuo, primum in Ægyptum discendi causâ, pòst in Italiam et in Siciliam contendisse, ut Pythagoræ inventa perdisceret; eumque et cum Archytâ tarentino, et cum Timæo locro multum fuisse ; et Philolai commentarios esse nactum : cùmque eo tempore in his locis Pythagoræ nomen vigeret, illum se et hominibus pythagoreis et studiis illis dedisse. Itaque cùm Socratem unice dilexisset, eique omnia tribuere voluisset, leporem socraticum subtilitatemque sermonis cum obscuritate Pythagoræ, et cum illâ plurimarum artium gravitate contexuit.

XI. Hæc Scipio cùm dixisset, L. Furium repente venientem as-

main, il le plaça près de lui. Au même instant Rutilius, celui qui nous a si heureusement conservé cet entretien, étant survenu, il le fit, avec le même accueil, asseoir près de Tubéron. Eh bien, dit Furius, où en êtes-vous? notre présence a-t-elle coupé court à quelque conversation? Nullement, reprit Scipion; car vous êtes, pour votre part, habituellement curieux de toutes les questions qui rentrent dans le sujet que Tubéron avait tout à l'heure entrepris, et notre ami Rutilius, même au siége de Numance, s'occupait quelquefois avec moi de recherches semblables. Quel était enfin l'objet en discussion? reprit Philus. — Nous parlions du double soleil récemment apparu; et, sur ce point, je voudrais savoir de vous ce que vous pensez.

XII. Dans le moment où Scipion parlait, un esclave annonça que Lælius ([11]) allait venir, et qu'il était déjà sorti de chez lui. Scipion, s'étant chaussé et habillé, quitta aussitôt son appartement; et à peine avait-il fait quelques pas, sous le portique, qu'il vit à portée du sa-

---

pexit; eumque ut salutavit amicissime, adprehendit et in lecto suo collocavit. Et cùm simul P. Rutilius venisset, qui est nobis lautus sermonis auctor, eum quoque ut salutavit, propter Tuberonem jussit adsidere. — Tum Furius : Quid vos agitis? num sermonem vestrum aliquem diremit noster interventus? — Minime vero, Africanus; soles enim tu hæc studiose investigare, quæ sunt in hoc genere, de quo instituerat paulo ante Tubero, quærere. Rutilius quidem noster, etiam sub ipsis Numantiæ mœnibus, solebat mecum interdum ejusmodi aliquid conquirere. — Quæ res tandem inciderat? inquit Philus. — Tum ille : De solibus istis duobus, de quo studeo, Phile, ex te audire quid sentias.

XII. Dixerat hoc ille, cùm puer nunciavit venire ad eum Lælium, domoque jam exîsse. Tum Scipio, calceis et vestimentis sumptis, e cubiculo est egressus; et cùm paululum inambulavis-

lut Lælius et ceux qui l'accompagnaient. C'était Mummius, que Scipion aimait particulièrement, C. Fannius et Q. Scévola, gendres de Lælius, jeunes gens fort instruits, et déjà dans l'âge de la questure.

Après les avoir tous salués, il fit un nouveau tour sous le portique, en donnant à Lælius la place du milieu ; car, dans leur amitié, ce fut un principe de droit, pour ainsi dire, que dans les camps, Lælius, en considération de la gloire éminente du vainqueur de l'Afrique, révérait Scipion comme un Dieu, et que dans la vie civile ([12]) Scipion, à son tour, par égard pour la supériorité de l'âge, honorait Lælius comme un père.

Lorsqu'ils se furent un moment entretenus, en faisant un ou deux tours d'allée, Scipion, que flattait et charmait leur présence, eut envie de les faire asseoir dans le lieu de la prairie le plus exposé au soleil ; car c'était encore la saison de l'hiver. Comme ils s'y rendaient, survint un homme fort éclairé, également

---

set in porticu, Lælium advenientem salutavit, et eos, qui una venerant, Spurium Mummium, quem in primis diligebat, et C. Fannium, et Quintum Scævolam, generos Lælii, doctos adolescentes, jam ætate quæstorios : quos cùm omnes salutavisset, convertit se in porticu et conjecit in medium Lælium : fuit enim hoc in amicitiâ quasi quoddam jus inter illos, ut militiæ, propter eximiam belli gloriam, Africanum ut deum coleret Lælius; domi vicissim Lælium, quia ætate antecedebat, observaret in parentis loco Scipio. Dein cùm essent perpauca inter se, uno, an altero spatio, collocuti, Scipioni, cui eorum adventus perjucundus et pergratus fuisset, placitum est ut in aprico maxime pratuli loco, quòd erat hibernum tempus anni, considerent : quod cùm facere vellent, intervenit vir prudens omnibusque illis et jucundus et carus, M. Manilius; qui a Scipione cæterisque amicissime consalutatus, adsedit proximus Lælio.

agréable et cher à tous les amis assemblés, Manilius. Après le plus affectueux accueil, il s'assit à côté de Lælius.

XIII. Philus prenant alors la parole : Je ne crois pas, dit-il, que la présence de ces nouveaux venus nous oblige de chercher un autre texte à nos entretiens : elle nous prescrit seulement une discussion plus soignée, et des paroles quelque peu dignes des oreilles qui nous écoutent. Mais enfin, dit Lælius, que disiez-vous? quelle conversation avons-nous interrompue? Philus. Scipion venait de me demander mon opinion sur le fait généralement attesté de l'apparition de deux soleils. Lælius. Eh! quoi, Philus[13], avons-nous déjà si fort éclairci ce qui intéresse nos maisons et la République, pour nous enquérir de ce qui se passe dans le ciel? Pensez-vous donc, reprit Philus, que nos demeures ne soient pas intéressées à ce qui survient dans cette grande demeure, qui n'est pas celle qu'enferment ici-

---

XIII. Tum Philus : Non mihi videtur, inquit, quòd hi venerunt, alius nobis sermo esse quærendus; sed agendum accuratius, et dicendum dignum aliquid horum auribus.— Hic Lælius : Quid tandem agebatis, aut cui sermoni nos intervenimus? — Quæsierat ex me Scipio, quidnam sentirem de hoc quod duo soles visos esse constaret. — Lælius. Ain' vero, Phile, jam explorata nobis sunt ea quæ ad domos nostras quæque ad rem publicam pertineant, si quidem quid agatur in cœlo quærimus?— Et ille : An tu ad domos nostras non censes pertinere scire quid agatur et quid fiat domi, quæ non ea est, quam parietes nostri cingunt, sed mundus hic totus; quod domicilium, quamque patriam dii nobis communem secum dederunt? cùm præsertim, si hæc ignoremus, multa nobis et magna ignoranda sint. Ac me quidem, ut hercule etiam te ipsum, Læli, omnesque avidos sapientiæ cognitio ipsa rerum consideratioque delectat.— Tum Lælius : Non impedio, præsertim quo-

bas nos murailles, et qui n'est autre que le monde lui-même, dans son immensité, le monde, que les dieux nous ont donné pour domicile et pour patrie à partager avec eux-mêmes? D'ailleurs, on ne peut ignorer ces choses, sans renoncer à de nombreuses et hautes vérités. Pour moi, ainsi que vous, certainement, Lælius, et comme tous les esprits amoureux de la sagesse, l'étude et la seule pensée de ces grands objets me ravissent. Je ne m'y oppose en rien, reprit Lælius, surtout dans cette oisiveté d'un jour de fête. Mais pourrons-nous encore entendre quelque chose, ou sommes-nous arrivés trop tard? — Scipion. Il n'y a pas encore de débat commencé; et la question demeurant tout entière, je vous céderai volontiers la parole, pour que vous en disiez votre avis. Lælius. Ayons plutôt le plaisir de vous entendre, à moins que Manilius ne juge à propos de régler le litige entre ces deux soleils, et d'ordonner de part et d'autre le maintien du possessoire (14). Manilius reprit aussitôt : Voulez-vous donc, Lælius, toujours vous moquer d'une science, où d'abord je me pique d'être habile, et sans laquelle d'ailleurs, personne ne pourrait distinguer son bien, ni le bien d'autrui? Mais nous y reviendrons : il faut d'a-

niam feriati sumus; sed possumus audire aliquid, an serius venimus? — Philus. Nihil est adhuc disputatum; et quoniam est integrum, libenter tibi, Læli, ut de eo disseras, equidem concessero. — Lælius. Imo vero te audiamus; nisi forte Manilius interdictum aliquod inter duos soles putat esse componendum, ut ita cœlum possideant, ut uterque possederit. — Tum Manilius : Pergisne eam, Læli, artem illudere, in quâ primum excello ipse; deinde sine quâ scire nemo potest quid sit suum, quid alienum? Sed

bord écouter Philus, que je vois, en ce moment, consulté sur une difficulté plus grave que toutes celles dont s'occupe ou Mucius, ou moi.

XIV. Philus prenant la parole : Je ne vous présenterai, dit-il, rien de nouveau, ni découverte, ni pensée qui m'appartienne ; car, voici ce dont je me souviens. Sulpicius Gallus (¹⁵), homme d'une profonde doctrine, comme vous le savez, entendant un jour le récit d'un prodige semblable, et se trouvant chez Marcellus, qui avait été son collègue dans le consulat, demanda qu'on lui mît sous les yeux un globe céleste, que l'aïeul de Marcellus avait autrefois enlevé, à la prise de Syracuse, du milieu de cette magnifique et opulente ville, sans rapporter dans sa maison autre butin d'une si grande conquête. J'avais entendu souvent citer cette sphère, à cause de la grande renommée d'Archimède. L'aspect ne m'en parut pas fort remarquable. Il en existait une autre, d'une forme plus élégante et plus connue du vulgaire, ouvrage du même Archimède, et placée par le même Marcellus à Rome, dans le temple de la Vertu. Mais, sitôt que Gallus eut commencé d'expliquer avec une haute science la composition de cette machine, je jugeai qu'il y avait eu dans le géomètre

---

ista mox : nunc audiamus Philum, quem video majoribus jam de rebus, quàm me aut quàm P. Mucium consuli.

XIV. Tum Philus : Nihil novi vobis afferam, neque quod à me sit cogitatum aut inventum : nam memoriâ teneo C. Sulpicium Gallum, doctissimum, ut scitis, hominem, cùm idem hoc visum diceretur, et esset casu apud M. Marcellum, qui cum eo consul fuerat, sphæram, quam M. Marcelli avus, captis Syracusis, ex urbe locupletissimâ atque ornatissimâ sustulisset, cùm aliud nihil ex

sicilien un génie supérieur à ce qui semblait la portée de l'humaine nature. Gallus nous disait, que cette autre sphère solide et compacte était d'invention fort ancienne, et que le premier modèle en avait été donné par Thalès de Milet; que, dans la suite, Eudoxe de Gnide, disciple de Platon, avait tracé sur ses contours les astres attachés à la voûte des cieux; et que beaucoup d'années après, empruntant à Eudoxe ce dessin et cette belle ordonnance, Aratus leur avait donné l'éclat des vers, sans avoir lui-même connaissance de l'astronomie, et par la seule force de son instinct poétique. Il ajoutait que cette transfiguration de la sphère, qui représente les mouvements de la lune, du soleil, et des cinq étoiles nommées errantes ou irrégulières, n'avait pu s'appliquer à ce premier globe d'une forme solide; et que l'art merveilleux d'Archimède était d'avoir tellement combiné sa nouvelle sphère, que dans le jeu

---

tantâ prædâ domum suam deportavisset, jussisse proferri : cujus ego sphæræ cùm persæpe, propter Archimedi gloriam, nomen audissem, speciem ipsam non sum tantopere admiratus : erat enim illa venustior et nobilior in vulgus, quam ab eodem Archimede factam posuerat in templo Virtutis Marcellus idem. Sed posteà quàm cœpit rationem hujus operis scientissime Gallus exponere, plus in illo Siculo ingenii, quàm videretur natura humana ferre potuisse, judicabam fuisse. Dicebat enim Gallus, sphæræ illius alterius solidæ atque plenæ vetus esse inventum, et eam a Thalete milesio primum esse tornatam : pòst autem ab Eudoxo cnidio discipulo, ut ferebat, Platonis eamdem illam astris cœlo inhærentibus esse descriptam; cujus omnem ornatum et descriptionem, sumptam ab Eudoxo, multis annis pòst, non astrologiæ scientiâ sed poeticâ quâdam facultate versibus Aratum extulisse. Hoc autem sphæræ genus, in quo solis et lunæ motus inessent, et earum quinque stellarum, quæ errantes et quasi vagæ nominarentur, in illâ sphærâ solidâ non potuisse finiri. Atque in eâ admirandum

de mouvements disparates, une seule impulsion déterminait des résultats inégaux et variés. Et en effet, Gallus touchait-il cette sphère (16), on voyait, sur sa surface, la lune remplacer le soleil par un tour de cercle, autant de fois qu'elle le remplace dans les cieux par l'intervalle d'un jour; d'où il résultait que la disparition du soleil s'y trouvait marquée comme dans les cieux, et que la lune touchait le point où elle est obscurcie par l'ombre de la terre, à l'instant où le soleil reparaissait sur l'horizon, etc.

XV. Scipion. D'ailleurs, j'aimais moi-même Gallus, et je savais qu'il avait été placé très-haut dans l'estime et l'affection de mon père Paulus. Je me souviens que, dans ma première jeunesse, lorsque mon père, consul, commandait en Macédoine, comme nous étions en campagne, notre armée fut saisie d'une pieuse terreur, parce que, dans une nuit claire, la lune pleine et bril-

---

esse inventum Archimedi, quòd excogitasset, quemadmodum in dissimillimis motibus inæquabiles et varios cursus servaret una conversio. Hanc sphæram Gallus cùm moveret, fiebat, ut soli luna totidem conversionibus in aere illo, quot diebus in ipso cœlo succederet, ex quo et in cœlo sphæra solis fieret eadem illa defectio, et incideret luna tum in eam metam, quæ esset umbra terræ, cùm sol e regione. . . . .
. . . .
XV. . . . . fuit, quòd et ipse hominem diligebam, et in primis patri meo Paulo probatum et carum fuisse cognoveram. Memini, me admodum adolescentulo, cùm pater in Macedoniâ consul esset, et essemus in castris, perturbari exercitum nostrum religione et metu, quòd serenâ nocte subito candens et plena luna defecisset. Tum ille, cùm legatus noster esset anno fere ante quàm consul est declaratus, haud dubitavit postridie palam in castris docere nullum esse prodigium; idque et tum factum esse, et certis temporibus semper futurum, cùm sol ita locatus fuisset, ut lunam suo

lante s'était soudainement éclipsée. Gallus, qui se trouvait alors notre lieutenant, l'année même avant celle où il fut nommé consul, n'hésita point à publier le lendemain dans le camp qu'il n'y avait point là de prodige ; que cet effet avait eu lieu par une cause qui se reproduirait toujours à certaines époques, quand la position du soleil ne le laisserait pas atteindre la lune de sa lumière. Pouvait-il donc, suivant vous, dit Tubéron, faire comprendre cette explication à des hommes grossiers, et osait-il bien parler ainsi devant des ignorants ? Scipion. Tout à fait. Je vous assure. . . . .
. . . .
La prétention ne sembla point orgueilleuse de sa part ; et son discours ne parut point s'éloigner de la dignité d'un si grave personnage. Et réellement, il avait fait une grande chose, en ôtant à des esprits troublés leurs craintes et leurs vaines superstitions.

XVI. On raconte même, d'une manière à peu près semblable, que, dans cette grande guerre où les Athéniens et les Lacédémoniens luttèrent ensemble avec une si violente animosité, ce fameux Périclès, le pre-

---

lumine non posset attingere.— Ain' tandem, inquit Tubero, docere hoc poterat ille homines pene agrestes, et apud imperitos audebat hæc dicere ? — Scipio Ille vero, et magnâ quidem cum . . . . .
. . . .
neque insolens ostentatio, neque oratio abhorrens a personâ homini· gravissimi ; rem enim magnam adsecutus, quòd hominibus perturbatis inanem religionem timoremque dejecerat.

XVI. Atque ejusmodi quiddam etiam bello illo maximo, quod Athenienses et Lacædemonii summâ inter se contentione gesserunt, Pericles ille et auctoritate et eloquentiâ et consilio princeps civitatis suæ, cùm obscurato sole tenebræ factæ essent repente,

mier homme de son pays par le crédit, l'éloquence et le génie politique, voyant les Athéniens préoccupés d'une excessive frayeur, à la suite d'une éclipse de soleil qui avait répandu tout d'un coup les ténèbres, leur enseigna, ce qu'il avait lui-même appris à l'école d'Anaxagore, que de semblables effets arrivaient, dans un intervalle précis et nécessaire, lorsque la lune se trouvait placée tout entière sous le soleil; et que par ce motif, bien qu'il n'en fût pas ainsi à tous les commencements de mois, cela ne pouvait jamais avoir lieu qu'à des renouvellements de lune. Ayant démontré cette vérité par le raisonnement, il délivra le peuple de ses craintes. Car, c'était alors un système nouveau et inconnu, que celui de l'obscurcissement du soleil par l'interposition de la lune; et on dit que Thalès de Milet l'avait entrevu le premier; mais dans la suite, cette notion ne fut pas ignorée même de notre Ennius, qui écrit que vers l'an 350 de la fondation de Rome, aux nones de juin,

> Le soleil fut couvert par la lune et la nuit.

Atheniensiumque animos summus timor occupavisset, docuisse cives suos dicitur id quod ipse ab Anaxagorâ, cujus auditor fuerat, acceperat, certo illud tempore fieri, et necessario, cùm tota se luna sub orbem solis subjecisset : itaque etsi non omni intermenstruo, tamen id fieri non posse, nisi certo intermenstruo tempore. Quod cùm disputando rationibusque docuisset, populum liberavit metu : erat enim tunc hæc nova et ignota ratio, solem lunæ oppositum solere deficere; quod Thaletem milesium primum vidisse dicunt. Id autem postea ne nostrum quidem Ennium fugit, qui ut scribit anno quinquagesimo ccc fere post Romam conditam, non juniis,

> . . . . . . Soli luna obstitit, et nox.

Telle est, au reste, en cette matière, la perfection du calcul et de l'art, qu'à partir de ce jour ainsi consigné par nous dans les vers d'Ennius et dans les registres des Pontifes, on a supputé les éclipses antérieures, jusqu'à celle qui était arrivée aux nones de juillet, sous le règne de Romulus, éclipse dont la soudaine obscurité fit croire que Romulus, en dépit de cette périssable nature qui le précipita vers une fin tout humaine, avait été, pour sa vertu, enlevé dans les cieux.

XVII. Ne vous semble-t-il pas, Émilien; dit alors Tubéron, que cette science, qui paraissait tout à l'heure de peu de prix, mérite d'être enseignée(17)?..... Scipion...... Que peut-il exister de grand parmi les hommes, aux yeux de celui qui a pénétré ce domaine des dieux? Quoi de durable, pour celui qui connaît ce qu'il y a d'éternel! quoi de glorieux, enfin, pour celui qui voit combien la terre est petite, et dans toute l'étendue de sa surface, et dans la portion qu'en habitent les hommes, et quel imperceptible point nous en occupons, pour espérer que de ce point qui nous laisse in-

---

Atque hâc in re tantâ inest ratio atque solertia, ut ex hoc die, quem apud Ennium et in maximis annalibus consignatum videmus, superiores solis defectiones reputatæ sint, usque ad illam, quæ nonis quinctilibus fuit, regnante Romulo : quibus quidem Romulum tenebris, etiamsi natura ad humanum exitum abripuit, virtus tamen in cœlum dicitur sustulisse.

XVII. Tum Tubero : Videsne, Africane, quod paulo ante secus tibi videbatur, doc............ lis quæ videant cæteri. Quid porro aut præclarum putet in rebus humanis, qui hæc deorum regna perspexerit? aut diuturnum, qui cognoverit quid sit æternum? aut gloriosum qui viderit quàm parva sit terra, primum universa, deinde ea pars ejus, quam homines incolant; quamque

connus à beaucoup de nations, notre nom pourra se répandre et voler au loin! Que sont, enfin, toutes les choses terrestres pour celui qui n'admet, ni ne reconnaît comme des biens les terres, les palais, les troupeaux, les amas d'argent et d'or, parce qu'à ses yeux la jouissance en est médiocre, l'usage borné, la propriété incertaine, et que, souvent, les derniers des hommes en ont d'immenses possessions! Combien doit-on estimer heureux l'homme qui, seul, peut réellement, non pas au nom du *droit* romain, mais par le privilége des sages, prétendre à la propriété de toutes choses, et s'autoriser, non d'un contrat civil, mais de la loi commune de la nature, par laquelle une chose n'appartient qu'à celui qui en sait la direction et l'usage! l'homme qui, plaçant les dictatures, les consulats dans le rang des devoirs imposés, et non dans celui des jouissances désirables, croit qu'il faut les subir, pour acquitter une dette, et non les briguer, en vue des récompenses et de la gloire; l'homme, enfin, qui peut dire de lui-même le mot qu'au rapport de Caton, mon aïeul l'Afri-

---

nos in exiguâ ejus parte adfixi, plurimis ignotissimi gentibus, speremus tamen nostrum nomen volitare et vagari latissime? Agros vero et ædificia et pecudes et immensum argenti pondus atque auri, qui bona nec putare nec appellare soleat, quòd earum rerum videatur ei levis fructus, exiguus usus, incertus dominatus, sæpe etiam teterrimorum hominum immensa possessio. Quàm est hic fortunatus putandus, cui soli vere liceat omnia, non Quiritium sed sapientium jure, pro suis vindicare, nec civili nexo, sed communi lege naturæ, quæ vetat ullam rem esse cujusquam nisi ejus qui tractare et uti sciat : qui imperia consulatusque nostros in necessariis non in expetendis rebus, muneris fungendi gratiâ subeundos, non præmiorum aut gloriæ causâ adpetendos putet :

cain aimait à répéter : « qu'il ne faisait jamais mieux que lorsqu'il ne faisait rien, et qu'il n'était jamais moins seul que dans la solitude. »

Qui peut, en effet, croire sérieusement que Denys, lorsqu'il fut parvenu, par mille efforts, à ravir à ses concitoyens leur liberté, avait accompli une plus grande œuvre qu'Archimède, son compatriote, au moment où, tandis qu'il paraissait ne rien faire, ce globe céleste dont nous parlions tout à l'heure sortit de ses mains? Aux yeux de quel homme ceux qui, dans la place publique au milieu de la foule, ne trouvent personne à qui il leur soit doux de parler, ne sont-ils pas plus réellement seuls que celui qui, sans témoins, s'entretient avec lui-même, ou assiste à la confidence des hommes les plus sages, en se nourrissant du charme de leurs inventions et de leurs écrits? Peut-on imaginer quelqu'un, ou plus riche que celui auquel il ne manque rien de ce que demande la nature, ou plus puissant que celui qui atteint le terme de tous ses vœux, ou plus heureux que celui qui est affranchi de toute agita-

---

qui denique, ut Africanum avum meum scribit Cato solitum esse dicere, possit idem de se prædicare, nunquam se plus agere quàm nihil cùm ageret; nunquam minus solum esse, quàm cùm solus esset!

Quis enim putare vere potest plus egisse Dionysium tum, cùm omnia moliendo eripuerit civibus suis libertatem, quàm ejus civem Archimedem, cùm istam ipsam sphæram, nihil cùm agere videretur, de quâ modo dicebatur, effecerit? Quis autem non magis solos esse qui in foro turbâque quicum colloqui libeat non habeant, quàm qui nullo arbitro vel secum ipsi loquantur, vel quasi doctissimorum hominum in concilio adsint, cùm eorum inventis scriptisque se oblectent? Quis vero divitiorem quemquam putet, quàm eum cui nihil desit, quod quidem natura desideret? aut

tion de l'âme, ou plus affermi dans son bonheur, que celui qui peut, suivant l'expression commune, emporter avec lui tout ce qu'il possède, même dans un naufrage? Et quel pouvoir, quelle magistrature, quelle royauté peuvent être préférables à une sagesse qui, regardant de haut tous les biens terrestres, et les voyant au-dessous d'elle, ne roule incessamment dans ses pensées rien que d'éternel et de divin, et demeure persuadé que le nom d'homme se prend vulgairement, mais qu'il n'y a d'hommes en effet que par la culture des connaissances, attribut personnel de l'humanité? C'est en ce sens qu'un mot de Platon, ou peut-être de quelque autre philosophe, me paraît fort heureux. La tempête ayant jeté son vaisseau vers des terres inconnues et sur une plage déserte, au milieu de la crainte que l'ignorance des lieux inspirait à ses compagnons, il aperçut, dit-on, des figures de géométrie que l'on avait tracées sur le sable, et s'écria aussitôt qu'il fallait avoir bonne espérance, puisqu'il avait vu des vestiges d'hommes : interprétation qu'il tirait, vous le voyez,

potentiorem quàm illum, qui omnia, quæ expetat, consequatur? aut beatiorem, quàm qui sit omni perturbatione animi liberatus? aut firmiore fortunâ, quàm qui ea possideat, quæ secum, ut aiunt, vel e naufragio possit efferre? Quod autem imperium, qui magistratus, quod regnum potest esse præstantius, quàm despicientem omnia humana, et inferiora sapientiâ ducentem, nihil unquam nisi sempiternum et divinum animo volutare, cui persuasum sit, appellari cæteros homines, esse solos eos qui essent politi propriis humanitatis artibus? Ut mihi Platonis illud, seu quis dixit alius, perelegans esse videatur; quem cùm ex alto ignotas ad terras tempestas et in desertum littus detulisset, timentibus cæteris propter ignorationem locorum, animadvertisse dicunt in areâ geometricas formas quasdam esse descriptas; quas ut vidisset,

non de la culture des campagnes, mais de la vue de ces signaux de la science. Aussi, Tubéron, pour ma part, j'ai toujours aimé et la science et les hommes savants, et vos doctes études.

XVIII. Lælius prenant alors la parole : Je n'ose, Scipion, répondre à cela; je n'ai pas la hardiesse d'attaquer, ou vous, ou Manilius, ou Philus. Nous avons eu, dans la famille de Tubéron, un ami qui pourrait lui servir de modèle,

<blockquote>Un vieux Romain, Sextus, le sage et l'avisé.</blockquote>

Sage et avisé il fut en effet, et bien nommé par Ennius, non pour avoir cherché ce qu'il n'aurait pu trouver, mais parce qu'il faisait les réponses les plus propres à tirer de peine et d'embarras tous ceux qui le consultaient. C'était lui qui, raisonnant contre les études astronomiques de Gallus, avait toujours à la bouche ces paroles d'Achille, dans Iphigénie :

<blockquote>Ces chercheurs d'avenir, astrologues, devins,
Follement entêtés de leurs présages vains,</blockquote>

exclamavisse ut bono essent animo; videre enim se hominum vestigia : quæ videlicet ille non ex agri consiturâ, quam cernebat, sed ex doctrinæ indiciis interpretabatur. Quam ob rem, Tubero, semper mihi, et doctrina, et eruditi homines, et tua ista studia placuerunt.

XVIII. Tum Lælius : Non audeo quidem, inquit, ad ista, Scipio, dicere; neque tam te, aut Philum, aut Manilium............ ...... in ipsius paterno genere fuit noster ille amicus, dignus huic ad imitandum,

<blockquote>Egregie cordatus homo, catus Æliu' Sextus;</blockquote>

qui egregie cordatus et catus fuit, et ab Ennio dictus est, non quòd ea quærebat quæ nunquam inveniret, sed quòd ea respondebat, quæ eos, qui quæsissent, et curâ et negotio solverent : cui-

> Des signes étoilés, de la Chèvre et de l'Ourse,
> Attendent le retour, interrogent la course :
> Ils ne savent point voir ce qu'ils ont sous les yeux,
> Et se flattent de lire en l'abîme des cieux ([18]).

Il disait encore, car je l'écoutais souvent et avec plaisir, que Zethus, dans la pièce de Pacuvius, était trop ennemi de la science. Il goûtait davantage le Neoptolème d'Ennius, qui dit quelque part qu'il veut de la philosophie, mais sobrement, et sans s'y livrer tout entier. Si les études des Grecs ont tant de charmes pour vous, il en est d'autres, plus libres et plus communicatives, que nous pouvons appliquer à l'usage de la vie, ou même à la chose publique. Quant à ces sciences abstraites, leur utilité, si elles peuvent en avoir, sera d'affiner et, en quelque sorte, d'agacer l'esprit de l'enfance, pour lui rendre plus faciles de plus grandes études.

---

que contra Galli studia disputanti in ore semper erant illa de Iphigeniâ Achillis :

> Astrologorum signa in cœlo quid sit, observat : Jovis
> Cùm capra, aut nepa, aut exoritur nomen aliquod belluarum ;
> Quod est ante pedes nemo spectat ; cœli scrutantur plagas.

Atque idem, multum enim illum audiebam et libenter, Zethum illum Pacuvii nimis inimicum doctrinæ esse dicebat : magis eum delectabat Neoptolemus Ennii, qui se ait philosophari velle, sed paucis ; nam omnino haud placere. Quòd si studia Græcorum vos tantopere delectant, sunt alia liberiora et transfusa latius, quæ vel ad usum vitæ, vel etiam ad ipsam rem publicam conferre possumus. Istæ quidem artes, si modo aliquid, valent ut paulum acuant et tanquam irritent ingenia puerorum, quò facilius possint majora discere.

XIX. Tubéron. Je ne m'éloigne pas de votre opinion, Lælius; mais quelles études, je vous prie, concevez-vous plus importantes? Lælius. Je le dirai; et je m'exposerai peut-être à vos dédains, puisque c'est vous qui avez interrogé Scipion sur ces objets célestes, et que moi, je crois les choses qui sont devant nos yeux plus faites pour occuper nos recherches ([19]). En effet, d'où vient que le petit-fils de Paul-Émile, le neveu d'Émilien, l'enfant d'une si noble famille et d'une si glorieuse république, s'inquiète de l'apparition de deux soleils, et ne cherche pas pourquoi nous avons aujourd'hui, dans une seule République, deux sénats et presque deux peuples en présence? Car, vous le voyez, la mort de Tibérius Gracchus, et auparavant tout le système de son Tribunat, a divisé la nation en deux partis. Les calomniateurs et les ennemis de Scipion, soulevés d'abord par P. Crassus ([20]) et Appius Claudius, persévèrent, depuis la mort de ces deux chefs, à maintenir contre nous la scission d'une moitié du sénat, sous l'influence de Mé-

---

XIX. Tum Tubero : Non dissentio a te, Læli ; sed, quæro, quæ tu esse majora intelligis ? — Lælius. Dicam mehercule, et contemnar a te fortasse, cùm tu ista cœlestia de Scipione quæsieris ; ego autem hæc, quæ videntur ante oculos esse, magis putem quærenda. Quid enim mihi L. Pauli nepos, hoc avunculo, nobilissimâ in familiâ, atque in hâc tam clarâ re publicâ natus, quærit quomodo duo soles visi sint, non quærit cur in unâ re publicâ duo senatus, et duo pene jam populi sint ? Nam, ut videtis, mors Tiberii Gracchi, et jam ante tota illius ratio tribunatûs divisit populum unum in duas partes : obtrectatores autem et invidi Scipionis, initiis factis a P. Crasso et Appio Claudio, tenent nihilo minus illis mortuis senatûs alteram partem dissidentem a nobis, auctore Metello et P. Mucio : neque hunc, qui unus potest, concitatis sociis et

tellus et de Mucius ; et l'homme qui, seul, pourrait tout, dans ce mouvement des alliés et des Latins vers la révolte, parmi les traités rompus, en présence des Triumvirs factieux suscitant chaque jour quelque intrigue nouvelle, au milieu de la consternation des riches et des bons citoyens, ils ne lui permettent pas de prêter secours à nos périls! Aussi, jeunes gens, si vous m'en croyez, ne redoutez pas ce phénomène d'un second soleil : car, ou il ne peut exister ; ou il peut exister, comme on l'a vu, sans être fâcheux pour nous ; ou, de quelque manière qu'il existe, nous sommes hors d'état d'en rien connaître ; ou, lors même que nous en aurions la plus exacte notion, ce savoir ne nous rendrait ni meilleurs, ni plus heureux. Mais l'unité du peuple, l'unité du sénat est chose possible : c'est très-grand dommage, si elle fait défaut ; et nous savons qu'elle n'est pas, et que, si elle existait, nous serions plus sages et plus heureux.

XX. A votre avis, dit alors Mucius, que nous faut-il donc apprendre, pour être à portée de faire ce que

---

nomine latino, fœderibus violatis, triumviris seditiosissimis aliquid quotidie novi molientibus, bonis viris locupletibus perturbatis, his tam periculosis rebus subvenire patiuntur. Quam ob rem, si me audietis, adolescentes, solem alterum ne metueritis : aut enim nullus esse potest ; aut sit sane, ut visus est, modo ne sit molestus ; aut scire istarum rerum nihil ; aut, etiamsi maxime sciemus, nec meliores ob eam scientiam nec beatiores esse possumus : senatum vero, et populum ut unum habeamus, et fieri potest, et permolestum est, nisi fit ; et secus esse scimus ; et videmus, si id effectum sit, et melius nos esse victuros et beatius.

XX. Tum Mucius : Quid esse igitur censes, Læli, discendum nobis, ut istud efficere possimus ipsum quod postulas?—Lælius. Eas artes, quæ efficiant ut usui civitati simus : id enim esse præclaris-

vous demandez? Lælius. Les sciences, qui ont pour effet de nous rendre utiles à la république ; car c'est là, je pense, le plus glorieux bienfait de la sagesse, et le plus grand témoignage de la vertu, comme son plus grand devoir. Ainsi, pour employer ces jours de fête aux entretiens qui peuvent être le plus profitables à l'État, prions Émilien de nous exposer quelle est, à ses yeux, la meilleure forme de gouvernement; ensuite, nous passerons à d'autres points, dont la connaissance nous ramènera, j'espère, au sujet du moment, et nous expliquera les causes des dangers qui nous menacent aujourd'hui.

XXI. Philus, Manilius et Mummius approuvèrent fort cette idée ([21]). . . . .
. . . .

Lælius....... J'ai insisté pour cela, d'abord parce qu'il était juste que, sur la République, le premier citoyen de la République parlât de préférence : de plus, je me souviens que vous aviez coutume de discuter

simum sapientiæ munus, maximumque virtutis vel documentum vel officium puto. Quam ob rem ut hæ feriæ nobis ad utilissimos rei publicæ sermones potissimum conferantur, Scipionem rogemus, ut explicet quem existimet esse optimum statum civitatis; deinde alia quæremus : quibus cognitis, spero nos ad hæc ipsâ viâ perventuros, earumque rerum rationem, quæ nunc instant, explicaturos.

XXI. Cùm id et Philus et Manilius et Mummius admodum adprobavissent. . . . .
. . . .
. . . . non solum ob eam causam fieri volui, quòd erat æquum de re publicâ potissimum principem rei publicæ dicere; sed etiam quòd memineram, persæpe te cum Panætio disserere solitum coram Polybio, duobus Græcis vel peritissimis rerum ci-

avec Panætius et devant Polybe, deux Grecs fort instruits dans les questions politiques, et que vous établissiez, par beaucoup de particularités et de raisonnements, l'excellence de notre Constitution sociale, telle que nous l'avons reçue de nos aïeux. Préparé comme vous l'êtes sur ce sujet, si vous voulez donc nous exposer votre pensée touchant la république (je parle ici pour nos amis et pour moi), vous nous ferez plaisir à tous.

XXII. Scipion reprenant alors : Je puis dire qu'il n'est aucun sujet de méditation, où mon esprit se porte habituellement avec plus d'ardeur et de soin que celui même, Lælius, qui m'est en ce moment proposé par vous : et, en effet, lorsque dans chaque profession, je vois tout artisan, j'entends celui qui se distingue, ne rêver, ne chercher, ne travailler qu'à obtenir la supériorité de son art; moi, dont l'œuvre unique, à l'exemple de mon père et de mes ancêtres, doit être la défense et l'administration de l'État, ne serais-je

vilium, multaque colligere ac docere, optimum longe statum civitatis esse eum, quem majores nostri nobis reliquissent. Quâ in disputatione, quoniam tu paratior es, feceris, ut etiam pro his dicam, si de re publicâ quid sentias explicâris, nobis gratum omnibus.

XXII. Tum ille : Non possum equidem dicere, me ullâ in cogitatione acrius aut diligentius solere versari, quàm in istâ ipsâ quæ mihi, Læli, a te proponitur. Etenim cùm in suo quemque opere artificem, qui quidem excellat, nihil aliud cogitare, meditari, curare videam, nisi quò sit in illo genere melior, ego cùm mihi sit unum opus hoc a parentibus majoribus meis relictum, procuratio atque administratio rei publicæ, non me inertiorem esse confitear quàm opificem quemquam, si minus in maximâ arte, quàm illi in minimis, operæ consumpserim? Sed neque his contentus sum,

pas, de mon propre aveu, plus indolent qu'un ouvrier vulgaire, si je donnais au plus noble des arts moins de peine et de soin qu'ils n'en mettent aux plus obscurs métiers? Au reste, d'une part, je ne suis point satisfait des choses que nous ont laissées sur cette question les hommes les plus grands et les plus sages de la Grèce; et, de l'autre, je n'ose préférer mes propres vues aux leurs. Ainsi, je vous prie, ne me regardez ni comme tout à fait étranger aux lettres grecques, ni comme disposé à leur accorder, surtout en ce genre, la prééminence sur les nôtres. Voyez plutôt en moi un de nos Romains élevés, par les soins de son père ([22]), avec le goût peut-être des études libérales, passionné, dès l'enfance, du désir d'apprendre, mais en tout formé par l'expérience et les leçons domestiques, beaucoup plus que par les livres.

XXIII. Philus dit alors : Je crois que, pour le génie naturel, personne ne vous est supérieur, et que pour l'expérience des plus grandes choses, en fait de gouvernement, vous l'emportez facilement sur tout le monde. Nous savons, d'ailleurs, quelles furent toujours vos

---

quæ de istâ consultatione scripta nobis summi ex Græciâ sapientissimique homines reliquerunt, neque ea quæ mihi videntur, anteferre illis audeo. Quam ob rem peto a vobis, ut me sic audiatis neque ut omnino expertem græcarum rerum, neque ut eas nostris in hoc præsertim genere anteponentem; sed ut unum e togatis patris diligentiâ non illiberaliter institutum, studioque discendi a pueritiâ incensum, ut tamen et domesticis præceptis multo magis eruditum, quàm litteris.

XXIII. Hic Philus : Non hercule, inquit, Scipio, dubito quin tibi ingenio præstiterit nemo, usu quidem in re publicâ rerum maximarum facile omnes viceris : quibus autem studiis semper

études ; et si, comme vous le dites, vous avez également porté votre esprit vers ces spéculations, vers cette science de la politique, je remercie beaucoup Lælius ; car j'ai l'espérance que vos idées sur ce sujet seront bien plus fécondes que tout ce que les Grecs en ont écrit pour nous. Scipion reprit : Vous appelez une grande attention sur mon discours ; et c'est le fardeau le plus pénible pour qui va traiter un sujet difficile. Philus. Quelle que soit notre attente, vous la surpasserez, suivant votre habitude : et il n'est pas à craindre que vous, Scipion, parlant de la république, les expressions vous manquent.

XXIV. Scipion. Je ferai ce que vous voulez, de mon mieux ; et en commençant, je me prescrirai la règle que l'on doit, à mon avis, observer dans toute discussion, si l'on veut éviter l'erreur : c'est, lorsque l'on est d'accord sur la dénomination de l'objet discuté, d'expliquer nettement ce qu'elle signifie ; et, ce point convenu, d'entrer aussitôt en matière. Car, jamais on ne pourra comprendre quels sont les éléments de la chose sur laquelle on discute, si l'on n'a d'abord com-

---

fueris, tenemus. Quam ob rem si, ut dicis, animum quoque contulisti in istam rationem et quasi artem, habeo maximam gratiam Lælio : spero enim multo uberiora fore quæ a te dicentur, quàm illa quæ a Græcis nobis scripta sunt omnia. — Tum ille : Permagnam tu quidem exspectationem, quod onus est ei qui magnis de rebus dicturus est gravissimum, imponis orationi meæ. — Et Philus : Quamvis sit magna, tamen eam vinces, ut soles : neque enim est periculum, ne te de re publicâ disserentem deficiat oratio.

XXIV. Hic Scipio : Faciam quod vultis, ut potero, et ingrediar in disputationem câ lege, quâ credo omnibus in rebus disserendis utendum esse, si errorem velis tollere, ut ejus rei de quâ quære-

pris ce qu'elle est. Ainsi, nos recherches portant sur la République, voyons d'abord quel est cet objet que nous cherchons.

Lælius fit un signe d'approbation; et Scipion poursuivant : Je n'adopterai pas, dit-il, sur une chose si claire et si connue, ce système de discussion qui remonte aux premières origines, comme le font ordinairement nos savants, de manière à reprendre les faits, à partir du premier rapprochement des deux sexes, pour passer ensuite à la première naissance et à la formation de la première famille, et pour définir vingt fois chaque fait et chacune de ses variétés. En effet, parlant à des hommes instruits, et qui se sont mêlés avec gloire à toutes les transactions militaires et civiles d'une puissante république, je n'aurai pas ce tort, que la chose dont je raisonne, soit par elle-même plus claire que mon explication. Car je ne me suis pas chargé de suivre magistralement la question dans tous ses points; et je ne m'engage pas à ne laisser échapper

---

tur, si, nomen quod sit, conveniat, explicetur quid declaretur eo nomine : quòd si convenerit, tum demum decebit ingredi in sermonem : nunquam enim quale sit illud, de quo disputabitur, intelligi poterit, nisi quod sit, fuerit intellectum prius. Quare quoniam de re publicâ quærimus, hoc primum videamus quid sit id ipsum, quod quærimus.—Cùm adprobavisset Lælius; Nec vero, inquit Africanus, ita disseram de re tam illustri tamque notâ, ut ad illa elementa revolvar, quibus uti docti homines his in rebus solent, ut a primâ congressione maris et feminæ, deinde a progenie et cognatione ordiar, verbisque quid sit et, quot modis quidque dicatur, definiam sæpius. Apud prudentes enim homines, et in maximâ re publicâ summâ cum gloriâ belli domique versatos cùm loquar, non committam ut sit illustrior illa ipsa res, de quâ disputem, quàm oratio mea : nec enim hoc suscepi ut tamquam ma-

aucun détail. LÆLIUS. Pour moi, j'attends de vous précisément le genre de discussion que vous promettez.

XXV. Eh bien! dit Scipion, la chose publique est la chose du peuple; un peuple n'est pas toute agrégation d'hommes formée de quelque manière que ce soit : mais seulement une réunion cimentée par un pacte de justice et une communauté d'intérêts. La première cause pour se réunir, c'est moins la faiblesse de l'homme, que l'esprit d'association qui lui est naturel. Car l'espèce humaine n'est pas une race d'individus isolés, errants, solitaires; elle naît avec une disposition qui, même dans l'abondance de toutes choses et sans besoin de secours, lui rend nécessaire la société des hommes. . . . .
. . . .

XXVI. Il faut supposer ces germes originels; car, on ne trouverait nulle convention première, qui ait institué ni les autres vertus, ni même l'état social. Ces réunions, formées par le principe dont j'ai parlé, éta-

gister persequerer omnia ; neque hoc polliceor me effecturum, ut ne qua particula in hoc sermone prætermissa sit. — Tum Lælius : Ego vero istud ipsum genus orationis, quod polliceris, exspecto.

XXV. Est igitur, inquit Africanus, res publica, res populi ; populus autem non omnis hominum cœtus quoquo modo congregatus, sed cœtus multitudinis juris consensu et utilitatis communione sociatus. Ejus autem prima causa coeundi est non tam imbecillitas, quàm naturalis quædam hominum quasi congregatio : non est enim singulare, nec solivagum genus hoc ; sed ita generatum, ut ne in omnium quidem rerum affluentiâ. . . . .
. . . .

XXVI. . . . . quædam quasi semina ; neque reliquarum virtutum, nec ipsius rei publicæ reperiatur ulla institutio. Hi cœtus igitur hâc, de quâ exposui, causâ instituti, sedem primum certo loco

blirent d'abord leur habitation dans un lieu fixe, choisi pour la demeure commune : l'ayant fortifiée par l'avantage du site et par des travaux, ils appelèrent forteresse ou ville cet assemblage de maisons, entremêlé de temples et de places destinés à l'usage public. Or, tout peuple, c'est-à-dire toute réunion d'une multitude aux conditions que j'ai posées, toute cité, c'est-à-dire toute constitution particulière d'un peuple, toute chose publique enfin, et par là j'entends, comme je l'ai dit, la chose du peuple, a besoin, pour se maintenir durable, d'être régie par une autorité intelligente (23). Cette autorité doit toujours se rapporter, avant tout, au premier principe qui a produit la Cité. Ensuite, il faut qu'elle soit placée, ou dans la main d'un seul, ou dans quelques mains choisies, ou qu'elle soit prise par la multitude, par l'universalité. Ainsi, lorsque la direction de toutes choses dépend d'un seul, nous appelons cet individu roi, et cette forme de Constitution politique, royaume. Lorsque la souveraineté dépend d'un petit nombre choisi, on dit

---

domiciliorum causâ constituerunt ; quam cùm locis manuque sepsissent, ejusmodi conjunctionem tectorum oppidum vel urbem appellaverunt, delubris distinctam, spatiisque communibus. Omnis ergo populus, qui est talis cœtus multitudinis, qualem exposui ; omnis civitas, quæ est constitutio populi ; omnis res publica, quæ, ut dixi, populi res est, consilio quodam regenda est, ut diuturna sit. Id autem consilium primum semper ad eam causam referendum est, quæ causa genuit civitatem. Deinde aut uni tribuendum est, aut delectis quibusdam ; aut suscipiendum est multitudini atque omnibus. Quare cùm penes unum est omnium summa rerum, regem illum unum vocamus, et regnum ejus rei publicæ statum. Cùm autem est penes delectos, tum illa civitas optima-

que c'est une cité soumise à la volonté de l'aristocratie. Enfin, l'état populaire, car telle est l'expression usitée, est celui où toute chose réside dans le peuple. Et si le lien qui a primitivement réuni les hommes en société, dans un intérêt commun, conserve toute sa force, chacune de ces formes de gouvernement est, je ne dirai pas parfaite, ni même bonne, à mon avis, mais tolérable et susceptible d'être préférée l'une à l'autre. En effet, soit avec un roi juste et sage, soit avec une élite de citoyens éminents, soit avec le peuple lui-même, bien que cette supposition paraisse la moins favorable, il peut, sauf quelques injustices et quelques passions jetées à la traverse, s'établir un état de choses assez régulier.

XXVII. Mais, dans la monarchie, tout ce qui n'est pas le monarque est trop dépouillé de droit et de pouvoir public : sous la domintaion aristocratique, la multitude participe à peine à la liberté, étant privée de toute puissance et de toute délibération publique; et dans les États où le peuple fait tout, en le supposant

---

tum arbitrio regi dicitur. Illa autem est civitas popularis, sic enim appellant, in quâ in populo sunt omnia. Atque horum trium generum quodvis, si teneat illud vinculum, quod primum homines inter se rei publicæ causâ societate devinxit, non perfectum illud quidem, neque meâ sententiâ optimum, sed tolerabile tamen ; et aliud alio possit esse præstantius. Nam vel rex æquus ac sapiens ; vel delecti ac principes cives ; vel ipse populus, quamquam id est minime probandum, tamen, nonnullis interjectis iniquitatibus aut cupiditatibus, posse videtur aliquo esse non incerto statu.

XXVII. Sed et in regnis nimis expertes sunt cæteri communis juris et consilii : et in optimatum dominatu, vix particeps liberta

juste et modéré, l'égalité même devient une injuste inégalité, en ce qu'elle ne souffre aucune gradation dans les rangs. Aussi, que Cyrus ait été le plus juste et le plus sage des rois, je ne trouve pas pour cela fort désirable *cette chose du peuple* (telle est, je l'ai dit, ma définition de la chose publique), qui dépendait du clin d'œil d'un seul homme. Et maintenant, si les Marseillais, nos clients, sont gouvernés avec la plus grande justice par quelques citoyens principaux, il y a toujours, dans cette condition d'un peuple, je ne sais quelle apparence de servitude. Enfin, si les Athéniens, à certaines époques, après avoir supprimé l'aréopage, faisaient tout par les actes et les décrets du peuple, leur république, n'offrant plus alors une gradation de rangs et d'honneurs, avait perdu son plus bel ornement.

XXVIII. Et je raisonne ainsi sur ces trois formes de gouvernement, en les concevant, non pas désordonnées et confondues, mais dans leur situation fixe

---

tis potest esse multitudo, cùm omni consilio communi ac potestate careat : et cùm omnia per populum geruntur, quamvis justum atque moderatum, tamen ipsa æquabilitas est iniqua, cùm habet nullos gradus dignitatis. Itaque, si Cyrus ille Perses justissimus fuit sapientissimusque rex, tamen mihi populi res (ea enim est, ut dixi antea, publica) non maxime expetenda fuisse illa videtur, cùm regeretur unius nutu. Ac modo si Massilienses nostri clientes per delectos et principes cives summâ justitiâ reguntur, inest tamen in eâ conditione populi similitudo quædam servitutis. Si Athenienses, quibusdam temporibus, sublato areopago, nihil nisi populi scitis ac decretis agebant, quoniam distinctos dignitatis gradus non habebant, non tenebat ornatum suum civitas.

XXVIII. Atque hoc loquor de tribus his generibus rerum publicarum non turbatis atque permixtis, sed suum statum tenenti-

et régulière. Ces trois formes, en effet, ont d'abord, chacune en soi, les défauts que j'ai désignés ; puis elles ont d'autres défauts encore qui sont cause de ruine. Car, il n'existe aucune de ces formes de gouvernement, qui n'ait son passage glissant et rapide vers un écueil voisin. Après ce roi tolérable, pour me servir de l'expression la plus juste, ou même si vous le voulez, après ce roi digne d'amour, Cyrus enfin, je vois paraître, avec la licence du pouvoir absolu, un barbare Phalaris, exemple odieux, dont la domination d'un seul tend toujours à se rapprocher, par une pente facile et naturelle. A côté de cette sage aristocratie de Marseille, se présente ce qui exista dans Athènes, à une certaine époque, le complot et la faction des Trente. Enfin, pour ne pas chercher d'autres exemples, chez les Athéniens, le pouvoir illimité du peuple étant dévolu aux mains d'une multitude aveugle et effrénée, causa la ruine de ce même peuple ([24]). . . . . .
. . . .

bus. Quæ genera primum sunt in iis singula vitiis, quæ ante dixi ; deinde habent perniciosa alia vitia : nullum est enim genus illarum rerum publicarum, quod non habeat iter ad finitimum quoddam malum præceps ac lubricum. Nam illi regi, ut eum potissimum nominem, tolerabili, aut si vultis, etiam amabili Cyro, subest ad immutandi animi licentiam crudelissimus ille Phalaris, cujus in similitudinem dominatus unius proclivi cursu et facili delabitur. Illi autem Massiliensium paucorum et principum administrationi civitatis finitimus est, qui fuit, quodam tempore apud Athenienses triginta consensus et factio. Jam Atheniensium populi potestatem omnium rerum ipsi, ne alios requiramus, ad furorem multitudinis licentiamque conversam pesti. . . . .
. . . .

XXIX. Le pire état de choses résulte quelquefois d'une confusion de l'aristocratie, de l'oligarchie factieuse, du pouvoir royal, et même du pouvoir populaire ; et il arrive aussi que, de ces éléments divers, on voit éclore une nouvelle espèce de gouvernement. Car, il y a dans la constitution des États un merveilleux enchaînement, et comme des retours périodiques de changements et de vicissitudes. Il appartient au sage de les connaître ; mais, en calculer l'approche, et joindre à cette prévoyance l'habileté qui modère le cours des événements et les retient dans sa main, c'est l'œuvre du grand citoyen, et je dirai presque de l'homme inspiré. Aussi, je crois qu'une quatrième forme politique particulièrement digne d'éloges, est celle qui se forme par le balancement et le mélange des trois premières que j'ai désignées.

XXX. LÆLIUS. Je n'ignore pas, Scipion, que c'est là votre préférence ([25]) ; je vous l'ai souvent entendu dire. Je n'en désire pas moins, si je ne parais pas importun, apprendre de vous quel est, de ces trois modes

---

XXIX..... teterrimus, et ex hâc vel optimatum, vel factiosâ tyrannicâ illâ, vel regiâ, vel etiam persæpe populari : itemque ex eâ genus aliquod ecflorescere ex illis, quæ ante dixi, solet : mirique sunt orbes et quasi circuitus in rebus publicis commutationum et vicissitudinum : quos cùm cognosse sapientis est, tum vero prospicere impendentes, in gubernandâ re publicâ moderantem cursum atque in suâ potestate retinentem, magni cujusdam civis et divini pene est viri. Itaque quartum quoddam genus rei publicæ maxime probandum esse sentio, quod est ex his, quæ prima dixi, moderatum et permixtum tribus.

XXX. Hîc Lælius : Scio tibi ita placere, Africanè, sæpe enim ex te audivi ; sed tamen, nisi molestum est, ex tribus istis modis

de gouvernement, le meilleur, à vos yeux. Cela doit toujours servir pour l'examen de la question. . . .
. . . .

XXXI....... (²⁶). Chaque forme de gouvernement vaut suivant la nature et la volonté du pouvoir qui la dirige. Nulle autre société que celle où le peuple exerce la puissance souveraine, n'est véritablement le séjour de la liberté, de cette liberté le plus doux des biens, et qui, si elle n'est pas égale pour tous, n'est plus la liberté. Et comment peut-elle avoir ce caractère d'égalité, je ne dis pas sous la monarchie, où l'esclavage n'est ni douteux, ni déguisé, mais même dans ces États, où tous les citoyens ne sont libres que de nom? En effet, ils donnent des suffrages, ils délèguent des commandements; ils sont sollicités, suppliés par les candidats aux magistratures; mais ils donnent des choses que, bon gré mal gré, il faut toujours donner; des choses qu'ils ne possèdent pas eux-mêmes, bien que l'on vienne les chercher près d'eux. Car ils ne sont point admis au commandement, à l'exercice de l'auto-

---

rerum publicarum velim scire quod optimum judices. Nam vel profuerit aliquid ad cog. . . . .
. . . .
XXXI..... et talis est quæque res publica, qualis ejus aut natura, aut voluntas, qui illam regit. Itaque nullâ aliâ in civitate, nisi in quâ populi potestas summa est, ullum domicilium libertas habet : quâ quidem certe nihil potest esse dulcius; et quæ, si æqua non est, ne libertas quidem est. Qui autem æqua potest esse? omitto dicere in regno, ubi ne obscura quidem est, aut dubia servitus, sed in istis civitatibus, in quibus verbo sunt liberi omnes; ferunt enim suffragia, mandant imperia, magistratus, ambiuntur, rogantur; sed ea dant magis, quæ, etiamsi nolint, danda sint; et

rité publique, au rang des juges, avantages qui se déterminent par l'antiquité des familles, ou d'après la richesse. Mais dans une nation vraiment libre, à Athènes, à Rhodes, il n'est aucun citoyen qui ne puisse parvenir à tout. . . . .

XXXII....... Suivant ces philosophes, sitôt que, chez un peuple, un ou plusieurs hommes se sont élevés par la richesse et la puissance, on a vu les priviléges naître de leurs prétentions et de leur orgueil, les timides et les faibles s'empressant de céder, et pliant sous l'orgueil des riches. Ils ajoutent qu'au contraire, si le peuple savait maintenir son droit, rien ne serait plus glorieux, plus libre et plus prospère : car il resterait alors souverain dispensateur des lois, des jugements, de la guerre, de la paix, des traités, de la fortune et de la vie de chaque citoyen ; et ainsi seulement, à leur gré, l'État pourrait être appelé chose publique, c'est-à-dire chose du peuple. C'est par ce principe que, suivant eux, l'on voit souvent une nation remonter de la domination des patriciens ou des rois vers la liberté,

---

quæ ipsi non habent, unde alii petunt : sunt enim expertes imperii, consilii publici, judicii delectorum judicum ; quæ familiarum vetustatibus, aut pecuniis ponderantur. In libero autem populo, ut Rhodi, ut Athenis, nemo est civium qui. . . . . . .

XXXII. . . . . populo aliquis unus pluresve divitiores opulentioresque exstitissent, tum ex eorum fastidio et superbiâ nata esse commemorant, cedentibus ignavis et imbecillis, et arrogantiæ divitum succumbentibus. Si vero jus suum populi teneant, negant quicquam esse præstantius, liberius, beatius : quippe qui domini sint legum, judiciorum, belli, pacis, fœderum, capitis uniuscujusque, pecuniæ. Hanc unam rite rem publicam, id est, rem populi, appellari putant. Itaque et a regum et a patrum dominatione

et non pas de son état de peuple libre, se remettre sous le gouvernement des rois, ou sous l'influence et la protection des grands. Ils ne croient pas, d'ailleurs, que les excès d'un peuple sans frein soient un motif de repousser, dans son ensemble, ce caractère d'un peuple libre. Ils disent que, si ce peuple est uni, et rapporte inviolablement tous ses efforts au salut et à la liberté commune, rien n'est plus fort, rien n'est plus immuable; que cette union nécessaire est très-facile dans une république ordonnée de manière à créer le même intérêt pour tous; que les diversités d'intérêt, l'utilité de l'un, opposée à celle de l'autre, produisent les discordes; qu'ainsi, tant que le sénat avait été maître, jamais la République n'avait eu de stabilité; que cet avantage était encore plus rare dans les royautés, où, comme l'a dit Ennius,

> La puissance jamais ne peut se partager.

Or, la loi étant le lien de la société civile, et le principe de la loi étant l'égalité, quel droit peut-il rester à une

---

solere in libertatem rem populi vindicari, non ex liberis populis reges requiri, aut potestatem atque opes optimatum. Et vero negant oportere indomiti populi vitio genus hoc totum liberi populi repudiari : concordi populo, et omnia referenti ad incolumitatem et ad libertatem suam, nihil esse immutabilius, nihil firmius. Facillimam autem in eâ re publicâ esse concordiam, in quâ idem conducat omnibus : ex utilitatis varietatibus, cùm aliis aliud expediat, nasci discordias. Itaque cùm patres rerum potirentur, nunquam constitisse civitatis statum; multo jam id in regnis minus, quorum, ut ait Ennius,

> Nulla regni sancta societas, nec fides est.

Quare cùm lex sit civilis societatis vinculum, jus autem legis

association de citoyens, lorsque la condition de ces citoyens n'est pas égale? Si, en effet, on n'a point voulu mettre l'égalité entre les fortunes, si on ne peut la mettre entre les esprits, au moins doit-elle exister entre les droits de ceux qui sont citoyens d'une même république. Qu'est-ce, en effet, qu'une cité, sinon une association au partage du droit ([27])? . . . .
. . . .

XXXIII. Quant aux autres formes politiques, ces philosophes ne les croient pas dignes des noms qu'elles prétendent s'attribuer. Pourquoi, en effet, du nom de Roi réservé à Jupiter très-bon, irais-je qualifier un homme avide du commandement, de l'unité de pouvoir, et dominant sur un peuple abattu ? Pourquoi ne l'appellerais-je pas plutôt du nom de tyran? Car, il est tout aussi facile à un tyran d'être clément, qu'à un roi d'être oppresseur. Toute la question, pour le peuple, est de servir sous un maître indulgent, ou cruel; mais, il ne saurait s'épargner de servir. Du reste, comment Lacédémone pouvait-elle, à l'é-

æquale, quo jure societas civium teneri potest, cùm par non sit conditio civium? Si enim pecunias æquari non placet, si ingenia omnium paria esse non possunt, jura certe paria debent esse eorum inter se, qui sunt cives in eâdem re publicâ. Quid est enim civitas; nisi juris societas? . . . .
. . . .

XXXIII. Cæteras vero res publicas ne appellandas quidem putant iis nominibus, quibus illæ sese appellari velint. Cur enim regem appellem, Jovis optimi nomine, hominem dominandi cupidum aut imperii singularis, populo oppresso, dominantem, non tyrannum potius? Tam enim esse clemens tyrannus, quàm rex importunus potest; ut hoc populorum intersit, utrum cómi domino, an aspero serviant; quin serviant quidem, fieri non potest. Quo autem

poque même de la supériorité prétendue de son institution politique, avoir des rois justes et bons, puisqu'elle recevait nécessairement pour roi l'héritier, quel qu'il fût, sorti du sang royal? Quant aux *aristocrates*, peut-on supporter des hommes se décernant eux-mêmes un tel titre, non de l'aveu du peuple, mais par leurs propres suffrages? où est-il en effet, parmi eux, cet homme jugé le *meilleur* par la science, les talents, les travaux ([28])? . . . .
. . . .

XXXIV. Si l'État choisit ses guides au hasard, il s'abîme aussi vite qu'un vaisseau, où l'on appellerait au gouvernail un des passagers désigné par le sort. Si un peuple est libre, il aura le choix de ceux auxquels il entend se confier; et s'il veut sa propre conservation, il choisira toujours les plus sages. C'est aux avis des sages que le salut des États est attaché, d'autant plus que la nature, non-seulement a donné à ces hommes supérieurs par la vertu et le génie, de l'ascendant pour gouverner les faibles, mais qu'elle inspire

---

modo adsequi poterat Lacædemon illa, tum cùm præstare putabatur disciplinâ rei publicæ, ut bonis uteretur justisque regibus, cùm esset habendus rex, quicumque genere regio natus esset? Nam optimates quidem quis ferat, qui non populi concessu, sed suis comitiis hoc sibi nomen arrogaverunt? Qui enim judicatur iste optimus doctrinâ, artibus, studiis? Audio; quando . . . .
. . . .
XXXIV. . . . si fortuito id faciet, tam cito evertitur, quàm navis, si e vectoribus sorte ductus ad gubernacula accesserit. Quòd si liber populus, deliget quibus se committat, deligetque, si modo salvus esse vult, optimum quemque: certe in optimorum consiliis posita est civitatum salus; præsertim cùm hoc natura tulerit, non solum ut summi virtute et animo præessent imbecillioribus,

à ceux-ci l'envie d'obéir aux hommes supérieurs. Mais l'excellence de cette combinaison est détruite, dit-on, par les faux jugements de la foule qui, dans l'ignorance de cette vertu, dont les modèles sont si peu nombreux, et dont les juges et les appréciateurs ne sont pas moins rares, s'imagine que, parmi les hommes, les meilleurs sont les puissants, les riches et ceux qui descendent d'une illustre origine. Lorsqu'à la faveur de cette méprise du vulgaire, la puissance, et non la vertu de quelques hommes, a pris possession de l'État, ces hommes principaux retiennent obstinément le titre de grands : mais, dans le fait, ils ne le justifient pas ; car les richesses, le nom, la puissance, dépourvues de la sagesse et d'un juste tempérament pour se conduire et pour commander aux autres, ne sont plus que déshonneur et fastueuse insolence ; et il n'est pas de Cité, dont l'aspect soit plus révoltant que celle, où les plus riches sont considérés comme les meilleurs. Quoi de plus admirable, au contraire, qu'une république gouvernée par la

---

sed ut hi etiam parere summis velint. Verùm hunc optimum statum pravis hominum opinionibus eversum esse dicunt, qui ignoratione virtutis, quæ cùm in paucis est, tum in paucis judicatur et cernitur, opulentos homines et copiosos, tum genere nobili natos, esse optimos putant. Hoc errore vulgi, cùm rem publicam opes paucorum, non virtutes, tenere cœperunt, nomen illi principes optimatum mordicus tenent, re autem carent eo nomine. Nam divitiæ, nomen, opes vacuæ consilio et vivendi atque aliis imperandi modo, dedecoris plenæ sunt et insolentis superbiæ; nec ulla deformior species est civitatis, quàm illa in quâ opulentissimi optimi putantur. Virtute vero gubernante rem publicam, quid potest esse præclarius? cùm is, qui imperat aliis, servit ipse nulli cupiditati; cùm, quas ad res cives instituit et vocat, eas omnes complexus est ipse, nec leges imponit populo, quibus ipse

vertu, alors que celui qui commande aux autres n'est lui-même esclave d'aucune passion honteuse, alors que toutes les choses, dont il fait la règle et le but des citoyens, il les embrasse lui-même, qu'il n'impose pas de loi à laquelle lui-même n'obéisse, et que sa propre vie est comme une loi qu'il présente à ses concitoyens! Si un homme pouvait suffire à tout, il ne serait pas besoin de plusieurs; et si l'universalité des citoyens pouvait toujours voir le bien et s'accorder sur ce point, personne ne demanderait des chefs élus. La difficulté d'une sage détermination a fait passer le pouvoir du roi aux grands; l'ignorance et l'aveuglement des peuples l'a ramené des mains de la foule dans celles du petit nombre. De cette manière, entre l'impuissance d'un seul et l'égarement du grand nombre, les *Aristocrates* ont occupé une situation moyenne, la mieux ordonnée de toutes; et, tandis qu'ils surveillent la chose publique, les peuples jouissent nécessairement du plus grand bonheur possible, étant libres de tout soin et de

non pareat, sed suam vitam, ut legem, præfert suis civibus. Qui si unus satis omnia consequi posset, nihil opus esset pluribus; si universi videre optimum, et in eo consentire possent, nemo delectos principes quæreret. Difficultas ineundi consilii rem a rege ad plures; error et temeritas populorum a multitudine ad paucos transtulit. Sic, inter infirmitatem unius, temeritatemque multorum, medium optimates possederunt locum, quo nihil potest esse moderatius: quibus rem publicam tuentibus, beatissimos esse populos necesse est, vacuos omni curâ et cogitatione, aliis permisso otio suo, quibus id tuendum est, neque committendum, ut sua commoda populus negligi a principibus putet. Nam æquabilitas quidem juris, quam amplexantur liberi populi, neque servari potest: ipsi enim populi, quamvis soluti effrenatique sint, præcipue multis multa tribuunt, et est in ipsis magnus delectus

toute pensée, et s'en étant remis de leur repos à d'autres, qui doivent le garantir, et non pas commettre la faute de laisser croire au peuple que ses intérêts sont négligés par les grands. Quant à cette égalité de droits que chérissent les peuples libres, remarquons qu'elle ne saurait se maintenir : les peuples mêmes les plus ennemis du joug et de la contrainte ont toujours de grandes condescendances pour beaucoup de personnes ; et il existe dans leur esprit un merveilleux discernement des rangs et des hommes : de plus, cette égalité prétendue est la plus injuste du monde. En effet, si semblable honneur est exactement rendu aux plus éminents et aux plus infimes, dans toute la masse d'un peuple, il est inévitable que l'égalité même devienne une extrême injustice : c'est le malheur que n'ont pas à craindre les États qui sont gouvernés par l'élite des citoyens. Ces raisonnements, et quelques autres du même genre, Lælius, sont à peu près le texte habituel des plus zélés partisans de cette forme politique.

XXXV. Lælius. Mais vous, Scipion, des trois natures de gouvernement, quelle est celle que vous

hominum et dignitatum; eaque, quæ appellatur æquabilitas, iniquissima est. Cùm enim par habetur honos summis et infimis, qui sint in omni populo, necesse est ipsa æquitas iniquissima sit : quod in iis civitatibus, quæ ab optimis reguntur, accidere non potest. Hæc fere, Læli, et quædam ejusdem generis ab iis, qui eam formam rei publicæ maxime laudant, disputari solent.

XXXV. Tum Lælius : Quid tu, inquit, Scipio, e tribus istis, quid maxime probas? — Scipio. Recte quæris quod maxime e tribus ; quoniam eorum nullum ipsum per se separatim probo ; anteponoque singulis illud, quod conflatum fuerit ex omnibus.

approuvez le plus? Scipion. Vous avez raison de me demander celle que j'approuve le plus; car, il n'est aucune de ces formes, prise isolément, que j'approuve d'une manière absolue; et je préfère à chacune d'elles un gouvernement sorti du mélange de toutes. S'il fallait cependant me borner à une de ces formes, dans sa simplicité et dans son unité, mon approbation, mes premiers éloges seraient pour la monarchie. Mais, dans les idées que je renferme sous cette dénomination, se présente d'abord le titre de père attaché à celui de roi, pour exprimer qu'il veille sur ses concitoyens, comme sur ses enfants, et s'applique bien plus à les conserver qu'à les assujettir; d'où il résulte que les petits et les faibles gagnent à être soutenus par cette surveillance protectrice d'un seul homme, très-bon et très-puissant. Viennent aussi les grands qui s'offrent à faire la même chose et à la faire mieux; ils disent, qu'il y a plus de lumières dans plusieurs que dans un seul; et ils promettent, d'ailleurs, la même justice et la même bonne foi. Enfin, voici venir le peuple nous crier tumultueusement qu'il ne veut obéir ni à un seul, ni à plusieurs; que, pour les bêtes même, la liberté est le plus doux

Sed si unum ac simplex probandum sit, regium probem, atque in primis laudem. In primo genere tamen, quod hoc loco appellatur, occurrit nomen quasi patrium regis, ut ex se natis ita consulentis suis civibus, et eos conservantis studiosius, quàm redigentis in servitutem : ut sane utilius sit, facultatibus et mente exiguos sustentari unius optimi et summi viri diligentiâ. Adsunt optimates, qui se melius hoc idem facere profiteantur; plusque fore dicant in pluribus consilii, quàm in uno, et eamdem tamen æquitatem et fidem. Ecce autem maximâ voce clamat populus, neque se uni, neque paucis velle parere; libertate ne feris quidem quicquam

des biens; et que les hommes en sont privés, soit qu'ils servent un roi, ou des grands. Ainsi, les rois nous présentent l'attrait de l'affection, les grands celui du talent, les peuples celui de la liberté; et, dans cette concurrence, le choix est difficile (29). Je conçois, dit Lælius; mais, il n'est guère possible d'éclairer le reste de la question, si vous laissez ce premier point encore en ébauche.

XXXVI. Scipion. Il faut donc imiter Aratus, qui, se préparant à traiter de grandes choses, se croit obligé de commencer par Jupiter. Lælius. Pourquoi Jupiter? et qu'a de commun ce discours avec le poëme d'Aratus? Scipion. C'est un avis pour nous de remonter à celui que d'une voix unanime les ignorants et les sages nomment tous également le seul maître de tous, les dieux et les hommes. Comment? dit Lælius. Scipion reprit : Que pouvez-vous supposer autre chose que ce qui frappe les yeux? Si ce sont les chefs des États qui ont établi, pour l'utilité de la vie humaine, la croyance qu'il existe un roi unique dans les cieux, dont le clin

---

esse dulcius; hâc omnes carere sive regi, sive optimatibus serviant. Ita caritate nos capiunt reges, consilio optimates, libertate populi : ut in comparando difficile ad eligendum sit, quid maxime velis. — Lælius. Credo, inquit, sed expediri quæ restant vix poterunt, si hoc inchoatum reliqueris.

XXXVI. Scipio. Imitemur ergo Aratum, qui magnis de rebus dicere exordiens, a Jove incipiendum putat. — Lælius. Quo Jove? aut quid habet illius carminis simile hæc oratio? — Scipio. Tantum, inquit, ut rite ab eo dicendi principia capiamus, quem unum omnium deorum et hominum regem esse omnes docti indoctique uno ore consentiunt. — Quid? inquit Lælius. — Et ille : Quid censes, nisi quod est ante oculos? Sive hæc ad utilitatem vitæ constituta sint à principibus rerum publicarum, ut rex putaretur unus esse

d'œil, suivant l'expression d'Homère, fait mouvoir tout l'Olympe, et qui est le roi et le père de tous les êtres : voilà toujours une éclatante autorité et de nombreux, ou plutôt d'universels témoignages, qui nous attestent que les nations ont unanimement reconnu, par les décrets des princes, l'excellence de la royauté, puisqu'elles s'accordent à penser que tous les dieux sont gouvernés par la providence d'un seul; et si nous avons appris que cette opinion reposait sur l'erreur des ignorants, et devait être rangée parmi les fables, écoutons du moins, comme les précepteurs publics des gens éclairés, les hommes qui ont vu, pour ainsi dire de leurs yeux, ce que nous savons à peine par ouï-dire. Quels sont ces hommes ? dit Lælius. Ceux, dit Scipion, qui, par l'investigation de la nature, sont arrivés à l'opinion que ce monde tout entier est mû par une âme universelle. . . . .

XXXVII. Mais si vous voulez, Lælius, je vous citerai des autorités qui ne sont ni trop antiques, ni barbares en aucune façon. Lælius. A ce compte, je le veux.

in cœlo, qui nutu, ut ait Homerus, totum olympum converteret, idemque et rex et pater haberetur omnium ; magna auctoritas est multique testes, siquidem omnes multos appellari placet, ita consensisse gentes, decretis videlicet principum, nihil esse rege melius, quoniam deos omnes censent unius regi numine. Sive hæc in errore imperitorum posita esse, et fabularum similia didicimus ; audiamus communes quasi doctores eruditorum hominum, qui tamquam oculis illa viderunt, quæ nos vix audiendo cognoscimus. —Quinam, inquit Lælius, isti sunt?— Et ille : Qui naturâ omnium rerum pervestigandâ senserunt omnem hunc mundum mente. . . .
. . . .
XXXVII. . . . . Sed si vis, Læli, dabo tibi testes nec nimis antiquos nec ullo modo barbaros.— Lælius. Istos, inquit, volo.— Sci-

Scipion. Et d'abord, remarquez-vous qu'il s'est écoulé un peu moins de quatre cents ans, depuis que cette ville n'a plus de rois. Lælius. Un peu moins, en effet. Scipion. Eh bien ! que sont quatre cents années, dans l'âge d'une ville, d'un État ? est-ce une longue durée ? Lælius. C'est à peine l'âge viril. Scipion. Ainsi donc, à quatre cents ans de nous, il y avait un roi dans Rome. Lælius. Et certes un roi superbe. Scipion. Mais, avant lui ? Lælius. Il y avait un roi très-juste, et ainsi de suite, en remontant jusqu'à Romulus, qui, six cents années avant cette époque, était roi. Scipion. Ainsi, lui-même n'est pas fort ancien. Lælius. Nullement; c'était déjà presque l'époque de la Grèce vieillissante. Scipion. Mais, dites-moi, Romulus fut-il roi d'un peuple barbare ? Lælius. Si, à l'exemple des Grecs, on ne fait d'autre distinction que celle de peuple grec et de peuple barbare, j'ai bien peur qu'il n'ait été un roi de barbares ; mais, si cette dénomination doit s'appliquer à l'état des mœurs, et non à la différence des langues, je ne crois pas les Romains plus barbares que les Grecs.

pio. Videsne igitur minus quadringentorum annorum esse hanc urbem, ut sine regibus sit ? — Lælius. Vero minus. — Scipio. Quid ergo hæc quadringentorum annorum ætas, ut urbis et civitatis, num valde longa est ? — Lælius. Ista vero, inquit, adulta vix. — Scipio. Ergo his annis quadringentis Romæ rex erat. — Lælius. Et superbus quidem. — Scipio. Quid supra ? — Lælius. Justissimus; et deinceps retro usque ad Romulum, qui ab hoc tempore anno sexcentesimo rex erat. — Scipio. Ergo ne iste quidem pervetus. — Lælius. Minime ; ac prope senescente jam Græcià. — Scipio. Cedo, num barbarorum Romulus rex fuit ? — Lælius. Si, ut Græci dicunt, omnes aut Graios esse, aut barbaros, vereor ne barbarorum

Au reste, reprit Scipion, pour notre point de vue, ce que nous cherchons, ce n'est point un peuple, mais des esprits; et, de fait, si des hommes raisonnables et d'une époque peu ancienne ont voulu le gouvernement des rois, en citant cet exemple, je me sers de témoins qui ne sont ni trop antiques, ni grossiers, ou barbares.

XXXVIII. Lælius. Je vois, Scipion, que les autorités ne vous manquent pas : mais auprès de moi, comme de tout bon juge, les preuves valent mieux que les témoins. Servez-vous donc, Lælius, reprit Émilien, d'une preuve tirée de vous-même et de votre expérience. Comment! dit Lælius, quelle expérience? Scipion. Celle que vous faites lorsque, par hasard, vous vous sentez en colère contre quelqu'un. Lælius. Cela m'arrive plus souvent que je ne voudrais. Scipion. Eh bien! lorsque vous êtes irrité, laissez-vous la colère maîtresse absolue de votre âme? Lælius. Non, par Hercule, j'imite cet Archytas de Tarente, qui, arrivant à sa maison de campagne, y trouva toute chose autrement qu'il n'avait ordonné. Malheureux!

---

rex fuerit; sin id nomen moribus dandum est, non linguis, non Græcos minus barbaros, quàm Romanos puto.—Et Scipio: Atqui ad hoc, de quo agitur, non quærimus gentem, ingenia quærimus. Si enim et prudentes homines et non veteres reges habere voluerunt, utor neque perantiquis neque inhumanis ac feris testibus.

XXXVIII. Tum Lælius : Video te, Scipio, testimoniis satis instructum : sed apud me, ut apud bonum judicem, argumenta plus quàm testes valent. — Tum Scipio: Utere igitur argumento, Læli, tute ipse sensûs tui. — Cujus, inquit ille, sensûs? — Scipio. Si quando, si forte tibi visus es irasci alicui.— Lælius. Ego vero sæpius, quàm vellem.—Scipio. Quid? tum cùm tu es iratus, permittis

dit-il à son métayer, je t'aurais déjà tué de coups, si je n'étais en colère. Très-bien, dit Scipion ; ainsi Archytas regardait la colère, j'entends celle qui fait divorce avec la raison, comme un désordre séditieux de l'âme, qu'il voulait apaiser par la réflexion : comptez encore l'avarice ; comptez l'amour du commandement, de la gloire ; comptez les passions voluptueuses ; et vous verrez que, dans l'esprit de l'homme, il se forme une sorte de royauté qui domine sur tous ces désordres par un seul principe, la réflexion. C'est, en effet, la partie la plus excellente de l'âme ; et, sous son empire, il n'y a plus aucune place pour les voluptés, aucune pour la colère, aucune pour l'emportement aveugle. Lælius. Oui, sans doute. Scipion. Eh bien ! approuvez-vous une âme ainsi disposée ? Lælius. Plus que toute chose au monde. Scipion. Ainsi, vous n'approuveriez pas que les mauvais désirs qui sont innombrables, et les passions haineuses chassant la réflexion, s'emparassent de l'homme tout entier ? Lælius. Moi, je ne concevrais rien de plus

---

illi iracundiæ dominatum animi tui ? — Lælius. Non mehercule, inquit ; sed imitor Archytam illum tarentinum, qui cùm ad villam venisset, et omnia aliter offendisset, ac jusserat : Te, te infelicem, inquit villico, quem necassem jam verberibus, nisi iratus essem. —Optime, inquit Scipio. Ergo Archytas iracundiam, videlicet dissidentem a ratione, seditionem quamdam animi movere ducebat, eam consilio sedari volebat. Adde avaritiam, adde imperii; adde gloriæ cupiditatem, adde libidines ; et illud videre est, in animis hominum regale si imperium sit, unius fore dominatum, consilii scilicet : ea est enim animi pars optima ; consilio autem dominante, nullum esse libidinibus, nullum iræ, nullum temeritati locum. —Lælius. Sic, inquit, est.— Scipio. Probas igitur animum ita affectum ? — Lælius. Nihil vero, inquit, magis. — Scipio. Ergo non profecto probares, si, consilio pulso, libidines, quæ sunt innumera-

misérable qu'une intelligence ainsi dégradée, et qu'un homme animé par une telle âme. Scipion. Vous voulez donc que toutes les parties de l'âme soient soumises à une autorité régnante; en un mot, dirigées par la réflexion ? Lælius. Je le désire ainsi. Scipion. Comment donc, alors, pouvez-vous être en doute de votre opinion sur le gouvernement des États, où, si les affaires sont partagées entre plusieurs, la conséquence immédiate, c'est qu'il n'y aura pas d'autorité qui commande ; car si le pouvoir n'est un, il n'existe nul pouvoir ?

XXXIX. Mais, dit Lælius, qu'importe, je vous prie, d'un seul ou de plusieurs, si la justice se trouve également dans la pluralité? Scipion. Comme je vois, Lælius, que l'autorité de mes témoins vous touche fort médiocrement, je continue de vous prendre encore vous-même pour témoin, en preuve de ce que je dis. Moi, dit-il, à quel sujet ? Scipion. Au sujet que je vous ai entendu prescrire fortement à vos esclaves, dans notre

biles, iracundiæve tenerent omnia.—Lælius. Ego vero nihil isto animo, nihil ita animato homine miserius ducerem.—Scipio. Sub regno igitur tibi esse placet omnes animi partes, et eas regi consilio.—Lælius. Mihi vero sic placet.—Scipio. Cur igitur dubitas quid de re publicâ sentias ? In quâ, si in plures translata res sit, intelligi jam licet, nullum fore, quod præsit imperium ; quod quidem, nisi unum sit, esse nullum potest.

XXXIX. Tum Lælius : Quid, quæso, interest inter unum et plures, si justitia est in pluribus?— Et Scipio : Quoniam testibus meis intellexi, Læli, te non valde moveri, non desinam te uti teste, ut hoc quod dico probem. — Me, inquit ille, quonam modo ?— Scipio. Quia animum adverti nuper, cùm essemus in Formiano, te familiæ valde interdicere ut uni dicto audiens esset. — Lælius. Quippe villico.—Scipio. Quid domi? pluresne præsunt negotiis

dernier voyage à Formies, de ne suivre les ordres que d'une seule personne. Lælius. Oui, sans doute, de mon métayer. Scipion. Et à Rome, vos affaires sont-elles en plusieurs mains? Lælius. Non, dans les miennes seules. Scipion. Mais enfin, toute votre maison a-t-elle quelque autre chef que vous? Lælius. Nullement. Scipion. N'accordez-vous donc pas également que dans l'ordre politique, le pouvoir d'un seul, pourvu qu'il soit juste, est le plus salutaire? Lælius. Vous me conduisez là ; et je suis presque de votre avis.

XL. Scipion. Vous en serez bien davantage, reprit Scipion, si laissant de côté la comparaison du pilote et du médecin, et ne m'arrêtant pas à vous dire que, pour la conduite d'un vaisseau, ou le salut d'un malade, on se confie à un seul, en le supposant au niveau de son art, de préférence à plusieurs, je passe à des considérations plus élevées. Lælius. Quelles sont ces considérations? Scipion. Quoi! ne voyez-vous pas que la cruauté et le génie superbe du seul Tarquin attira la haine du peuple sur le nom de roi? Lælius. Je le sais. Scipion. Alors vous savez aussi ce que, dans la suite

---

tuis? — Lælius. Imo vero unus, inquit. — Scipio. Quid? totam domum num quis alter, præter te, regit? — Lælius. Minime vero. —Scipio. Quin tu igitur concedis idem in re publicâ, singulorum dominatus, si modo justi sint, esse optimos?— Lælius. Adducor igitur, et propemodum adsentior.

XL. Et Scipio : Tum magis adsentiare, Læli, si, ut omittam similitudines, uni gubernatori, uni medico, si digni modo sint iis artibus, rectius esse alteri navem committere, ægrum alteri, quàm multis, ad majora pervenero.—Lælius. Quænam ista sunt?—Scipio. Quid? tu non vides unius importunitate et superbiâ Tarquinii, nomen huic populo in odium venisse regium? — Lælius. Video

de ce discours, je crois avoir bientôt à dire, que le peuple, à l'expulsion de Tarquin, fut emporté par un merveilleux excès de liberté nouvelle. Alors, des bannissements injustes, le pillage d'un grand nombre de propriétés, les consulats annuels, et l'abaissement des faisceaux, en présence du peuple ; alors, le droit d'appel étendu à toute chose ; alors, la retraite séditieuse des plébéiens ; alors, enfin, cette conduite presque générale des affaires qui tendait à placer tous les pouvoirs dans le peuple. Lælius. Il est vrai. Et cela, reprit Scipion, dans les époques de paix et de repos ; car, on peut se permettre quelque licence, tant qu'on n'a rien à craindre, comme dans une navigation paisible, ou dans une indisposition légère. Mais, de même que si la mer noircit sous la tempête, ou si la maladie s'aggrave, on voit le voyageur, ou le malade implorer le secours d'un seul ; ainsi, notre nation, en paix et dans ses foyers, domine et menace ses magistrats, les récuse, les dénonce, les insulte ; mais, en guerre, elle leur obéit, comme à des rois. L'intérêt du salut l'emporte sur la passion ; et même, dans les guerres les plus impor-

---

vero, inquit.—Scipio. Ergo etiam illud vides, de quo progrediente oratione ventura me dicturum puto, Tarquinio exacto, mirâ quâdam exsultasse populum insolentiâ libertatis : tum exacti in exsilium innocentes, tum bona direpta multorum, tum annui consules, tum demissi populo fasces, tum provocationes omnium rerum, tum secessio plebis, tum prorsus ita acta pleraque, ut in populo essent omnia.— Lælius. Est, inquit, ut dicis.— Est vero, inquit Scipio, in pace et otio : licet enim lascivire, dum nihil metuas, ut in navi, ac sæpe etiam in morbo levi. Sed ut ille qui navigat, cùm subito mare cœpit horrescere, et ille æger, ingravescente morbo, unius opem implorat : sic noster populus in pace et domi impe-

tantes, nos Romains ont voulu que tout le commandement fût placé sans partage dans la main d'un seul, dont le nom même indique l'étendue de sa puissance. On l'appelle dictateur, parce qu'il est élu par le *dire* d'un consul; mais dans nos livres sacrés, Lælius, vous le voyez nommé maître du peuple. Lælius. Je le sais. Scipion. Nos ancêtres firent donc sagement (30). . .
. . . .

XLI..... Lorsque le peuple est privé d'un roi juste, comme le dit Ennius, après la mort d'un grand roi,

>D'un souvenir pieux, longtemps il le regrette;
>Les yeux levés au ciel, en pleurant il répète :
>O divin Romulus !... roi guerrier, fils de Mars !
>Défends nos murs sacrés, protége tes remparts !...

Nos Romains n'appelaient point maîtres, ni seigneurs ceux auxquels ils obéissaient suivant la loi; ils ne leur donnaient pas même le titre de rois, mais les noms de

---

rat, et ipsis magistratibus minatur, recusat, appellat, provocat; in bello sic paret, ut regi : valet enim salus plus quàm libido. Gravioribus vero bellis etiam sine collegâ omne imperium nostri penes singulos esse voluerunt, quorum ipsum nomen vim suæ potestatis indicat. Nam dictator quidem ab eo appellatur, quia dicitur; sed in nostris libris vides eum, Læli, magistrum populi appellari.— Lælius. Video, inquit.— Et Scipio : Sapienter igitur illi veteres. . . . .
. . . .

XLI..... justo quidem rege cùm est populus orbatus, sicut ait Ennius, post optimi regis obitum,

>Pectora dia tenet desiderium; simul inter
>Sese sic memorant, o Romule, Romule die,
>Qualem te patriæ custodem di genuerunt !
>O pater ! o genitor ! o sanguen dîs oriundum !

Non heros nec dominos appellabant eos, quibus juste paruerunt,

gardiens de la patrie, les noms de pères et de dieux ;
et ils avaient raison ; n'ajoutent-ils pas, en effet, en
s'adressant à Romulus ?

<blockquote>
Auteur de la patrie,
Tu nous donnas, toi seul, la naissance et la vie.
</blockquote>

Ils croyaient que l'existence, la gloire, l'honneur,
étaient un don de la justice du roi. La même volonté
se serait maintenue dans leurs descendants, si les
mêmes vertus s'étaient conservées sur le trône ; mais
vous le voyez, par l'injustice d'un seul, s'écroula tout
cet ordre de gouvernement. LÆLIUS. Je le vois, et je
m'étudie à connaître la marche de ces grandes mutations, et dans notre république, et dans toutes les
autres.

XLII. Scipion reprit : Lorsque j'aurai exposé toute
mon opinion touchant la forme de gouvernement
que je préfère, il me faudra parler avec quelque

---

denique ne reges quidem ; sed patriæ custodes, sed patres et deos.
Nec sine causâ. Quid enim adjungunt ?

<blockquote>Tu produxisti nos intra luminis oras.</blockquote>

Vitam, honorem, decus sibi datum esse justitiâ regis existimabant. Mansisset eadem voluntas in eorum posteris, si regum, similitudo permansisset ; sed vides unius injustitiâ concidisse genus
illud totum rei publicæ. — LÆLIUS. Video vero, inquit, et studeo
cursus istos mutationum non magis in nostrâ, quàm in omni re
publicâ noscere.

XLII. Et Scipio : Est omnino, cùm de illo genere rei publicæ,
quod maxime probo, quæ sentio dixero, accuratius mihi dicendum
de commutationibus rerum publicarum ; etsi minime facile eas in
eâ re publicâ futuras puto. Sed hujus regiæ prima et certissima
est illa mutatio. Cùm rex injustus esse cœperit, perit illud illico
genus ; et est idem ille tyrannus, deterrimum genus et finitimum
optimo : quem si optimates oppresserunt, quod ferme evenit, ha-

étendue sur les révolutions des États, bien que ce soit le danger le moins à craindre dans le gouvernement que je conçois. Quant à la royauté absolue, elle offre une première et inévitable chance de révolution. Un roi a-t-il commencé d'être injuste, aussitôt disparaît cette forme de gouvernement; et ce tyran est à la fois le pire de tous les pouvoirs, et le plus voisin du meilleur. A-t-il succombé sous les efforts des grands, l'État prend alors la seconde des trois formes que j'ai désignées, et il se forme une espèce d'autorité royale, c'est-à-dire paternelle, par la réunion des principaux citoyens veillant avec zèle aux intérêts du peuple. Est-ce, au contraire, le peuple seul qui, spontanément, a immolé ou banni un tyran, il se montre plus modéré de toute la force de sa raison et de ses lumières; et, dans la joie d'avoir accompli son ouvrage, il veut maintenir l'ordre politique établi par lui-même. Mais si jamais le peuple en est venu à frapper un roi juste, ou à lui ravir le trône; ou même, et l'exemple en est plus fréquent, s'il a goûté du sang des grands, et qu'il ait prostitué l'État tout entier à la fureur de ses caprices, sachez bien qu'il n'est pas de mer, ou d'incendie si terrible, dont il ne soit plus facile d'apaiser la

---

bet statum res publica de tribus secundarium : est enim quasi regium, id est patrium consilium populo bene consulentium principum. Sin per se populus interfecit, aut ejecit tyrannum, est moderatior, quoad sentit et sapit, et suâ re gestâ lætatur, tuerique vult per se constitutam rem publicam. Si quando aut regi justo vim populus attulerit regnove eum spoliavit; aut etiam, id quod evenit sæpius, optimatum sanguinem gustavit, ac totam rem publicam substravit libidini suæ; cave putes autem mare ullum aut

violence que celle d'une multitude insolente et déchaînée.

XLIII. Alors, on voit se réaliser ce qui est éloquemment décrit dans Platon, pour peu que je parvienne à l'exprimer dans notre langue, effort difficile ([31]), mais que je tenterai du moins.

« Lorsque, dit-il, l'ardeur du peuple s'est enflammée d'une soif intarissable d'indépendance, et que, servi par des complaisants pervers, il a bu avidement la coupe remplie de liberté sans mélange, alors, ses magistrats et ses chefs, s'ils ne sont tout à fait mous et obéissants, et s'ils ne lui versent à flots la liberté, il les poursuit, les incrimine, les accuse, les appelle dominateurs, rois, tyrans. » Vous connaissez, je crois, ce passage. Lælius. Il m'est très-familier. Scipion. Et la suite : « Alors ceux qui veulent obéir aux chefs de l'État sont tourmentés par ce même peuple, qui les nomme esclaves volontaires : mais ceux qui, dans les Magistratures, affectent l'égalité populaire, ou qui, dans la vie privée, travaillent à effacer toute distinction entre le magistrat et le simple citoyen, on les exalte de louanges, on les surcharge d'honneurs; et il devient inévitable que, dans une république ainsi conduite, la

---

flammam esse tantam, quam non facilius sit sedare, quàm effrænatam insolentiâ multitudinem.

XLIII. Tum fit illud, quod apud Platonem est luculente dictum, si modo id exprimere latine potuero; nam difficile factu est : sed conabor tamen. « Cùm enim, inquit, inexplebiles populi fauces exaruerunt libertatis siti, malisque usus ille ministris, non modice temperatam, sed nimis meracam libertatem sitiens hauserit; tum magistratus et principes, nisi valde lenes et remissi sint, et

liberté surabonde de toutes parts; que la famille même soit, dans son intérieur, dépourvue d'une autorité, et que cette contagion semble presque passer jusqu'aux animaux; que le père craigne le fils, que le fils méprise le père, que toute pudeur soit détruite, pour rendre l'indépendance plus entière, qu'il n'importe d'être citoyen ou étranger ; que le maître craigne les élèves, et qu'il les flatte; que les élèves prennent en mépris les maîtres; que les jeunes gens s'arrogent l'ascendant des vieillards; que les vieillards s'abaissent aux jeux folâtres de la jeunesse, pour ne pas lui être odieux et insupportables. De là, bientôt les esclaves se donnent toute licence ; les femmes prennent mêmes droits que leurs maris; enfin les chevaux, les chiens, les ânes, sont libres d'une telle liberté, et courent si impétueusement, qu'il faut se retirer de leur passage. De cette licence excessive le résultat dernier, c'est que les âmes des citoyens deviennent si ombrageuses

---

large sibi libertatem ministrent, insequitur, insimulat, arguit præpotentes, reges, tyrannos vocat. » Puto enim tibi hæc esse nota. — LÆLIUS. Vero mihi, inquit ille, notissima. — SCIPIO. Ergo illa sequuntur : « Eos, qui pareant principibus, agitari ab eo populo, servos voluntarios appellari ; eos autem, qui in magistratu privatorum similes esse velint; eosque privatos, qui efficiant, ne quid inter privatum et magistratum differat, ferunt laudibus et mactant honoribus, ut necesse sit in ejusmodi re publicâ plena libertatis esse omnia ; ut et privata domus omnis vacet dominatione; et hoc malum usque ad bestias perveniat; denique ut pater filium metuat, filius patrem negligat; absit omnis pudor, ut plane liberi sint; nihil intersit, civis sit, an peregrinus ; magister ut discipulos metuat, et iis blandiatur, spernantque discipuli magistros ; adolescentes ut senum sibi pondus adsumant, senes autem ad ludum adolescentium descendant, ne sint iis odiosi et graves. Ex

et si délicates, qu'au moindre essai d'autorité qui se montre, elles s'indignent, ne peuvent rien souffrir; et bientôt arrivent à mépriser aussi les lois, afin d'être plus complétement affranchies de tout maître ([32]). »

XLIV. Lælius. Vous venez de reproduire exactement ce qu'avait dit Platon.

Scipion. Maintenant, pour reprendre la suite et le ton de mon discours : de cette extrême licence qui, seule à leurs yeux, était la liberté, Platon fait sortir et naître la tyrannie, comme de sa souche naturelle. Car, de même que le pouvoir excessif des grands amène la destruction des grands, de même ce peuple trop libre est bientôt affligé de servitude par sa liberté même. C'est ainsi que l'on voit, dans la température, dans le sol, dans le corps humain, les dispositions trop favorables se tourner, par leur excès même, en un mal contraire. Le même effet se marque plus sensiblement

---

quo fit, ut etiam servi se liberius gerant; uxores eodem jure sint, quo viri; quin tantâ libertate canes etiam, et equi, aselli denique liberi sint, sic incurrant, ut iis de viâ decedendum sit. Ergo ex hâc infinitâ, inquit, licentiâ hæc summa cogitur, ut ita fastidiosæ mollesque mentes evadant civium, ut, si minima vis adhibeatur imperii, irascantur, et perferre nequeant : ex quo leges quoque incipiunt negligere, ut plane sine ullo domino sint. »

XLIV. Tum Lælius : Prorsus, inquit, expressa sunt à te, quæ dicta sunt ab illo. — Scipio. Atque ut jam ad sermonis mei morem revertar : ex hâc nimiâ licentiâ, quam illi solam libertatem putarent, ait ille, ut e stirpe quâdam existere et quasi nasci tyrannum. Nam ut, ex nimiâ potentiâ principum oritur interitus principum, sic hunc nimis liberum populum libertas ipsa servitute afficit. Sic omnia nimia, cùm vel in tempestate, vel in agris, vel in corporibus lætiora fuerunt, in contraria fere convertuntur,

encore dans les États. Cette excessive liberté aboutit bientôt, pour les peuples et pour les individus, en excessive servitude. Ainsi, dans une extrême liberté, s'engendre un tyran, et le plus dur comme le plus injuste esclavage. En effet, du milieu de ce peuple indompté et comme effarouché, on choisit presque toujours, en haine de ces grands, naguère abattus et dégradés de leur rang, quelque chef nouveau, hardi, corrompu, insolemment acharné sur les citoyens qui souvent ont le mieux mérité de la patrie, prêt enfin à prostituer au peuple, et les autres, et lui-même. Comme la condition privée le laisse en butte à des craintes, on lui donne, on lui continue les commandements. De tels hommes sont bientôt, comme Pisistrate dans Athènes, entourés d'une barrière de gardes ; et ils finissent par s'ériger en tyrans de ceux qui les ont élevés. S'ils périssent par la vengeance des bons citoyens, comme il arrive souvent, alors la Cité renaît à la vie ; si, par le bras des méchants, ils sont remplacés par une faction, autre espèce de tyrans. On voit la même révolution

---

maximeque in rebus publicis evenit ; nimiaque illa libertas et populis et privatis in nimiam servitutem cadit. Itaque ex hâc maximâ libertate tyrannus gignitur, et illa injustissima et durissima servitus. Ex hoc enim populo indomito, vel potius immani, deligitur aliquis plerumque dux contra illos principes, afflictos jam et depulsos loco, audax, impurus, consectans proterve bene sæpe de re publicâ meritos, populo gratificans et aliena, et sua : cui quia privato sunt oppositi timores, dantur imperia et ea continuantur ; præsidiis etiam, ut Athenis Pisistratus, sepiuntur ; postremo, a quibus producti sunt, existunt eorum ipsorum tyranni : quos si boni oppresserunt, ut sæpe fit, recreatur civitas ; sin audaces, fit illa factio, genus aliud tyrannorum : eademque oritur

succéder aussi quelquefois à ce beau système de l'aristocratie, lorsque des vices ont égaré les grands qui le composent. Ainsi, le pouvoir est comme une balle que l'on s'arrache l'un à l'autre, et qui passe des rois aux tyrans, des tyrans aux aristocrates et au peuple, et de ceux-ci aux factions et aux tyrans, sans que jamais la même forme de Constitution politique se maintienne longtemps.

XLV. Les choses étant ainsi, la royauté, dans mon opinion, est de beaucoup préférable aux trois autres formes; mais elle est elle-même inférieure à celle qui se composera du mélange égal des trois meilleurs modes de gouvernement réunis, et tempérés l'un par l'autre. J'aime, en effet, que dans l'État il existe un principe éminent et royal, qu'une autre portion de pouvoir soit acquise et donnée à l'influence des grands, et que certaines choses soient réservées au jugement et à la volonté de la multitude. Cette constitution a d'abord un grand caractère d'égalité, condition nécessaire à l'existence de tout peuple libre; elle offre en-

etiam ex illo sæpe optimatum præclaro statu, cùm ipsos principes aliqua pravitas de viâ deflexit. Sic tamquam pilam rapiunt inter se rei publicæ statum, tyranni ab regibus; ab iis autem principes, aut populi ; a quibus aut factiones, aut tyranni : nec diutius unquam tenetur idem rei publicæ modus.

XLV. Quod ita cùm sit, tribus primis generibus longe præstat, meâ sententiâ, regium ; regio autem ipsi præstabit id, quod erit æquatum et temperatum ex tribus optimis rerum publicarum modis. Placet enim esse quiddam in re publicâ præstans et regale ; esse aliud auctoritate principum partum ac tributum ; esse quasdam res servatas judicio voluntatique multitudinis. Hæc constitutio primum habet æquabilitatem quamdam magnam,

suite une grande stabilité. En effet, les premiers éléments dont j'ai parlé, lorsqu'ils sont isolés, se dénaturent aisément et tombent dans l'extrême opposé, de manière qu'au roi succède le despote, aux grands l'oligarchie factieuse, au peuple la tourbe et l'anarchie. Souvent aussi, ils sont remplacés et comme expulsés l'un par l'autre. Mais, dans cette combinaison de gouvernement qui les réunit et les confond avec mesure, pareille chose ne saurait arriver, sans de grands vices dans les chefs de l'État : car, il n'y a point de cause de révolution, là où chacun est assuré dans son rang, et ne voit pas au-dessous de place libre, pour y tomber.

XLVI. Mais, ô Lælius, et vous, mes chers et judicieux amis, je pourrais craindre, si je m'arrêtais trop longtemps sur ce sujet, que mes paroles ne ressemblassent aux leçons d'un maître, plus qu'au libre entretien d'un ami qui conjecture avec vous. Aussi, je vais passer à des choses qui sont connues de tous, et que j'ai, pour ma part, étudiées dès longtemps; et sur cette matière, j'estime, je sens, je déclare que de tous les gou-

---

quâ carere diutius vix possunt liberi; deinde firmitudinem; quòd et illa prima facile in contraria vitia convertuntur, ut exsistat ex rege dominus, ex optimatibus factio, ex populo turba et confusio; quòdque ipsa genera generibus sæpe commutantur novis. Hoc in hâc junctâ moderateque permixtâ conformatione rei publicæ non ferme sine magnis principum vitiis evenit. Non est enim causa conversionis, ubi in suo quisque est gradu firmiter collocatus, et non subest, quò præcipitet ac decidat.

XLVI. Sed vereor, Læli, vosque homines amicissimi ac prudentissimi, ne, si diutius in hoc genere verser, quasi præcipientis cujusdam et docentis, et non vobiscum simul considerantis esse videatur oratio mea. Quam ob rem ingrediar in ea, quæ nota

vernements, il n'en est aucun qui, pour la constitution et la distribution de ses parties, et pour la discipline des mœurs, puisse être comparé avec celui que nos pères avaient reçu de nos aïeux, et qu'ils nous ont transmis à nous-mêmes; et, puisque vous voulez m'entendre dire ce que vous savez, je montrerai quel il est, et qu'il est le plus excellent de tous. Ainsi, les yeux fixés sur notre République (33), je tâcherai de rapporter à ce modèle tout ce que j'ai à dire sur la meilleure forme de cité. Si j'y parviens, si je le fais, j'aurai, dans mon opinion, par delà rempli la tâche que m'a confiée Lælius.

XLVII. Lælius. Dites bien votre tâche, Scipion; car elle est réellement la vôtre. Qui peut, en effet, de préférence à vous, parler soit des institutions de nos pères, lorsque vous êtes issu de si glorieux ancêtres, soit de la meilleure forme de Cité, lorsque la nôtre ne peut exister, et elle existe à peine aujourd'hui, sans que vous y soyez au premier rang; soit, enfin, des prévoyances de notre politique, lorsque vous, Scipion, en

---

sunt omnibus, quæsita autem a nobis jamdiu. Sic enim decerno, sic sentio, sic affirmo, nullam omnium rerum publicarum, aut constitutione, aut descriptione aut disciplinâ conferendam esse cum eâ, quam patres nostri nobis acceptam jam inde a majoribus reliquerunt. Quam, si placet, quoniam ea, quæ tenebatis ipsi, etiam ex me audire voluistis, simul et qualis sit, et optimam esse ostendam : expositâque ad exemplum nostrâ re publicâ, accommodabo ad eam, si potuero, omnem illam orationem, quæ est mihi habenda de optimo civitatis statu. Quod si tenere et consequi potuero, cumulate munus hoc, cui me Lælius præposuit, ut opinio mea fert, effecero.

XLVII. Tum Lælius : Tuum vero, inquit, Scipio, ac tuum qui-

faisant disparaître les deux terreurs de cette ville, vous avez pour jamais assuré l'avenir?

dem munus. Quis enim te potius aut de majorum dixerit institutis, cùm sis clarissimis ipse majoribus? aut de optimo statu civitatis? quem si habemus, etsi ne nunc quidem, tum vero quis te possit esse florentior? aut de consiliis in posterum providendis, cùm tu, duobus hujus urbis terroribus depulsis, in omne tempus prospexeris?

FRAGMENTS.

La fin de ce premier livre paraît manquer, quoique l'éditeur de Rome n'en dise rien. Il se borne à rapporter quelques phrases isolées, anciennement citées par Nonius et Lactance, et qui faisant partie, sans doute, d'un passage entièrement perdu, n'ont retrouvé leur place nulle part dans le manuscrit palimpseste. Rien n'a moins d'intérêt, à nos yeux, que ces débris d'expressions latines dénuées de rapport et de liaison : c'est la poussière du marbre de la statue brisée. Cependant nous avons conservé tout ce que le savant éditeur a recueilli. Voici la traduction de celles de ces phrases qui offrent un sens intelligible; et ce sens est quelquefois assez beau.

« Comme la patrie est la source des plus grands bienfaits, comme elle est notre mère bien avant celle qui nous a donné la vie, nous lui devons plus de reconnaissance qu'aux auteurs de nos jours. »

« Carthage n'aurait pas eu tant de puissance, durant près de six siècles, sans politique et sans institutions. »

Sed quoniam plurima beneficia continet patria, et est antiquior parens, quàm is, qui creaverit; major ei profecto, quàm parenti debetur gratia. (*Nonius*, voc. *antiquus*.)

Nec tantum Carthago habuisset opum sexcentos ferre annos sine consiliis et disciplinâ. (*Idem*, cap. *de Doct. indag.*)

Cognoscere me hercle, inquit, consuetudinem istam et studium sermonis. (*Idem*, voc. *cognoscere*.)

« Tous les raisonnements de ces esprits spéculatifs, quelque source abondante de science et de vertu qu'ils renferment, si cependant on les compare aux actions et aux œuvres effectives des hommes d'État, paraîtront, je le crains, offrir moins une utilité pour les affaires qu'une distraction dans le loisir. »

Profecto, inquit Cicero, omnis istorum disputatio, quamquam uberrimos fontes virtutis et scientiæ contineat, tamen collata cum horum actis perfectisque rebus, vereor ne non tantum videatur attulisse negotiis hominum utilitatis, quantum oblectationem quamdam otii. (*Lactantius, Inst. III*, 16.)

NOTES SUR LE LIVRE Ier.

(¹) Cette première lacune du manuscrit paraît peu considérable. Elle nous prive seulement de quelques pages, par lesquelles Cicéron ouvrait ce beau prologue, où il s'attache à combattre les philosophes qui défendaient au sage de prendre part dans les affaires publiques. On connaît la célèbre maxime des Épicuriens, si ingénieusement et si poétiquement commentée dans une pièce de Chaulieu : *Sapiens ne accedat ad Rem publicam*. Les Pythagoriciens avaient développé le même principe avec plus de gravité. Aristote examine le pour et le contre de la question, en concluant pour la vie active. Parmi les disciples d'Aristote, Théophraste, écrivain si élégant et si pur, avait soutenu la prééminence de la vie contemplative sur l'activité politique, dans un ouvrage dont Cicéron parle avec admiration, et auquel il semblait revenir avec complaisance, toutes les fois qu'il était las et découragé des affaires. Mais ici, ce grand homme, intéressé par le sujet qu'il traite et par sa vie tout entière, à réfuter les maximes d'une sagesse timide, ou d'un insouciant égoïsme, avait sans doute énoncé d'abord le préjugé qu'il voulait combattre, en avait indiqué les différents prétextes et les formes diverses ; puis il se hâtait d'y opposer les grands exemples et les glorieux effets du patriotisme : notre manuscrit mutilé commence à cet endroit même. Les deux premiers mots qu'il offre, étant séparés de toute construction, et ne formant pas un sens, ne pouvaient pas être traduits ; mais on doit présumer, avec M. Mai, d'après le mouvement et l'idée de la phrase qui suit immédiatement, que ces expressions, *impetu liberavissent*, se rapportaient à l'invasion des Gaulois, ou à celle de Pyrrhus, et que l'auteur, préludant à l'énumération que présente le texte, avait dit : « Sans cet amour

« de la patrie, Camille n'aurait pas délivré l'Italie de l'assaut des
« Gaulois; Duillius, etc. » Ces exemples étaient, dans la bouche
d'un Romain, la plus belle réponse à l'éloge exclusif de la vie
contemplative; et ils servaient le but de Cicéron, qui était de
faire de tout son ouvrage *de Re Publicâ*, l'apothéose de l'ancienne
constitution romaine, sous laquelle s'étaient élevés tant de grands
hommes.

(²) La justice ne vient pas du législateur. Montesquieu a mieux
dit : « Avant qu'il y eût des lois faites, il y avait des rapports
« de justice possibles. Dire qu'il n'y a rien de juste ni d'injuste,
« que ce qu'ordonnent ou défendent les lois positives, c'est dire
« qu'avant qu'on eût tracé de cercle, tous les rayons n'étaient
« pas égaux. Il faut donc avouer des rapports d'équité antérieurs
« à la loi positive qui les établit. »
Au reste, cette manière élevée de concevoir la justice, et de la
lier à l'éternelle vérité des choses, n'était pas inconnue des anciens : on en trouverait bien des exemples dans Platon; et, dans
les mémoires sur Socrate, Xénophon lui fait dire qu'aucune volonté du peuple ne peut créer la justice; que cette justice est
indépendante de l'homme, et ne peut être ni changée, ni remplacée par la loi. Nous verrons Cicéron lui-même revenir à ce
grand principe, et le présenter avec beaucoup de force.

(³) Rousseau, dans la *Lettre sur les Spectacles*, a donné une
autre origine au sentiment de la pudeur. Au lieu d'en faire une
convention sociale, comme le voulaient quelques épicuriens du
dix-huitième siècle, et comme Cicéron le veut ici, dans une autre
pensée, Rousseau y voit un instinct de la nature, une disposition
native; et le développement de cette idée a pris, sous sa plume
éloquente, un charme de passion et de pureté.

(⁴) On trouve rarement, chez les anciens, cette espérance de
perfectionnement et surtout ce vœu du perfectionnement général
de l'espèce humaine. Sous ce double rapport, le passage de Cicéron est fort remarquable.

(⁵) La phrase latine est incomplète; mais le sens est assez marqué par les premières expressions, pour que la traduction ait pu facilement le rendre, sans aucune supposition arbitraire. L'éditeur de Rome annonce ici une lacune de deux pages. On présume sans peine que Cicéron insistait sur la grandeur du but que son ambition patriotique s'était proposé, et qu'il comparait probablement cette noble poursuite aux autres objets des passions humaines. De là, sans doute, il passait aux récompenses que lui avait décernées l'estime de ses concitoyens ; il en venait à ce magnifique témoignage que lui rendit le peuple romain, à la sortie de son consulat. La phrase qui exprime cette dernière idée est encore mutilée dans le texte ; mais le sens est visible, et nous l'avons traduit sans la plus légère addition.

(⁶) Tacite, qui, plus qu'on ne le croit, a fait des emprunts à Cicéron, paraît avoir imité la tournure de ce passage, dans la *Vie d'Agricola*, lorsqu'il dit : *Procul a contentione adversus procuratores, et vincere inglorium, et atteri sordidum, arbitrabatur.* L'imitation est légère, presque imperceptible ; mais elle ne trompera pas les latinistes.

(⁷) Sénèque paraît avoir eu souvenir de ce passage. Dans le chapitre III du traité *de Tranquillitate animi*, il reproduit cette belle idée d'une magistrature publique toujours exercée par l'homme de talent, sans qu'il ait besoin de porter aucun titre. Sénèque amplifie par des antithèses ce que Cicéron avait noblement exprimé ; mais le fond est le même.

(⁸) Ce Rutilius, élève du philosophe Panætius, et sectateur de la philosophie stoïcienne, fut l'un des hommes les plus vertueux de l'ancienne Rome. Il avait été l'ami de Scipion, et son compagnon d'armes au siége de Numance. Il composa une vie de ce grand homme, et une histoire de la république, en grec. Il écrivit également sa propre vie : ce qui, de sa part, dit Tacite, était plutôt la confiance de la vertu, que le faste de l'amour-propre. Banni par une intrigue des chevaliers romains, dont il avait réprimé les concussions, il vécut en exil à Smyrne, et devint citoyen de cette ville. On voit assez avec quelle vraisemblance et quel goût Cicéron a pu supposer tenir d'un pareil témoin l'entretien, qu'il va rapporter. Cette forme de transmission orale, imitée de Platon, est ici bien heureusement amenée. C'est l'ami de Scipion, c'est un sage aussi incorruptible qu'éclairé, qui, dans un exil mérité par sa vertu, a raconté à Cicéron, tout jeune encore, ce qu'avait dit Scipion. Belle et simple fiction ! Entre le grand homme dont les paroles sont conservées, et Cicéron qui les écrit, il n'y a que le témoignage du plus vertueux des Romains.

(⁹) Quintus Ælius Tubero était petit-fils de Paul-Émile, et neveu de Scipion. Il s'adonnait beaucoup à l'étude de la philosophie, et avait adopté la secte stoïque. L'austérité de ses principes nuisit à son élévation politique et à son éloquence. Le peuple romain fut blessé de voir sa contenance impassible aux funérailles de Scipion.

(⁹ ᵇⁱˢ) Suidas, et après lui quelques savants, ont parlé de deux Panætius, tous deux philosophes, et natifs de l'île de Rhodes. Celui dont il est question dans le texte, est le plus célèbre, ou même le seul célèbre. Il avait été le maître et l'ami de Scipion l'Africain, qui, dans sa fameuse ambassade en Égypte, et auprès des rois de l'Asie, se fit accompagner par lui. Il appartenait à la secte stoïque, et avait composé beaucoup d'ouvrages sur les matières de philosophie. On sait que Cicéron a tiré d'un livre de ce Grec la plus grande partie de son immortel traité *des Devoirs*. Un passage du dialogue *de Legibus* prouve que Panætius avait écrit avec un égal succès sur la politique et le gouvernement ; et nous voyons ici qu'il cultivait les sciences naturelles. Quel peuple que celui dont la décadence produisait encore de tels hommes, des hommes dignes d'éclairer la grande âme de Scipion, et d'inspirer le génie de Cicéron !

(¹⁰) Saint Jérôme et saint Augustin, grands admirateurs de Cicéron, et quelquefois ses copistes, ont évidemment imité ce passage. La ressemblance sera plus sensible, en citant leurs expressions en latin. Saint Jérôme a dit le premier : *Plato post Academiam et innumerabiles discipulos, sentiens multum suœ deesse doctrinœ, venit ad magnam Grœciam ; ibique ab Archytá tarentino et Timœo locrensi Pythagorœ doctriná eruditus, elegantiam et saporem Socratis cum hujus miscuit disciplinis.* — C'est l'expression même de Cicéron, légèrement affaiblie. Saint Augustin répète les mêmes choses presque dans les mêmes termes : *Plato dicitur, post mortem Socratis magistri sui, quem singulariter dilexerat, a Pythagoreis etiam multa didicisse; igitur adjiciens lepori subtilitatique socraticœ naturalium divinarumque rerum scientiam*, etc.

([11]) Presque tous les personnages placés ici par Cicéron figurent déjà dans son traité *de l'Amitié*. Il est inutile de citer Lælius, aussi connu que Scipion lui-même ; car l'amitié d'un grand homme est presque un partage de sa gloire. Fannius avait composé des annales que Cicéron a louées ailleurs, et dont Brutus n'avait pas dédaigné de faire un abrégé. Quintus Scévola est le même qui, dans sa vieillesse, fut pour Cicéron l'objet d'une tendre vénération et d'une curieuse assiduité. Sp. Mummius était frère de Mummius qui prit Corinthe. Il connaissait mieux que lui les arts de la Grèce, avait étudié la philosophie stoïque, et écrit beaucoup de harangues politiques.

([12]) Cette pensée a, dans l'original, un tour de simplicité antique, et une grâce inexprimable. Jamais la célèbre amitié de Scipion et de Lælius n'a inspiré une réflexion plus délicate et plus noble. Rien de plus heureux que cette manière de combler par la vertu et par le respect de l'âge, tout l'intervalle que laisse après elle une gloire comme celle de Scipion. Les détails qui précèdent et qui suivent n'ont pas moins de charme, et sont tout à fait dans la manière de Platon.

([13]) Dans cette manière d'amener le véritable sujet du dialogue au milieu d'une digression qui s'en écarte si fort, on peut remarquer un art tout imité de Platon.

(¹⁴) Cicéron fait ici une application plaisante de quelques expressions de droit qui n'ont pas beaucoup de grâce en notre langue. La formule du préteur, sur laquelle il joue, était ainsi conçue : *Uti nunc possidetis, quominus ita possideatis, vim fieri veto.*

(¹⁵) Cicéron nomme plusieurs fois ce Gallus, pour sa science et sa passion de l'astronomie. — Pline, liv. II, ch. xix, le cite comme partageant l'opinion de Pythagore, que la terre est éloignée de la lune de 126,000 stades, et que sa distance du soleil est double de ce nombre.

(¹⁶) Cette sphère, à l'exactitude près, ressemblait, comme l'on voit, à la sphère mobile que les Anglais ont appelée *Orery*, du nom d'un célèbre protecteur des sciences, qui fit construire cette machine : « C'est, dit Voltaire, une très-faible copie de notre monde
« planétaire et de ses révolutions. La période même du change-
« ment des solstices et des équinoxes, qui nous amène, de jour
« en jour, une nouvelle étoile polaire, cette période, cette course
« si lente d'environ vingt-six mille ans, n'a pu être exécutée par
« des mains humaines, dans nos *Orery*. Cette machine est très-
« imparfaite; il faut la faire tourner avec une manivelle. Cepen-
« dant c'est un chef-d'œuvre de l'habileté de nos artisans. Jugez
« donc quelle est la puissance, quel est le génie de l'éternel Ar-
« chitecte, si l'on peut se servir de ces termes impropres, si mal
« assortis à l'Être suprême ! » La science actuelle parlerait avec moins de respect de ces *Orery;* mais on concevra sans peine quelle admiration devait inspirer, dans la peu savante et très-ingénieuse antiquité, la première ébauche d'un semblable travail.

(¹⁷) Une lacune fait perdre ici la suite des paroles de Tubéron, et mutile même la première phrase, dont le sens reste pourtant assez visible. Il est à croire qu'après quelques autres phrases, Scipion, reprenant la parole, expliquait sa pensée sur les études astronomiques, dans leur rapport avec la contemplation de la puissance céleste ; ce qui le conduisait à l'admirable passage qu'on lit dans le texte.

(18) Je dois cette traduction à mon collègue, M. Andrieux, poëte et professeur si distingué, classique par son style, comme par ses leçons.

(19) Cette digression scientifique, un peu longue pour des lecteurs modernes, précisément parce qu'elle n'est pas assez savante, se termine enfin : et nous arrivons, par une transition ingénieuse et naturelle, au véritable sujet du dialogue. On pourra sans doute traiter de hors-d'œuvre tout ce morceau. On peut y reconnaître aussi la manière de Platon, et cette marche irrégulière, ces fréquents détours, par lesquels l'élève de Socrate imite l'allure des entretiens familiers. Cicéron, ordinairement plus méthodique, est par cela même moins naturel et moins varié. Nous n'oserons pas lui reprocher, cette fois, d'avoir reproduit toute la liberté de son modèle. Sous un autre point de vue, nous avons indiqué l'intérêt qui s'attache à ces excursions, qu'un esprit tel que celui de Cicéron a besoin d'essayer dans tous les domaines de la science.

(20) Cicéron, qui, dans ses ouvrages, a tantôt loué, tantôt blâmé l'entreprise des Gracques, parle ailleurs de ce P. Crassus comme ayant été, avec son frère Mucius Scévola, le conseiller de Tiberius Gracchus, et l'inspirateur des lois agraires ; et il lui donne, en cet endroit même, le titre d'homme très-sage et très-illustre. (*Acad.* IV. 5.)

(21) Il manque ici deux pages. Scipion s'était sans doute excusé de traiter un sujet si grave ; et ses amis lui répondaient par de nouvelles instances. On voit, en effet, dans la suite du texte, que Lælius a repris la parole, et qu'il presse son illustre ami de leur expliquer ces grandes questions, que seul il a le droit de bien juger. Le savant éditeur de Rome a cru devoir rapporter à cette lacune deux parcelles de phrase citées par les grammairiens, comme appartenant au premier livre du traité *de la République*, et dont la place probable ne pourrait être assignée à

nulle autre partie de ce même livre. Nous respectons cette superstitieuse exactitude ; mais le premier de ces imperceptibles fragments donne à peine un sens. Il signifie peut-être : « Un autre « pourrait-il, mieux que vous, concevoir un type de gouverne- « ment? » L'autre phrase est une instance nouvelle adressée à Scipion : « Veuillez faire descendre vos discours de cette sphère « céleste à notre monde d'ici-bas. »

(22) « Après la défaite de Persée, dit Pline, Paul-Émile ayant « demandé aux Athéniens de lui envoyer leur philosophe le plus « estimé, pour élever ses enfants, et un peintre non moins habile, « pour retracer son triomphe, les Athéniens choisirent Métrodore, « en promettant que seul il remplirait ce double vœu avec une « égale supériorité; et Paul-Émile en jugea de même. » On voit par là que cette glorieuse maison de Paul-Émile, où naquit Scipion Émilien, avait dû lui offrir une école de science, comme de vertu.

(23) Cicéron est ici bien supérieur à l'Anglais Hobbes, à ce dur partisan du despotisme, qui faisait résulter tout état social de la peur et de la force. Quel malheur que ces beaux principes de philosophie politique, exposés par Cicéron, nous arrivent tronqués et incomplets! Mais on admire, et on a reçu avec reconnaissance cette statue antique si mutilée, et pourtant si belle, qu'un diplomate lettré, M. de Marcellus, a récemment apportée de la Grèce.

(24) Cette dernière phrase, encore mutilée dans le texte, laisse cependant apercevoir un sens qui n'est pas douteux. La suite de ce beau développement remplissait deux pages, qui manquent au manuscrit. Cicéron nous paraît avoir résumé, avec une admirable précision, et une sagesse impartiale, les avantages et les inconvénients de chaque forme de gouvernement. Il n'est là ni républicain, ni Romain : il juge comme Montesquieu.

(25) On doit supposer, d'après ces mots, que Cicéron, en attribuant à Scipion du goût pour un gouvernement mixte et un pouvoir modérateur, suivait quelque tradition généralement connue.

N'oublions pas, d'ailleurs, qu'aux yeux de Cicéron, ce pouvoir modérateur existait dans le sénat; et que dès lors Scipion souhaite moins ici une innovation politique, que le retour à l'ancienne Constitution de Rome, c'est-à-dire la prééminence du Consulat et de l'Aristocratie.

(26) Il est évident, par les pages qui suivent, que Scipion a repris ici la parole, et qu'il expose, non pas son opinion personnelle, mais les objections des partisans de l'extrême démocratie.

(27) Il manque ici deux pages au manuscrit. C'était le développement de cette idée simple et féconde, qui fait consister la perfection de l'ordre public, non pas dans un nivellement chimérique de rangs et de fortunes, non pas dans le principe anti-social des lois agraires; mais dans l'impartialité de la loi, et la jouissance égale pour tous de tous les droits civils.

(28) Encore une lacune. Nous ne dissimulons pas qu'il résulte de ces interruptions désespérantes quelque obscurité. On verra cependant, par la suite du texte, que Scipion, sans doute après avoir exposé tous les raisonnements des sectateurs de l'extrême démocratie, était passé à l'examen de l'aristocratie, et la faisait parler à son tour. Nous n'essayerons ni de suppléer, ni de discuter par conjecture ce que renfermait cette lacune intermédiaire. Une indication suffit au lecteur.

(29) Si l'on s'étonne de cette balance égale que Scipion, ou plutôt Cicéron, citoyen d'une république, paraît garder entre les formes de gouvernement les plus opposées, et de cette impartialité avec laquelle il apprécie la royauté, il faut se souvenir de tout ce que les philosophes grecs avaient dit en faveur de la monarchie, par haine de la licence populaire. Il faut se souvenir que Cicéron regardait presque le Consulat comme une royauté temporaire et limitée; qu'il l'avait ainsi exercé lui-même; qu'il le représente ainsi dans son traité *des Lois;* et qu'il a dit quelque part : *Nil unquam mihi populare placuit.* Il faut se souvenir que Scipion Émilien, quoique sa modération et sa vertu l'élevassent

au-dessus du projet d'asservir ses concitoyens, avait dans la dignité de sa vie et l'élégance de ses mœurs quelque chose qui rappelait le génie doucement impérieux et la séduisante domination de Périclès ; que surtout il haïssait les assemblées tumultueuses du peuple, et que sa gloire avait été souvent insultée par les déclamations des tribuns. Il eût sans doute abhorré le funeste exemple que César donna dans la suite ; mais, habitué au commandement militaire, adoré dans les camps, il souffrait la liberté du Forum, avec l'impatience naturelle à un vainqueur. Ce que son génie guerrier avait emprunté de politesse et d'humanité à la philosophie grecque l'éloignait encore de ces tumultes politiques, où la raison était si souvent opprimée par la passion et la violence. Enfin, comme nous l'avons vu, sa lecture favorite était la *Cyropédie* de Xénophon, ouvrage immortel, mais dans lequel on voit le bonheur du peuple naître des vertus idéales et du pouvoir illimité d'un seul homme.

([30]) Une lacune de deux pages était sans doute remplie par la continuation de cet éloge singulier que Scipion fait de la monarchie. Peut-être rappelait-il une tradition qui se retrouve dans Denys d'Halicarnasse, et d'après laquelle le peuple romain avait adopté le gouvernement d'un seul, sur l'invitation que lui faisait Romulus de choisir entre la royauté et la république, alternative qui, à la vérité, dans la bouche d'un vainqueur et d'un guerrier, ne laisse jamais les choix parfaitement libres. Peut-être aussi ce passage renfermait-il quelque réflexion sur la manière, dont les Romains avaient conservé le nom de roi dans diverses cérémonies, et même employé temporairement le nom et la chose dans l'ordre politique, comme, par exemple, par la création de cet *Interrex*, nommé pour cinq jours, et chargé, dans certaines circonstances, d'élire, ou de suppléer tous les magistrats. Au reste, indépendamment de toute conjecture, ce qui suit dans texte nous paraît une des choses les plus curieuses et les plus belles que l'on puisse trouver dans aucun auteur ancien. Avec quelle vigueur de raison et quelle rapidité de coup d'œil, toutes les chances et toutes les formes de révolution sont-elles saisies et exprimées! Ce n'est qu'un sommaire; et c'est un vivant tableau.

(³¹) Cicéron traduisant Platon, quel objet d'étude ! On peut remarquer le soin un peu trop littéraire, et l'importance que Cicéron semble attacher à cette lutte de style et d'expression. En effet, quoiqu'il imite sans cesse Platon, nulle part, dans ce qui nous reste de ses écrits, si l'on excepte le *Timée*, il ne lui emprunte un passage aussi étendu et aussi célèbre. Cette traduction vive et libre nous paraît égaler la beauté de l'original. Quant à nous, traducteur de seconde main, nous appliquons volontiers à notre version ce que Platon disait de ces œuvres dramatiques qui, reproduisant des actions humaines, faiblement imitées elles-mêmes d'après les idées éternelles, ne lui paraissaient que des copies de copies.

(³²) Ces idées, ces expressions, sont encore empruntées de Platon ; mais ce n'est plus une traduction littérale. Il semble que Cicéron s'attache à resserrer l'abondance de son brillant modèle, et qu'il lui donne quelque chose de plus sévère, tempérant la vive imagination du philosophe grec par l'expérience d'un Consul romain. Sous ce rapport, rien de plus beau, de plus expressif et de plus vrai que la peinture du tyran populaire s'élevant du milieu de l'anarchie. On peut lire tout le morceau de Platon dans l'élégant recueil de M. Leclerc.

(³³) Ceci confirme ce qui a déjà été plus d'une fois indiqué, touchant le projet de Cicéron, dans cet ouvrage. On a vu, à la vérité, que la pensée dominante qui le préoccupe ne lui interdit pas de fréquentes digressions sur toutes les natures et toutes les formes de gouvernement : mais il revient toujours à l'ancienne Constitution romaine, telle qu'elle a existé dans les premiers siècles, ou plutôt telle qu'il la conçoit, telle qu'il la suppose, depuis qu'elle n'est plus : car, dans les regrets et les retours de la politique vers un ancien régime social, il y a presque toujours autant d'imagination que de souvenir. Au temps où Cicéron écrivait, après Marius et Sylla, entre les fureurs de Clodius, la dictature de Pompée et la prochaine usurpation de César, la république romaine qu'il se plaît à retracer, n'était guère moins idéale que celle de Platon : et on peut ajouter que, même dans des temps meilleurs, Rome, toujours agitée, n'avait jamais offert dans ses lois et dans ses mœurs la perfection que Cicéron prétend lui attribuer. Mais quand on a le dégoût du présent ou la crainte de l'avenir, on est naturellement conduit à faire l'*utopie* du passé. C'est dans cette disposition d'esprit qu'écrivait Cicéron.

LIVRE SECOND.

1. Dès (¹) qu'il vit tout le monde impatient de l'entendre, Scipion prit la parole en ces termes : Je commencerai par une pensée du vieux Caton, que, vous le savez, j'ai singulièrement aimé, j'ai beaucoup admiré, et à qui, soit par l'influence éclairée de mes parents adoptifs et naturels, soit de mon propre mouvement, je m'étais donné tout entier dès la jeunesse, sans pouvoir jamais me rassasier de ses sages discours ; tant je trouvais en lui une rare expérience de la chose publique, qu'il avait gouvernée dans la paix et dans la guerre, et si bien et si longtemps ; une juste mesure dans toutes ses paroles, un enjouement mêlé de gravité,

---

1. Ut omnes igitur vidit incensos cupiditate audiendi, ingressus est sic loqui Scipio : Catonis hoc senis est, quem, ut scitis, unice dilexi, maximeque sum admiratus, cuique, vel patris utriusque judicio, vel etiam meo studio, me totum ab adolescentiâ dedidi; cujus me nunquam satiare potuit oratio : tantus erat in homine usus rei publicæ, quam et domi et militiæ cùm optime, tum etiam diutissime, gesserat; et modus in dicendo, et gravitate mixtus lepos, et summum vel discendi studium vel docendi, et orationi vita admodum congruens. Is dicere solebat, ob hanc causam præstare nostræ civitatis statum cæteris civitatibus, quòd in illis

un goût merveilleux de s'instruire et de communiquer l'instruction, et une vie tout entière en accord avec ses discours! Il disait donc souvent, que si le gouvernement de Rome l'emportait sur celui des autres cités, c'est qu'elles n'avaient presque jamais eu que des grands hommes isolés qui avaient constitué chacun sa patrie, d'après ses lois et ses principes particuliers, Minos, la Crète, Lycurgue, Lacédémone; et dans Athènes, qui subit tant de mutations, d'abord Thésée, puis Dracon, puis Solon, puis Clisthène, puis tant d'autres, et enfin, pour ranimer son épuisement et sa faiblesse, un savant homme, Démétrius de Phalère; tandis que nous, notre constitution politique a été l'œuvre du génie, non d'un seul, mais de plusieurs ([2]), et s'est affermie, non par un seul âge d'homme, mais durant plusieurs générations et plusieurs siècles. Car, ajoutait-il, il n'a jamais existé un génie assez puissant pour que rien ne lui échappât; et tous les génies du monde, réunis en un seul, ne pourraient pas, dans les limites d'une seule époque, exercer une prévoyance assez étendue pour tout embrasser, sans le secours de l'expérience et de la durée.

singuli fuissent fere, quorum suam quisque rem publicam constituissent legibus atque institutis suis; ut Cretum Minos; Lacædemoniorum Lycurgus; Atheniensium, quæ persæpe commutata esset, tum Theseus, tum Draco, tum Solo, tum Clisthenes, tum multi alii; postremo exsanguem jam et jacentem doctus vir phalereus sustentasset Demetrius : nostra autem res publica non unius esset ingenio, sed multorum, nec unâ hominis vitâ, sed aliquot constituta sæculis et ætatibus. Nam neque ullum ingenium tantum exstitisse dicebat, ut, quem res nulla fugeret, quisquam aliquando fuisset; neque cuncta ingenia collata in unum

Ainsi, suivant la manière habituelle de Caton, je remonterai, dans mon discours, à l'*origine* de Rome ; car, j'aime à me servir de l'expression même de Caton. J'atteindrai d'ailleurs plus facilement mon but, en prenant notre république, pour la montrer successivement à sa naissance, dans ses progrès, dans son âge adulte, et dans sa force et sa maturité, que si j'allais, à l'exemple de Socrate dans les livres de Platon, me créer une république imaginaire.

II. Tout le monde paraissant approuver, Scipion reprit : Quel commencement d'une constitution politique puis-je choisir qui soit aussi éclatant, aussi connu de tous que la fondation même de cette ville, par la main de Romulus, fils de Mars? Ayons en effet cette déférence pour une tradition tout à la fois antique et sagement accréditée par nos ancêtres, de souffrir que ceux qui ont bien mérité des hommes réunis, aient la réputation d'avoir reçu des dieux, non-seulement le génie, mais la naissance même.

tantum posse uno tempore providere, ut omnia complecterentur sine rerum usu ac vetustate. Quam ob rem, ut ille solebat, ita nunc mea repetet oratio populi originem ; libenter enim etiam verbo utor Catonis. Facilius autem, quod est propositum, consequar, si nostram rem publicam vobis et nascentem, et crescentem, et adultam, et jam firmam atque robustam ostendero, quàm si mihi aliquam, ut apud Platonem Socrates, ipse finxero.

II. Hoc cùm omnes adprobavissent : Quod habemus igitur institutæ rei publicæ tam clarum, ac tam omnibus notum exordium, quàm hujus urbis condendæ principium profectum a Romulo, qui patre Marte natus? concedamus enim famæ hominum, præsertim non inveteratæ solum, sed etiam sapienter a majoribus proditæ, bene meriti de rebus communibus ut genere etiam putarentur, non solum esse ingenio divino. Is igitur, ut natus sit cum Remo

On rapporte donc que, sitôt après la naissance de Romulus et de son frère Rémus, Amulius, roi d'Albe, dans la crainte de voir un jour ébranler sa puissance, le fit exposer sur les bords du Tibre ; que, dans ce lieu, l'enfant secouru et allaité par une bête sauvage (³), ensuite recueilli par des bergers, et nourri dans la rudesse et les travaux des champs, prit, en grandissant, une telle supériorité sur les autres par la vigueur de corps et la fierté de courage, que tous les habitants de ces campagnes, où s'élève aujourd'hui Rome, se soumirent volontairement à lui. S'étant mis à la tête de ces bandes, on dit encore, pour en venir des fables aux réalités, qu'il surprit Albe, ville forte et puissante à cette époque, et qu'il mit à mort Amulius.

III. Cette gloire acquise, il conçut alors, dit-on, la première pensée de fonder régulièrement une ville et de constituer un État. Sous le rapport du lieu, et ce point doit être la principale prévoyance de quiconque veut jeter le germe d'une cité durable, Romulus choisit

fratre, dicitur ab Amulio rege albano, ob labefactandi regni timorem, ad Tiberim exponi jussus esse : quo in loco cùm esset silvestris belluæ sustentatus uberibus, pastoresque eum sustulissent, et in agresti cultu laboreque aluissent ; perhibetur, ut adoleverit, et corporis viribus et animi ferocitate tantum cæteris præstitisse, ut omnes qui tum eos agros, ubi hodie est hæc urbs, incolebant, æquo animo illi libenterque parerent. Quorum copiis cùm se ducem præbuisset, ut et jam a fabulis ad facta veniamus, oppressisse Longam Albam, validam urbem et potentem temporibus illis, Amuliumque regem interemisse fertur.

III. Quâ gloriâ partâ, urbem auspicatò condere, et firmare dicitur primum cogitavisse rem publicam. Urbi autem locum, quod est ei, qui diuturnam rem publicam serere conatur diligentissime providendum, incredibili opportunitate delegit. Neque

la situation de sa ville avec une merveilleuse convenance. En effet, il ne la rapprocha point de la mer, ce qui lui était si facile avec les forces, dont il disposait, soit en avançant sur le territoire des Rutules et des Aborigènes, soit en venant bâtir sa nouvelle cité à l'embouchure du Tibre, dans le lieu même où, longues années après, Ancus Martius conduisit une colonie. Mais cet homme, avec la prévoyance d'un génie supérieur, comprit et observa que les sites voisins de la mer n'étaient pas les plus favorables, pour y fonder des villes qui prétendissent à la durée et à l'empire : et cela, d'abord parce que les villes maritimes seraient toujours exposées, non-seulement à de fréquents périls, mais à des périls imprévus. La terre ferme, en effet, trahit par de nombreux indices les approches régulières, et même les surprises de l'ennemi ; elle le dénonce, pour ainsi dire, par le bruit seul et comme par le retentissement de ses pas. Il n'est point d'agresseur qui, sur le continent, puisse arriver si vite que nous ne sachions qu'il vient, et ce qu'il est, et d'où il vient. Mais cet ennemi, que la mer et qu'une flotte

---

enim ad mare admovit, quod ei fuit illâ manu copiisque facillimum, ut in agrum Rutulorum Aboriginumve procederet, aut in ostio tiberino, quem in locum multis post annis rex Ancus coloniam deduxit, urbem ipse conderet; sed hoc vir excellenti providentiâ sensit ac vidit, non esse opportunissimos situs maritimos urbibus eis, quæ ad spem diuturnitatis conderentur atque imperii. Primum quòd essent urbes maritimæ non solum multis periculis oppositæ, sed etiam cæcis. Nam terra continens adventus hostium non modo exspectatos, sed etiam repentinos, multis indiciis, et quasi fragore quodam, et sonitu ipso ante denunciat. Neque vero quisquam potest hostis advolare terrâ, quin eum non modo esse,

nous amène, peut descendre sur nos bords avant que personne ait soupçonné son approche ; et lorsqu'il arrive, rien d'extérieur n'indique ni ce qu'il est, ni de quelle terre il est parti, ni ce qu'il veut ; on ne peut enfin reconnaître et distinguer à aucun signe, s'il est ami, ou ennemi.

IV. Les villes maritimes éprouvent encore une influence corruptrice et de fréquentes révolutions de mœurs. Leur civilisation est en effet mélangée de langues et de notions nouvelles ; et le commerce leur apporte de loin, non-seulement des marchandises, mais des mœurs étrangères, qui ne laissent rien de stable dans les Institutions de ces villes ; et d'abord, les peuples qui les habitent ne s'attachent pas à leurs foyers ; mais une continuelle mobilité d'espérances et de pensées les emporte loin de la patrie ; et lors même qu'ils ne changent pas réellement de place, leur esprit toujours aventureux, voyage et court le monde : nulle autre cause, après avoir miné longtemps et Corinthe et Carthage, ne concourut plus à les détruire que cette vie errante et cette dispersion des citoyens, à qui

---

sed etiam quis, et unde sit, scire possimus. Maritimus vero ille et navalis hostis ante adesse potest, quàm quisquam venturum esse suspicari queat ; nec vero, cùm venit, præ se fert aut qui sit, aut unde veniat, aut etiam quid velit ; denique ne notâ quidem ullâ pacatus an hostis sit, discerni ac judicari potest.

IV. Est autem maritimis urbibus etiam quædam corruptela ac mutatio morum : admiscentur enim novis sermonibus ac disciplinis, et importantur non merces solum adventitiæ, sed etiam mores, ut nihil possit in patriis institutis manere integrum. Jam qui incolunt eas urbes, non hærent in suis sedibus, sed volucri semper spe et cogitatione rapiuntur a domo longius : atque etiam

la passion du commerce et des entreprises maritimes avait fait abandonner le soin des champs et de la guerre (⁴). Le voisinage de la mer, d'ailleurs, fournit au luxe des villes un grand nombre de séductions funestes, qui sont importées par la victoire ou par les échanges. L'agrément même d'un tel site présente aux passions une foule d'attraits pour le luxe et pour la paresse. Ce que j'ai dit de Corinthe, je ne sais si je ne pourrais pas l'appliquer, avec la même exactitude, à toute la Grèce; car, le Péloponèse même est dans la mer presque de toutes parts (⁵) : et si vous exceptez les Phliasiens, il n'est aucun de ces peuples, dont le territoire ne confine à la mer ; et, hors du Péloponèse, les Énianes, les Doriens et les Dolopes sont seuls éloignés de la mer. Que dirai-je des îles de la Grèce, qui, au milieu de cette ceinture de flots, semblent nager encore avec les institutions et les mœurs de leurs mobiles cités? et ceci, comme je l'ai dit plus haut, ne regarde que l'ancienne Grèce. Mais, quant aux colonies

cùm manent corpore, animo tamen excurrunt et vagantur. Nec vero ulla res magis labefactatam diu et Carthaginem et Corinthum pervertit aliquando, quàm hic error ac dissipatio civium, quòd, mercandi cupiditate et navigandi, et agrorum et armorum cultum reliquerant. Multa etiam ad luxuriam invitamenta perniciosa civitatibus suppeditantur mari, quæ vel capiuntur, vel importantur; atque habet etiam amœnitas ipsa vel sumptuosas, vel desidiosas illecebras multas cupiditatum. Et quod de Corintho dixi, id haud scio an liceat de cunctâ Græciâ verissime dicere. Nam et ipsa Peloponesus fere tota in mari est : nec præter Phliasios ulli sunt, quorum agri non contingant mare : et extra Peloponesum Ænianes, et Dores, et Dolopes soli absunt a mari. Quid dicam insulas Græciæ? quæ, fluctibus cinctæ, natant pene ipsæ simul cum civitatum institutis et moribus. Atque hæc quidem, ut supra dixi, veteris sunt

conduites par les Grecs dans l'Asie, la Thrace, la Sicile, l'Italie, l'Afrique, il n'est aucun de ces établissements, excepté la seule Magnésie, qui ne soit baigné par les flots. Il semblerait qu'une portion détachée des rivages de la Grèce est venue border ces continents barbares. Parmi les barbares, en effet, il n'y avait originairement aucun peuple maritime, à l'exception des Carthaginois et des Étrusques, qui cherchaient les uns le commerce, les autres le pillage. On voit donc la cause manifeste des malheurs et des révolutions de la Grèce : elle tient à ces vices des cités maritimes, que j'ai rapidement indiqués plus haut ; mais, à ces vices se trouve joint un grand avantage : c'est que, des divers points du monde, tout vienne facilement aborder à la ville que vous habitez, et que l'on puisse, en retour, porter et envoyer dans tous les lieux de la terre les produits des champs qui environnent vos murs.

V. Romulus (⁶) pouvait-il donc, et pour réunir tous

Græciæ, Coloniarum vero, quæ est deducta a Græcis in Asiam, Thraciam, Italiam, Siciliam, Africam, præter unam Magnesiam, quam unda non adluat? Ita barbarorum agris quasi adtexta quædam videtur ora esse Græciæ. Nam e barbaris quidem ipsis nulli erant antea maritimi, præter Etruscos et Pœnos; alteri mercandi causâ, latrocinandi alteri. Quæ causa perspicua est malorum commutationumque Græciæ, propter ea vitia maritimarum urbium, quæ ante paulo perbreviter adtigi. Sed tamen in his vitiis inest illa magna commoditas, et, quod ubique gentium est, ut ad eam urbem, quam incolas, possit adnare; et rursus, ut id, quod agri efferant sui, quascumque velint in terras portare possint ac mittere.

V. Qui potuit igitur divinitus et utilitates complecti maritimas Romulus, et vitia vitare? quàm quòd urbem perennis amnis et

les avantages d'une situation maritime, et pour en éviter les dangers, être mieux inspiré qu'il ne le fut, en bâtissant Rome sur la rive d'un fleuve, dont le cours égal et constant se décharge dans la mer par une vaste embouchure, de sorte que cette ville peut recevoir par mer tout ce qui lui manque, et renvoyer, par le même chemin, sa surabondance, et qu'elle trouve dans le même fleuve une communication, non-seulement pour faire venir par la mer tous les produits nécessaires au soutien et à l'élégance de la vie, mais pour les tirer de ses propres campagnes : aussi, je croirais que Romulus avait pressenti dès lors que cette cité serait un jour le siège et le centre d'un puissant empire. Car, placée sur tout autre point de l'Italie, jamais ville n'aurait pu maintenir une si vaste domination.

VI. Quant aux fortifications naturelles de Rome, quel homme est assez indifférent pour ne pas en avoir dans l'esprit l'exacte connaissance et comme le dessin? Tels furent d'abord le plan et la direction des murs, qui, par la sagesse de Romulus et de ses successeurs,

æquabilis, et in mare late influentis posuit in ripâ, quò posset urbs et accipere ex mari quo egeret, et reddere quo redundaret : eodemque ut flumine res ad victum cultumque maxime necessarias non solum mari absorberet, sed etiam invectas acciperet ex terrâ : ut mihi jam tum divinasse ille videatur, hanc urbem sedem aliquando et domum summo esse imperio præbituram : nam hanc rerum tantam potentiam non ferme facilius aliâ in parte Italiæ posita urbs tenere potuisset.

VI. Urbis autem ipsius nativa præsidia, quis est tam negligens, qui non habeat animo notata planèque cognita? cujus is est tractatus ductusque muri, cùm Romuli, tum etiam reliquorum regum sapientiâ definitus ex omni parte arduis præruptisque montibus,

confinaient de toutes parts à de hautes et rudes collines, que le seul passage ouvert, entre le mont Esquilin et le mont Quirinal, se trouvait fermé par un rempart et un immense fossé, et que la citadelle s'appuyait sur un rocher coupé à pic, et d'un abord assez impraticable, pour avoir pu, même dans cet horrible débordement de l'invasion gauloise, se conserver libre et hors d'atteinte.

Romulus choisit d'ailleurs un lieu rempli de sources vives, et remarquable par la salubrité, au milieu d'une région pestilentielle. Là, s'élèvent en effet des collines ventilées du souffle de l'air, et qui protégent la vallée de leur ombre.

VII. L'œuvre fut rapidement achevé : car, il bâtit une ville à laquelle il donna le nom de Rome, emprunté du sien; et, pour affermir cette nouvelle cité, il conçut un projet singulier sans doute, et même un peu barbare, mais digne d'un grand homme, et d'un esprit qui voyait loin dans l'avenir comment fortifier sa puissance et son peuple. De jeunes filles sabines, de

---

ut unus aditus qui esset inter Esquilinum Quirinalemque montem, maximo aggere objecto, fossâ cingeretur vastissimâ : atque ut ita munita arx circumjectu arduo et quasi circumciso saxo niteretur, ut, etiam in illâ tempestate horribili gallici adventûs, incolumis atque intacta permanserit. Locumque delegit et fontibus abundantem, et in regione pestilenti salubrem : colles enim sunt, qui cùm perflantur ipsi, tum adferunt umbram vallibus.

VII. Atque hæc quidem perceleriter confecit : nam et urbem constituit, quam e suo nomine Romam jussit nominari; et ad firmandam novam civitatem novum quoddam et subagreste consilium, sed ad muniendas opes regni ac populi sui magni hominis, et jam tum longe providentis, secutus est, cùm Sabinas honesto

la meilleure naissance, venues à Rome, pour les jeux publics, dont Romulus faisait alors célébrer dans le Cirque le premier anniversaire, furent, au milieu de la fête, enlevées par ses ordres, et unies par des mariages, aux premières familles de Rome. Ce grief ayant appelé sur Rome les armes des Sabins, au milieu d'un combat, dont l'issue était indécise et disputée, Romulus traite avec Tatius, roi des Sabins, à la prière des femmes que les Romains avaient enlevées. Par cette alliance, il admit les Sabins dans la nouvelle cité, reçut le culte de leurs dieux, et partagea sa puissance avec leur roi.

VIII. Après la mort de Tatius, l'autorité tout entière retomba dans ses mains : il avait à la vérité, d'accord avec Tatius, choisi pour conseil du Roi les principaux citoyens, auxquels l'affection publique donna le titre de Pères. Il avait partagé le peuple en trois tribus, appelées du nom de Tatius, du sien, et de celui de Lucumon mort, à ses côtés, dans le combat contre les Sabins; et il avait fait une autre division en

ortas loco virgines, quæ Romam ludorum gratiâ venissent, quos tum primum anniversarios in Circo facere instituisset, Consualibus rapi jussit, easque in familiarum amplissimarum matrimoniis collocavit. Quâ ex causâ cùm bellum Romanis Sabini intulissent, præliique certamen varium atque anceps fuisset, cum T. Tatio rege Sabinorum fœdus icit, matronis ipsis, quæ raptæ erant, orantibus : quo fœdere et Sabinos in civitatem adscivit, sacris communicatis, et regnum suum cum illorum rege sociavit.

VIII. Post interitum autem Tatii, cùm ad eum potentatus omnis recidisset, quamquam cum Tatio in regium consilium delegerat principes, qui appellati sunt propter caritatem patres; populumque et suo et Tatii nomine et Lucumonis, qui Romuli socius in

trente curies, désignées par les noms de celles des jeunes Sabines qui étaient devenues les heureuses médiatrices de l'alliance et de la paix. Mais, quoique l'établissement de cet ordre eût commencé, pendant la vie de Tatius, après lui, cependant, Romulus régna plus que jamais par l'ascendant et la sagesse du sénat.

IX. En cela, Romulus comprit et adopta ce même principe, que Lycurgue à Lacédémone avait aperçu, peu de temps, avant lui ; c'est que l'unité d'empire et la puissance royale valent mieux pour gouverner et régir les États, si l'on peut joindre à cette force de gouvernement l'influence morale des meilleurs citoyens. Ainsi, fort et comme appuyé de ce conseil, de ce sénat, il fit, avec succès, plusieurs guerres aux peuples voisins ; et, sans rapporter dans sa propre maison aucune part du butin, il ne se lassa pas d'enrichir les citoyens. Romulus eut aussi grand égard à cette institution des auspices, qu'aujourd'hui nous maintenons encore, au grand profit du salut public : car, d'abord, il les consulta lui-même pour la fondation de Rome, ce qui fut

---

sabino prælio occiderat, in tribus tres, curiasque triginta descripserat, quas curias earum nominibus nuncupavit, quæ ex Sabinis virgines raptæ, postea fuerant oratrices pacis et fœderis : sed quamquam ea Tatio sic erant descripta vivo, tamen, eo interfecto, multò etiam magis Romulus patrum auctoritate consilioque regnavit.

IX. Quo facto primum vidit judicavitque idem, quod Spartæ Lycurgus paulò ante viderat, singulari imperio et potestate regiâ tum melius gubernari et regi civitates, si esset optimi cujusque ad illam vim dominationis adjuncta auctoritas. Itaque hoc consilio et quasi senatu fultus et munitus, et bella cum finitimis felicissime multa gessit : et cùm ipse nihil ex prædâ domum suam

la première base de la république ; et, dans la création de tous les établissements publics, il eut soin également de prendre les auspices, en s'associant à lui-même, dans cette cérémonie, un augure tiré de chacune des tribus. Il mit aussi le peuple sous la clientèle des grands, mesure dont j'examinerai dans la suite tous les avantages. Les punitions étaient des amendes qui se payaient en bœufs et en moutons ; car toute la fortune consistait alors en troupeaux et en terres, ce qui même a déterminé le choix des expressions par lesquelles, en latin, on désigne les riches. Romulus n'employait point d'ailleurs la rigueur et les supplices.

X. Après qu'il eut régné trente-sept ans, et fondé ces deux illustres appuis de la république, les auspices et le sénat, étant disparu dans une soudaine éclipse de soleil, il obtint cette gloire qu'on le crut transporté parmi les dieux, renommée que nul mortel n'a jamais pu mériter, sans l'éclat d'une vertu extraordinaire ; et cette apothéose est d'autant plus admirable dans Ro-

reportaret, locupletare cives non destitit. Tunc, id quod retinemus hodie magnâ cum salute rei publicæ, auspiciis plurimum obsecutus est Romulus. Nam et ipse, quod principium rei publicæ fuit, urbem condidit auspicato, et omnibus publicis rebus instituendis, qui sibi essent in auspiciis, ex singulis tribubus singulos cooptavit augures : et habuit plebem in clientelas principum descriptam ; quod quantæ fuerit utilitati, pòst videro : mulctæque dictione ovium et boum, quòd tum erat res in pecore et locorum possessionibus, ex quo pecuniosi et locupletes vocabantur, non vi et supliciis coercebat.

X. Ac Romulus cùm septem et triginta regnavisset annos, et hæc egregia duo firmamenta rei publicæ peperisset, auspicia et senatum, tantum est consecutus, ut cùm subitò sole obscurato non comparuisset, deorum in numero collocatus putaretur : quam

mulus, que les autres hommes divinisés le furent à des époques peu éclairées, où la fiction était plus facile, l'ignorance poussant à la crédulité. Mais, nous voyons que Romulus vivait, il y a moins de six cents ans, dans un temps où les sciences et les lumières étaient déjà fort anciennes, et où on avait dépouillé ces antiques erreurs d'une société inculte et grossière. En effet, si, comme on l'établit par les annales des Grecs, Rome fut fondée dans la seconde année de la septième olympiade, l'existence de Romulus se rapporte au temps que la Grèce était déjà remplie de poëtes et de musiciens, siècle où des fables contemporaines n'auraient obtenu que bien peu de croyance.

En effet, ce fut cent huit ans, après la promulgation des lois de Lycurgue, que s'établit la première olympiade; bien que, par une méprise de nom, quelques auteurs en aient rapporté l'institution à Lycurgue lui-même. D'autre part, les calculs les plus modérés placent Homère trente ans, au moins, avant Lycurgue. On

opinionem nemo unquam mortalis adsequi potuit sine eximiâ virtutis gloriâ. Atque hoc eò magis est in Romulo admirandum, quòd cæteri qui dii ex hominibus facti esse dicuntur, minus eruditis hominum sæculis fuerunt, ut fingendi proclivis esset ratio, cùm imperiti facile ad credendum impellerentur. Romuli autem ætatem, minus his sexcentis annis, jam inveteratis litteris atque doctrinis, omnique illo antiquo ex incultâ hominum vitâ errore sublato, fuisse cernimus. Nam si, id quod Græcorum investigatur annalibus, Roma condita est secundo anno olympiadis septimæ, in id sæculum Romuli cecidit ætas, cùm jam plena Græcia poetarum et musicorum esset; minorque fabulis, nisi de veteribus rebus, haberetur fides. Nam centum et octo annis, postquam Lycurgus leges scribere instituit, prima posita est olympias : quam quidam nominis errore ab eodem Lycurgo constitutam putant.

peut en conclure aisément, qu'Homère précéda de beaucoup d'années le temps de Romulus. Ainsi l'instruction des hommes et les lumières même du siècle devaient laisser alors peu de place au succès d'une fiction. L'antiquité, en effet, a pu recevoir des fables, quelquefois même assez grossières; mais cette époque, déjà cultivée, était prête à repousser par la dérision toute supposition invraisemblable. . . . .
. . . .
Nouvelle preuve que l'on crut à l'apothéose de Romulus, au milieu d'une civilisation déjà perfectionnée par le temps, l'expérience et la réflexion. Sans doute il y avait en lui une grande puissance de vertu et de génie, pour que, sur la foi d'un homme simple, on admît, à l'honneur de Romulus ce que, depuis plusieurs siècles, les hommes n'avaient voulu croire en faveur d'aucun autre mortel. On écouta Proculus (7), lorsque, par l'inspiration des sénateurs, qui voulaient écarter loin d'eux le soupçon de la mort de Romulus, il affirma devant le

Homerum autem, qui minimum dicunt, Lycurgi ætati triginta annis anteponunt fere. Ex quo intelligi potest, permultis annis ante Homerum fuisse, quàm Romulum : ut jam doctis hominibus ac temporibus ipsis eruditis, ad fingendum vix cuiquam esset locus. Antiquitas enim recepit fabulas fictas etiam nonnunquam incondite; hæc ætas autem jam exculta, præsertim eludens omne, quod fieri non potest, respuit. . . . .
. . . . *Quò facilius intelligi possit tum de Romuli immortalitate creditum, cùm jam inveterata vita hominum ac tractata esset et cognita. Sed profectò tanta fuit in eo vis ingenii atque virtutis, ut id de Romulo, Proculo Julio, homini agresti, crederetur, quod multis jam ante sæculis nullo alio de mortali homines credidissent :*

peuple qu'il avait vu Romulus sur la colline appelée maintenant *Quirinal*, et qu'il en avait reçu l'ordre d'inviter le peuple à bâtir sur cette colline un temple à ce Dieu nouveau, qui s'appelait *Quirinus*.

XI. Ne voyez-vous donc pas que le génie de cet homme ne se borna point à donner naissance à un peuple nouveau, pour le laisser ensuite dans les langes du premier âge, mais qu'il dirigea son développement et sa jeunesse? Lælius répondit : Nous voyons aussi que vous avez pris une méthode nouvelle de discussion, qui ne se retrouve nulle part dans les livres des Grecs. Car, ce premier maître que personne n'a surpassé pour l'éloquence, Platon, s'était donné lui-même un libre territoire, pour y bâtir une ville, au gré de son génie, ville admirablement imaginée peut-être, mais étrangère aux mœurs communes et à la vie réelle des hommes. Les autres, sans se proposer aucun modèle, aucun type particulier de république, ont disserté sur les formes et les Constitutions des états. Vous me paraissez, au con-

qui impulsu patrum, quo illi a se invidiam interitûs Romuli pellerent, in concione dixisse fertur, a se visum esse in eo colle Romulum, qui nunc Quirinalis vocatur; eum sibi mandasse, ut populum rogaret, ut sibi eo in colle delubrum fieret ; se deum esse, et Quirinum vocari.

XI. Videtis-ne igitur unius viri consilio non solum ortum novum populum, neque ut in cunabulis vagientem relictum, sed adultum jam et pene puberem? — Tum Lælius : Nos vero videmus : et te quidem ingressum ratione ad disputandum novâ, quæ nusquam est in Græcorum libris. Nam princeps ille, quo nemo in scribendo præstantior fuit, aream sibi sumpsit, in quâ civitatem exstrueret arbitratu suo; præclaram ille quidem fortasse, sed a vitâ hominum abhorrentem et a moribus. Reliqui disseruerunt, sine ullo certo exemplari formâque rei publicæ, de generibus et

traire, réunir les deux méthodes : car, dans la marche que vous avez prise, vous aimez mieux attribuer à d'autres vos découvertes, que d'imaginer, en votre propre nom, comme le fait Socrate, dans Platon; et, en parlant du site de Rome, vous ramenez à un système ce qui, dans Romulus, fut le résultat du hasard, ou de la nécessité; et vous ne laissez pas errer votre discours sur mille exemples divers; mais vous le concentrez sur une seule république. Suivez donc la route que vous avez choisie : je crois déjà entrevoir que vous allez examiner successivement les autres règnes, comme offrant une forme de gouvernement entière et complète.

XII. Ce sénat de Romulus, continua Scipion, qui se composait des grands que le Roi avait assez favorisés, pour vouloir qu'ils fussent nommés pères, et leurs enfants patriciens, tenta, après la mort de Romulus, de gouverner sans roi la république : mais le peuple ne le souffrit pas; et, dans le regret de la perte de Romulus,

de rationibus civitatum. Tu mihi videris utrumque facturus : es enim ita ingressus, ut quæ ipse reperias tribuere aliis malis, quàm, ut facit apud Platonem Socrates, ipse fingere ; et illa de urbis situ revoces ad rationem, quæ à Romulo casu aut necessitate facta sunt ; et disputes non vaganti oratione, sed defixâ in unâ re publicâ. Quare perge, ut instituisti : prospicere enim jam videor te reliquos reges persequentem, quasi perfectam rem publicam.

XII. Ergo, inquit Scipio, cùm ille Romuli senatus, qui constabat ex optimatibus, quibus ipse rex tantum tribuisset, ut eos patres vellet nominari, patriciosque eorum liberos, tentaret post Romuli excessum, ut ipse gereret sine rege rem publicam, populus id non tulit; desiderioque Romuli postea regem flagitare non destitit : cùm prudenter illi principes novam et inauditam cæteris

il ne cessa de réclamer un roi. Les grands, alors, imaginèrent prudemment une forme d'interrègne ([8]) nouvelle et inconnue des autres nations; de sorte qu'en attendant la nomination définitive d'un roi, l'État ne fût ni sans roi, ni soumis trop longtemps au même roi, ni exposé à voir quelqu'un, par l'exercice prolongé du pouvoir, contracter de la répugnance à le déposer, ou prendre des forces pour le retenir. Ce peuple nouveau comprit donc une chose ignorée du Lacédémonien Lycurgue, qui n'avait pas jugé que le roi dût être électif, si toutefois la question dépendit de Lycurgue, mais avait préféré de garder pour souverain le descendant ([9]), quel qu'il fût, de la race d'Hercule. Nos Romains, tout rudes et tout grossiers qu'ils étaient alors, sentirent qu'il fallait chercher non pas une descendance royale, mais une sagesse et une vertu dignes du trône.

XIII. La renommée reconnaissant ces qualités éminentes dans Numa Pompilius, le peuple romain, sans

gentibus interregni ineundi rationem excogitaverunt, ut, quoad certus rex declaratus esset, nec sine rege civitas, nec diuturno rege esset uno, nec committeretur, ut quisquam inveteratâ potestate aut ad deponendum imperium tardior esset, aut ad obtinendum munitior. Quo quidem tempore, novus ille populus vidit tamen id, quod fugit Lacædemonium Lycurgum, qui regem non deligendum duxit, si modo hoc in Lycurgi potestate potuit esse, sed habendum qualiscumque is foret, qui modo esset Herculis stirpe generatus. Nostri illi etiam tum agrestes viderunt, virtutem et sapientiam regalem, non progeniem, quæri oportere.

XIII. Quibus cùm esse præstantem Numam Pompilium fama ferret, prætermissis suis civibus, regem alienigenam, patribus auctoribus, sibi ipse populus adscivit; eumque ad regnandum, sabinum hominem Romam Curibus accivit. Qui ut huc venit,

tenir compte de ses propres citoyens, se donna lui-même, par le conseil des sénateurs, un roi d'origine étrangère ; et il appela de la ville de Cures à Rome, ce Sabin, pour régner sur lui. Numa, quoique le peuple l'eût nommé roi, dans des Comices par Curies, proposa lui-même, touchant la forme de son pouvoir, une loi qui fut également votée par les Curies ; et voyant que les institutions de Romulus avaient passionné les Romains pour la guerre, il jugea qu'il fallait affaiblir en eux cette première habitude.

XIV. Et d'abord, il divisa par tête, entre les citoyens, les terres que Romulus avait conquises ; il leur fit comprendre que, sans le secours du pillage et de la guerre, ils pouvaient, par la culture des champs, se procurer tous les avantages ; et il leur inspira l'amour du repos et de la paix, le meilleur abri pour faire prospérer aisément la justice et la bonne foi, et la protection la plus puissante pour garantir les travaux des champs et la sûreté des moissons. Pompilius ayant créé des auspices d'un ordre supérieur, ajouta deux augures à l'ancien nombre. Il confia la présidence des

---

quamquam populus curiatis eum comitiis regem esse jusserat, tamen ipse de suo imperio curiatam legem tulit ; hominesque romanos instituto Romuli bellicis studiis ut vidit incensos, existimavit eos paulum ab illà consuetudine esse revocandos.

XIV. Ac primum agros, quos bello Romulus ceperat, divisit viritim civibus ; docuitque sine depopulatione atque prædâ posse eos colendis agris abundare commodis omnibus ; amoremque eis otii et pacis injecit, quibus facillime justitia et fides convalescit, et quorum patrocinio maxime cultus agrorum perceptioque frugum defenditur. Idemque Pompilius et auspiciis majoribus inventis, ad pristinum numerum duo augures addidit ; et sacris e

sacrifices à cinq pontifes, choisis parmi les principaux citoyens ; et par des lois que nous conservons dans nos *Archives*, il calma les âmes enflammées par l'usage et l'ardeur des combats, et les retint au milieu des tranquilles cérémonies de la religion. Il établit encore les flamines, les saliens, les vierges vestales ; et il régla saintement toutes les parties du culte public. Dans l'ordonnance des sacrifices, il voulut que la cérémonie fût très-compliquée, et l'offrande très-simple. En effet, il fixa beaucoup de formes qu'il était nécessaire de connaître et d'observer, mais qui n'exigeaient aucun frais dispendieux. Ainsi, dans la pratique du culte, il rendit la piété plus attentive et moins coûteuse. Ce fut aussi Numa qui mit le premier en usage les marchés, les jeux, et toutes les occasions de rapprocher et d'assembler les hommes. Par ces établissements, il ramena vers la douceur et la bienveillance des esprits, que la passion des armes avait rendus violents et farouches. Ayant ainsi régné, au milieu de la paix et de l'union la plus profonde, pendant trente-neuf ans (car nous devons suivre ici, de préférence, notre Polybe, que

---

principum numero pontifices quinque præfecit ; et animos, propositis legibus his, quas in monumentis habemus, ardentes consuetudine et cupiditate bellandi religionum cærimoniis mitigavit ; adjunxitque præterea flamines, salios, virginesque vestales ; omnesque partes religionis statuit sanctissime. Sacrorum autem ipsorum diligentiam difficilem, apparatum perfacilem esse voluit. Nam quæ perdiscenda, quæque observanda essent, multa constituit, sed ea sine impensâ. Sic religionibus colendis operam addidit, sumptum removit ; idemque mercatus, ludos, omnesque conveniundi causas et celebritates invenit. Quibus rebus institutis, ad humanitatem atque mansuetudinem revocavit animos hominum

personne n'a surpassé pour le soin de vérifier les temps et les dates), il quitta la vie (¹⁰), après avoir affermi les deux gages les plus puissants de la durée de la République, la religion et la clémence.

XV. Quand Scipion eut achevé ces mots : Est-elle vraie, dit Manilius, la tradition qui suppose que ce roi Numa avait été l'élève de Pythagore lui-même, ou du moins qu'il fut pythagoricien? Je l'ai souvent ouï dire à des vieillards; et nous savons que c'est l'opinion vulgaire; mais cela n'est pas clairement indiqué par le témoignage des annales publiques. Fausseté de tout point, reprit l'Africain; supposition non-seulement fausse, mais ignorante et absurde, dans sa fausseté. Car il ne faut jamais tolérer ces suppositions de faits qui non-seulement n'ont pas eu lieu, mais qui, nous le voyons, étaient impossibles. Ce fut, en effet, la quatrième année du règne de Tarquin le Superbe, que Pythagore vint à Sybaris, à Crotone, et dans cette portion de

studiis bellandi jam immanes ac feros. Sic ille cùm undequadraginta annos summâ in pace concordiâque regnavisset, (sequamur enim potissimum Polybium nostrum, quo nemo fuit in exquirendis temporibus diligentior) excessit e vitâ, duabus præclarissimis ad diuturnitatem rei publicæ rebus confirmatis, religione atque clementiâ.

XV. Quæ cùm Scipio dixisset : Vere-ne, inquit Manilius, hoc memoriæ proditum est, Africane, regem istum Numam Pythagoræ ipsius discipulum, an certe pythagoreum fuisse? Sæpe enim hoc de majoribus natu audivimus, et ita intelligimus vulgo existimari : neque vero satis id annalium publicorum auctoritate declaratum videmus. — Tum Scipio : Falsum est, Manili, inquit, id totum ; neque solum fictum, sed etiam imperite absurdeque fictum : ea sunt enim demum non ferenda in mendacio, quæ non solum facta esse, sed ne fieri quidem potuisse cernimus.

l'Italie. La soixante-douzième olympiade est la date commune de l'élévation de Tarquin au trône, et du voyage de Pythagore ; d'où l'on peut conclure, en calculant la durée des règnes, que cent quarante ans s'étaient écoulés, depuis la mort de Numa, quand Pythagore toucha pour la première fois l'Italie ; et ce fait, dans l'esprit des hommes qui ont soigneusement étudié les annales des temps, n'a jamais rencontré le plus léger doute. Grands dieux ! dit Manilius, que l'erreur contraire est générale et invétérée ! Du reste, je me résigne aisément à croire que notre éducation ne nous est pas venue d'outre-mer et par des connaissances importées, mais qu'elle est due tout entière à des vertus indigènes et domestiques.

XVI. Vous le verrez beaucoup mieux encore, reprit l'Africain, si vous suivez la marche successive de notre République, et son progrès vers la perfection, par un chemin et comme par un mouvement naturel. Vous

---

Nam quartum jam annum regnante Lucio Tarquinio Superbo, Sybarim, et Crotonem, et in eas Italiæ partes Pythagoras venisse reperitur. Olympias enim secunda et sexagesima eadem Superbi regni initium, et Pythagoræ declarat adventum. Ex quo intelligi, regiis annis dinumeratis, potest, anno fere centesimo et quadragesimo post mortem Numæ primum Italiam Pythagoram adtigisse : neque hoc inter eos, qui diligentissime persecuti sunt temporum annales, ullâ est unquam in dubitatione versatum. — Di immortales, inquit Manilius, quantus iste est hominum et quàm inveteratus error ! Ac tamen facile patior, non esse nos transmarinis, nec importatis artibus eruditos, sed genuinis domesticisque virtutibus.

XVI. Atqui multò id facilius cognosces, inquit Africanus, si progredientem rem publicam, atque in optimum statum naturali quodam itinere et cursu venientem videris. Quin hoc ipso sapien-

trouverez encore à louer la sagesse de nos aïeux, sur un autre point : beaucoup de choses qu'ils ont empruntées vous paraîtront devenues meilleures chez nous qu'elles ne l'étaient à la source, d'où on les a prises, et au lieu même de leur première origine; et vous comprendrez que le peuple romain s'est agrandi, non par le hasard (¹¹), mais par une prudence et une discipline, qu'à la vérité la fortune n'a pas contrariées.

XVII. Après la mort de Numa, le peuple, sur la proposition d'un entre-roi, créa roi Tullus Hostilius, dans des Comices formés par curies; et Tullus, à l'exemple de Numa, fit délibérer sur son élévation à l'empire les Curies assemblées. Sa gloire éclata dans les armes; et ses exploits militaires furent grands. Il construisit la place des Comices, et le palais du Sénat; et il les décora de dépouilles conquises. Il établit des formes légales, pour les déclarations de guerre; et il consacra cet équitable usage par l'intervention religieuse des *féciaux*, de sorte que toute guerre qui n'était pas ainsi annoncée et déclarée, devait être regardée comme in-

tiam majorum natu esse laudandam, quòd multa intelliges etiam aliunde sumpta, meliora apud nos multò esse facta, quàm ibi fuissent unde huc translata essent, atque ubi primum exstitissent : intelligesque, non fortuito populum romanum, sed consilio et disciplinâ confirmatum esse, nec tamen adversante fortunâ.

XVII. Mortuo rege Pompilio, Tullum Hostilium populus regem, interrege rogante, comitiis curiatis creavit : isque de imperio suo exemplo Pompilii, populum consuluit curiatim : cujus excellens in re militari gloria, magnæque exstiterunt res bellicæ. Fecitque idem, et sepsit de manubiis comitium et curiam; constituitque jus, quo bella indicerentur; quod per se justissime inventum sanxit feciali religione, ut omne bellum, quod denunciatum indictumque non esset, id injustum esse atque impium judica-

juste et sacrilége. Et remarquez bien avec quelle sagesse nos rois comprirent dès lors ce qu'il fallait accorder au peuple ; car, nous avons beaucoup à dire sur ce point. Tullus ne se permit pas même de déployer les insignes de la royauté, sans l'ordre du peuple ; et pour avoir le droit de se faire précéder de douze licteurs, il crut avoir besoin de son aveu (¹²). . . . . . .
. . . .

XVIII. Manilius ou Lælius. Cette République, dont votre éloquence a tracé les fondements, ne se traîne pas vers la perfection ; elle y court à grands pas. Scipion. Après Tullus, un descendant de Numa par sa fille, Ancus Martius, fut établi roi par le peuple ; et il eut aussi le soin de faire sanctionner son pouvoir par une loi *Curiate* (¹³). Après avoir vaincu les Latins, il les admit au droit de cité dans Rome. Il joignit à la ville le mont Aventin et le mont Cœlius. Il distribua les terres labourables, qu'il avait prises dans la guerre ; et il garda dans le domaine public les forêts, qu'il avait conquises, et qui étaient voisines de la mer. Il bâtit une ville à

---

retur. Et ut advertatis animum, quàm sapienter jam reges hoc nostri viderint, tribuenda quædam esse populo, multa enim nobis de eo genere dicenda sunt, ne insignibus quidem regiis Tullus, nisi jussu populi, est ausus uti. Nam ut sibi duodecim lictores cum fascibus anteire liceret. . . . .
. . . .
XVIII. . . . . . Neque enim serpit, sed volat in optimum statum instituta tuo sermone res publica. — Scipio. Post eum, Numæ Pompilii nepos ex filiâ, rex a populo est Ancus Martius constitutus : itemque de imperio suo legem curiatam tulit Qui cùm Latinos bello devicisset, adscivit eos in civitatem. Atque idem Aventinum et Cœlium montem adjunxit urbi ; quosque agros ceperat, divisit ; et silvas maritimas omnes publicavit, quas cepe-

l'embouchure du Tibre, et la peupla d'une colonie. Après avoir ainsi régné vingt-trois ans, il mourut. Lælius dit alors : Ce roi mérite sans doute des éloges; mais l'histoire romaine est obscure, puisque nous savons le nom de la mère de ce roi, et que nous ignorons celui de son père. Scipion. Il est vrai : mais de toute cette époque, il n'y a guère que les noms des Rois qui soient entourés de quelque lumière.

XIX. Pour la première fois alors, Rome paraît s'être éclairée par l'influence d'une civilisation adoptive. Ce ne fut pas, en effet, un faible ruisseau détourné dans nos murs (14), mais un fleuve immense qui nous apporta par torrents les sciences et les arts de la Grèce. Un Corinthien, est-il dit à ce sujet, Démarate, le premier homme de son pays par la considération, le crédit et la richesse, ne pouvant supporter le joug de Cypselus, tyran de Corinthe, avait fui avec de grands trésors, et était venu à Tarquinies, ville très-florissante de l'Étrurie. Instruit bientôt que la domination de Cypselus ne

rat; et ad ostium Tiberis urbem condidit, colonisque firmavit. Atque ita cùm tres et viginti regnavisset annos, est mortuus. — Tum Lælius : Laudandus etiam iste rex; sed obscura est historia romana; siquidem istius regis matrem habemus, ignoramus patrem. — Scipio. Ita est, inquit; sed temporum illorum tantum fere regum illustrata sunt nomina.

XIX. Sed hoc loco primum videtur insitivâ quâdam disciplinâ doctior facta esse civitas. Influxit enim non tenuis quidam e Græciâ rivulus in hanc urbem, sed abundantissimus amnis illarum disciplinarum et artium. Fuisse enim quemdam ferunt Demaratum corinthium et honore, et auctoritate, et fortunis facile civitatis suæ principem; qui cùm Corinthiorum tyrannum Cypselum ferre non potuisset, fugisse cum magnâ pecuniâ dicitur, ac se contulisse Tarquinios, in urbem Etruriæ florentissimam.

faisait que s'affermir, en homme libre et courageux, il renonça pour jamais à sa patrie, se fit admettre au nombre des citoyens de Tarquinies, et fixa dans cette ville sa fortune et sa demeure. Ayant eu deux enfants de son union avec une femme de cette ville, il les instruisit dans toutes les sciences, sur le modèle de l'éducation grecque. . . . .
. . . .

XX. . . . . L'un d'eux fut aisément reçu dans Rome ; et par la politesse de ses mœurs et ses connaissances, il devint cher au roi Ancus, et passa pour être associé à tous ses projets, et partager presque avec lui le soin du royaume. Il avait, d'ailleurs, l'humeur la plus affable, et se montrait, à l'égard de tous les citoyens, prodigue de secours, de protection, de services, et même de largesses. Aussi Ancus mort, le peuple, par ses suffrages, choisit pour roi Lucius Tarquin ; car, il avait ainsi transformé le nom grec de sa famille, afin de paraître imiter en tout les manières

Cùmque audiret dominationem Cypseli confirmari, defugit patriam vir liber ac fortis, et adscitus est civis a Tarquiniensibus, atque in eâ civitate domicilium et sedes collocavit. Ubi, cùm de matrefamiliâs tarquiniensi duo filios procreavisset, omnibus eos artibus ad Græcorum disciplinam erudiit. . . . .
XX. . . . . facile in civitatem receptus esset; propter humanitatem atque doctrinam Anco regi familiaris est factus, usque eò ut consiliorum omnium particeps, et socius pene regni putaretur. Erat in eo præterea summa comitas, summa in omnes cives opis, auxilii, defensionis, largiendi etiam, benignitas. Itaque, mortuo Martio, cunctis populi suffragiis rex est creatus L. Tarquinius: sic enim suum nomen ex græco nomine inflexerat, ut in omni genere hujus populi consuetudinem videretur imitatus. Isque ut de suo imperio legem tulit, principio duplicavit illum

de ses concitoyens adoptifs. Dès qu'il eut fait ratifier son autorité par une loi, il s'occupa d'abord de doubler le nombre du sénat. Les anciens sénateurs, qu'il faisait opiner les premiers, furent appelés les pères des grandes familles; ceux qu'il avait ajoutés, les pères des familles de seconde création. Ensuite, il régla l'établissement de l'ordre équestre, sur le plan qui se conserve encore aujourd'hui. Il ne put, malgré tout son désir, changer les dénominations de Tatiens, Rhamnenses et Luceres, parce que Nævius ([15]), augure très-renommé, l'en dissuada. On trouve chez les Corinthiens l'usage d'assigner des chevaux pour le service public, et de les entretenir par une taxe sur les orphelins et les veuves. Mais, aux premières compagnies équestres Tarquin en ajouta de nouvelles, qui portèrent le corps des chevaliers à douze cents; et il doubla ce nombre, après avoir soumis les Èques, nation forte, guerrière, et menaçante pour Rome. Ayant aussi repoussé de nos murs les Sabins, il les poursuivit, les dispersa et les vainquit. Nous apprenons également

pristinum patrum numerum, et antiquos patres majorum gentium appellavit, quos priores sententiam rogabat; a se adscitos, minorum. Deinde equitatum ad hunc morem constituit, qui usque adhuc est retentus : nec potuit Titiensium et Rhamnensium et Lucerum mutare, cùm cuperet, nomina, quòd auctor ei summâ augur gloriâ Attus Nævius non erat. Atque etiam Corinthios video publicis equis assignandis et alendis, orborum et viduarum tributis, fuisse quondam diligentes. Sed tamen prioribus equitum partibus, secundis additis, . ∞ . ac cc fecit equites; numerumque duplicavit, postquam bello subegit Æquorum magnam gentem, et ferocem, et rebus populi romani imminentem. Idemque, Sabinos cùm a mœnibus urbis repulisset, equitatu fudit, belloque

que ce roi institua le premier les grands jeux appelés *jeux romains* que, dans la guerre contre les Sabins, au fort d'une bataille, il promit de consacrer, sur le Capitole, un temple à Jupiter très-grand et très-bon, et qu'il mourut, après un règne de trente-huit ans.

XXI. Lælius dit alors : Tout justifie davantage le mot de Caton, que la constitution de la République ne fut l'œuvre ni d'un siècle, ni d'un homme ; car on voit clairement quel progrès de choses bonnes et utiles fut amené par la succession de chaque règne. Mais nous sommes arrivés au roi qui me paraît avoir eu, de tous, les plus grandes vues ([16]) pour l'État. Oui, dit Scipion, après Tarquin, en effet, on place Servius, qui le premier régna, sans un ordre du peuple. On le croit fils d'une femme esclave de Tarquinies, qui avait eu commerce avec un client du roi. Élevé parmi les domestiques du prince, et le servant à table, il fit remarquer le feu d'esprit qui déjà brillait en lui : tant il mettait de dextérité dans ses moindres actions, de grâce dans toutes ses paroles. Aussi, Tarquin qui n'avait que des

devicit. Atque eumdem primum ludos maximos, qui romani dicti sunt, fecisse accepimus; ædemque in Capitolio Jovi optimo maximo, bello sabino, in ipsâ pugnâ vovisse faciendam, mortuumque esse cùm duodequadraginta regnavisset annos.

XXI. Tum Lælius : Nunc fit illud Catonis certius, nec temporis unius, nec hominis esse constitutionem rei publicæ : perspicuum est enim, quanta in singulos reges rerum bonarum et utilium fiat accessio. Sed sequitur is, qui mihi videtur ex omnibus in re publicâ vidisse plurimum. — Ita est, inquit Scipio. Nam, post eum, Servius Sulpicius primus injussu populi regnavisse traditur : quem ferunt ex servâ tarquiniensi natum, cùm esset ex quodam regis cliente conceptus. Qui cùm famulorum numero educatus

fils au berceau, le prit en telle affection, que Servius passait généralement pour son fils; et il l'instruisit avec un soin extrême dans toutes les sciences qu'il possédait lui-même, et sur le plus complet modèle de l'éducation grecque.

Tarquin périt par les embûches des fils d'Ancus; et Servius, comme je l'ai dit, commença de régner, sans un ordre des citoyens, mais favorisé de leur bienveillance et de leur aveu. En effet, sur le bruit faussement répandu que Tarquin survivrait à sa blessure, Servius parut d'abord emprunter l'appareil royal, soulagea par ses bienfaits les débiteurs obérés, et montrant une grande affabilité, annonça qu'il rendrait la justice au nom de Tarquin. Ainsi, il évita de se confier au sénat. Enfin, après les funérailles de Tarquin, il consulta sur lui-même l'opinion du peuple ; et, autorisé à régner, il fit sanctionner son pouvoir par une loi rendue, dans les Curies assemblées. Il réprima d'abord par les armes les insultes des Étrusques. . . . .

ad epulas regis adsisteret, non latuit scintilla ingenii, quæ jam tum elucebat in puero : sic erat in omni vel officio vel sermone solers. Itaque Tarquinius, qui admodum parvos tum haberet liberos, sic Servium diligebat, ut is ejus vulgo haberetur filius; atque eum summo studio omnibus iis artibus, quas ipse didicerat, ad exquisitissimam consuetudinem Græcorum erudiit. Sed, cùm Tarquinius insidiis Anci filiorum interisset, Serviusque, ut ante dixi, regnare cœpisset non jussu, sed voluntate atque concessu civium; quòd, cùm Tarquinius ex vulnere æger fuisse, et vivere falso diceretur, ille regio ornatu jus dixisset, obæratosque pecuniâ suâ liberavisset, multâque comitate usus jussu Tarquinii se jus dicere probavisset : non commisit se patribus; sed, Tarquinio sepulto, populum de se ipse consuluit, jussusque regnare, legem

XXII...... Il institua dix-huit centuries de chevaliers du premier degré ; puis ensuite, ayant créé encore un nombre considérable de chevaliers, distinct de la masse populaire, il divisa le reste du peuple en cinq classes, sépara les plus âgés et les plus jeunes. Il régla cette distribution de manière à placer les suffrages dans la main, non de la multitude, mais des riches ; et il eut soin, chose importante à maintenir dans le gouvernement, que le plus grand nombre n'eût pas le plus de pouvoir (17). Cette combinaison, si elle vous était moins connue, serait expliquée par moi ; mais, vous voyez tout le système : les centuries des chevaliers, augmentées de six nouvelles centuries, et la première classe, en y ajoutant une centurie de charpentiers, admis à cause de leur extrême utilité, formaient quatre-vingt-neuf centuries. Réunissez-y seulement huit centuries prises sur les cent quatre centuries restantes, vous avez la force entière du peuple romain : et la multitude bien plus nombreuse qui est répartie dans les quatre-vingt-seize dernières centuries ne se trou-

de imperio suo curiatam tulit. Et primum Etruscorum injurias bello est ultus ; ex quo cum ma. . . . .

XXII. . . . . . scripsit centurias equitum duodeviginti censu maximo. Deinde equitum magno numero ex omni populi summâ separato, reliquum populum distribuit in quinque classes, senioresque a junioribus divisit ; eosque ita disparavit, ut suffragia non in multitudinis, sed in locupletium potestate essent ; curavitque, quod semper in re publicâ tenendum est, ne plurimum valeant plurimi. Quæ descriptio, si esset ignota vobis, explicaretur à me : nunc rationem videtis esse talem, ut equitum centuriæ cum sex suffragiis, et prima classis, additâ centuriâ, quæ ad summum usum urbis fabris tignariis est data, LXXXIX centurias habeat : quibus ex centum quatuor centuriis, tot enim reliquæ

vera ni éloignée du droit de suffrage, par une méprisante exclusion, ni en état d'exercer une dangereuse prépondérance. Servius, dans cet arrangement, fut même attentif au choix des termes et des dénominations. Il appela les riches d'un nom ([18]) qui indiquait les secours qu'ils donnaient à l'État ; et, quant à ceux dont la fortune n'excédait pas quinze cents sols d'airain, ou qui même ne possédaient rien que leur personne, il les nomma *prolétaires*, pour faire voir qu'on leur demandait seulement de donner des enfants et une postérité à l'État. Dans une seule des quatre-vingt-seize dernières centuries, il y avait numériquement plus de citoyens que dans la première classe tout entière. Ainsi, personne n'était exclu du droit de voter ; mais la prééminence dans les suffrages était assurée à ceux qui étaient le plus intéressés au bon ordre de la République ([19]). .

. . . .

XXIII....... Carthage était de soixante-quinze ans

sunt, octo solæ si accesserunt, confecta est vis populi universa : reliquaque multò major multitudo sex et nonaginta centuriarum neque excluderetur suffragiis, ne superbum esset, nec valeret nimis, ne esset periculosum. In quo etiam verbis ac nominibus ipsis fuit diligens, qui, cùm locupletes assiduos appellasset ab ære dando, eos qui aut non plus mille quingentum æris, aut omnino nihil in suum censum, præter caput, attulissent, proletarios nominavit ; ut ex iis quasi proles, id est quasi progenies civitatis exspectari videretur. Illarum autem sex et nonaginta centuriarum in unâ centuriâ tum quidem plures censebantur, quàm pene in primâ classe totâ. Ita nec prohibebatur quisquam jure suffragii ; et is valebat in suffragio plurimum, cujus plurimum intererat esse in optimo statu civitatem. Quin etiam accensis, velatis, liticinibus, cornicinibus, proletariis....

XXIII....... *quinque et* sexaginta annis antiquior, quod erat

plus ancienne que Rome, puisqu'elle fut fondée trente-neuf ans, avant la première olympiade ; et, dans une antiquité beaucoup plus reculée, Lycurgue avait eu les mêmes vues : ainsi, ce système d'égalité et ce mélange de trois formes de gouvernement me paraît nous avoir été commun avec Carthage et Lacédémone. Mais, il est un avantage particulier à notre patrie, avantage auquel rien n'est préférable, que je tâcherai de caractériser avec le plus de justesse qu'il me sera possible, et qui semblera tel qu'on ne saurait, dans aucune autre république, découvrir quelque chose d'analogue. En effet, les éléments divers, dont j'ai parlé, furent d'abord réunis dans la Constitution de Rome, dans celle de Lacédémone et dans celle de Carthage, sans être pondérés par aucun équilibre ; car, dans une société où quelqu'un est investi d'un pouvoir perpétuel, et surtout d'un pouvoir royal, eût-on d'ailleurs un sénat, comme à Rome, sous les rois, et à Lacédémone par les lois de

---

xxxix ante primam olympiadem condita. Et antiquissimus ille Lycurgus eadem vidit fere. Itaque ista æquabilitas atque hoc triplex rerum publicarum genus videtur mihi commune nobis cum illis populis fuisse. Sed quod proprium sit in nostrâ re publicâ, quo nihil possit esse præclarius, id persequar si potero subtilius, quod erit ejusmodi, nihil ut tale ullâ in re publicâ reperiatur. Hæc enim, quæ adhuc exposui, ita mixta fuerunt et in hâc civitate, et in Lacædemoniorum, et in Carthaginiensium, ut temperata nullo fuerint modo. Nam in quâ re publicâ est unus aliquis perpetuâ potestate, præsertim regiâ, quamvis in eâ sit et senatus, ut tum fuit Romæ, cùm erant reges ; ut Spartæ Lycurgi legibus ; et ut sit aliquod etiam populi jus, ut fuit apud nostros reges : tamen illud excellit regium nomen, neque potest ejusmodi res publica non regnum et esse, et vocari. Ea autem forma civitatis mutabilis maxime est hanc ob causam, quòd unius vitio

Lycurgue, ou même le peuple exerçât-il une sorte de juridiction, comme du temps de notre monarchie, ce titre de roi emporte toujours la balance ; et il est impossible qu'un État ainsi constitué ne soit pas un royaume, et de fait, et de nom. Or, cette nature de gouvernement est sujette aux révolutions, parce qu'il suffit de la faute d'un seul pour la précipiter vers l'extrémité la plus funeste. En elle-même, la royauté non-seulement n'est pas une forme vicieuse ; mais je la croirais même supérieure à tous les autres gouvernements simples, si je pouvais approuver aucune forme simple, en fait de gouvernement. Mais, cette préférence ne s'applique à la royauté qu'autant qu'elle garde son caractère ; et ce caractère, c'est que la puissance perpétuelle d'un seul, sa justice et sa haute sagesse garantissent la sûreté, l'égalité et le repos de tous les citoyens. Beaucoup de choses manquent au peuple gouverné par un roi, et d'abord la liberté, qui consiste non pas à dépendre d'un maître juste, mais à n'avoir point de maître ([20]). . . . .

XXIV..... Ce maître injuste et cruel eut quelque

præcipitata in perniciosissimam partem facillime decidit. Nam ipsum regale genus civitatis non modo non est reprehendendum, sed haud scio an reliquis simplicibus longe anteponendum, si ullum probarem simplex rei publicæ genus. Sed ita, quoad statum suum retinet : is est autem status, ut unius perpetuâ potestate, et justitiâ, omnique sapientiâ regatur salus, et æquabilitas, et otium civium. Desunt omninō ei populo multa qui sub rege est, in primisque libertas ; quæ non in eo est, ut justo utamur domino, sed ut nullo. . . . .

XXIV. . . . . ferebant. Etenim illi injusto domino atque acerbo aliquandiu in rebus gerundis prospere fortuna comitata

temps la fortune pour compagne dans toutes ses entreprises. Il subjugua tout le Latium, il prit Pometia, ville puissante et remplie de richesses : et maître d'une immense proie d'argent et d'or, il acquitta le vœu de son aïeul par la fondation du Capitole. Il forma des colonies ; et, fidèle aux usages du peuple, dont il tirait son origine, il fit porter à Delphes, au temple d'Apollon, des dons magnifiques, comme une offrande prélevée sur ses conquêtes.

XXV. Ici commence et naît sous nos yeux ce cercle, dont je vous prie d'étudier le mouvement et la progression, dans le premier exemple qui s'en montre. Car, le point capital de la science politique, objet de nos discours, c'est de connaître la marche et les déviations des États, afin que sachant vers quel écueil incline chaque gouvernement, vous puissiez le retenir sur le penchant, ou d'avance lui opposer des barrières. Et d'abord, ce roi dont je parle, souillé du meurtre d'un vertueux souverain, n'avait plus l'âme assez libre ; et, craignant pour lui-même une punition égale à la grandeur de son crime, il voulait se faire craindre. Puis, du

---

est. Nam et omne Latium bello devicit ; et Suessam Pometiam, urbem opulentam refertamque, cepit ; et maximâ auri argentique praedâ locupletatus votum patris Capitolii ædificatione persolvit ; et colonias deduxit ; et institutis eorum, a quibus ortus erat, dona magnifica, quasi libamenta praedarum, Delphos ad Apollinem misit.

XXV. Hic ille jam vertetur orbis, cujus naturalem motum atque circuitum a primo discite agnoscere. Id enim est caput civilis prudentiæ, in quâ omnis hæc nostra versatur oratio, videre itinera flexusque rerum publicarum, ut cùm sciatis, quò quæque res inclinet, retinere, aut ante possitis occurrere. Nam rex ille,

haut de ses victoires et de ses trésors, il s'enivrait d'un insolent orgueil, et ne pouvait ni se régler lui-même, ni modérer les passions des siens. Son fils aîné, ayant fait violence à Lucrèce, fille de Tricipitinus, épouse de Collatin, et cette femme noble et pure s'étant frappée d'un coup mortel, en expiation de son outrage, un homme éminent par le génie et la vertu, Junius Brutus, écarta de ses concitoyens le joug illégitime d'une odieuse servitude. Homme privé, il se chargea des destins de tout l'État; et, le premier parmi nous, enseigna cette grande maxime que, lorsqu'il s'agit de sauver la liberté publique, tout homme est magistrat. A sa voix, à son exemple, Rome indignée se souleva; et tout à la fois émue par la douleur si récente du père et des parents de Lucrèce, et par le ressouvenir de la tyrannie de Tarquin ([21]), et des nombreuses injustices de ses fils et de lui-même, elle prononça le bannissement du roi, de ses enfants, et de toute la famille des Tarquins.

de quo loquor, primum optimi regis cæde maculatus, integrâ mente non erat; et cùm metueret ipse pœnam sceleris sui summam, metui se volebat. Deinde victoriis divitiisque subnixus exsultabat insolentiâ, neque suos mores regere poterat, neque suorum libidines. Itaque cùm major ejus filius Lucretiæ, Tricipitini filiæ, Collatini uxori, vim attulisset, mulierque pudens et nobilis ob illam injuriam sese ipsa morte mulctavisset; tum vir ingenio et virtute præstans, L. Brutus depulit a civibus suis injustum illud duræ servitutis jugum : qui, cùm privatus esset, totam rem publicam sustinuit; primusque in hâc civitate docuit, in conservandâ civium libertate esse privatum neminem. Quo auctore et principe, concitata civitas et hâc recenti querelâ Lucretiæ patris ac propinquorum, et recordatione superbiæ Tarquinii multarumque injuriarum et ipsius et filiorum, exsulem et regem ipsum, et liberos ejus, et gentem Tarquiniorum esse jussit.

XXVI. Remarquez ici comment du roi sortit le despote, et comment, par le crime d'un seul, une forme de gouvernement, de bonne qu'elle était, devint pernicieuse : voilà bien en effet le vrai caractère du despote, que les Grecs appellent tyran. Car ils réservent le nom de roi pour celui qui veille comme un père sur le peuple, et qui maintient ceux dont il est le chef dans la condition de vie la plus heureuse : forme de gouvernement bonne, je l'ai dit, mais qui touche, et, pour ainsi dire, incline à la plus dangereuse de toutes. En effet, un roi a-t-il dévié jusqu'à l'injustice dans le pouvoir, aussitôt il est tyran ; et l'imagination ne peut concevoir un monstre plus épouvantable, plus funeste, plus haï des hommes et des dieux, que le tyran qui, sous la forme humaine, surpasse en cruauté les plus hideux animaux. Peut-on en effet laisser avec vérité le nom d'homme à celui qui n'admet entre lui et ses compatriotes, entre lui et l'humanité tout entière, aucune

XXVI. Videtis-ne igitur, ut de rege dominus exstiterit, uniusque vitio genus rei publicæ ex bono in deterrimum conversum sit ? Hic est enim dominus populi, quem Græci tyrannum vocant : nam regem illum volunt esse, qui consulit ut parens populo, conservatque eos, quibus est præpositus, quàm optimâ in conditione vivendi. Sane bonum, ut dixi, rei publicæ genus, sed tamen inclinatum et quasi pronum ad perniciosissimum statum. Simul atque enim se inflexit hic rex in dominatum injustiorem, fit continuo tyrannus, quo neque tetrius, neque fœdius, nec dis hominibusque invisius animal ullum cogitari potest : qui, quamquam figura est hominis, morum tamen immanitate vastissimas vincit belluas. Quis enim hunc hominem rite dixerit, qui sibi cum suis civibus, qui denique cum omni hominum genere nullam juris communionem, nullam humanitatis societatem velit ? Sed erit hoc de genere nobis alius aptior dicendi locus, cùm res ipsa ad-

communauté de droits, aucun partage de sentiments humains? Mais nous aurons une occasion plus naturelle d'en parler, quand notre sujet nous aura conduits à nous élever contre les hommes qui, au milieu d'une société dès longtemps affranchie, ont tenté l'usurpation du pouvoir.

XXVII. Vous avez donc sous les yeux le premier modèle du tyran. Les Grecs ont voulu que ce nom désignât le mauvais roi ; et nos Romains ont appelé indistinctement roi, tout homme qui exercerait sur le peuple une puissance perpétuelle et sans partage. Ainsi, l'on a dit que Sp. Cassius, que Manlius, que Sp. Mælius avaient voulu s'emparer de la royauté ; et naguère, Tibérius Gracchus encourut la même accusation ([22]).

. . . .

XXVIII. Lycurgue, à Lacédémone, forma, sous le nom de vieillards, un conseil trop peu nombreux, et de vingt-huit membres seulement, auxquels il attribua le droit suprême de délibération, tandis que le roi avait le droit suprême de commandement. Nos Romains imitant son exemple, et traduisant son expression,

---

monuerit, ut in eos dicamus, qui etiam liberatâ jam civitate dominationes adpetiverunt.

XXVII. Habetis igitur primum ortum tyranni : nam hoc nomen Græci regis injusti esse voluerunt ; nostri quidem omnes reges vocitaverunt, qui soli in populos perpetuam potestatem haberent. Itaque et Spurius Cassius, et M. Manlius et Spurius Mælius regnum occupare voluisse dicti sunt : et modo *Ti. Gracchus*. . . . . . .

. . . .

XXVIII. Lycurgus γέροντας Lacædemone appellavit, nimis his quidem paucos xxvIII, quos penes summam consilii voluit esse, cùm imperii summam rex teneret. Ex quo nostri idem illud secuti

désignèrent ceux qu'il avait appelés *vieillards*, par le terme de sénat ; c'est ce que fit Romulus, à l'égard des *Pères*, qu'il avait choisis ; mais, dans cette combinaison, la puissance, l'ascendant, le nom de roi s'élève et prédomine toujours. D'une autre part, accordez au peuple quelque portion de pouvoir, comme Lycurgue et Romulus ; vous ne l'avez pas asssouvi de liberté ; mais vous avez irrité l'ardeur de sa soif, en lui permettant de goûter ce breuvage. Au moins aura-t-il toujours suspendue sur sa tête la crainte qu'il ne s'élève un roi injuste. Elle est donc fragile, comme je l'ai dit, cette destinée d'un peuple, qui repose tout entière sur les inclinations et la volonté d'un seul homme.

XXIX. Ainsi le premier exemple, le type, l'origine de la tyrannie nous apparaît dans cette république même, que Romulus avait instituée, de l'aveu des auspices ; et, nous ne l'empruntons pas à cette autre cité que, suivant les récits de Platon, Socrate s'était à lui-même figurée, dans les libres entretiens de ses promenades. Nous avons vu Tarquin, non par l'usurpation d'une puissance nouvelle, mais par l'injuste emploi de

---

atque interpretati, quos senes ille appellavit, nominaverunt senatum ; ut etiam Romulum patribus lectis fecisse diximus : tamen excellit atque eminet vis, potestas, nomenque regium. Imperti etiam populo potestatis aliquid, ut et Lycurgus et Romulus ; non satiaris eum libertate, sed incenderis cupiditate libertatis, cùm tantummodo potestatem gustandi feceris. Ille quidem semper impendebit timor, ne rex, quod plerumque evenit, exsistat injustus. Est igitur fragilis ea fortuna populi, quæ posita est in unius, ut dixi antea, voluntate vel moribus.

XXIX. Quare prima sit hæc forma, et species, et origo tyranni, inventa nobis in eâ re publicâ, quam auspicato Romulus condide-

la puissance qu'il avait, renverser tout ce système d'État monarchique. Opposons à cet exemple celui de l'homme vertueux, sage, éclairé sur l'intérêt et la dignité de ses concitoyens, et qui est comme le tuteur et l'intendant de la République : car, c'est le nom qu'il faut donner à tout chef, à tout gouverneur d'une société.

Cet homme est facile à reconnaître ; c'est celui qui, par le conseil et l'action, peut protéger l'État. Comme le nom de cet homme n'a pas encore été cité dans nos discours, et que nous aurons à en parler souvent dans la suite, essayons d'en tracer le caractère (23). . . .
. . . .

XXX...... Platon eut soin de supposer un territoire, des établissements, des fortunes réparties entre les citoyens avec une parfaite égalité; et, dans le cadre le plus étroit, il établit une république plus désirable que possible : il n'a pas cherché ce qui pouvait exister, mais un modèle, sur lequel on pût étudier le jeu des affaires

rit, non in illâ quam, ut perscripsit Plato, sibi ipse Socrates peripatetico illo in sermone depinxerit. Ut quemadmodum Tarquinius non novam potestatem nactus, sed quam habebat usus injuste, totum genus hoc regiæ civitatis everterit ; sit huic oppositus alter, bonus, et sapiens, et peritus utilitatis dignitatisque civilis, quasi tutor et procurator rei publicæ; sic enim appelletur quicumque erit rector et gubernator civitatis. Quem virum facite ut agnoscatis : est enim qui consilio et operâ civitatem tueri potest. Quod quoniam nomen minus est adhuc tritum sermone nostro, sæpiusque genus ejus hominis erit in reliquâ nobis oratione tractandum. . . . .
. . . .

XXX ...... Plato regionem sedesque civium æquis apprime partibus divisas requisivit, civitatemque, optandam magis quàm

politiques. Pour moi, si toutefois j'y peux réussir, en m'attachant aux mêmes principes que Platon, je les essayerai, non sur un simulacre et une apparence de société, mais sur la plus puissante république qui fut jamais, de manière à paraître noter du doigt, pour ainsi dire, la cause de tout bien et de tout mal public. Après ces deux cent quarante-deux années toutes monarchiques et quelque temps de plus encore, si l'on compte les interrègnes, Tarquin banni, le peuple romain prit pour le nom de roi autant de haine qu'il avait éprouvé de douleur, à la mort, ou plutôt à la disparition de Romulus. Et de même qu'il ne pouvait alors se passer d'un roi, ainsi, depuis le bannissement de Tarquin, il ne pouvait entendre prononcer ce même nom de roi.

. . . . , ...

XXXI. Dans cet esprit, nos ancêtres bannirent Collatin, malgré son innocence, comme suspect par sa famille, et les autres Tarquins, en haine de leur nom. Dans ce même esprit, Valérius fit le premier abaisser

sperandam, quàm minimam posuit; non quæ possit esse, sed in quâ ratio rerum civilium perspici posset, effecit. Ego autem, si quo modo consequi potuero, rationibus eisdem, quas ille vidit, non in umbrâ et imagine civitatis, sed in amplissimâ re publicâ enitar, ut cujusque et boni publici et mali causam tanquam virgulâ videar attingere. His enim regiis quadraginta annis et ducentis paulò cum interregnis fere amplius præteritis, expulsoque Tarquinio, tantum odium populum romanum regalis nominis tenuit, quantum tenuerat post obitum, vel potius excessum Romuli, desiderium. Itaque ut tum carere rege, sic, pulso Tarquinio, nomen regis audire non poterat. Hic facultatem cum. . . . .
. . . .
XXXI. . . . . . . lex illa tota sublata est. Hâc mente tum nostri majores et Collatinum innocentem suspicione cognationis expu-

les faisceaux devant le peuple, lorsqu'il parlait en public; et il fit reporter au pied du mont Vélia les constructions de sa demeure, s'étant aperçu que les travaux qu'il avait commencés pour la bâtir sur le sommet de cette colline, dans le même lieu où avait habité le roi Tullus, excitaient les soupçons du peuple.

Ce fut également lui, et il mérita surtout ainsi le nom de Publicola, qui fit voter par le peuple la première loi reçue dans les Comices par centuries, pour défendre à tout magistrat de faire mettre à mort, ou frapper de verges le citoyen qui en appelait au peuple. Les livres des Pontifes attestent, il est vrai, que le droit d'appel existait contre les décisions des rois. Nos archives augurales le disent aussi ; et les douze tables indiquent par un grand nombre de lois, que l'on pouvait appeler de toute sentence et de toute condamnation. Le fait historique même, que les dix hommes qui rédigèrent les lois furent créés avec l'attribution de juger sans appel, montre assez que les autres magistrats n'avaient pas eu le même privilége. Lucius Valérius et Marcus

lerunt, et reliquos Tarquinios offensione nominis. Eâdemque mente P. Valerius et fasces primus demitti jussit, cùm dicere in concione cœpisset, et ædes suas detulit sub Veliam, posteaquam, quòd in excelsiore loco Veliæ cœpisset ædificare, eo ipso ubi rex Tullus habitaverat, suspicionem populi sensit moveri. Idemque, in quo fuit Publicola maxime, legem ad populum tulit eam, quæ centuriatis comitiis prima lata est, ne quis magistratus civem romanum adversus provocationem necaret, neve verberaret. Provocationem autem etiam a regibus fuisse declarant pontifici libri, significant nostri etiam augurales ; itemque ab omni judicio pœnàque provocari licere, indicant XII Tabulæ compluribus legibus : ut, quod proditum memoriâ est, decemviros, qui leges scripserint,

Horatius, hommes sagement populaires, dans l'intérêt de la concorde, consacrèrent par une loi rendue sous leur consulat, le principe qu'il ne serait pas créé de magistrat qui jugeât sans appel ; et les lois Porcia, ouvrage de trois citoyens du nom de Porcius, n'ajoutèrent, comme vous le savez, rien de nouveau que la sanction pénale. Publicola ayant promulgué cette loi en faveur de l'appel au peuple, fit sur-le-champ ôter les haches des faisceaux consulaires ; et le lendemain il se donna Sp. Lucrétius pour collègue. Le nouveau consul étant le plus âgé, Publicola lui envoya ses licteurs ; et le premier il établit en usage que chacun des consuls alternativement serait suivi par les licteurs, d'un mois à l'autre, afin que les insignes du pouvoir ne fussent pas plus multipliés dans un État libre qu'ils ne l'étaient sous la royauté. Il ne se montra point, à mon sens, un homme ordinaire, lorsque, donnant au peuple une liberté modérée, il rendit seulement l'influence des grands plus facile et plus sûre. Je ne rebats pas en ce moment, sans motif, des faits antiques

---

sine provocatione creatos, satis ostenderit, reliquos sine provocatione magistratus non fuisse ; Luciique Valerii Potiti et M. Horatii Barbati, hominum concordiæ causâ sapienter popularium, consularis lex sanxit, ne qui magistratus sine provocatione crearetur. Neque vero leges porciæ, quæ tres sunt trium Porciorum, ut scitis, quicquam præter sanctionem attulerunt novi. Itaque Publicola, lege illâ de provocatione latâ, statim secures de fascibus demi jussit ; postridieque sibi collegam Sp. Lucretium subrogavit ; suosque ad eum, quòd erat major natu, lictores transire jussit : instituitque primus, ut singulis consulibus alternis mensibus lictores præirent, ne plura insignia essent imperii in libero populo, quàm in regno fuissent. Haud mediocris hic, ut

et surannés ; mais choisissant des personnages et des temps bien connus, je pose, relativement aux hommes et aux institutions, les modèles sur lesquels je réglerai ce qui me reste à dire.

XXXII. A cette époque, le sénat maintint donc la République dans une telle situation que, chez ce peuple si libre, peu de choses se faisaient par le peuple, presque tout au contraire par l'autorité, les usages et les traditions du sénat, et que les consuls exerçaient une puissance annuelle par la durée, mais royale par sa nature et ses prérogatives. Cependant on conservait, avec beaucoup d'énergie, le point peut-être le plus décisif pour le maintien de la puissance des nobles, le principe que les résolutions du peuple ne pouvaient être définitives, sans l'approbation du sénat. Vers ce même temps, à peine dix ans après les premiers consuls, on vit l'institution de la dictature en la personne de T. Largius ; et cette nouvelle espèce de pouvoir parut fort

---

ego quidem intelligo, vir fuit, qui, modicâ libertate populo datâ, facilius tenuit auctoritatem principum. Neque ego hæc nunc sine causâ tam vetera vobis et tam obsoleta decanto ; sed illustribus in personis temporibusque exempla hominum rerumque definio, ad quæ reliqua oratio dirigatur mea.

XXXII. Tenuit igitur hoc in statu senatus rem publicam temporibus illis, ut in populo libero pauca per populum, pleraque senatûs auctoritate, et instituto, ac more gererentur ; atque uti consules potestatem haberent tempore duntaxat annuam, genere ipso ac jure regiam. Quodque erat ad obtinendam potentiam nobilium vel maximum, vehementer id retinebatur, populi comitia ne essent rata, nisi ea patrum approbavisset auctoritas. Atque his ipsis temporibus dictator etiam est institutus decem fere annis post primos consules, T. Largius ; novumque id genus imperii visum est, et proximum similitudini regiæ. Sed tamen omnia

voisine d'une reproduction de la royauté. Cependant tout restait sous la haute influence des grands, le peuple n'opposant pas de résistance ; et dans ces temps, de grandes choses furent faites à la guerre par de vaillants hommes investis d'un grand pouvoir, soit dictateurs, soit consuls.

XXXIII. Mais comme la nature des choses voulait que le peuple ([24]) s'arrogeât un peu plus de pouvoir, étant une fois affranchi des Rois ; dans un intervalle assez court, seize ans après, sous le consulat de Postumus Cominius et de Sp. Cassius, il atteignit ce but. La raison manqua peut-être à cette entreprise ; mais la nature des Constitutions politiques l'emporte souvent sur la raison. Car retenez bien ce que j'ai dit en commençant : s'il n'existe dans l'État une juste compensation de droits, de devoirs et de prérogatives, de manière à donner assez de puissance aux magistrats, assez d'influence aux délibérations des grands, assez de liberté

---

summâ cum auctoritate a principibus, cedente populo, tenebantur ; magnæque res temporibus illis a fortissimis viris, summo imperio præditis, dictatoribus atque consulibus, belli gerebantur.

XXXIII. Sed id quod fieri natura rerum ipsa cogebat, ut plusculum sibi juris populus adscisceret liberatus à regibus, non longo intervallo, sexto decimo fere anno, Postumo Cominio Sp. Cassio consulibus, consecutus est : in quo defuit fortasse ratio ; sed tamen vincit ipsa rerum publicarum natura sæpe rationem. Id enim tenetote, quod initio dixi : nisi æquabilis hæc in civitate compensatio sit et juris, et officii, et muneris, ut et potestatis satis in magistratibus, et auctoritatis in principum consilio, et libertatis in populo sit, non posse hunc incommutabilem rei publicæ conservari statum. Nam, cùm esset ex ære alieno commota civitas, plebs montem Sacrum prius, deinde Aventinum occupavit. Ac

au peuple, cette forme de gouvernement ne peut se conserver immuable. Ainsi, parmi nous, les dettes excessives des citoyens ayant mis le désordre dans l'État, le peuple se retira sur le mont Sacré, et ensuite sur l'Aventin. L'austère discipline de Lycurgue n'enchaîna pas non plus les mouvements d'une population grecque. A Sparte aussi, sous le règne de Théopompe, les cinq magistrats que l'on appelait Éphores, en Crète, les dix magistrats nommés *Régulateurs*, furent établis en opposition à la puissance royale, comme les tribuns, parmi nous, pour balancer l'autorité consulaire.

XXXIV. Il y avait peut-être pour nos aïeux quelques moyens de remédier à ce fléau de la dette, moyen que Solon ([25]) n'avait pas ignoré, dans une époque assez récente, et que notre sénat ne négligea point, le jour où, par l'indignation qu'excita l'odieuse violence d'un créancier, tous les citoyens enchaînés comme débiteurs furent délivrés, et l'esclavage pour dettes désormais interdit. De tout temps, même lorsque les plébéiens succombaient sous le poids des dépenses qu'a-

---

ne Lycurgi quidem disciplina tenuit illos in hominibus græcis frenos : nam etiam Spartæ, regnante Theopompo, sunt item quinque, quos illi ephoros appellant; in Cretā autem decem, qui Cosmoi vocantur, ut contra consulare imperium tribuni plebis, sic illi contra vim regiam, constituti.

XXXIV. Fuerat fortasse aliqua ratio majoribus nostris in illo ære alieno medendi, quæ neque Solonem atheniensem non longis temporibus ante fugerat; neque pòst aliquanto nostrum senatum, cùm sunt propter unius libidinem omnia nexa civium liberata, nectierque postea desitum : semperque huic generi cùm plebes publicā calamitate impendiis debilitata deficeret, salutis omnium causā aliqua sublevatio et medicina quæsita est. Quo tum consilio

vait entraînées le malheur public, on chercha, dans l'intérêt du salut général, quelques secours et quelques soulagements à leurs maux; mais le sénat ayant une fois mis en oubli cette politique, ce fut l'occasion dans Rome d'un changement qui, par la création de deux tribuns dans une émeute populaire, affaiblit le pouvoir et l'ascendant du sénat. Toutefois, il lui resta de la force et de la majesté; elle tenait à la personne de ces hommes aussi sages que courageux, qui protégeaient la République par leurs armes et par leur prudence, et prenaient d'autant plus d'empire sur les esprits que, supérieurs aux autres en dignités, ils leur cédaient dans la recherche des plaisirs, et ne les surpassaient pas en richesses. Leurs vertus publiques étaient d'autant plus agréables au peuple, que, dans les intérêts privés, ils étaient empressés à servir chaque citoyen, de leurs efforts, de leurs conseils et de leur fortune.

XXXV. Dans cette situation de l'État, Spurius Cassius, enhardi par l'extrême faveur dont il jouissait auprès du peuple, cherchant à s'emparer de la puissance

---

prætermisso, causa populo nata est, duobus tribunis plebis per seditionem creatis, ut potentia senatus atque auctoritas minueretur : quæ tamen gravis et magna remanebat, sapientissimis et fortissimis et armis et consilio civitatem tuentibus; quorum auctoritas maxime florebat, quòd, cùm honore longe antecellerent cæteris, voluptatibus erant inferiores, nec pecuniis ferme superiores; eòque erat cujusque gratior in re publicâ virtus, quòd in rebus privatis diligentissime singulos cives operâ, consilio, re tuebantur.

XXXV. Quo in statu rei publicæ, Sp. Cassium de occupando regno molientem, summâ apud populum gratiâ florentem, quæstor accusavit; eumque, ut audistis, cùm pater in eâ culpâ esse com-

royale, fut accusé par le questeur ; et, comme vous le savez, le père même de Cassius, après avoir déclaré qu'il avait la conviction du crime de son fils, le fit mourir de l'aveu du peuple. Environ cinquante-quatre ans après le premier consulat, Tarpéius et Aternius, consuls, firent une chose agréable au peuple, en proposant, dans les Comices par curies, l'établissement d'une amende à substituer aux peines corporelles. Vingt années après, comme les censeurs L. Papirius et Pinarius avaient, par l'application de ces amendes, fait passer à l'État les troupeaux entiers des particuliers, la confiscation en nature fut remplacée par une modique évaluation pécuniaire, d'après une loi rendue sous le consulat de C. Julius et de Papirius.

XXXVI. Mais quelques années auparavant, à une époque où le sénat avait la plus haute influence, de l'aveu du peuple qui se montrait soumis et docile, un système nouveau fut adopté : les consuls et les tribuns abdiquèrent leurs charges ; et on créa dix hommes, revêtus d'une grande autorité sans appel, pour exercer

---

perisse se dixisset, cedente populo, morte mactavit. Gratamque etiam illam rem, quarto circiter et quinquagesimo anno post primos consules, de mulctæ sacramento Sp. Tarpeius et A. Aternius consules comitiis centuriatis tulerunt. Annis postea xx, ex eo quòd L. Papirius, P. Pinarius censores mulctis dicendis vim armentorum a privatis in publicum averterant, levis æstimatio pecudum in mulctâ, lege C. Julii, P. Papirii consulum constituta est.

XXXVI. Sed aliquot ante annis, cùm summa esset auctoritas in senatu, populo patiente atque parente, inita ratio est, ut et consules et tribuni plebis magistratu se abdicarent, atque ut decemviri maximâ potestate sine provocatione crearentur, qui et

le pouvoir souverain et rédiger des lois. Après avoir composé, avec beaucoup de prudence et d'équité, dix tables de lois, ils nommèrent pour leur succéder l'année suivante, d'autres décemvirs, qui ne montrèrent pas la même justice et la même loyauté. On cite cependant le trait remarquable d'un des membres de ce collége, de Julius : c'est à l'égard du patricien Sestius, dans la chambre duquel il déclarait qu'un cadavre avait été exhumé, sous ses yeux. Quoiqu'il eût juridiction suprême, comme pouvant juger sans appel, le décemvir admit des cautions, parce qu'il ne pouvait, dit-il, faire oubli de cette admirable loi, qui ne permettait qu'aux Comices assemblés par centuries de statuer sur la vie d'un citoyen romain.

XXXVII. Une troisième année suivit, sous l'autorité des mêmes décemvirs, et sans qu'ils aient voulu se donner de successeurs. Dans cette situation politique, dont j'ai déjà parlé comme ne pouvant être durable, parce qu'elle n'est pas égale pour tous les ordres de l'État, toute la puissance publique était aux mains des

---

summum imperium haberent, et leges scriberent. Qui cum decem tabulas summâ legum æquitate prudentiâque conscripsissent, in annum posterum decemviros alios subrogaverunt, quorum non similiter fides, nec justitia laudata. Quo tamen e collegio laus est illa eximia C. Julii, qui hominem nobilem L. Sestium, cujus in cubiculo effossum esse, se præsente, mortuum diceret, cùm ipse potestatem summam haberet, quòd decemvir sine provocatione esset, vades tamen poposcit; quòd se legem illam præclaram neglecturum negaret, quæ de capite civis romani, nisi comitiis centuriatis, statui vetaret.

XXXVII. Tertius est annus decemviralis consecutus, cùm iidem essent, nec alios subrogare voluissent. In hoc statu rei publicæ,

grands, par la nomination unique de dix hommes de la première noblesse, sans le contre-poids des tribuns, sans l'adjonction d'aucune autre magistrature, et sans recours devant le peuple contre le fouet et la hache. Ainsi, l'injustice de ces hommes produisit soudainement un grand désordre, et changea toute la face de la République. Ils ajoutèrent deux tables de lois tyranniques ; et tandis que l'alliance du mariage est toujours accordée, même à des peuples étrangers, ils prohibèrent, par la plus odieuse des lois, toute alliance semblable entre les plébéiens et les familles des sénateurs ; ce qui fut dans la suite abrogé par un plébiscite de Canuleius. Enfin, ils portèrent dans tout leur gouvernement la dureté, la débauche et l'avarice. On sait, et tous les monuments littéraires racontent comment Virginius, poussé par les fureurs d'un décemvir, à immoler sa fille ([26]) de sa propre main dans la place publique, ayant fui désespéré vers l'armée romaine, qui était campée sur le mont Algide, les soldats abandonnèrent

---

quem dixi jam sæpe non posse esse diuturnum, quòd non esset in omnes ordines civitatis æquabilis, erat penes principes tota res publica, præpositis decemviris nobilissimis, non oppositis tribunis plebis, nullis aliis adjunctis magistratibus, non provocatione ad populum contra necem et verbera relictâ. Ergo horum ex injustitiâ subitò exorta est maxima perturbatio et totius commutatio rei publicæ : qui duabus tabulis iniquarum legum additis, quibus, etiam quæ disjunctis populis tribui solent, connubia, hæc illi ut ne plebei cum patribus essent, inhumanissimâ lege sanxerunt ; quæ postea plebiscito canuleio abrogata est : libidinoscque omni imperio, et acerbe, et avare populo præfuerunt. Nota scilicet illa res, et celebrata monumentis plurimis litterarum, cùm Decimus quidam Virginius virginem filiam propter unius ex

aussitôt la guerre qu'ils avaient à soutenir, et se rendirent d'abord sur le mont Sacré, comme on l'avait vu déjà dans une occasion semblable, puis sur l'Aventin, qu'ils occupèrent en armes. . . . .
. . . .

XXXVIII. Scipion ayant ainsi parlé, comme tout le monde paraissait attendre en silence la suite de son discours, Tubéron dit alors : Puisque mes aînés se taisent et ne vous demandent rien, Scipion, vous allez apprendre de moi ce que votre discours me laisse à désirer. A la bonne heure, et très-volontiers, repartit Scipion. Eh bien ! dit Tubéron, vous me paraissez avoir fait l'éloge de la constitution romaine, tandis que la question de Lælius portait sur toute espèce de gouvernement, et n'était pas bornée seulement au nôtre. Et de plus, je n'ai pas appris dans votre discours par quels principes, par quelles lois, par quelles mœurs nous pouvons fonder ou maintenir ce gouvernement que vous louez tant.

illis decemviris intemperiem in foro suâ manu interemisset, ac mœrens ad exercitum, qui tum erat in Algido, confugisset; milites bellum illud, quod erat in manibus, reliquisse, et primum montem Sacrum, sicut erat in simili causâ antea factum, deinde Aventinum armatos insedisse. . . . .
. . . . . majores nostros et probavisse maxime, et retinuisse sapientissime judico.
XXXVIII. Cùm ea Scipio dixisset, silentioque omnium reliqua ejus exspectaretur oratio; tum Tubero : Quoniam nihil ex te, Africane, hi majores natu requirunt, ex me audies quid in oratione tuâ desiderem. — Sane, inquit Scipio, et libenter quidem. —Tum ille : Laudavisse mihi videris nostram rem publicam, cùm ex te non de nostrâ, sed de omni re publicâ quæsisset Lælius.

XXXIX. Scipion. Je pense que nous aurons bientôt une occasion plus naturelle de discuter la question de l'établissement et de la durée des États. Quant à la meilleure forme de gouvernement, je croyais sur ce point avoir suffisamment répondu à la question de Lælius ; car j'avais d'abord reconnu trois formes de gouvernements raisonnables, puis trois espèces de gouvernements funestes, qui sont l'opposé des premiers. J'avais dit qu'aucun de ces premiers gouvernements n'était parfaitement bon ; et j'avais désigné comme préférable à chacun d'eux celui qui serait habilement formé de leur mélange. Que si j'ai donné notre République en exemple, cela n'avait point pour objet de définir la meilleure forme de gouvernement : la chose était facile, sans citer aucun exemple ; mais j'ai voulu, dans l'existence même d'un grand État, rendre présent et visible ce que le raisonnement et la parole n'auraient fait que décrire. Maintenant, si vous cherchez le meilleur mode de République, indépendamment de

---

Nec tamen didici ex oratione tuâ istam ipsam rem publicam, quam laudas, quâ disciplinâ, quibus moribus aut legibus, constituere vel conservare possimus.

XXXIX. Hic Africanus : Puto nobis mox de instituendis et conservandis civitatibus aptiorem Tubero, fore disserendi locum. De optimo autem statu, equidem arbitrabar me satis respondisse ad id, quod quæsierat Lælius. Primum enim numero definieram genera civitatum tria probabilia ; perniciosa autem tribus illis totidem contraria ; nullumque ex eis unum esse optimum ; sed id præstare singulis, quod e tribus primis esset modice temperatum. Quòd autem exemplo nostræ civitatis usus sum, non ad definiendum optimum statum valuit, nam id fieri potuit sine exemplo ; sed ut a civitate maximâ reapse cerneretur, quale esset id, quod ratio, oratioque describeret. Sin autem sine ullius populi

tout exemple particulier, consultez l'image que vous présente la nature ([27]). . . . .

XL...... Voici le caractère que je cherche depuis longtemps et auquel j'étais impatient d'arriver. Lælius. Celui du politique, peut-être? Scipion. Celui-là même. Lælius. Vous en avez dans ce moment assez de modèles sous les yeux, à commencer par vous-même. Plût à Dieu, reprit Scipion, que le sénat nous offrît relativement le même nombre! Mais enfin, le politique c'est l'homme qui, comme nous l'avons vu souvent en Afrique, assis sur le col d'un animal monstrueux, maîtrise et gouverne ce colosse, et plutôt même par le signe que par le toucher, le conduit où il veut. Lælius. Je le sais, et je l'ai vu, lorsqu'en Afrique je vous servais de lieutenant. Scipion. Aussi un Numide, un Carthaginois parvient à conduire une seule de ces bêtes monstrueuses, lorsqu'elle est dressée et familiarisée avec les habitudes de l'homme. Mais le principe qui réside au fond de l'âme humaine, et qui en fait

exemplo genus ipsum exquiris optimi statûs, naturæ imagine utendum est nobis ; quoniam tu hanc imaginem urbis et populi ni.
XL. . . . . — Scipio. Quem jam dudum quæro et ad quem cupio pervenire — Lælius. Prudentem fortasse quæris? — Tum ille : Istum ipsum — Lælius. Est tibi ex eis ipsis, qui adsunt, bella copia, vel ut a te ipso ordiare. — Tum Scipio : Atque utinam ex omni se natu pro ratâ parte esset! Sed tamen est ille prudens, qui, ut sæpe in Africâ vidimus, immani et vastæ insidens belluæ, coercet et regit belluam ; quocumque vult, levi admonitu, non actu inflectit illam feram. — Lælius. Novi ; et tibi cùm essem legatus, sæpe vidi. — Scipio. Ergo ille Indus aut Pœnus unam coercet belluam, et eam docilem et humanis moribus adsuetam : at vero ea quæ latet in animis hominum quæque pars animi mens vocatur, non unam aut facilem ad subigendum frenat

partie sous le nom d'intelligence, doit soumettre au frein et dompter un monstre multiple et bien autrement indocile : aussi, rarement il y parvient ; car elle a besoin d'être tenue sous la main, cette bête féroce qui s'abreuve de sang, qui s'emporte si aisément à toute cruauté, et peut à peine se rassasier de victimes humaines ([28]). . . . .
. . . .

XLI...... Je vois maintenant, dit Lælius, quelle œuvre, quelle tâche vous imposez à cet homme rare que j'attendais. Une seule, reprit Scipion ; car ce seul point comprend tout le reste : je lui impose le devoir de ne jamais suspendre son action et sa surveillance sur lui-même, d'exciter les autres à l'imiter, et d'être enfin, par l'éclatante pureté de son caractère et de sa vie, comme un miroir offert à ses concitoyens. Car, de même que les frémissements des cordes, les accents des flûtes et les inflexions du chant et de la voix, forment un concert mélangé de sons distincts, et dont les moindres altérations, les moindres dissonances offen-

et domat, si quando id efficit, quod perraro potest. Namque et illa tenenda est ferox, quæ sanguine alitur, quæ in omni crudelitate sic exsultat, ut vix hominum acerbis funeribus satietur. . .
XLI. . . . dici possit.— Tum Lælius : Video jam illum, quem exspectabam, virum cui præficias officio et muneri.— Huic scilicet, Africanus, uni pene, nam in hoc fere uno sunt cætera, ut nunquam a se ipso instituendo contemplandoque discedat, ut ad imitationem sui vocet alios, ut sese splendore animi et vitæ suæ sicut speculum præbeat civibus. Ut enim in fidibus aut tibiis, atque ut in cantu ipso ac vocibus, concentus est quidam tenendus ex distinctis sonis, quem immutatum aut discrepantem aures eruditæ ferre non possunt ; isque concentus ex dissimillimarum

seraient une oreille exercée (^{29}) ; de même enfin, que ce concert, par l'habile direction des voix les plus dissemblables, produit l'accord et l'harmonie : ainsi, un État sagement composé de la réunion de trois ordres inégaux, se met en accord par le jeu combiné des éléments les plus divers ; et ce que les musiciens appellent l'harmonie dans le chant, est l'union dans l'état social, l'union, le plus fort et le meilleur gage du salut public, mais impossible à conserver, sans la justice (^{30}). . .

. . . .

XLII...... Scipion reprit : Je partage cette opinion, et je vous déclare que nous devons regarder comme nul tout ce qui a été dit jusqu'à ce moment sur la République, et que nous ne devons point passer plus avant, s'il ne demeure établi, qu'il est faux que la chose publique ne puisse être gouvernée, sans le secours de l'injustice, et qu'il est au contraire de toute vérité, que la chose publique ne peut être gouvernée, sans une suprême justice. Mais, si vous le voulez, c'est assez pour aujourd'hui : remettons la suite à demain ;

---

vocum moderatione concors tamen efficitur et congruens : sic ex summis, et infimis, et mediis, et interjectis ordinibus, ut sonis, moderata ratione civitas, consensu dissimillimorum concinit : et quæ harmonia a musicis dicitur in cantu, ea est in civitate concordia, arctissimum atque optimum in omni re publicâ vinculum incolumitatis; eaque sine justitiâ nullo pacto esse potest. . . . .

XLII. . . . . plenam esse justitiæ. — Tum Scipio : Assentior vero, renuncioque vobis nihil esse, quod adhuc de re publicâ dictum putemus, aut, quo possimus longius progredi, nisi erit confirmatum, non modo falsum illud esse, sine, injuriâ non posse ; sed hoc verissimum esse, sine summâ justitiâ rem publicam geri nullo modo posse. Sed, si placet, in hunc diem hactenus. Reliqua,

car beaucoup de choses nous restent encore. Tout le monde ayant consenti, l'entretien du jour fut terminé.

satis enim multa restant, differamus in crastinum. Cùm ita placuisset, finis disputandi in eum diem factus est.

M. TULLI CICERONIS
DE RE PUBLICA
LIBER II EXPLICIT.
INCIPIT LIBER III.

NOTES SUR LE LIVRE II.

(¹) Le commencement de ce livre nous paraît présenter une lacune, dont l'éditeur de Rome n'indique pas l'étendue, mais qui n'est que trop évidente. On sait que la méthode de Cicéron était d'ouvrir chacun de ses dialogues philosophiques par un préambule, où il parlait en son nom. Il se plaisait ensuite à introduire, ou à ramener sur la scène les différents interlocuteurs; et il prodiguait ces petits détails, dont les anciens ne sont pas toujours assez avares, et où brillent cette élégance délicate et cette fleur d'urbanité romaine, qu'il opposait à l'atticisme de Platon. Il a usé de cet art avec un goût exquis dans le traité *des Lois*. Les livres suivants du traité *de la République* nous montreront, au moins dans de précieux fragments, plus d'un modèle de ces épisodes qui reposent l'attention fatiguée par la continuité du dialogue, et l'élévation ou la gravité des matières. Ici toute introduction semblable nous manque : les premiers mots sont même en partie mutilés; et quelques lettres ont été suppléées par l'éditeur.

(²) « Une des causes de la prospérité de Rome, dit Montesquieu,
« c'est que ses rois furent tous de grands personnages. On ne
« trouve point ailleurs, dans les histoires, une suite non inter-
« rompue de tels hommes d'État et de tels capitaines. » Et dans un autre endroit, il ajoute : « Rome ayant chassé les rois, établit
« les consuls annuels; c'est encore ce qui la porta à ce haut degré
« de puissance. Les princes ont dans leur vie des périodes d'am-
« bition; après quoi d'autres passions et l'oisiveté même succè-
« dent : mais la république, ayant des chefs qui changeaient tous
« les ans, et qui cherchaient à signaler leur magistrature pour en

« obtenir de nouvelles, il n'y avait pas un moment de perdu pour
« l'ambition. »

(³) Cicéron, dans le traité *des Lois*, se moque de cette tradition sur la naissance merveilleuse du fondateur de Rome; et ici même, il la traite de fable. Il ne fait d'ailleurs aucune recherche critique sur ces premières antiquités de Rome, que les modernes ont cru pouvoir éclaircir. Tite-Live se borne à dire, avec une fierté de style très-majestueuse, mais peu concluante pour la fidélité historique : « S'il doit être permis à quelque peuple de « s'attribuer une origine sacrée, et de faire remonter sa nais« sance jusqu'aux dieux, telle est la gloire du peuple romain « dans la guerre, que, lorsqu'il proclame de préférence le dieu « Mars pour son père, pour le père de son fondateur, les nations « de la terre doivent le souffrir avec la même résignation qu'elles « souffrent son empire. » *Si cui populo licere oportet consecrare origines suas, et ad deos referre auctores, ea belli gloria est populo romano, ut, cùm suum conditorisque sui parentem Martem potissimùm ferat, tam et hoc gentes humanæ patiantur æquo animo, quàm et imperium patiuntur.*

(⁴) Cette digression sur les inconvénients du voisinage de la mer brille, dans le texte original, d'une beauté d'élocution, qui n'appartient qu'à l'orateur romain. Les idées, nous en convenons, sont un peu arriérées; ce sont quelques belles pensées d'Aristote et de Platon. Tout cela ne rentre guère dans nos systèmes modernes. Navigation, commerce, échanges, voilà les mobiles de notre civilisation : et voilà ce que les publicistes de l'antiquité semblaient croire pernicieux à la force et à la durée des États. Notre liberté même a pour appui le luxe, que les Républiques anciennes proscrivaient, comme le fléau de la leur. Ces différences, qui ne sont pas des contradictions, trouveraient leur explication naturelle dans des causes que nous ne pouvons développer ici; mais elles font nécessairement que la politique des anciens nous paraît trop vague, trop remplie de généralités philosophiques. Aujourd'hui, on constitue un État avec l'économie politique, c'est-à-dire avec la science de produire et de vendre. Les anciens avaient la simplicité de compter pour quelque chose le patriotisme, les mœurs, les vertus publiques.

(⁵) Il paraît que Cicéron avait écrit d'abord d'une manière générale, que toutes les villes du Péloponèse étaient maritimes, et que cette erreur fut relevée par la vigilante critique d'Atticus : on lira avec plaisir tout ce détail tiré de la correspondance de Cicéron. « J'en viens, écrit-il à son ami, à l'observation que vous
« me faites, dans la première page de votre lettre. Ce n'est pas
« sur le témoignage de quelque méchant auteur, que j'ai avancé
« que toutes les villes du Péloponèse étaient maritimes ; c'est sur
« la foi de Dicéarque, dont vous faites vous-même beaucoup de
« cas. Dans sa description de la descente de l'antre de Trophe-
« nius, Chéron prouve, par beaucoup de raisons, que les Grecs
« ont mal fait de bâtir tant de villes sur le bord de la mer ; et il
« compte pour maritimes toutes celles du Péloponèse. Quoique
« j'estime fort cet auteur, qui me paraît avoir une grande con-
« naissance de l'histoire, et qui d'ailleurs a vécu dans le Pélopo-
« nèse, cela ne laissa pas de m'arrêter ; et je proposai mon doute
« à Dionysius. Il fut d'abord surpris ; mais, comme il se fie aussi
« volontiers à Dicéarque, que vous à Vestorius, et moi à Clu-
« vius, il me dit que je pouvais m'en rapporter à cet auteur. Il
« prétend qu'il y a dans l'Arcadie une ville maritime nommée
« Lépréon. Pour Téné, Aliphéra et Critia, il croit que ce sont des
« villes modernes ; et il le prouve par le dénombrement, que fait
« Homère, de toutes celles qui armèrent des vaisseaux pour la
« guerre de Troie, où elles ne sont point comprises. Tout ce que
« j'ai dit là-dessus, je l'ai copié mot pour mot de Dicéarque. »
L. VI, lett. 2. On peut juger par ce passage curieux combien les notions géographiques avaient alors peu de certitude et d'étendue.

(⁶) Fidèle au plan de tout rapporter à la Constitution romaine, et de faire plutôt une histoire qu'une théorie politique, Cicéron va successivement examiner l'état de Rome, aux diverses époques de sa durée, à dater de ses rois. Ce plan, s'il produisait quelques lumières nouvelles sur un sujet fort obscur, aurait beaucoup plus d'intérêt pour nous que des idées purement spéculatives. Mais Cicéron ne va guère au delà des traditions connues, et qui ont souvent exercé le scepticisme des savants. Il prend l'histoire romaine à peu près telle que nous l'avons ; et ses réflexions ne paraissent pas supposer d'autres faits que ceux dont Tite-Live a rempli ses éloquents récits. On sait que la plupart de ces faits, surtout dans ce qui regarde les premiers siècles de Rome, ont été controversés par la Critique moderne. Ce texte, repris de nos jours par les savants d'Allemagne, avait fort occupé nos érudits du dix-septième siècle ; et il n'est pas inutile de dire ici quelques mots de la question. Dans le sixième volume des Mémoires de l'Académie des Inscriptions, se trouve une dissertation, où M. de Pouilly essaye d'ôter toute authenticité aux premiers siècles de l'histoire romaine, en établissant que les premiers historiens de Rome, Cincius et Fabius Pictor, vivaient au moins cinq cents ans après la fondation de cette ville, et que tous les anciens monuments, qu'ils auraient pu consulter, avaient péri dans l'incendie de Rome par les Gaulois. Il s'attache ensuite à montrer, que plusieurs faits rapportés par Tite-Live sont des copies évidentes de traditions grecques. Il retrouve les Horaces, les Curiaces, et tout ce merveilleux récit, dans un fragment des *Arcadiques* de Démarate, conservé par Stobée, et où il s'agit d'une guerre entre deux petites villes d'Arcadie, Tegée et Pherée, qui choisirent pour terminer leur querelle chacune trois guerriers, frères jumeaux ; sans qu'il y manque aucune circonstance, jusqu'à l'amour de la sœur du vainqueur pour l'un des vaincus, et jusqu'au meurtre de cette sœur infortunée. M. de Pouilly retrouve également Scévola dans un héros grec, célébré par l'historien Agatharchide. Il essaye ensuite de prouver que, dans le défaut absolu de monuments primitifs, les traditions menteuses de l'orgueil romain se trouvent cependant contredites quelquefois par des témoignages étrangers. A la défaite des Gaulois sur les ruines de Rome, et à la victoire de Camille racontée par Tite-Live, il oppose le récit de Polybe, suivant lequel les Gaulois, ayant assiégé le Capitole durant neuf mois, sur l'avis que leur propre territoire était ravagé par les Vénètes, se retirèrent volontairement, après avoir reçu la rançon des Romains. De tout cela le savant académicien conclut, qu'indépendamment des prodiges ridicules et des fables manifestes, qui défigurent l'histoire des premiers siècles de Rome, cette histoire ne mérite aucune confiance, sous le rapport même de faits plus graves, et qui offrent plutôt le caractère de l'héroïsme que celui du merveilleux. Une conclusion si sévère a été appuyée de preuves et de conjectures nouvelles, dans la curieuse dissertation de Beaufort, *sur l'incertitude de l'histoire des premiers siècles de Rome.* Cependant, cette opinion a trouvé, dès l'origine, de savants contradicteurs. Un membre de l'Académie des belles-lettres, le docte Sallier, réfuta le scepticisme de son collègue M. de Pouilly, dans deux mémoires très-bien faits, où il établit surtout l'existence de monuments antérieurs au cinquième siècle de Rome, et consultés par les premiers auteurs qui écrivirent son histoire. Cicéron parle de ces monuments dans le traité de *l'Orateur.* « Depuis les commence« ments de Rome, dit-il, jusqu'au pontificat de Publius Mucius, « le souverain pontife, en mémoire des événements publics, te« nait constamment un registre des faits de chaque année, et les « inscrivait sur des tables, qu'il laissait en vue dans sa maison, « pour que le peuple eût la facilité d'en prendre connaissance. « Et c'est là ce que l'on nomme encore aujourd'hui les *Grandes* « *Annales.* » Ailleurs, Cicéron disait, parlant de ce même recueil : « Où peut-on puiser plus aisément que dans les Annales « la connaissance de nos guerres et de toute notre discipline po« litique? d'où peut-on recueillir, soit pour la conduite, soit pour « le discours, un plus riche trésor d'exemples imposants et d'ir« récusables témoignages? »

C'est aussi de ces vieux monuments que, dans un autre passage, il tire des inductions sur l'éloquence de quelques orateurs des premiers temps de la République. Enfin, il nomme encore ces Annales dans le traité des *Lois,* au moment même où il convient que les Romains n'ont pas eu jusqu'à ce jour une histoire digne d'eux, et où il se fait prier par Atticus d'entreprendre ce grand ouvrage. Voilà donc un point bien prouvé, l'existence d'Annales non interrompues, écrites par le souverain pontife, renfermant un grand nombre d'événements, d'anecdotes, et même des analyses, des fragments de discours prononcés au sénat, ou devant le peuple. C'étaient ces recueils anciens, c'étaient les livres des augures, et les hymnes des prêtres saliens, que Varron avait étudiés, et où il avait puisé cette connaissance profonde de l'antiquité romaine, que Cicéron admire avec enthousiasme, et qui sans doute reposait sur quelque chose de réel et d'authentique. — A ce premier genre de monuments, il faut ajouter des actes publics : par exemple, ces tables de dénombrement, dont parle Denys d'Halicarnasse, et dont Varron cite un passage, dans son ouvrage sur la *Langue latine*. Il faut ajouter les anciens traités de paix, ou d'alliance, tels que celui dont Denys d'Halicarnasse parle en ces termes : « On voit encore aujourd'hui, dans « le temple de Jupiter-Fidius, que les Romains appellent *Sancus* « le traité de Tarquin avec ceux de Gabies; c'est un bouclier « de bois couvert de la peau du bœuf qui fut immolé, après le « serment d'alliance; et sur cette peau se lisent écrits en carac- « tères anciens, les articles et les conditions du traité. » Polybe traduit littéralement un autre traité des premiers jours de la République, celui que les Romains firent avec les Carthaginois pour des intérêts de commerce, sous le consulat de Junius Brutus et de Marcus Horadius : et il annonce que l'original de ce traité se conserve encore de son temps dans le trésor des édiles, près le temple de Jupiter Capitolin. Tel était le nombre des monuments de cette nature, qu'au rapport de Suétone, dans l'incendie du Capitole, sous Vespasien, trois mille tables d'airain, qui contenaient, presque depuis l'origine de Rome, les sénatus-consultes, les plébiscites, les chartes d'alliance et de concession, furent détruites ou perdues, et que l'empereur à force de soins, en faisant rechercher d'autres exemplaires des mêmes actes, recomposa ces précieuses archives, et, comme dit l'historien, « rétablit ce su-

« perbe et antique mobilier de l'empire. » *Instrumentum imperii pulcherrimum ac vetustissimum.*

A côté de ces monuments ainsi conservés dans les archives publiques de l'État, il faut placer ces lois des Douze Tables, que l'on faisait apprendre de mémoire aux enfants, et que Cicéron commente et discute avec tant de respect. On ne peut douter même qu'il ne se fût conservé des lois plus anciennes, et du siècle des rois : Aulu-Gelle et Servius en ont rapporté de courts fragments ; enfin, Tite-Live cite plusieurs fois les livres écrits sur le lin, *libri lintei*, qui ne pouvaient être autre chose que d'anciennes annales publiques, rédigées dans les premiers temps de la grossièreté romaine. Mémoires contemporains, registres pontificaux, actes civils, lois écrites, traités, inscriptions, il existait donc des documents de diverse nature pour les premiers historiens de Rome ; et on ne peut démentir leurs récits par un pyrrhonisme universel fondé sur la supposition de leur ignorance. — Ces remarques laissent, il est vrai, subsister de grandes difficultés, de grandes invraisemblances dans l'histoire des premiers temps de Rome. Comment concevoir, par exemple, ce calcul chronologique qui remplit une durée de 242 ans par une succession de sept rois électifs, dont trois seraient morts assassinés, et dont le dernier a été chassé du trône fort longtemps, avant sa mort? Cela est bien loin de la supputation de Newton, qui n'admet pour les règnes héréditaires qu'une durée commune et probable de vingt à vingt-deux ans. Comment supposer aussi que Rome ait pu, cent ans après son origine, sous le règne d'Ancus Martius, construire ces étonnants travaux de magnificence et de salubrité, que la République, dans sa puissance, avait peine à réparer, que l'incurie du moyen âge a laissé dépérir, et dont la grandeur fait dire à Montesquieu : « On commençait déjà à bâ- « tir la ville éternelle. » — Tout cela, sans doute, présente un problème fort difficile à résoudre, et que Cicéron n'éclaircit pas. Il faut même avouer que son témoignage augmente plutôt le scepticisme ; car, après avoir beaucoup raisonné sur les Institutions de Romulus et de ses successeurs, il lui échappe de dire

que, « de toute cette époque, on ne sait bien positivement que les
« noms des rois » La sagacité des savants pourra donc, autorisée
par cet aveu, faire de nouvelles conjectures, et supposer, si elle
veut, que Rome étant d'abord une colonie étrusque, reçut dès
l'origine les arts et la civilisation de l'Étrurie ; qu'elle eut, sous
le règne de ses rois, une puissante marine ; qu'elle déchut, dans
la suite. Les érudits pourront enfin deviner et même affirmer
tout ce que Cicéron ne savait pas. Nous nous sommes bornés à
exposer les deux points de vue de la question, persuadés qu'en
matière si obscure, il faut douter de son scepticisme, autant
même que des choses auxquelles on l'applique.

(7) Cicéron, dans le traité *des Lois*, raille beaucoup cette prétendue apparition de Romulus, et la range sur la même ligne que la fable de Borée et d'Orithye. Mais ce qui est remarquable ici, c'est l'induction qu'il tire de cette même fable, et l'opinion qu'il exprime touchant la civilisation des peuples d'Italie. Les Romains, héritiers de la civilisation étrusque, ou de toute autre, étaient-ils en effet un peuple éclairé dès son origine? Cela contredit les notions ordinaires ; mais cela s'accorderait mieux avec ces grands travaux achevés incontestablement, avant la République, et qui semblent n'avoir pu appartenir qu'à une époque de puissance et d'industrie.

(8) Tite-Live, qui est généralement conforme à Cicéron, sur ces premiers faits de l'histoire romaine, rapporte que l'autorité était exercée par une réunion de dix sénateurs, dont un seul avait les faisceaux et les licteurs, et qui se renouvelaient, tous les cinq jours ; il ajoute que cet état provisoire se prolongea pendant une année, et que le peuple, lassé de tant de maîtres, redemanda la royauté.

(9) On ne s'attendra pas, sans doute, à nous voir ici soutenir une thèse contre Scipion ; d'ailleurs, la question est jugée, depuis longtemps ; et il suffit d'ajouter un fait. Depuis tant de siècles, dans l'Europe moderne, une seule monarchie a perdu son exis-

tence et a été rayée du nombre des États indépendants, celle où la royauté fut élective.

(10) A cette belle peinture des institutions de Numa, opposerons-nous le pyrrhonisme de Beaufort, qui, dans son savant ouvrage sur la *République romaine*, doute de l'époque et de la durée du règne de Numa? Remarquons seulement que Cicéron désigne ici formellement les lois de Numa, conservées dans les monuments publics, et qu'il invoque, sur un autre point, le témoignage, ou plutôt le silence des Annales publiques : ce qui du moins semble toujours attester l'existence et l'authenticité de ces Annales. Au reste, les savants pensent que, dans toutes les suppositions, le culte religieux établi par Numa, ne se maintint pas dans sa forme première, et ne ressemblait pas à ce que nous connaissons de la religion des Romains. On sait à ce sujet l'anecdote rapportée par Tite-Live et Pline : vers le septième siècle de la République, un Romain découvrit dans son champ un coffre de pierre renfermant les livres de Numa sur le droit du sacerdoce et sur la philosophie, écrits, quelques-uns en grec, d'autres en latin. Ces livres portés à Rome et lus par le préteur, sur la déclaration de ce magistrat qu'ils étaient en grande partie destructifs de la religion établie, furent, par l'ordre du sénat, brûlés dans la place publique. Montesquieu donne beaucoup d'importance à ce fait dans une dissertation particulière intitulée, *de la politique des Romains dans la Religion;* il y voit une preuve du soin constant des législateurs de Rome pour subordonner le culte religieux aux institutions sociales. Tite-Live, à l'endroit où il raconte l'anecdote curieuse des livres de Numa trouvés dans le coffre de pierre, parle aussi de cette tradition qui faisait Numa contemporain et disciple de Pythagore; et, en ajoutant qu'elle avait été accréditée par l'historien Valérius Antias, il la rejette comme une fable.

(11) « De tous les peuples du monde, le plus fier et le plus
« hardi, mais tout ensemble le plus réglé dans ses conseils, le
« plus constant dans ses maximes, le plus avisé, le plus labo-

« rieux, et enfin le plus patient, a été le peuple romain. De tout
« cela s'est formée la meilleure milice et la politique la plus
« prévoyante, la plus ferme et la plus suivie qui fut jamais. » —
(Bossuet, *Discours sur l'histoire universelle*.)

(¹²) Une lacune interrompt la suite de ce récit, et mutile le sens de la dernière phrase, que la traduction a facilement suppléée. L'éditeur de Rome croit pouvoir intercaler ici un passage cité par saint Augustin, comme appartenant au second livre du traité *de la République*. Voici le sens de ce court fragment, que nous avons rejeté dans les notes, et qui dédommagera fort peu le lecteur des lacunes si fréquentes de notre manuscrit *palimpseste*.

« Ce genre de mort ne fit pas croire cependant que Tullus
« Hostilius eût été reçu parmi les dieux, sans doute parce que
« les Romains ne voulurent pas rabaisser le prix d'une apothéose
« admise pour Romulus, en l'accordant facilement à un autre. »
Ce peu de mots prouve seulement que Cicéron avait rapporté la mort de Tullus Hostilius, comme on la trouve racontée dans Tite-Live. Dirai-je que cette mort, arrivée par un coup de tonnerre, a donné lieu à un savant moderne, à Lévesque, de supposer que Tullus était fort habile, ou du moins fort curieux en électricité, et qu'il avait péri par une opération mal dirigée ?

(¹³) La répétition de cette circonstance, à l'avénement de chacun de ces rois est fort curieuse. Il ne s'agit pas simplement d'y voir la forme plus ou moins limitée, plus ou moins républicaine, que prenait l'autorité de ces rois électifs. Mais ne peut-on pas en conclure qu'il existait, dans les archives romaines, quelques preuves de l'observation de cette formalité singulière, si soigneusement marquée par Cicéron? et dès lors l'histoire des premiers rois de Rome ne pourrait-elle pas paraître plus authentique et mieux attestée qu'on ne le suppose ?

(¹⁴) Ce fait avoué par les historiens romains, qu'un Grec fut le cinquième roi de Rome, a paru favoriser les conjectures des critiques modernes qui ne voient dans Rome qu'une colonie grecque. Mais cette conjecture n'explique rien. Avant ce roi, corinthien d'origine, Rome avait déjà construit de grands ouvrages qui semblent supposer une civilisation florissante. Ancus Martius fit bâtir, disent tous les historiens, le fameux aqueduc appelé de son nom, et qui, pendant plusieurs siècles, suffit pour fournir à Rome, en abondance, une eau plus salutaire que celle du Tibre. Le témoignage de Pline le naturaliste à cet égard est curieux. « De toutes les eaux de l'univers, dit-il, la plus célèbre pour la « fraîcheur et la salubrité, c'est l'eau Martia, illustrée par la re- « connaissance et les louanges de Rome, à laquelle les dieux « l'ont accordée, parmi tant de bienfaits. Elle s'appelait autrefois « Aufeia, et sa source Pitonia. Elle prend naissance dans les mon- « tagnes les plus reculées des Abruzzes. Elle traverse le pays des « Marses, et le lac Ficin, comme si elle voulait gagner Rome. « Bientôt elle se perd dans une caverne, d'où elle sort près de « Tibur, et continue son chemin, sous des voûtes construites dans « une longueur de neuf mille pas. Ancus Martius, un des rois « de Rome, forma le premier l'entreprise de la conduire dans la « ville. Dans la suite, Quintus Martius Rex s'en occupa pendant « sa préture, et Agrippa répara de nouveau ce monument. » *Clarissima aquarum omnium in toto orbe, frigoris salubritatisque palmâ, præconio urbis, Martia est, inter reliqua deûm munera, urbi tributa. Vocabatur hæc quondam Aufeia, fons autem ipse Pitonia. Oritur in ultimis montibus Pelignorum : transit Marsos et Fucinum lacum, Romam non dubie petens. Mox in specus mersa in Tiburtina se aperit, novem millibus passibus, fornicibus structis perducta. Primus eam in urbem ducere auspicatus est Ancus Martius, unus e regibus; postea. Q. Martius Rex in præturâ; rursusque restituit M. Agrippa.* (Plin. *Hist. nat.* lib. XXXI, cap. xxiv.) N'est-il pas assez remarquable qu'il se trouve une conformité de noms entre le roi que Pline suppose le premier fondateur de ce grand ouvrage, et le préteur qui le fit reconstruire, et que cette ressemblance soit encore augmentée par le surnom de *Rex* que portait ce magistrat? Ne peut-on pas en conclure ici quelque méprise de l'orgueil romain, qui se serait plu à reculer la date d'un si précieux monument, pour illustrer à la fois ses antiquités et le monument même? C'est ainsi que le doute peut encore se mêler aux faits en apparence les plus avérés des premiers temps de Rome.

(15) Cicéron laisse de côté la fable ridicule rapportée par Tite-Live, et ne nous dit pas que l'augure Nævius, en preuve de la vérité de son art, ait fait le miracle de couper une pierre avec un rasoir. Pline rapporte que l'on voyait à Rome, de son temps, une statue élevée en l'honneur de cet augure par le roi. C'est une preuve de plus de l'observation souvent faite, que les monuments, même contemporains, ne démontrent nullement la vérité des traditions.

(16) Cicéron va donner d'assez grands détails sur les Institutions établies par Servius. Ces détails, exprimés avec beaucoup d'élégance et de précision, portent sur un point soigneusement exposé par Tite-Live et par Denys d'Halicarnasse. Il semble difficile de douter, d'après le récit circonstancié de ces écrivains, qu'ici l'histoire romaine ne prenne un caractère plus authentique, et que les lois de Servius n'aient, en effet, eu beaucoup d'influence sur la Constitution de la république romaine. Tacite, qui ne ménage pas les fausses traditions des premiers temps de Rome, dit dans ses Annales : « Servius fut principalement créateur de lois auxquelles « devaient obéir même les rois. » *Præcipuus Servius Tullius sanctor legum fuit quis et reges obtemperarent.*

Quoi qu'il en soit de la nature de ces lois, celles qui étaient relatives à la distribution des suffrages subsistèrent, du moins en partie, sous la République; et les changements qu'on y introduisit, l'application plus restreinte ou plus étendue qu'on leur donna, furent les plus grands événements de la politique intérieure de Rome. Ainsi, la substitution du vote par Tribus au vote par Centuries, qu'avait établi Tullus, cette substitution tantôt particelle, tantôt générale, tantôt appliquée à l'élection pour certaines magistratures, tantôt à l'adoption des lois, souvent même au jugement des accusés, fut la révolution à la fois la plus décisive et la plus disputée que Rome éprouva dans sa durée républicaine. Il est donc fort curieux de connaître, d'après Cicéron, le système de ces fameuses centuries.

(17) « Servius Tullius suivit dans la composition de ses clas-
« ses l'esprit de l'aristocratie. Nous voyons dans Tite-Live et
« dans Denys d'Halicarnasse comment il mit le droit de suffrage
« entre les mains des principaux citoyens. Il avait divisé le peuple
« de Rome en cent quatre-vingt-treize centuries, qui formaient six
« classes : et mettant les riches, mais en plus petit nombre, dans
« les premières centuries, les moins riches, mais en plus grand
« nombre, dans les suivantes, il jeta toute la foule des indigents
« dans la dernière ; et chaque centurie n'ayant qu'une voix, c'é-
« taient les moyens et les richesses qui donnaient le suffrage plu-
« tôt que les personnes. » (Montesquieu, *Esprit des Lois*.)

(18) L'allusion intraduisible du texte tient à l'emploi du mot latin *assiduus*, dérivé des deux mots *asses dare*, *donner de l'argent*, et appliquée par Servius à la dénomination des riches.

(19) Une lacune de plusieurs pages interrompt cette analyse des lois de Servius. Là se trouvaient des réflexions sur la monarchie mixte, auxquelles se rattache probablement une phrase conservée par le grammairien Nonius, et qui est comme un extrait de la théorie politique développée dans le premier livre. Voici la traduction de cette phrase : « La meilleure constitution politique est celle qui, mêlant dans une juste mesure les trois principes monarchique, aristocratique et populaire, n'effarouche pas les âmes, en les aigrissant par la punition. » Ces réflexions conduisaient Scipion à parler de Carthage et de Lacédémone.

(20) Le but de ces réflexions, dont la fin manque au manuscrit, était sans doute d'établir l'excellence du Consulat, et de le consi-

dérer comme l'élément le mieux choisi d'un gouvernement mixte. Mais combien Cicéron n'éprouva-t-il pas lui-même, après avoir si glorieusement usé de cette dignité, la faiblesse d'une magistrature passagère, sans cesse usurpée par l'intrigue, vendue par la corruption, envahie par la force, et enfin anéantie par cette terrible dictature, la dernière punition des États où les lois n'ont pas assez conservé de puissance.

([21]) « Le portrait de Tarquin n'a point été flatté; son nom n'a
« échappé à aucun des orateurs qui ont eu à parler contre la ty-
« rannie; mais sa conduite, avant son malheur, que l'on voit
« qu'il prévoyait, sa douceur pour les peuples vaincus, sa libé-
« ralité envers les soldats, cet art qu'il eut d'intéresser tant de
« gens à sa conservation, ses ouvrages publics, son courage à la
« guerre, sa constance dans son malheur, une guerre de vingt
« ans qu'il fit ou qu'il fit faire au peuple romain, sans royaume
« et sans biens, ses continuelles ressources, font bien voir que ce
« n'était pas un homme ordinaire.

« Les places que la postérité donne sont sujettes, comme les
« autres, aux caprices de la fortune. Malheur à la réputation de
« tout prince qui est opprimé par un parti qui devient le domi-
« nant, ou qui a tenté de détruire un préjugé qui lui survit! »
(*Grandeur et décadence des Romains.*)

Cette hypothèse ingénieuse, et brillamment exprimée, est tout à fait démentie par le passage de Cicéron. Appréciateur impartial de la royauté, il semble ici, comme il l'a fait d'ailleurs dans le traité *des Lois*, imputer aux crimes réels de Tarquin, et non à la nature de l'ancien gouvernement de Rome, la haine des Romains pour la monarchie. La même idée se retrouve plus d'une fois dans Tite-Live; mais elle est plus remarquable dans Cicéron, qui n'écrivait pas sous l'empire des Césars, et qui serait mort pour le combattre.

([22]) Cicéron disait au peuple romain, dans son beau discours contre la loi agraire : « Je conserve chèrement la mémoire des
« Gracques, de ces deux illustres frères qui sacrifièrent leur vie

« pour faire restituer au peuple les terres que des particuliers
« avaient envahies. » Mais il fait parler ici le grand Scipion, l'adversaire des Gracques ; et d'ailleurs lui-même, par le plan de son ouvrage, sans excuser l'odieux assassinat de Tibérius et de Caïus, devait réprouver en eux le génie des premiers novateurs qui portèrent atteinte à la vieille Constitution romaine. Il est bien à regretter qu'une lacune interrompe ce passage.

(23) Plusieurs pages manquent ici, et nous font perdre ce portrait du sage et vertueux souverain, que Cicéron avait sans doute tracé avec des couleurs dignes du pinceau de Fénelon.

(24) Montesquieu, dans le livre XI de l'*Esprit des Lois*, fait un beau chapitre sur l'état de Rome après l'expulsion des rois ; et quelques-unes de ses réflexions rentrent dans ce que Cicéron exprime ici : « La situation des choses, dit Montesquieu, deman-
« dait que Rome fût une démocratie ; et cependant elle ne l'était
« pas : il fallut tempérer le pouvoir des principaux, et que les
« grands inclinassent vers la démocratie. »

(25) « A Athènes et à Rome, il fut d'abord permis de vendre les
« débiteurs qui n'étaient pas en état de payer. Solon corrigea
« cet usage, à Athènes : il ordonna que personne ne serait obligé
« par corps pour dettes civiles, etc. Ces lois cruelles contre les
« débiteurs mirent bien des fois en danger la République ro-
« maine. Un homme couvert de plaies s'échappa de la maison de
« son créancier, et parut dans la place. Le peuple s'émut à ce
« spectacle. D'autres citoyens, que leurs créanciers n'osaient
« plus retenir, sortirent de leurs cachots. On leur fit des pro-
« messes ; on y manqua : le peuple se retira sur le mont Sacré.
« Il n'obtint pas l'abrogation de ces lois ; mais un magistrat pour
« le défendre. On sortait de l'anarchie ; on pensa tomber dans
« la tyrannie. » (Montesquieu, *Esprit des Lois*, liv. XI.)

(26) « Le spectacle de la mort de Virginie, immolée par son
« père à la Pudeur et à la Liberté, fit évanouir la puissance des

« décemvirs. Chacun se trouva libre, parce que chacun fut of-
« fensé. Tout le monde devint citoyen, parce que tout le monde
« se trouva père. Le sénat et le peuple rentrèrent dans une li-
« berté qui avait été confiée à des tyrans ridicules. Le peuple
« romain, plus qu'aucun autre, s'émouvait par des spectacles.
« Celui du corps sanglant de Lucrèce fit finir la royauté. Le dé-
« biteur qui parut sur la place, couvert de plaies, fit changer la
« forme de la République. La vue de Virginie fit chasser les dé-
« cemvirs. Pour condamner Manlius, il fallut ôter au peuple la
« vue du Capitole. La robe sanglante de César remit Rome dans
« la servitude. » (Montesquieu, *Esprit des Lois*, liv. XI.)

(27) Ici commence une longue lacune. M. Mai, dans sa note latine, fait une description, pour ainsi dire pathologique, de l'état
du manuscrit en cet endroit. Il énumère les cahiers et les pages
perdues; il additionne ces désastres littéraires; il conjecture, par
des calculs arithmétiques, dans quelle proportion se trouve mutilé ce second livre, et quelle était son étendue primitive. Respectable sollicitude, qui, indépendamment de tant d'autres preuves incontestables, attesterait, s'il était besoin, la probité littéraire, que M. Mai a portée dans cette importante publication! Au
reste, en adoptant les soigneuses et tristes évaluations de l'éditeur sur le vide que présente ici le manuscrit, nous n'essayerons
nullement d'y suppléer. On voit seulement que Scipion, après
être entré sans doute dans des réflexions générales et métaphy-
siques sur l'origine et la nature du pouvoir, et après en avoir
cherché le modèle dans l'ordonnance même de l'univers, était
conduit à dessiner le portrait particulier du politique, ou de
l'homme d'État, sujet que Cicéron traite avec une orgueilleuse
complaisance, et auquel il revenait encore dans le sixième livre
de ces mêmes dialogues.

(28) Ici nouvelle interruption, dont l'éditeur n'essaye pas de
mesurer l'étendue. Il se console un peu, en recueillant quelques
phrases éparses dans les grammairiens, et qui appartenaient sans
doute à cette portion perdue du deuxième livre. Dans l'une de ces

phrases, Cicéron compare l'homme d'État imprudent à l'écuyer malhabile qui, renversé du char, est froissé, meurtri, déchiré. Dans une autre phrase, traduite par Lactance, cette même comparaison reçoit un développement plus étendu. « Les passions, disait « Cicéron, ressemblent à un char attelé. Pour le bien diriger, le « premier devoir du conducteur est de connaître le chemin : s'il « le suit une fois, quelle que soit la rapidité de sa course, il ne « heurtera pas ; mais s'il est égaré, marchât-il avec lenteur et « précaution, il se débattra sur des terrains impraticables, il « s'abîmera dans les précipices, ou du moins il se détournera « vers des lieux, où il n'a que faire. »

Les autres fragments de citations rapportés au bas du texte ne sont, pour ainsi dire, que des exemples de locutions latines, et n'offrent aucun sens complet et satisfaisant. L'ensemble de ces faibles débris peut indiquer seulement que Scipion discutait sur les devoirs, les passions, les vertus de l'homme d'État.

(29) Cette belle comparaison nous avait déjà été conservée par saint Augustin ; et Montesquieu l'a même imitée. « Ce que l'on « appelle union, dans un corps politique, dit-il, est une chose « fort équivoque. La vraie est une union d'harmonie qui fait que « toutes les parties, quelque opposées qu'elles nous paraissent, « concourent au bien général, comme des dissonances, dans la « musique, qui concourent à l'accord total. » (*Grandeur et décadence des Romains*, chap. X.)

(30) Saint Augustin nous apprend à peu près, quoique d'une manière infiniment abrégée, ce que pouvait renfermer le passage qui manque ici. « Lorsque, dit-il, Scipion eut exposé, avec beau- « coup d'abondance et d'étendue, combien la justice était profi- « table aux États, et l'absence de ce principe leur était funeste, « Philus, un des auditeurs, prit la parole, et demanda que ce « point fût discuté plus exactement, et que l'on ajoutât de nou- « velles raisons en faveur de la justice, à cause de l'opinion fort « répandue, qui consiste à croire que l'on ne peut gouverner sans

« le secours de l'injustice. » Cette assertion était probablement combattue; et Scipion, comme nous le voyons dans notre texte mutilé, reprenait la parole, pour appuyer le démenti d'une maxime si funeste, en attendant qu'elle fût détruite par une discussion approfondie, que l'on réserve pour l'entretien suivant.

ANALYSE

DU TROISIÈME LIVRE

Tirée de la *Cité de Dieu,* liv. II, ch. 21.

Dans le troisième livre, la question est fort vivement discutée. Philus s'est chargé de soutenir la thèse de ceux qui pensaient que l'on ne peut gouverner sans le secours de l'injustice. Il se défend de partager lui-même cette opinion; mais il plaide soigneusement pour l'injustice contre la justice, s'efforçant, par des exemples et des arguments spécieux, de montrer la première comme aussi utile aux États que l'autre leur est dommageable. Alors Lælius, à la prière de tout le monde, entreprit de défendre la justice, et soutint de toutes ses forces, que rien n'était si mortel aux États que l'injustice, et qu'il n'y avait pour les États ni gouvernement ni existence possible, sans une

In tertio libro magnâ conflictatione res acta est. Suscepit enim Philus ipse disputationem eorum qui sentirent sine injustitiâ regi non posse rem publicam, purgans se præcipue, ne hoc ipse sentire crederetur : egitque sedulo pro injustitiâ contra justitiam, ut hanc esse utilem rei publicæ, illam vero inutilem, veri similibus rationibus et exemplis velut conaretur ostendere. Tum Lælius, rogantibus omnibus, justitiam defendere adgressusset, adseruitque, quantum potuit, nihil tam inimicum, quàm injustitiam civitati, nec omnino nisi magnâ justitiâ geri aut stare posse rem publicam. Quâ quæstione, quantum satis visum, est pertrac-

suprême justice. Ce point suffisamment débattu, Scipion revient à la discussion principale; et il reproduit et fait valoir la courte définition qu'il avait donnée de la République, en l'appelant la chose du peuple, et en désignant par ce mot de peuple, non pas toute agrégation, mais celle-là seulement qui est liée par l'adoption du même droit et la communauté des mêmes intérêts. Il rappelle ensuite combien les définitions sont importantes dans tout débat ; et il conclut de celles qu'il avait établies, qu'il existe réellement une chose publique, c'est-à-dire une chose du peuple, toutes les fois qu'elle est régie avec sagesse et justice, ou par un roi, ou par un petit nombre de grands, ou par l'universalité du peuple. Mais que le roi soit injuste, supposition, dans laquelle il l'appelait tyran, ou les grands injustes, ce qui de leur union fait une faction, ou le peuple injuste, ce qui ne laisse plus d'autre nom à lui donner que le nom même de tyran : alors, disait-il, non-seulement la république est corrompue, comme on le soutenait hier, mais, comme le démontre un argument qui sort de nos définitions précédentes, elle a cessé d'être ; car elle ne

---

tatâ, Scipio ad intermissa revertitur, recolitque suam atque commendat brevem rei publicæ definitionem, quâ dixerat eam esse rem populi : populum autem non omnem cœtum multitudinis, sed cœtum juris consensu et utilitatis communione sociatum esse determinat. Docet deinde, quanta sit in disputando definitionis utilitas : atque ex illis suis definitionibus colligit, tunc esse rem publicam, id est rem populi, cùm bene ac juste geritur, sive ab uno rege, sive a paucis optimatibus, sive ab universo populo. Cùm vero injustus est rex, quem tyrannum, more græco, appellavit; aut injusti optimates, quorum consensum dixit esse factionem ; aut injustus ipse populus, cui nomen usitatum non reperit, nisi ut etiam ipsum tyrannum vocaret ; non jam vitiosam, sicut pridie fuerat disputatum, sed, sicut ratio ex illis definitionibus connexa docuisset, omnino nullam esse rem publicam : quo-

serait plus la chose du peuple, lorsqu'un tyran ou une faction la maîtriserait ; et le peuple lui-même ne serait plus un peuple, s'il était injuste, puisqu'il ne serait plus une multitude réunie par l'adoption du même droit et la communauté des mêmes intérêts, suivant notre définition du peuple.

niam non esset res populi, cùm tyrannus eam factiove capesseret ; nec ipse populus, jam populus esset, si esset injustus, quoniam non esset multitudo juris consensu et utilitatis communione sociata, sicut populus fuerat definitus.

LIVRE TROISIÈME.

1.......(¹). L'homme ne faisait d'abord entendre d'une voix bruyante que des sons confus et imparfaits. L'intelligence lui apprit à séparer, à varier les articulations; elle attacha des mots aux choses, pour en être comme le signe; et, par ce doux commerce du langage, elle réunit les hommes auparavant isolés. Grâce à cette même intelligence, les inflexions de la voix, qui semblaient innombrables, furent toutes exprimées et notées par un petit nombre de caractères convenus, propres à nous faire converser avec les absents, et à fixer l'expression des volontés de notre âme, et les monuments du passé. Vint ensuite l'usage des nombres, chose si nécessaire à la vie, et de plus, seule chose immuable et éternelle. Cette science nous conduisit à lever les yeux au ciel, et à ne pas voir indifféremment

---

1. . . . . Et vehiculis tarditati : eademque cùm accepisset homines inconditis vocibus inchoatum quiddam et confusum sonantes, incidit has et distinxit in partes; et ut signa quædam, sic verba rebus impressit, hominesque antea dissociatos jucundissimo inter se sermonis vinculo colligavit. A simili etiam mente, vocis qui videbantur infiniti soni, paucis notis inventis, sunt omnes signati et expressi, quibus et colloquia cum absentibus et indicia voluntatum, et monumenta rerum præteritarum tenerentur. Accessit eò numerus, res cùm ad vitam necessaria, tum una immutabilis et æterna · quæ prima impulit etiam ut suspi-

la marche des astres et le partage des jours et des nuits.

. . . .

II..... Alors il y eut des hommes, dont les âmes s'élevèrent plus haut, et exécutèrent ou conçurent quelque chose digne du bienfait, qu'elles avaient reçu des dieux. Aussi, que ceux qui nous ont laissé de profonds raisonnements sur la conduite de la vie humaine passent pour de grands hommes, comme ils le sont en effet ; qu'on les nomme savants ; qu'ils restent les précepteurs de la vérité et de la vertu ; j'y consens, si l'on reconnaît que l'art social et le gouvernement des peuples, soit dans la première application qu'en firent des hommes jetés au milieu des diverses sociétés humaines, soit dans les spéculations qu'il a fournies aux loisirs et à l'éloquence de ces mêmes philosophes, est une science qu'on ne doit nullement dédaigner, science qui dans les génies heureux fait éclore, comme on l'a vu souvent, une puissance incroyable et presque divine. Et, lorsqu'à ces hautes facultés de l'âme, reçues de la nature et développées par les institutions sociales, on a su joindre une riche variété d'études et de connais-

---

ceremus in cœlum, nec frustra siderum motus intueremur, dinumerationibusque noctium ac dierum. . . . .
. . . .
II. . . . . quorum animi altius se extulerunt, et aliquid dignum dono, ut ante dixi, deorum aut efficere, aut excogitare potuerunt. Quare sint nobis isti, qui de ratione vivendi disserunt, magni homines, ut sunt; sint eruditi; sint veritatis et virtutis magistri : dummodo sit hæc quædam, sive a viris in rerum publicarum varietate versatis inventa, sive etiam in istorum otio ac litteris tractata res, sicut est, minime quidem

sances, comme les personnages que j'introduis dans cet entretien, nul ne refusera d'avouer la supériorité de tels hommes sur tous les autres. Que peut-il en effet y avoir de plus admirable que la pratique et l'habitude des grandes choses unies au goût et à la connaissance de ces arts ingénieux? Et que peut-on imaginer de plus parfait qu'un Scipion, un Lælius, un Philus, qui, pour ne rien négliger de ce qui compose la gloire du grand homme, joignirent aux exemples de nos aïeux et aux traditions domestiques les leçons étrangères venues de Socrate! Aussi, avoir su et voulu ces deux choses, s'être appuyé à la fois sur nos antiques mœurs et sur la philosophie, c'est, à mes yeux, avoir fait tout ce qui peut conduire à la gloire. Mais, s'il fallait choisir entre ces deux voies de la sagesse, bien que l'on puisse trouver plus heureuse cette vie tranquille passée dans l'étude et les lettres, la vie des affaires, la vie civique

contemnenda, ratio civilis et disciplina populorum, quæ perficit in bonis ingeniis, id quod jam persæpe perfecit, ut incredibilis quædam et divina virtus exsisteret. Quòd si quis ad ea instrumenta animi, quæ naturâ, quæque civilibus institutis habuit, adjungendam sibi etiam doctrinam, et uberiorem rerum cognitionem putavit, ut ii ipsi qui in horum librorum disputatione versantur, nemo est, quin eos anteferre omnibus debeat. Quid enim potest esse præclarius, quàm cùm rerum magnarum tractatio atque usus cum illarum artium studiis et cognitione conjungitur? Aut quid P. Scipione, quid C. Lælio, quid L. Philo perfectius cogitari potest? qui, ne quid prætermitterent, quod ad summam laudem clarorum virorum pertineret, ad domesticorum majorumque morem etiam hanc a Socrate adventitiam doctrinam adhibuerunt. Quare qui utrumque voluit et potuit, id est, ut cùm majorum institutis, tum doctrinâ se instrueret, ad laudem hunc omnia consecutum puto. Sin aliter sit utra via prudentiæ deli-

est certainement plus estimable et plus éclatante. C'est la vie où se sont illustrés de grands hommes, comme Curius,

Que le fer et que l'or trouvèrent invincible.

. . . . , ...

III..... Il y avait cette différence entre ces deux classes de grands hommes que, chez les premiers, le développement des principes naturels était l'ouvrage de l'éloquence et de l'étude, chez les autres, celui des Institutions et des lois. Notre patrie a produit à elle seule un grand nombre, je ne dirai pas de sages (puisque la philosophie est si avare de ce nom), mais d'hommes au moins qui méritent une louange immortelle, pour avoir mis en pratique les leçons et les découvertes des sages. Et si vous considérez qu'il existe et qu'il a existé beaucoup d'empires dignes de gloire; si vous songez que, dans l'univers, la plus grande œuvre

---

genda, tamen etiam si cui videbitur illa in optimis studiis et artibus quieta vitæ ratio beatior, hæc civilis laudabilior est certe, et illustrior : ex quâ vitâ sic summi viri ornantur, ut vel M' Curius,

Quem nemo ferro potuit superare, nec auro ;

vel . . . .
III. . . . . fuisse sapientiam : tamen hoc in ratione utriusque generis interfuit, quòd illi verbis et artibus aluerunt naturæ principia, hi autem institutis et legibus. Plures vero hæc tulit una civitas, si minus sapientes, quoniam id nomen illi tam restricte tenent, at certe summâ laude dignos, quoniam sapientium præcepta et inventa coluerunt. Atque etiam, quòd et sunt laudandæ civitates et fuerunt, quoniam id est in rerum naturâ longe maximi consilii, constituere eam rem publicam, quæ possit esse diuturna ; si singulos numeremus in singulas, quanta jam reperiatur virorum excellentium multitudo? Quòd si aut Italiæ La-

du génie est de constituer une société qui puisse être durable, voyez, à ne compter qu'un législateur par chaque empire, quelle foule de grands hommes vous apparaîtra ! Si nous jetons en effet nos regards, dans l'Italie, sur le Latium, sur le peuple sabin, sur les Volsques, sur les Samnites, sur l'Étrurie, si nous examinons la grande Grèce, si nous passons ensuite aux Assyriens, aux Perses, aux Carthaginois, combien de législateurs, combien de fondateurs d'empires ([2]) ! . . . . .
. . . .

IV...... ([3]). Philus dit alors : Vous me renvoyez là une belle cause : vous voulez que j'entreprenne de plaider pour le vice. Probablement, reprit Lælius, vous avez à craindre, en reproduisant les objections ordinaires alléguées contre la justice, de paraître exprimer vos propres sentiments, vous, Philus, qui passez pour le premier modèle de la bonne foi et de la probité antiques, vous à qui on connaît d'ailleurs cette pratique habituelle de discuter une question dans les deux sens, persuadé que c'est la voie la plus facile, pour découvrir la vérité ? Hé bien ! dit Philus, je vous

---

tium, aut ejusdem sabinam aut volscam gentem, si Samnium, si Etruriam, si magnam illam Græciam collustrare animo voluerimus; si deinde Assyrios, si Persas, si Pœnos, si hæc. . . . . .
IV. . . . . advocati. — Et Philus : Præclaram vero causam ad me defertis, cùm me improbitatis patrocinium suscipere vultis. — Atqui id tibi, inquit Lælius, verendum est, si ea dixeris, quæ contra justitiam dici solent, ne sic etiam sentire videare, cùm et ipse sis quasi unicum exemplum antiquæ probitatis et fidei, neque sit ignota consuetudo tua contrarias in partes disserendi, quòd ita facillime verum inveniri putes? — Et Philus : Eia vero, inquit, geram morem vobis, et me oblinam sciens ; quod quoniam qui

obéirai; je vais me salir, en connaissance de cause. On ne refuse pas de le faire, pour trouver de l'or : ainsi, nous qui cherchons la justice, chose plus précieuse que l'or, nous devons braver toute répugnance. Que ne puis-je du moins, en empruntant les discours d'un autre, emprunter aussi son organe! Mais il faut que ce soit aujourd'hui moi, Philus, qui répète ce que disait Carnéade, un Grec, un homme accoutumé à exprimer tout ce qu'il lui plaisait . . . .

Je ne parlerai donc pas, pour énoncer mes propres sentiments, mais pour vous donner occasion de réfuter Carnéade, qui, par les perfidies de son art, savait ruiner les meilleures causes.

V..... Aristote a traité la question de la justice, et en a rempli quatre livres assez étendus. Quant à Chrysippe, je n'en ai rien attendu de grand et d'élevé : il traite cette question à sa manière, en pesant tout au poids des mots, et non à celui des choses; mais, il était digne des héros de la philosophie de relever par leurs efforts une vertu qui, pour peu qu'elle existe, est surtout bienfaisante et libérale, qui préfère tous les

aurum quærunt non putant sibi recusandum, nos cùm justitiam quæramus, rem multò omni auro cariorem, nullam profectò molestiam fugere debemus. Atque utinam quemadmodum oratione sum usurus alienâ, sic mihi ore uti liceret alieno! Nunc ea dicenda sunt L. Furio Philo, quæ Carneades, græcus homo et consuetus, quod commodum esset, verbis. . . . .
. . . .
Neque ego hercle ex meâ animi sententiâ loquar, sed ut Carneadi respondeatis, qui sæpe optimas causas ingenii calumniâ ludificari solet.

V. . . . . et reperiret et tueretur; alter autem de ipsâ justitiâ

autres à soi, qui vit pour eux, plutôt que pour elle-
même : il était digne de ces grands hommes de la faire
asseoir sur un trône immortel, non loin de la sagesse.
Et certes, à cet égard, l'intention ne leur a pas manqué. Quel autre motif en effet ont-ils eu d'écrire? quel
autre but, en écrivant? Le génie ne leur a pas manqué
non plus : ils l'emportaient par là sur le reste des hommes. Mais le vice de leur cause a été plus fort que leur
volonté et que leur éloquence. En effet, ce *droit*, sur
lequel nous raisonnons, peut bien exister, en tant que
droit civil; mais pour le droit naturel, il n'y en a point.
S'il y en avait, le juste(¹) et l'injuste seraient les mêmes
pour tout le monde, comme le chaud et le froid, comme
le doux et l'amer.

VI. Maintenant, si quelqu'un, porté sur ce char aux
serpents ailés, dont parle le poëte Pacuvius, pouvait
planer sur les nations et les villes diverses, et les par-
courir de ses regards, il verrait d'abord chez ce peu-

quatuor implevit sane grandes libros. Nam ab Chrysippo nihil
magnum nec magnificum desideravi, qui suo quodam more loquitur, ut omnia verborum momentis, non rerum ponderibus,
examinet. Illorum fuit heroum eam virtutem, quæ est una, si
modo est, maxime munifica et liberalis, et quæ omnes magis,
quàm se ipsa diligit, aliis nata potius, quàm sibi, excitare jacentem,
et in illo divino solio non longe a sapientiâ collocare. Nec vero
illis aut voluntas defuit; quæ enim iis scribendi alia causa, aut
quod omnino consilium fuit? aut ingenium, quo omnibus præ-
stiterunt? Sed eorum et voluntatem et copiam causa vicit. Jus
enim, de quo quærimus, civile est aliquod, naturale nullum : nam
si esset, ut calida et frigida, et amara et dulcia, sic essent justa
et injusta eadem omnibus.

VI. Nunc autem, si quis illo pacuviano invehens alitum an-
guium curru, multas et varias gentes et urbes despicere, et oculis

ple immuable de l'Égypte, qui conserve dans ses archives la mémoire de tant de siècles et d'événements, un bœuf adoré comme dieu, sous le nom d'Apis, et une foule d'autres monstres et d'animaux de toute espèce admis au nombre des dieux. Il verrait dans la Grèce, comme parmi nous, des temples magnifiques consacrés à des idoles d'une forme humaine. Les Perses, d'autre part, regardèrent ces monuments comme impies : et le seul motif de Xerxès, dit-on, pour ordonner l'incendie des temples d'Athènes, fut la croyance qu'il y avait sacrilége à tenir enfermés entre des murailles les dieux, dont cet univers entier est la demeure. Plus tard, Philippe, dans ses projets de guerre contre les Perses, et Alexandre, dans son expédition, alléguaient pour prétexte le besoin de venger les temples de la Grèce ; et les Grecs avaient même eu soin de ne pas les rétablir, afin que, aux yeux de la postérité, il subsistât du crime des Perses un avertissement éternel.

collustrare possit; videat primum in illâ incorruptâ maxime gente Ægyptiorum, quæ plurimorum sæculorum et eventorum memoriam litteris continet, bovem quemdam putari deum, quem Apim Ægyptii nominent ; multaque alia portenta apud eosdem, et cujusque generis belluas numero consecratas deorum. Deinde Græciæ, sicut apud nos, delubra magnifica humanis consecrata simulacris, quæ Persæ nefaria putaverunt : eamque unam ob causam Xerxes inflammari Atheniensium fana jussisse dicitur, quòd deos, quorum domus esset omnis hic mundus, inclusos parietibus contineri nefas esse duceret. Pòst autem cum Persis et Philippus qui cogitavit, et Alexander qui gessit, hanc bellandi causam inferebat, quòd vellet Græciæ fana punire : quæ ne reficienda quidem Graii putaverunt, ut esset posteris ante os documentum Persarum sceleris sempiternum. Quàm multi ut Tauri in Axino, ut rex Ægypti Busiris, ut Galli, ut Pœni, homines immo-

Que d'hommes, tels que les habitants de la Tauride, tels que le roi d'Égypte, Busiris, tels que les Gaulois, les Carthaginois, ont cru qu'il était pieux et agréable aux dieux d'immoler des hommes ! Voyez d'ailleurs quelle diversité dans les maximes des peuples : les Crétois et les Étoliens regardent le brigandage comme honorable : les Lacédémoniens disaient familièrement que leur territoire s'étendait à tous les lieux où pouvait toucher le fer de leur lance. Les Athéniens avaient coutume de déclarer par un serment public, qu'à eux seuls appartenaient toutes les terres produisant des olives et du blé. Les Gaulois trouvent honteux de se procurer du blé par le travail. Aussi vont-ils, les armes à la main, couper la moisson sur les champs d'autrui. Et nous, le plus équitable des peuples, afin de hausser la valeur de nos vins et de nos olives, nous ne souffrons pas que les peuples d'au delà des Alpes fassent des plants de vignes et d'oliviers. En cela, on dit que nous agissons avec prudence ; mais non pas que nous agissons avec justice. Vous voyez donc que la sagesse est autre chose que l'équité. Lycurgue, ce créateur des lois

---

lare et pium et diis immortalibus gratissimum esse duxerunt ! Vitæ vero instituta sic distant, ut Cretes et Ætoli latrocinari honestum putent, Lacædemonii suos omnes agros esse dictitarent, quos spiculo possent attingere. Athenienses jurare etiam publice solebant, omnem suam esse terram, quæ oleam frugesve ferret. Galli turpe esse ducunt frumentum manu quærere; itaque armati alienos agros demetunt. Nos vero justissimi homines, qui transalpinas gentes oleam et vitem serere non sinimus, quò pluris sint nostra oliveta nostræque vineæ : quod cùm faciamus, prudenter facere dicimur, juste non dicimur ; ut intelligatis, discrepare ab æquitate sapientiam. Lycurgus autem ille legum opti-

les plus sages et du droit le plus équitable, donnait les champs des riches à cultiver au peuple réduit en servitude.

VII. Si je voulais décrire les divers genres de lois, d'institutions, de mœurs, de coutumes, non-seulement dans leur variété, de nation à nation, mais considérés dans une seule ville, dans Rome, je trouverais qu'ils ont changé mille fois. Par exemple, cet interprète des lois que nous avons ici, Manilius, consulté relativement aux legs et aux héritages des femmes, vous répondrait aujourd'hui par un droit tout différent de celui qu'il avait coutume d'exposer dans sa jeunesse, avant la promulgation de la loi Voconia, loi qui, rendue dans l'intérêt des hommes, est pleine d'injustice à l'égard des femmes. Pourquoi, en effet, une femme ne pourrait-elle posséder ? Pourquoi une vestale peut-elle instituer héritier ? une mère ne le peut-elle pas? Pourquoi, en admettant qu'il eût fallu mettre des bornes à la richesse des femmes, la fille de Crassus, si elle était fille unique, pourrait-elle avoir des millions, sans blesser la loi, tandis

---

marum et æquissimi juris inventor, agros locupletium plebi, ut servitio, colendos dedit.

VII. Genera vero si velim juris, institutorum, morum consuetudinumque describere, non modo in tot gentibus varia, sed in unâ urbe, vel in hâc ipsâ, millies mutata demonstrem : ut hic juris noster interpres alia nunc Manilius jura dicat esse de mulierum legatis et hereditatibus, alia solitus sit adolescens dicere, nondum voconiâ lege latâ : quæ quidem ipsa lex, utilitatis virorum gratiâ rogata, in mulieres plena est injuriæ. Cur enim pecuniam non habeat mulier? cur virgini vestali sit heres, non sit matri suæ? Cur autem, si pecuniæ modus statuendus fuit feminis, P. Crassi filia posset habere, si unica patri esset, æris millies,

que la mienne ne pourrait pas recueillir sa part d'un modique héritage?. . . . .

VIII...... Si la justice était naturelle et innée, tous les hommes admettraient le même droit; et les mêmes hommes ne se feraient pas un droit divers, en différents temps. S'il est d'un homme juste, s'il est d'un homme vertueux d'obéir aux lois, à quelles lois, je le demande, doit-il obéir? Serait-ce à toutes indifféremment? Mais la vertu n'admet pas cette inconstance; une telle variété n'est pas compatible avec la nature; et les lois s'appuient sur la sanction de la peine, et non sur l'assentiment de notre justice. Le droit n'a donc pas de base naturelle; d'où il suit qu'il n'y a pas d'homme juste par nature. Dira-t-on que la variété existe dans les lois; mais que les hommes vertueux par nature suivent ce qui est vraiment la justice, et non ce qu'on prend pour elle; que le caractère de l'homme vertueux et juste est de rendre à chacun ce qui lui est dû? Je vous réponds alors : Que devons-nous rendre aux animaux? car je ne dis pas de médiocres esprits, mais de grands,

---

salvâ lege; mea tricies non posset . . . .
. . . .
VIII. . . . . sanxisset jura nobis, et omnes iisdem, et iidem non aliàs aliis uterentur. Quæro autem, si justi hominis, et si boni est viri parere legibus; quibus? an quæcumque erunt? At nec inconstantiam virtus recipit, nec varietatem natura patitur; legesque pœnâ, non justitiâ nostrâ, comprobantur. Nihil habet igitur naturale jus : ex quo illud efficitur, ne justos quidem esse naturâ. An vero in legibus varietatem esse dicunt; naturâ autem viros bonos eam justitiam sequi, quæ sit, non eam quæ putetur? esse enim hoc boni viri et justi, tribuere id cuique, quod sit quoque dignum. Ecquid ergo primum mutis tribuemus belluis?

de savants hommes, Pythagore et Empédocle, déclarent que toutes les espèces vivantes ont droit à la même justice. Ils s'écrient, que des peines, que des tourments inexpiables sont réservés à ceux qui ont attenté sur un être animé. C'est donc un crime de nuire à un animal.

. . . .

Alexandre demandait à un pirate par quel attentat il osait infester la mer avec un misérable brigantin. Par le même droit, dit-il, qui vous fait ravager le monde ([5]).

. . . .

IX...... La prudence humaine nous dit d'augmenter notre puissance, nos richesses, d'agrandir notre territoire. Cet Alexandre, ce grand général, qui étendit son empire dans l'Asie, comment aurait-il pu, sans l'envahissement du bien d'autrui, commander au loin, jouir des plus grandes voluptés, être puissant, maître, dominateur? Mais la justice nous ordonne au contraire d'épargner tout le monde, de ménager l'intérêt du genre humain, de rendre à chacun ce qui lui est dû, de ne point toucher aux choses sacrées, aux propriétés pu-

---

non enim mediocres viri, sed maximi et docti, Pythagoras et Empedocles, unam omnium animantium conditionem juris esse denunciant; clamantque, inexpiabiles pœnas impendere iis a quibus violatum sit animal. Scelus est igitur nocere bestiæ; quod scelus qui velit. . . . .
Nam cùm quæreretur ex eo, quo scelere impulsus mare haberet infestum uno myoparone; eodem, inquit, quo tu orbem terræ. .
. . . .
IX. . . . . omnibus *quæritote*. Sapientia jubet augere opes, amplificare divitias, proferre fines. Unde enim *potuisset* (Alexander) summus *ille* imperator, *qui* in Asiâ olim (armis) fines imperii propagavit, nisi aliquid de alieno accessisset, imperare, quàm

bliques, aux biens des particuliers. Qu'arrive-t-il donc? Si vous écoutez la prudence, les richesses, les grandeurs, la puissance, les honneurs, l'autorité, l'empire, deviennent le partage des individus et des peuples. Comme nous traitons de la République, les exemples d'intérêt public auront plus d'éclat; et comme le principe du droit est le même dans les deux cas, je pense qu'il vaut mieux citer en exemple la politique d'un peuple. Je laisse de côté les autres nations. Notre peuple romain, que Scipion, dans son discours d'hier, a suivi dès le berceau, et dont l'empire embrasse aujourd'hui l'univers, est-ce par la justice, ou par la politique que, du moindre de tous les peuples, il est devenu le peuple-roi? (⁶). . . . .

X...... Tous ceux qui ont usurpé le droit de vie et de mort sur le peuple sont des tyrans; mais ils aiment mieux se faire appeler du nom de roi, réservé à Jupiter très-bon. Lorsque certains hommes, à la faveur de la richesse, de la naissance, ou de toute autre force, en-

---

plurimis frui voluptatibus, pollere, regnare, dominari? Justitia autem præcipit parcere omnibus, consulere generi hominum, suum cuique reddere, sacra, publica, (aliena) non (tangere). Quid igitur efficitur? Si sapientiæ pareas, divitiæ, potestates, opes, honores, imperia, regna, vel privatis vel populis. Sed quoniam de re publicâ loquimur, sunt illustriora, quæ publice fiunt: quoniamque eadem est ratio juris in utroque, de populi sapientiâ dicendum puto. Et jam omittam alios. Noster hic populus, quem Africanus hesterno sermone a stirpe repetivit, cujus imperio jam orbis terræ tenetur, justitiâ an sapientiâ est e minimo omnium? . . . .

X..... Sunt enim omnes, qui in populum vitæ necisque potestatem habent, tyranni; sed se Jovis optimi nomine malunt reges

vahissent la chose publique, c'est une faction; mais on les appelle les grands. Si le peuple prédomine et régit toute chose, à sa volonté, on nomme liberté cet état, qui n'est réellement que licence. Lorsqu'on se redoute l'un l'autre, homme contre homme, classe contre classe, alors, par la défiance que chacun a de soi-même, il se fait une espèce de traité entre le peuple et les grands : de là sort ce genre mixte de gouvernement, que Scipion admirait. Ainsi la justice est fille, non de la nature, ni de la volonté, mais seulement de la faiblesse humaine. Lorsqu'il faut choisir de trois choses, ou de faire l'injustice, sans la souffrir, ou de la faire et de la souffrir, ou d'éviter l'un et l'autre, le meilleur lot, sans doute, c'est de faire l'injustice impunément, si vous pouvez; le second, de ne la point faire, et de ne la point souffrir; et le plus misérable lot, de guerroyer éternellement entre le mal qu'on fait et celui qu'on reçoit ([7]) . . . .
. . . .

vocari. Cùm autem certi propter divitias, aut genus, aut aliquas opes, rem publicam teneant, est factio; sed vocantur illi optimates. Si vero populus plurimum potest, omniaque ejus arbitrio reguntur, dicitur illa libertas, est vero licentia. Sed cùm alius alium timet, et homo hominem, et ordo ordinem ; tum, quia sibi nemo confidit, quasi pactio fit inter populum et potentes : ex quo exsistit id, quod Scipio laudabat, conjunctum civitatis genus. Etenim justitiæ non natura, nec voluntas, sed imbecillitas mater est. Nam cùm de tribus unum esset optandum, aut facere injuriam, nec accipere ; aut et facere, et accipere ; aut neutrum : optimum est facere impune, si possis; secundum, nec facere, nec pati ; miserrimum, digladiari semper, tum faciendis, tum accipiendis injuriis. Ita qui primum illud assequi. . . . .

XI...... Tous les peuples, s'ils restituaient ce qu'ils ont usurpé, n'auraient plus de patrie, à l'exception des Arcadiens et des Athéniens qui, je le suppose, dans la crainte que ce grand acte de justice n'eût lieu quelque jour, se sont avisés de prétendre qu'ils étaient nés du sol, comme ces rats qui sortent de terre, dans les champs.

XII. A ces arguments on ajoute ce que disent souvent quelques hommes, dissertateurs sans artifice, et qui en cette matière, où nous cherchons l'homme de bien, c'est-à-dire, avant tout l'homme droit et sincère, sont d'autant plus recevables, qu'eux-mêmes ne portent dans la controverse, ni sophisme, ni ruse, ni malignité. Ils disent que le sage ne recherche pas la vertu, à cause d'une jouissance personnelle et spontanée, que lui procurent la bienfaisance et la justice, mais par cette seule raison que la vie de l'homme vertueux est exempte de soucis, de craintes, de périls, tandis que les méchants sentent toujours dans l'âme quelque pointe de remords, et voient toujours devant eux les condam-

---

XI..... Præter Arcadas et Athenienses, qui, credo, timentes hoc interdictum justitiæ nequando exsisteret, commenti sunt se de terrâ, tamquam hos ex arvis musculos, exstitisse.

XII. Ad hæc illa dici solent primum ab iis, qui minime sunt in discernendo mali; qui in hâc causâ eò plus auctoritatis habent, quia cùm de viro bono quæritur, quem apertum et simplicem volumus esse, non sunt in disputando vafri, non veteratores, non malitiosi. Negant enim, sapientem idcirco bonum esse, quòd cum suâ sponte ac per se bonitas et justitia delectet; sed quòd vacua metu, curâ, sollicitudine, periculo, vita bonorum virorum sit : contra autem improbis semper aliquis scrupus in animis hæreat, semper iis ante oculos judicia et supplicia versentur; nullum au-

nations et les supplices ; ils ajoutent qu'il n'est si précieux bien obtenu par l'injustice qui vaille la peine de craindre toujours, de croire toujours que la punition vous atteint, ou pend sur votre tête. . . . .
. . . .

XIII. Supposez, je vous prie, deux hommes (⁸), l'un le meilleur des mortels, d'une équité, d'une justice parfaite, d'une foi inviolable, l'autre d'une perversité et d'une audace insigne ; supposez encore l'erreur d'un peuple qui aura pris cet homme vertueux pour un scélérat, un méchant, un infâme, et aura cru tout au contraire que le méchant véritable est plein d'honneur et de probité : qu'en conséquence de cette opinion universelle, l'homme vertueux soit tourmenté, traîné captif ; qu'on lui mutile les mains, qu'on lui arrache les yeux ; qu'il soit condamné, chargé de fers, torturé dans les flammes ; qu'il soit rejeté de sa patrie, qu'il meure de faim ; qu'il paraisse enfin à tous les yeux le plus misérable des hommes, et le plus justement misérable ; au contraire, que le méchant soit entouré de

---

tem emolumentum esse, nullum injustitiâ partum præmium tantum, semper ut timeas, semper ut adesse, semper ut impendere aliquam pœnam putes, damna. . . . .
. . . .
XIII..... Quæro, si duo sint, quorum alter optimus vir, æquissimus, summâ justitiâ, singulari fide ; alter insignis scelere et audaciâ ; et si in eo sit errore civitas, ut bonum illum virum, sceleratum, facinorosum, nefarium putet ; contra autem qui sit improbissimus, existimet esse summâ probitate ac fide ; proque hâc opinione omnium civium, bonus ille vir vexetur, rapiatur, manus ei denique auferantur, effodiantur oculi, damnetur, vinciatur, uratur, exterminetur, egeat, postremo, jure etiam optimo

louanges et d'hommages ; qu'il soit aimé de tout le monde ; que tous les honneurs, toutes les dignités, toutes les richesses, toutes les jouissances viennent affluer vers lui ; qu'il soit enfin, dans l'opinion de tous, l'homme le plus vertueux et jugé le plus digne de toute prospérité : est-il quelqu'un assez aveugle, pour hésiter sur le choix entre ces deux destinées?

XIV. Il en est des États comme des individus : il n'est pas de peuple assez insensé, pour ne pas aimer mieux régner par l'injustice que de tomber par la justice dans l'esclavage. Je ne chercherai pas mes exemples au loin. Pendant mon consulat, je me suis trouvé juge du traité de Numance ; je vous avais pour conseillers. Personne n'ignorait que Pompée avait signé le traité, et que la situation de Mancinus était la même. Mancinus, homme vertueux, appuya la proposition (⁹) que je portai devant le peuple, d'après un sénatus-consulte. Pompée s'y opposa vigoureusement. Cherche-t-on l'honneur, la probité, la bonne foi, on les trouve

---

omnibus miserrimus esse videatur : contra autem ille improbus laudetur, colatur, ab omnibus diligatur; omnes ad eum honores, omnia imperia, omnes opes, omnes undique copiæ conferantur; vir denique optimus omnium existimatione, et dignissimus omni fortunâ optimâ judicetur: quis tandem erit tam demens, qui dubitet utrum se esse malit?

XIV. Quod in singulis, id est in populis : nulla est tam stulta civitas, quæ non injuste imperare malit, quàm servire juste. Nec vero longius abibo. Consul ego quæsivi, cùm vos mihi essetis in consilio, de numantino fœdere. Quis ignorabat Q. Pompeium fecisse fœdus, eâdem in causâ esse Mancinum? Alter, vir optimus, etiam suasit rogationem, me ex senatusconsulto ferente; alter acerrime se defendit. Si pudor quæritur, si probitas, si fides,

dans Mancinus. Mais pour la sagesse, la conduite, la prudence, c'est Pompée qui l'emporte. . . . . .

XV. Qu'un honnête homme ait un esclave infidèle, ou une maison malsaine et infectée ; qu'il en connaisse seul le vice, et qu'il les fasse en conséquence afficher, pour les vendre, publiera-t-il qu'il met en vente un esclave fugitif et une maison infectée, ou le cachera-t-il à l'acheteur ? S'il le déclare, il sera honnête homme, parce qu'il ne trompera point ; mais il n'en passera pas moins pour un maladroit, parce qu'il manquera de vendre, ou ne vendra qu'à vil prix. S'il ne dit rien, il sera sans doute habile homme, parce que ses affaires y gagneront ; mais c'est un méchant, puisqu'il trompe. Autre supposition : que cet homme rencontre quelqu'un qui vende de l'or, ou de l'argent, croyant ne vendre que du similor, ou du plomb ; se taira-t-il pour acheter bon marché, ou avertira-t-il son vendeur, afin d'acheter plus cher ? Préférer le second parti semblera pure sottise.

Mancinus hæc attulit ; si ratio, consilium, prudentia, Pompeius antistat. Utrum . . . .

XV. Bonus vir si habeat servum fugitivum vel domum insalubrem ac pestilentem, quæ vitia solus sciat, et ideo proscribat ut vendat, utrumne profitebitur fugitivum servum, vel pestilentem domum se vendere, an celabit emptorem ? Si profitebitur, bonus quidem, quia non fallet ; sed tamen stultus judicabitur, quia vel parvo vendet, vel omnino non vendet. Si celaverit, erit quidem sapiens, quia rei consulet ; sed idem malus, quia fallet. Rursus, si reperiat aliquem, qui aurichalcum se putet vendere, cùm sit illud aurum ; aut plumbum, cùm sit argentum : tacebitne, ut id parvo emat, an indicabit, ut magno ? Stultum plane videtur malle magno.

Certainement la justice consiste à ne pas tuer un homme, à ne point toucher au bien d'autrui. Que fera donc le juste si, dans un naufrage, il voit un plus faible que lui qui s'est saisi d'une planche? Ne l'en fera-t-il pas sauter, pour y monter à sa place, s'y fixer, et survivre ; surtout lorsqu'au milieu de la mer, nul n'est témoin de son action? S'il a du sens, il n'y manquera pas : car il est sûr de périr, s'il ne le fait. Qu'il aime mieux au contraire périr que de frapper un autre homme, il se montre juste sans doute ; mais, il est insensé de sacrifier sa vie, pour épargner celle d'autrui. De même, si dans une déroute, poursuivi par les ennemis, cet homme juste rencontre quelqu'un blessé et monté sur un cheval, le respectera-t-il, au risque d'être tué lui-même, ou lui prendra-t-il son cheval, pour échapper à l'ennemi? S'il le fait, il est homme sage ; mais il est méchant : s'il ne le fait pas, il est homme juste ; mais il est insensé. . . . . .
. . . .

Nempe justitia est hominem non occidere, alienum prorsus non attingere. Quid ergo justus faciet, si forte naufragium fecerit, et aliquis imbecillior viribus tabulam ceperit? nonne illum tabulâ deturbabit, ut ipse conscendat, eâque nixus evadat, maxime cùm sit nullus medio mari testis? Si sapiens est, faciet ; ipsi enim pereundum est, nisi fecerit. Si autem mori maluerit, quàm manus inferre alteri, jam vero justus ille, sed stultus est, qui vitæ suæ non parcat, dum parcit alienæ. Item, si acie suorum fusâ, hostes insequi cœperint, et justus ille nactus fuerit aliquem saucium equo insidentem ; eine parcet, ut ipse occidatur ; an dejiciet ex equo, ut ipse possit hostem effugere? Quod si fecerit, sapiens, sed idem malus ; si non fecerit, justus, sed idem stultus sit necesse est.
. . . .

XVI...... Scipion. Je n'insisterais pas, Lælius, si je ne croyais que nos amis désirent, et si je ne souhaitais moi-même vous entendre traiter quelque partie de ma thèse. Vous promettiez hier que vous iriez plus loin que moi ; mais si la chose ne se peut faire, du moins ne restez pas en arrière : nous sommes tous à vous en prier. . . . .

Lælius...... Carnéade ne doit pas être écouté de notre jeunesse : s'il pense comme il parle, c'est un homme corrompu. S'il en est autrement, et j'aime à le croire, son discours n'en est pas moins affreux (¹⁰).....

XVII. Il est une loi véritable, la droite raison, conforme à la nature, universelle, immuable, éternelle, dont les ordres invitent au devoir, dont les prohibitions éloignent du mal. Soit qu'elle commande, soit qu'elle défende, ses paroles ne sont ni vaines auprès des bons, ni puissantes sur les méchants. Cette loi ne saurait être contredite par une autre, ni rapportée en quelque partie, ni abrogée tout entière. Ni le sénat, ni

---

XVI..... Scipio. Non gravarer, Læli, nisi et hos velle putarem, et ipse cuperem, te quoque aliquam partem hujus nostri sermonis attingere : præsertim cùm heri ipse dixeris, te nobis etiam superfuturum. Verum si id quidem fieri non potest; ne desis omnes te rogamus. . . . .

Lælius..... Sed juventuti nostræ minime audiendus : quippe si ita sensit, ut loquitur, est homo impurus ; sin aliter, quod malo, oratio est tamen immanis. . . . .

XVII. Est quidem vera lex, recta ratio, naturæ congruens, diffusa in omnes, constans, sempiterna ; quæ vocet ad officium jubendo, vetando a fraude deterreat; quæ tamen neque probos

le peuple, ne peuvent nous délier de l'obéissance à cette loi. Elle n'a pas besoin d'un nouvel interprète, ou d'un organe nouveau. Elle ne sera pas autre, dans Rome, autre, dans Athènes ; elle ne sera pas demain autre qu'aujourd'hui : mais, dans toutes les nations et dans tous les temps, cette loi régnera toujours, une, éternelle, impérissable ; et le guide commun, le roi de toutes les créatures, Dieu même donne la naissance, la sanction et la publicité à cette loi, que l'homme ne peut méconnaître, sans se fuir lui-même, sans renier sa nature, et par cela seul, sans subir les plus dures expiations, eût-il évité d'ailleurs tout ce qu'on appelle supplice ([1]). . . . .

XVIII. La vertu veut franchement la gloire : il n'est pas d'autre prix pour elle. Ce prix, la vertu le reçoit avec empressement, et l'exige sans amertume.... Quels trésors offrirez-vous à l'homme inspiré par elle ? quels trônes ? quels empires ? Il considère de tels biens comme mortels, et ceux qu'il possède, comme divins.

frustra jubet aut vetat, nec improbos jubendo aut vetando movet. Huic legi nec obrogari fas est, nequé derogari ex hâc aliquid licet, neque tota abrogari potest ; nec vero aut per senatum aut per populum solvi hâc lege possumus ; neque est quærendus explanator aut interpres ejus alius ; nec erit alia lex Romæ, alia Athenis, alia nunc, alia posthac : sed et omnes gentes et omni tempore una lex, et sempiterna, et immutabilis continebit ; unusque erit communis quasi magister et imperator omnium deus, ille legis hujus inventor, disceptator, lator ; cui qui non parebit, ipse se fugiet, ac naturam hominis aspernatus, hoc ipso luet maximas pœnas, etiamsi cætera supplicia, quæ putantur, effugerit. . . . . . .

XVIII. Vult, inquit Lælius, plane virtus honorem ; nec est virtutis ulla alia merces ; quam tamen illa, inquit, accipit facile, exigit non acerbe. . . . .

Que si l'ingratitude de la foule, ou l'envie de quelques-uns, ou si enfin des ennemis puissants dépouillent la vertu de ses récompenses, elle jouit encore de nombreuses consolations, et surtout elle se console par sa propre beauté. . . . .
. . . .

XIX...... Gracchus persévéra dans la justice, à l'égard des citoyens ; mais il dédaigna les droits et les traités garantis à nos alliés et au peuple latin. Si cette habitude de violence et d'arbitraire s'étend plus loin, si elle fait passer notre autorité du droit à la force, de manière que ceux qui nous obéissent encore de leur gré, ne soient tenus que par la crainte, nos veilles auront suffi peut-être au salut de la génération présente ; mais je suis en inquiétude sur le sort de nos descendants et sur l'immortalité de la République. Cette immortalité, elle pouvait se l'assurer, en conservant les institutions et les mœurs antiques.

XX. Quand Lælius eut achevé de parler, tous ceux

Huic tu viro quas divitias objicies? quæ imperia? quæ regna? qui ista putat humana, sua bona divina judicat. Sed si aut ingrati universi, aut invidi multi, inimici potentes, suis virtutem præmiis spoliant : næ illa se multis solatiis oblectat, maximeque suo decore se ipsa sustentat. . . . .

XIX..... Asiâ Ti. Gracchus ; perseveravit in civibus : sociorum nominisque latini jura neglexit, ac fœdera. Quæ si consuetudo ac licentia manare cœperit latius, imperiumque nostrum ad vim a jure traduxerit, ut qui adhuc voluntate nobis obediunt terrore teneantur; etsi nobis, qui id ætatis sumus, evigilatum fere est, tamen de posteris nostris, et de illâ immortalitate rei publicæ sollicitor ; quæ poterat esse perpetua si patriis viveretur institutis et moribus.

XX. Quæ cùm dixisset Lælius, etsi omnes, qui aderant, signi-

qui étaient présents laissaient voir l'extrême plaisir que leur avait fait son discours. Mais Scipion, plus touché que les autres, et comme ravi de joie, lui dit : O Lælius ! vous avez plaidé bien des causes, avec une éloquence à laquelle, pour la grâce et pour la force, je n'oserais comparer ni celle de Servius Galba, notre collègue, que de son vivant vous préfériez à tous les autres, ni celle des orateurs athéniens ; mais jamais vous n'avez parlé mieux qu'aujourd'hui, et dans une plus noble cause ([12]). . . . .

XXI...... Scipion. Verrez-vous une République dans Agrigente, lorsque tous y étaient opprimés par la cruauté d'un seul, et qu'il n'existait plus de lien légal, plus de société, plus de consentement public, ce qui seul fait un peuple ? Il en est de même de Syracuse, cette ville superbe ([13]), que Timée nomme la plus grande des villes grecques, et la plus belle de toutes les villes. Cette citadelle admirable, ces ports qui s'étendaient jusque dans l'intérieur des murs, et baignaient les quais de la ville, ces rues si larges, ces por-

ficabant ab eo se esse admodum delectatos ; tamen præter cæteros Scipio, quasi quodam gaudio elatus : Multas tu quidem, inquit, Læli, sæpe causas ita defendisti, ut ego non modo tecum Servium Galbam collegam nostrum, quem tu, quoad vixit, omnibus anteponebas, verum ne atticorum quidem oratorum quemquam aut suavitate. . . . .
. . . .
XXI..... reportare. Ergo illam rem populi, id est rem publicam, quis discreret tum, cùm crudelitate unius oppressi essent universi, neque esset unum vinculum juris, nec consensus ac societas cœtûs, quod est populus ? Atque hoc idem Syracusis. Urbs illa præclara, quam ait Timæus græcarum maximam, omnium autem

tiques, ces temples, ces murailles ne faisaient pas que Syracuse fût une république, tant que régnait Denys : rien de tout cela n'appartenait au peuple ; et le peuple lui-même appartenait à un homme. Ainsi donc, où je vois un tyran, non-seulement la chose publique est défectueuse, comme je le disais hier ; mais, il faut le dire, et la raison le veut : il n'existe là nulle espèce de chose publique.

XXII. Vous parlez admirablement, reprit Lælius, et j'aperçois où tend ce discours. Scipion. Vous comprenez alors qu'un État, qui est tout entier au pouvoir d'une faction, ne saurait non plus être appelé justement une société politique. Lælius. Je le pense. Scipion. Et vous avez raison. Que fut dans la réalité la ville d'Athènes, lorsque après la grande guerre du Péloponèse, elle se trouva sous l'injuste domination de trente chefs imposés ? L'antique gloire de cette cité, le pompeux aspect de ses édifices, son théâtre, son gymnase, ses portiques, les célèbres parvis de ses temples, sa citadelle, les admirables ouvrages de Phidias, le port magnifique du Pirée, en faisaient-ils une République ?

esse pulcherrimam, arx visenda, portus usque in sinus oppidis et ad urbis crepidines infusi, viæ latæ, porticus, templa, muri, nihilo magis efficiebant, Dionysio tenente, ut esset illa res publica : nihil enim populi, et unius erat populus ipse. Ergo ubi tyrannus est, ibi non vitiosam, ut heri dicebam, sed, ut nunc ratio cogit, dicendum est plane nullam esse rem publicam.

XXII. Præclare quidem dicis, Lælius ; etenim video jam quò pergat oratio. — Scipio. Vides igitur ne illam quidem quæ tota sit in factionis potestate, posse vere dici rem publicam. — Lælius. Sic plane judico. — Scipio. Et rectissime quidem judicas : quæ enim fuit tum Atheniensium res, cùm post magnum illud peloponesiacum bellum triginta viri illi urbi injustissime præfuerunt ?

Nullement, dit Lælius : il n'y avait point là la chose du peuple. Scipion. Et à Rome, lorsque dix hommes dominaient, sans appel de leurs sentences, dans cette troisième année de leur pouvoir, où la liberté elle-même fut frappée de séquestre? Lælius. Alors la chose du peuple n'existait plus; et même bientôt le peuple agit, pour la reconquérir.

XXXIII. Scipion. Je viens maintenant à cette troisième forme de gouvernement, où l'on trouvera peut-être quelque difficulté. Je parle de celle, où le peuple est désigné comme ayant tout en sa puissance, alors que la multitude inflige, comme elle veut, les supplices, lorsqu'elle enlève, saisit et prodigue à son gré; pouvez-vous, Lælius, méconnaître qu'il y ait là république, toute chose y dépendant du peuple? et nous voulons que la chose publique soit la chose du peuple. Lælius reprit : Il n'est point d'État, auquel je refuse plus nettement le nom de *chose publique*, qu'à celui qui est placé tout entier dans la main de la multitude.

Num aut vetus gloria civitatis, aut species præclara oppidi, aut theatrum, gymnasia, porticus, aut propylæa nobilia, aut arx, aut admiranda opera Phidiæ, aut Piræeus ille magnificus rem publicam efficiebat? Minime vero, Lælius; quoniam quidem populi res non erat. — Scipio. Quid cùm decemviri Romæ sine provocatione fuerunt, tertio illo anno, cùm vindicias amisisset ipsa libertas? — Lælius. Populi nulla res erat; imo vero id populus egit, ut rem suam recuperaret.

XXIII. Scipio. Venio nunc ad tertium genus illud, in quo esse videbuntur fortasse angustiæ, cùm per populum agi dicuntur et esse in populi potestate omnia; cùm de quocumque vult supplicium sumit multitudo; cùm agunt, rapiunt, tenent, dissipant quæ volunt; potesne tum, Læli, negare rem esse illam publicam cùm populi sint omnia, quoniam quidem populi esse rem volu-

Il ne nous paraissait pas exister de république dans Agrigente, dans Syracuse et dans Athènes, quand les tyrans y dominaient, ni à Rome, sous les décemvirs : je ne vois pas comment le nom de république pourrait se placer davantage, au milieu du despotisme de la multitude : d'abord, parce que, suivant votre heureuse définition, Émilien, il n'existe point de peuple, pour moi, s'il n'est contenu par le lien commun de la loi. Hors de là, cet assemblage d'hommes est tyran aussi bien qu'un seul homme, et même tyran d'autant plus odieux, qu'il n'est rien de plus terrible que cette bête féroce, qui prend la forme et le nom de peuple. Et lorsque nos lois placent les biens des insensés sous la tutelle de leurs proches, il n'est pas conséquent de laisser une aveugle multitude maîtresse absolue de tout faire ([14]). . . . .

XXIV...... On peut soutenir qu'une sage aristocratie mérite le nom de *chose publique*, de chose du peuple, titre que l'on applique à l'État monarchique.

mus rem publicam?—Tum Lælius : Ac nullam quidem citius negaverim esse rem publicam, *quàm quæ tota sit in multitudinis potestate: plane ut* nobis non placebat Syracusis fuisse rem publicam, neque Agrigenti, neque Athenis, cùm essent tyranni ; neque *Romæ* cùm decemviri : nec video, qui magis in multitudinis dominatu rei publicæ nomen appareat : quia primum mihi populus non est, ut tu optime definisti, Scipio, nisi qui consensu juris continetur, sed est tam tyrannus iste conventus, quàm si esset unus; hoc etiam tetrior, quia nihil istà, quæ populi speciem et nomen imitatur, immanius belluâ est. Nec vero convenit cùm furiosorum bona legibus in adgnatorum potestate sint, quod eorum jam. . .
. . . .
XXIV..... dici possint, cur illa sit res publica resque populi, quæ sunt dicta de regno? Et multò etiam magis, inquit Mummius :

Oui, dit Mummius, elle le mérite à plus juste titre. L'unité de pouvoir, en effet, expose davantage le roi à ressembler au despote. Mais, lorsque plusieurs hommes vertueux exercent la puissance, il ne saurait exister d'État plus fortuné qu'une telle République. Du reste, j'aime mieux même la royauté que la domination du peuple libre ; car il vous reste encore à examiner cette troisième forme de gouvernement corrompu.

XXV. Scipion reprit : Je reconnais ici, Mummius, votre aversion décidée pour le système populaire ; et bien que l'on puisse le traiter avec plus d'indulgence que vous ne faites ordinairement, je vous accorde cependant que des trois formes de gouvernement, il n'en est aucune qui soit moins digne d'éloge. Mais je ne vous accorde pas que l'aristocratie soit préférable à la royauté. Car, si vous supposez la sagesse à la tête des affaires, qu'importe que cette sagesse réside dans un seul, ou dans plusieurs ? Mais une erreur de mots nous abuse dans cette discussion. Prononce-t-on ce nom d'*aristocratie*, qui exprime le gouvernement des meil-

---

nam in regem potius cadit domini similitudo, quòd est unus ; plures vero boni in quâ re publicâ rerum potientur, nihil poterit esse illâ beatius. Sed tamen vel regnum malo, quàm liberum populum ; id enim tibi restat genus vitiosissimæ rei publicæ tertium.

XXV. Hic Scipio : Adgnosco, inquit, tuum morem istum, Spuri, aversum a ratione populari : et quamquam potest id lenius ferri, quàm tu soles ferre, tamen adsentior nullum esse de tribus his generibus, quod sit probandum minus. Illud tamen non adsentior tibi, præstare regi optimates : si enim sapientia est, quæ gubernet rem publicam, quid tandem interest hæc in unone sit, an in pluribus ? Sed errore quodam fallimur ita disputando. Cùm enim

leurs, l'imagination ne peut concevoir rien de préférable. Que peut-on, en effet, préférer à ce qui est bon par excellence? Est-il au contraire mention d'un roi, aussitôt se présente à l'esprit l'idée d'un roi injuste. Mais moi, je n'entends point parler du roi injuste, en ce moment, où je recherche la nature du gouvernement royal. Concevez, à ce mot de roi, l'idée d'un Romulus, d'un Numa, d'un Tullus, et peut-être alors serez-vous moins sévère pour cette forme de constitution. Mummius. Quel mérite laissez-vous donc à la constitution purement démocratique? Scipion reprit : Je vous le demande, cette île de Rhodes, où nous étions naguère ensemble, vous paraît-elle avoir une constitution républicaine? Mummius. Oui, à mon avis; et une constitution fort peu répréhensible. Scipion. Vous avez raison : eh bien! si vous vous en souvenez, tous les citoyens étaient également membres du sénat et du peuple; et ils passaient alternativement quelques mois, dans leurs fonctions populaires, et quelques autres dans leurs fonctions sénatoriales. Des deux côtés ils recevaient un

---

optimates appellantur, nihil potest videri præstabilius. Quid enim optimo melius cogitari potest? Cùm autem regis est facta mentio, occurrit animis rex etiam injustus : nos autem de injusto rege nihil loquimur nunc, cùm de ipsâ regali re publicâ quærimus. Quare cogitato Romulum, aut Pompilium, aut Tullum regem; forsan non tam illius te rei publicæ pœnitebit. — Mummius. Quam igitur relinquis populari rei publicæ laudem? — Tum ille : Quid tibi tandem, Spuri, Rhodiorum, apud quos nuper fuimus una, nullane videtur esse res publica? — Mummius. Mihi vero videtur, et minime quidem vituperanda. — Scipio. Recte dicis : sed si meministi, omnes erant idem tum de plebe, tum senatores, vicissitudinesque habebant, quibus mensibus populari munere

droit de séance : les mêmes hommes, sur le théâtre et dans le sénat, connaissaient des accusations, et de toutes les autres affaires. . . . .

fungerentur, quibus senatorio; utrobique autem conventitium accipiebant; et in theatro et in curiâ res capitales et reliquas omnes judicabant iidem : tantum poterat, tantique erat, quanti multitudo. . . . .
. . . .

FRAGMENTS.

« Il y a, dans chaque homme, un élément désordonné
« qui s'exalte par le plaisir et s'abat par la douleur. »
(*Nonius.*)

« Les Phéniciens ont les premiers, par leur négoce
« et leurs échanges, importé dans la Grèce l'avarice, la
« somptuosité et l'insatiable passion de toutes les jouis-
« sances. » (*Nonius.*)

Voilà tout ce qu'il y a de traduisible dans les courts
et informes fragments, que le savant éditeur réunit, à
la fin de ce troisième livre, si curieux par le sujet, et si
malheureusement mutilé dans le manuscrit du Vatican.
Nous n'avons donc qu'une bien faible partie de cette
belle discussion sur la justice; mais nous ne pouvons
douter que les principaux arguments qu'elle offrait ne
se retrouvent dispersés, sous mille formes, dans les ouvrages des premiers défenseurs du christianisme. Lactance et saint Augustin en sont remplis : le premier,
dans le cinquième livre de ses *Institutions*, où il traite
particulièrement de la justice, après avoir transcrit les
sophismes de Carnéade, reproche à Lælius, ou plutôt à
Cicéron, de ne les avoir repoussés que faiblement,
parce qu'il ne connaissait pas la source souveraine de
toute justice. Mais l'éloquent évêque d'Hippone accepte
le secours des vérités naturelles démontrées par Cicé-

ron ; il invoque au profit du christianisme, si longtemps persécuté par les lois, cette belle pensée de Scipion, que les ordonnances arbitraires des hommes ne prescrivent jamais contre la justice. Il résume, il réunit ce que Cicéron avait mis à cet égard dans la bouche de Scipion et de Lælius ; il triomphe d'opposer cette grande autorité à l'antique tradition des préjugés païens. Comme cette analyse reproduit les idées déjà exprimées dans le texte, nous croyons inutile de la traduire. Saint Augustin, d'ailleurs, conserve rarement les formes de l'éloquence de Cicéron ; mais, dans un autre passage, il nous fait connaître du moins les idées, que Cicéron avait prêtées à ses interlocuteurs, sur un point assez difficile : comment concilier les conquêtes et la domination des Romains avec ce principe de justice proclamé si hautement ?

« Dans ces livres *de la République*, dit-il, on plaide
« très-fortement et très-vivement la cause de la justice
« contre l'iniquité. La cause de l'injustice avait été
« soutenue d'abord : il avait été dit en sa faveur, que
« nul État ne pouvait s'accroître et se maintenir sans
« l'injustice ; on avait cité en preuve, et comme le plus
« fort exemple, cette injustice qui veut que des hommes
« obéissent servilement à d'autres hommes ; injustice
« sans laquelle cependant une cité puissante, dont la
« domination s'étend au loin, ne pourrait gouverner ses
« provinces. A cela, les partisans de la justice répon-
« dent, que cet ordre de chose est juste, parce que la
« servitude est utile à de tels hommes ; qu'il est établi
« dans leur intérêt, lorsqu'il est régulier, c'est-à-dire,

« lorsqu'il en résulte pour les méchants l'impuissance
« de mal faire, et qu'ils se trouvent bien d'être assu-
« jettis, parce qu'ils abusaient de leur liberté. On ajoute,
« pour appuyer ce raisonnement, une belle comparai-
« son prise à la nature. On dit : « Pourquoi Dieu com-
« mande-t-il à l'homme, l'âme au corps, la raison à la
« passion et à toutes les autres parties vicieuses de
« l'âme ? »

Saint Augustin, dans son traité contre Pélage, revient à ces mêmes raisonnements, et les reproduit avec
plus d'étendue, et sans doute, dans l'exactitude même
des expressions originales. Singulier hasard littéraire !
révolution bizarre de l'esprit humain qui, dans un intervalle de quatre siècles, fait servir à défendre la doctrine théologique de la *grâce* ces mêmes pensées, ces
mêmes images que Cicéron avait employées, pour justifier la dictature de Rome sur l'univers !

« Écoute, dit saint Augustin à l'hérésiarque Pélage,
« écoute les arguments de Cicéron dans le troisième
« livre de sa *République*, lorsqu'il explique la raison
« du Pouvoir. « Ne voyons-nous pas, dit-il, que la na-
« ture donne partout l'autorité à ce qu'il y a de meil-
« leur, pour la plus grande utilité de ce qu'il y a de
« plus faible, etc., etc. ? » Écoute ce qui suit peu après :
« Il y a, dit-il encore, divers modes de commandement
« et d'obéissance : on dit également que l'âme com-
« mande au corps, et qu'elle commande aux passions.
« Mais, elle commande au corps comme un roi à ses
« compatriotes, un père à ses enfants ; et avec les pas-
« sions, elle est comme un maître avec ses esclaves :

« elle les réprime, elle les dompte. L'autorité des rois,
« des généraux, des magistrats, des sénateurs, des
« peuples, doit s'exercer, à l'égard des citoyens et des
« alliés, comme celle de l'âme s'exerce sur le corps.
« Mais l'empire violent du maître sur les esclaves est
« l'image de celui que la partie la plus pure de l'âme,
« c'est-à-dire la sagesse, prend sur les parties faibles
« ou corrompues de l'âme, sur les passions, sur la co-
« lère, et sur les autres désordres de l'intelligence. »

NOTES SUR LE LIVRE III.

(¹) Cicéron avait fait précéder le troisième entretien par un prologue, où il parlait en son nom. Ce qui reste ici de ce début présente d'assez grandes pensées, pour donner une haute idée du morceau original. On voit que pour préluder à l'examen approfondi de la question de la justice, qui renferme nécessairement la question d'une morale primitive, Cicéron était remonté à l'origine et à l'essence de l'homme, et avait recherché les premiers développements de ses facultés et de son intelligence. C'était là sans doute que se rapportait un fragment du troisième livre de la *République* cité par saint Augustin, et qui ne se retrouve pas dans le manuscrit du Vatican : « La nature, plus marâtre que
« mère, a jeté l'homme dans la vie, avec un corps nu, frêle et
« débile, une âme que l'inquiétude agite, que la crainte abat,
« que la fatigue épuise, que les passions emportent, mais où
« cependant reste comme à demi étouffée une divine étincelle
« d'intelligence et de génie. »

L'éditeur de Rome suppose avec vraisemblance que ce même début du troisième livre avait fourni plus d'une inspiration à Lactance, qui traite un sujet semblable, dans son traité sur l'*Œuvre du Créateur*. Peut-être même ne serait-il pas difficile de deviner, en lisant ce dernier écrit, les pensées, les tours, les expressions que le chrétien du quatrième siècle a pu dérober au consul romain et au disciple de Platon. Mais comme Lactance, cette fois, ne cite pas son modèle, nous n'essayerons pas de suppléer, par une restitution un peu arbitraire, à ce qui manque au texte original de notre manuscrit.

(²) La suite de ce beau préambule est perdue ; et le manuscrit mutilé recommence au moment, où le dialogue paraît s'établir de nouveau, par la tâche imposée à Philus de parler contre la justice.

(³) On voit la marche du dialogue : Philus est chargé, pour ainsi dire d'office, de plaider en faveur de l'injustice, ou plutôt de reproduire les sophismes, dont Carnéade avait scandalisé la bonne foi romaine, lorsqu'il était venu à Rome, quelques années auparavant, avec deux autres philosophes, députés comme lui par la ville d'Athènes, pour demander la réduction d'une amende imposée par le Sénat. Ce Grec, pour amuser les maîtres qu'il implorait, après avoir disserté publiquement sur l'existence de la justice, avait soutenu le lendemain la thèse contraire, avec la même facilité, et probablement une conviction à peu près pareille. Quoi qu'il en soit, son éloquence étonna les Romains. Le vieux Caton, effrayé, opina qu'il fallait renvoyer sans retard une si dangereuse ambassade, « Parce que, disait-il, avec les raisonnements « de cet homme, on ne pouvait plus discerner où était la vérité. » Cicéron, dans ses autres écrits, a marqué plus d'une fois son aversion pour les doctrines sceptiques de Carnéade. Dans le traité *des Lois*, après avoir posé le principe du droit naturel, et s'être promis l'approbation des Stoïciens et de l'académie de Platon, il s'écrie : « Quant à cette académie perturbatrice, fondée par Arcé- « silas et Carnéade, nous implorons son silence. Car si elle se « précipitait sur les principes, qui nous semblent à nous assez « bien établis, elle les déracinerait de son choc. Je n'ai garde de « la défier ; je désire plutôt l'apaiser. » « C'est ainsi, dit un ingénieux écrivain, qu'il parle de la philosophie du doute, comme d'une divinité infernale, qu'il faut conjurer, et qui réduit tout en poussière.

Le grammairien Nonius a conservé deux phrases qui semblent se rapporter au portrait que Philus va faire de la justice. En voici

le sens : « La justice agit extérieurement; elle est tout entière
« en dehors, tout entière visible ; plus que toute autre vertu,
« elle se dirige et se déploie dans l'intérêt d'autrui. »

(⁴) Pascal, dans un de ces moments de misanthropie sceptique,
dont il se sauvait à peine dans les bras de la religion, a nié la
justice; il a raisonné comme Carnéade : « Trois degrés d'élévation
« du pôle renversent toute la jurisprudence; un méridien décide
« de la vérité, ou peu d'années de possession. Les lois fondamen-
« tales changent. Le droit a ses époques. Plaisante justice, qu'une
« rivière ou une montagne borne ! vérité en deçà des Pyrénées,
« erreur au delà ! » Mais Pascal ajoutait : « Il y a sans doute des
« lois naturelles : cette belle raison seule a tout corrompu. »

(⁵) Ici commence une assez longue lacune, qui interrompt la
série de ces tristes sophismes, que l'Anglais Mandeville et quelques autres écrivains ont renouvelés avec moins de force et de
subtilité. Ces sophismes étaient, comme on le voit, mêlés de
quelques vérités, et de beaucoup d'inductions fausses. Sans doute
la pitié envers les animaux est un devoir de la nature. Sans
doute la réponse du pirate à Alexandre n'était nullement dérai-
sonnable. Mais, qu'importe tout cela? En est-il moins vrai que
Dieu a mis dans le cœur de l'homme l'instinct du juste, que cet
instinct lui apparaît comme une vérité démontrée par l'intelligence, et que rien ne peut détruire? Quant à ces bizarreries de
mœurs locales, ces démentis partiels donnés par quelque peuplade obscure à la conscience du genre humain, on sait avec quel
déplorable soin notre Montaigne compilait de telles anecdotes; et
avec quelle puissance Rousseau détruit ce frêle échafaudage.
« O Montaigne! s'écrie l'éloquent Génevois, toi qui te piques de
« franchise et de vérité, sois sincère et vrai, si un philosophe
« peut l'être, et dis-moi s'il est quelque pays sur la terre où ce
« soit un crime de garder sa foi, d'être clément, bienfaisant, gé-
« néreux, où l'homme de bien soit méprisable, et le perfide ho-
« noré. »

(⁶) L'éditeur de Rome rapporte à cet endroit deux passages que Lactance a imités, et peut-être littéralement transcrits de Cicéron, et qui renferment quelques-uns des sophismes de Carnéade, en faveur de l'injustice dans la politique. C'est le développement qui manque ici au texte mutilé. — « Le peuple romain
« même montre combien l'utilité s'éloigne de la justice, lui qui,
« en déclarant la guerre par les féciaux, en faisant légalement
« des injustices, et en ne cessant de convoiter et de ravir le bien
« d'autrui, s'est acquis la possession du monde entier. »

Et ailleurs : « Qu'est-ce que l'intérêt de la patrie, sinon le
« dommage d'un autre état, d'un autre peuple? C'est-à-dire une
« extension de territoire par la conquête, un accroissement d'em-
« pire, une augmentation de tributs. L'homme qui procure de
« tels avantages à sa patrie, c'est-à-dire qui, en renversant les
« villes, en exterminant les nations, a rempli d'argent le trésor
« public, a usurpé du terrain, a enrichi ses concitoyens; cet
« homme est porté aux cieux. On voit en lui la souveraine et par-
« faite vertu ; et cette erreur est celle non-seulement du peuple
« et des ignorants, mais celle des philosophes qui donnent aussi
« des leçons d'injustice. »

(⁷) Lactance continue d'abréger les opinions de Carnéade, qu'il résume ainsi : « Les hommes ont institué des lois, suivant l'inté-
« rêt ; lois dès lors variables comme le génie des peuples, et qui,
« chez un même peuple, changent selon les temps. Pour le droit
« naturel, il n'existe pas. Tous les hommes et les autres animaux
« vont droit à leur utilité par l'impulsion de la nature. Ainsi il
« n'existe pas de justice, ou s'il en existe, c'est une souveraine
« folie, puisqu'elle se ferait tort à elle-même en ménageant les
« autres. » Et il ajoutait en preuve : « Tous les peuples qui ont
« possédé l'empire, et les Romains eux-mêmes, maîtres du
« monde, s'ils voulaient être justes, c'est-à-dire restituer le bien
« d'autrui, en reviendraient aux cabanes, et n'auraient plus qu'à
« languir dans le malheur et la pauvreté. » Qu'est-ce que tout cela prouve contre l'éternelle justice?

(⁸) Cet éloquent passage, imité de Platon, est, comme on le voit, placé dans la bouche de l'adversaire de la justice. C'est Philus, au nom de Carnéade, qui présente cette double hypothèse du juste accablé d'ignominie, et du méchant comblé de tous les prix de la vertu ; et dans sa pensée, le choix qu'il offre entre deux destinées si différentes implique une préférence en faveur de la seconde. La question posée dans un sens inverse serait bien plus belle ; et c'est ainsi que l'on est tenté de la concevoir et de la résoudre.

(⁹) Cette proposition avait pour objet de livrer Mancinus aux ennemis, afin de dégager la foi publique et de rompre le traité, que ce consul avait signé. Cicéron, dans les *Offices*, rappelle aussi ce trait, et oppose également la conduite de Mancinus à celle de Pompée.

(¹⁰) Le discours de Lælius, en faveur de la justice, dans le gouvernement et la vie privée, cette belle thèse si favorable à l'éloquence, et qui nous aurait dédommagé des sophismes tant rebattus de Carnéade, manque au manuscrit palimpseste, à l'exception de quelques phrases. Le peu de pages que présente ici le texte sur cette question, se compose donc en partie de fragments déjà connus, et qui avaient été conservés par Lactance. On a laissé dans les notes quelques autres passages, qui sont rapportés moins littéralement, ou dont la liaison avec le reste aurait paru peu sensible. On y verra que Lælius, dans son discours, s'était élevé à de hautes considérations sur l'existence des sociétés ; qu'il avait proclamé la justice comme le principe du patriotisme, et avait prétendu justifier cette vérité par l'exemple même de Rome, exemple, dont le choix était un peu paradoxal.

(¹¹) « Je sais, dit saint Augustin, que dans le troisième livre du traité *de la République*, on soutient qu'une sage république n'entreprend jamais de guerre, hormis pour le devoir et pour le salut. Ailleurs, dit-il, pour expliquer ce qu'il entend par salut de l'État, et de quel salut il veut parler, Cicéron s'exprime ainsi :

« Ces peines, dont les esprits les plus grossiers ont le sentiment,
« la pauvreté, l'exil, la prison, les tourments, on s'y dérobe indi-
« viduellement, à la faveur d'une prompte mort. Mais pour les
« États, la plus grande peine est cette même mort, qui paraît un
« refuge pour les individus. Un État, en effet, doit être constitué
« pour vivre éternellement. Il n'y a donc pas pour une république
« de destruction naturelle, comme pour l'homme à qui la mort
« est non-seulement nécessaire, mais souvent désirable. Qu'une
« république disparaisse, soit détruite, anéantie; c'est, dans la
« proportion de la grandeur à la petitesse, quelque chose de
« semblable à la ruine et à la destruction même de l'univers. »
Il y a certes de la grandeur dans ces idées; elles sont bien d'un
Romain, d'un citoyen de la ville éternelle. Le reste de ces fragments n'offre pas le même intérêt.

Cicéron dit, dans sa *République :* « Toutes les guerres entre-
« prises sans motif sont injustes. » Il ajoute, peu après : « Au-
« cune guerre n'est réputée juste, si elle n'est annoncée, si elle
« n'est déclarée, si elle n'est précédée d'une demande de resti-
« tution. » (Isidore, *Origines*.)

« Notre peuple romain, en défendant ses alliés, s'est emparé
« de l'univers. » (*Nonius*.)

« Autrement, le consul eut tort de dédaigner les largesses de
« Pyrrhus ; et les trésors des Samnites manquèrent à Curius. »

« Notre Caton, quand il venait chez lui, au pays des Sabins,
« ne manquait pas, comme nous l'avons appris de lui-même,
« d'aller voir le foyer, près duquel était assis Curius, lorsqu'il
« renvoya les présents des Samnites, naguère ses ennemis et déjà
« ses clients. » (*Nonius*.)

(12) La traduction a suppléé quelques mots. L'éditeur de Rome
rapporte à cet endroit une phrase du troisième livre *de la République*, citée par Nonius, et dans laquelle Lælius disait, que deux
choses lui avaient manqué pour parler devant la foule et dans le
Forum, la hardiesse et la voix.

(13) Montesquieu trace un admirable tableau du gouvernement

variable de cette ville, et des alternatives de despotisme et d'anarchie, dont elle fut sans cesse tourmentée. « Syracuse, qui se
« trouva placée au milieu d'un grand nombre de petites oligar-
« chies changées en tyrannies, Syracuse qui avait un sénat, dont
« il n'est presque jamais fait mention dans l'histoire, essuya des
« malheurs, que la corruption ordinaire ne donne pas. Cette ville,
« toujours dans la licence ou dans l'oppression, également tra-
« vaillée par sa liberté et par sa servitude, recevant toujours
« l'une et l'autre comme une tempête, et, malgré sa puissance
« au dehors, toujours déterminée à une révolution par la plus
« petite force étrangère, avait dans son sein un peuple immense
« qui n'eut jamais d'autre alternative que de se donner un tyran,
« ou de l'être lui-même. » (*Esprit des Lois*.)

(14) Plusieurs pages perdues nous enlèvent la suite de ces réflexions si énergiques et si vraies. A l'endroit où le texte recommence, la première phrase est imparfaite et mutilée; et la traduction a suppléé quelques mots, pour marquer la liaison des idées.

ANALYSE

DU QUATRIÈME LIVRE.

Le précieux manuscrit, que nous publions, ne contient que de bien faibles débris du quatrième livre de la République; et si l'authenticité de ces fragments leur donne toujours un haut degré d'intérêt pour les philologues, aux yeux desquels une phrase même est précieuse, leur peu d'étendue n'offrira qu'un attrait bien médiocre à la curiosité littéraire. Quelques pages sans suite, sans indication du nom des interlocuteurs, voilà tout ce que l'infatigable patience de M. Maï a pu exhumer, et tout ce qu'elle produit à nos yeux, pour représenter ce quatrième livre, qui paraît avoir embrassé d'importantes et utiles questions, l'état et les mœurs des femmes, l'éducation des enfants, le luxe, les jeux publics, les théâtres. Combien ce cadre, dont nous sommes réduits à conjecturer l'étendue, aurait, sous la plume de Cicéron, renfermé de vues ingénieuses, et probablement de rares et curieux détails, que la critique savante ne devinera jamais qu'en partie. Combien la vie intérieure des Romains, et c'est toujours le côté le plus instructif de l'histoire d'un peuple, nous aurait vivement apparu dans le libre entretien de ces grands personnages que faisait parler Cicéron, et qui sans doute se partageaient l'un l'autre la censure, la satire, l'explication et l'apologie des mœurs romaines ! Nous voyons en effet, et par les nouveaux fragments qu'a découverts notre savant éditeur, et par quelques phrases recueillies avant lui, que tout dans le quatrième livre de la République se rapportait à ce texte piquant et varié.

Quelques-unes de ces phrases seulement semblent offrir un caractère de généralité métaphysique, qui ferait supposer qu'en tête de ce livre, où il devait traiter de la famille et de l'éducation domestique et publique, Cicéron avait placé quelques réflexions sur la nature de l'homme, et sur l'union de l'âme et du corps. Lactance[1] l'indique d'une manière positive ; et il ajoute que Cicéron n'avait fait qu'ébaucher ce vaste sujet, tout en annonçant l'intention de l'approfondir. Le christianisme devait trouver bien courtes et bien confuses toutes les vues de la sagesse antique sur ce mystère de l'existence humaine : mais, au rapport de l'un des plus grands génies de la société chrétienne, le livre

[1] Tentabo, quoniam corporis et animi facta mentio est, utriusque rationem, quantum pusillitas intelligentiæ meæ pervidet, explicare. Quod officium hâc de causâ maxime suscipiendum puto, quòd Marcus Tullius vir ingenii singularis, in quarto de Re Publicâ libro, cùm id facere tentasset, materiam late patentem angustis finibus terminavit, leniter summa quæque decerpens ; ac, ne ulla esset excusatio, cur eum locum non fuerit exsecutus, ipse testatus est, nec voluntatem sibi defuisse, nec curam. (Lactantius, de Opificio divino, cap. I.)

de Cicéron, à la suite de ces spéculations imparfaites, renfermait la plus vive peinture et le plus éloquent éloge des vertus morales et domestiques [1]. C'est que l'homme impuissant à pénétrer par ses propres forces le secret de la nature, ne l'était pas à s'élever à la pratique des devoirs, dont il trouve l'instinct et le prix dans son cœur.

La justesse admirable du génie de Cicéron, et la méthode toute pratique, qu'il s'était proposée, par une application continuelle de ses idées à l'exemple de la république romaine, nous avertissent assez que, sur la question des devoirs et des liens de famille, principe de tout ordre social, il avait rejeté bien loin les chimériques hypothèses de Platon, et toute cette théorie d'innovations contre le cœur humain. Sans doute il avait dû lui en coûter de combattre ce beau génie, dont il adorait l'éloquence; mais il lui avait emprunté l'exemple d'un tel courage : « Je le repousserai loin de « nous, dit-il, comme lui-même exile [2] Homère de la « cité qu'il veut bâtir, en le couvrant de fleurs et de « parfums. »

L'admirateur de ces vieilles mœurs romaines, où le mariage était si respecté et si saint, et le divorce inouï,

---

[1] Intuere paululum ipsos de Re Publicâ libros, quòd nullus sit patriæ consulendi modus aut finis bonis. Cerne quantis ibi laudibus frugalitas et continentia prædicetur, et erga vinculum conjugale fides, castique honestique ac probi mores. (Augustinus, epist. xci.)

[2] Ego vero eodem, quo ille Homerum redimitum coronis et delibutum unguentis expulit ex urbe, quam ipse fingit. (*Nonius*, voc. *fingere*.)

quoique permis par les lois, où la puissance paternelle était une véritable magistrature, une souveraineté absolue, pouvait-il tolérer cette bizarre promiscuité de toutes les familles, imaginée par Platon? Ne devait-il pas reproduire avec plus de force les objections qu'Aristote avait opposées à cet étrange système? Sur un autre point, l'esprit de travail, d'ordre, de parcimonie qui caractérisait les premiers Romains, et que Cicéron avait sans doute célébré, ne formait pas un contraste moins remarquable avec cette abolition des propriétés particulières également proposée par Platon [1], à l'imitation de Lacédémone : et Cicéron, l'ennemi des lois agraires, le soutien des fortunes aristocratiques, devait repousser une telle idée, comme un rêve impraticable et dangereux. Il me paraît donc vraisemblable qu'une assez vive réfutation de ces théories, qui se trouve dans Lactance, est un extrait, et peut-être une fidèle copie de ce que Cicéron avait dit sur ce sujet, dans son quatrième livre. Le passage est curieux, et d'une élocution latine qui n'appartient guère au siècle de Lactance. « Platon s'est souvent égaré autant que personne au « monde, surtout dans ses livres politiques, lorsqu'il « veut établir la communauté de toutes choses, entre les « citoyens. Pour les fortunes, cela est encore tolérable, « bien que fort injuste; car, personne ne doit souffrir « dommage, pour s'être enrichi par son industrie, ni « gagner à s'être appauvri par sa faute. Cependant,

---

[1] Et noster Plato, magis etiam quàm, Lycurgus, omnia qui prorsus jubet esse communia, ne quis civis propriam aut suam rem ullam queat esse dicere. (*Nonius*, voc. *proprium*.)

« comme je l'ai dit, cela peut se supporter. Mais exis-
« tera-t-il aussi communauté de femmes et d'enfants?
« N'y aura-t-il plus de naissances distinctes, plus de
« race assurée; plus de familles, plus de parenté, plus
« de liens du sang? Quelle tendresse conjugale peut-il
« y avoir entre les sexes, quand la possession n'est ni
« fixe, ni durable? Quelle piété filiale peut sentir celui
« qui ne sait de quel père il est né? quel homme peut
« aimer un fils, qu'il croira le fils d'autrui? Ce n'est pas
« tout : Platon ouvre le sénat aux femmes, il leur confie
« le soin de la guerre, les magistratures, les comman-
« dements. Mais quel sera le malheur de cette ville,
« où les femmes occuperont les fonctions des hom-
« mes[1] ! »

Sans doute les personnages que faisait parler Cicéron
ajoutaient encore à cette réfutation l'exemple de ces
matrones romaines, si graves, si sévères, si modestes
dans l'expression même de leur patriotisme, qui n'é-

---

[1] Plato in multis ita lapsus est, ut nemo deterius erraverit, in primis quòd in libris civilibus omnia omnibus voluit esse communia. De patrimoniis tolerabile est, licet sit injustum : nec enim aut obesse cuiquam debet, si suâ industriâ plus habet, aut prodesse, si suâ culpâ, minus. Sed, ut dixi, potest aliquo modo ferri. Etiamne conjuges, etiamne liberi communes erunt? Non erit sanguinis ulla distinctio, nec genus certum, nec familiæ, nec cognationes, nec affinitates : sed sicut in gregibus pecudum confusa et indiscreta omnia ; nulla erit in viris continentia, nulla in feminis pudicitia? Quis esse in utrisque amor conjugalis potest, in quibus non est certus aut proprius affectus? Quis erit in patrem pius, ignorans unde sit natus? quis filium diliget, quem putabit alienum? Quin etiam feminis curiam reservavit, militiam et magistratus et imperia permisit. Quanta erit infelicitas urbis illius, in quâ virorum officia mulieres occupabunt! (*Lactantius.*)

taient point guerrières, comme les femmes de la république de Platon, mais qui donnaient naissance aux plus vaillants hommes de la terre; qui n'immolaient pas les sentiments de la nature, comme les femmes de Sparte, mais qui savaient à la fois inspirer le courage de leurs fils, et les pleurer morts. On conçoit les vives couleurs, dont Cicéron avait dû peindre quelques-unes des belles traditions de la République sur la vertu des femmes. Peut-être aussi avait-il éclairci quelques faits singuliers, qui semblent contrarier ces traditions; par exemple, celui que Tite-Live place au commencement du quatrième siècle de Rome, la condamnation de cent soixante-douze femmes, la plupart de famille sénatoriale, convaincues d'empoisonnement sur la personne de leurs maris.

Mais ce fait presque incroyable est unique dans l'histoire de la République; et Rome était pleine de monuments consacrés à l'héroïsme des femmes. Fort anciennement même, l'éloge funèbre de toute femme illustre était prononcé sur la place publique, comme celui des premiers citoyens. Que de réflexions ne devait pas faire naître cet usage, et l'influence qu'on y attachait? Sans doute elles occupaient une place, dans ce quatrième livre. Peut-être Scipion ou Lælius entrait-il dans quelques détails sur l'éducation qui formait dans les femmes ces mœurs fortes et simples; peut-être Scipion parlait-il de cette sublime Cornélie, sa sœur et son ennemie, moins heureuse et moins fière d'être la fille du premier Africain que de s'appeler la mère des Gracques.

Un savant moderne nous a donné un curieux travail

sur les éléments qui composaient la toilette d'une dame romaine, dans le siècle d'Auguste. Il serait plus intéressant de recueillir quelques particularités sur la vie des femmes, dans le siècle de Scipion, aux jours où la République, brillante de gloire, et éclairée par la lumière naissante des arts, conservait encore la pureté de la discipline domestique et des mœurs. Comment se formait l'esprit délicat et ingénieux de ces femmes, près desquelles Cicéron, dans sa jeunesse, allait étudier les grâces de la diction romaine, la force et la beauté du langage, sans qu'elles eussent, comme l'Aspasie de Socrate, la prétention de donner des leçons aux rhéteurs? Quelques mots sur ce point de la civilisation romaine auraient été d'un grand prix. Le théâtre, cette histoire familière des mœurs, où chez nous les femmes occupent tant de place, instruit ordinairement à cet égard la postérité; mais le théâtre latin ne parle pas des femmes romaines : on n'eût pas osé les mettre sur la scène; réserve qui sans doute à elle seule nous dit beaucoup de choses sur les mœurs romaines, mais qui nous en laisse beaucoup ignorer.

Dans tous les cas, on conçoit bien que Scipion ou quelque autre des interlocuteurs, avait dû parler de cette fameuse loi Oppia, rendue dans la crise de la guerre punique, et qui restreignait la parure et le luxe des femmes. Elle fut abrogée, avant la mort de Scipion, sur la demande de deux tribuns fort jaloux de popularité, et malgré la résistance et les prédictions chagrines de Caton. Tite-Live nous a conservé un tableau admirable de cette curieuse controverse; et il a vivement retracé la brigue publique et la sollicitation des dames romaines, pour soutenir leur orateur. Il s'agissait en effet de l'abolition d'une loi bien dure, puisqu'elle défendait « d'avoir sur soi plus d'une demi-once de « parures d'or, de porter une robe à couleur mélangée, « et d'aller en voiture traînée de deux chevaux, à « Rome et dans les environs, à la distance de deux « mille pas, excepté pour un sacrifice public. » On voit dans le grave Tacite la même question, modifiée par les temps et les mœurs, occuper plus d'une fois le sénat, et faire hésiter Tibère. Ne serait-il pas curieux de savoir comment elle fut jugée, dans l'origine, par les sages ? et, à côté des austères réprimandes de Caton et des molles complaisances de deux tribuns, n'aimerions-nous pas à voir ce que pensaient sur ce point Scipion, Lælius, ou du moins ce que Cicéron croyait pouvoir leur attribuer avec vraisemblance ?

Au lieu de tout cela, que nous reste-t-il ? Quelques phrases ramassées par les grammairiens, pour fixer une étymologie [1] ou le sens d'un mot. Nous y voyons que par un principe d'éducation et de décence, toutes les femmes [2] s'abstiennent du vin. Une loi de Romulus leur en avait autrefois défendu l'usage, sous peine de la vie. Quelques autres mots nous apprennent que, lorsque la

---

[1] Itaque a petendo petulantia; a procando, id est poscendo, procacitas nominata est. (*Nonius*, voc. *petulantia*.)

[2] Ita magnam habet vim disciplina verecundiæ ; carent temeto omnes mulieres. (*Nonius*, voc. *temulenta*.)

réputation d'une femme était équivoque[1], ses parents refusaient de l'embrasser.

Enfin, il nous reste encore une réflexion que faisait Cicéron sur les fonctions du magistrat qui, dans la Grèce, présidait à la conduite des femmes, avec une vigilance assez médiocre, s'il faut en juger par les comédies d'Aristophane. « N'imposons pas, dit-il, aux « femmes[2] la surveillance d'un magistrat particulier, « comme celui qu'on élit chez les Grecs; mais ayons « un censeur qui instruise les maris à gouverner leurs « femmes. »

Un autre point dont Cicéron s'était occupé dans ce quatrième livre, et sur lequel nous avons peu de lumières, c'était l'éducation de la jeunesse romaine. Tout le monde a lu le beau chapitre de Quintilien, sur le choix à faire entre l'éducation publique et l'éducation domestique : et on conclut des expressions de ce morceau, qu'il existait à Rome de vastes établissements, où les enfants de famille étaient réunis pour les études, et probablement vivaient en commun. Mais cette indication même, qui se rapporte au temps des Césars, ne nous dirait rien pour les époques antérieures; et elle nous laisse ignorer d'ailleurs quelle était la nature et la forme de ces établissements, s'ils appartenaient à l'État, s'ils étaient dirigés par son influence, si les maîtres

---

[1] Atque etiam, si qua erat famosa, ei cognati osculum non ferebant. (*Nonius*, voc. *fama*.)

[2] Nec vero mulieribus præfectus præponatur, qui apud Græcos creari solet; sed sit censor, qui viros doceat moderari uxoribus. (Nonius, *de Num. et Cas.*)

en étaient rétribués sur les fonds du trésor, s'ils étaient placés dans un certain ordre de fonctions publiques, enfin quel rapport les écoliers avaient avec l'administration. Une lettre de Pline le Jeune nous le montre établissant à ses frais un instituteur, dans je ne sais quelle petite ville municipale. Horace nous parle des enfants de famille allant à l'école, leurs livres et leurs tablettes sous le bras; ailleurs, il se représente à nous conduit à Rome comme dans le chef-lieu de toutes les études, et fréquentant divers maîtres, toujours sous la garde incorruptible de son père : enfin, il a bien voulu immortaliser le nom de l'un de ces maîtres, par une épithète assez bizarre.

Mais ces détails et l'éducation qu'ils supposent sont d'une autre date que celle de la République, et ne nous apprennent rien sur le temps, dont Cicéron avait parlé dans son ouvrage. Nos fragments nouveaux donnent-ils à cet égard quelques idées précises et détaillées? Non; mais ils nous indiquent seulement que Polybe blâmait l'éducation de la jeunesse chez les Romains, en leur reprochant d'avoir négligé cette portion de l'ordre politique si honorée et si soigneusement surveillée chez les Grecs ; et ce fait sert à comprendre comment il n'est resté que peu de notions historiques, sur un objet qui n'avait peut-être jamais été régulièrement fixé par les Institutions et les lois.

Une autre cause explique l'absence d'un système d'éducation publique chez les Romains : c'est le caractère qu'y prenait l'autorité paternelle. On sait quelles étaient à cet égard les lois : le père était maître absolu de son fils, en disposait souverainement même au delà du premier temps de la jeunesse, pouvait le vendre jusqu'à trois fois, et le condamner à mort. Cette législation barbare venait de Romulus, et avait été conservée par les Décemvirs. Il en résultait qu'à Rome l'éducation, pour être assortie à ce principe, devait être toute de famille et tout intérieure; en cela fort différente de l'éducation de Sparte, où les enfants appartenaient à l'État beaucoup plus qu'à leurs parents. Ce fut même là un des traits distinctifs de la république romaine, si on la compare à toutes les autres. Il y resta toujours dans la constitution de la famille un principe de monarchie et même de despotisme : le père était un dictateur domestique; et ce pouvoir était représenté par la belle expression d'un ancien : *patria majestas*, la majesté paternelle. L'adoucissement progressif, et même la corruption des mœurs romaines laissa subsister ce principe dans sa force, puisque nous voyons du temps de Cicéron un père rappeler par un simple ordre son fils, qui avait suivi Catilina, le juger dans sa maison, et le mettre à mort.

On concevra dès lors que, dans les époques les plus reculées, dans celles dont Scipion pouvait parler, cet état de la famille chez les Romains, rapproché d'ailleurs de leur simplicité de mœurs, de leur vie agreste et guerrière, avait dû rendre les écoles publiques assez rares et peu nécessaires dans Rome. On ne saurait douter cependant qu'il en existât fort anciennement, même pour les femmes, puisque dans le drame sublime de la mort de Virginie, retracé par Tite-Live, cette jeune fille est représentée allant avec sa nourrice à une des écoles de lecture. Tite-Live indique par un mot la forme de ces écoles. Elles se tenaient dans des boutiques, près de la place publique. Sans doute d'autres écoles du même genre recevaient les jeunes Romains, pendant quelques heures de la journée. C'était l'usage chez les autres peuples de l'Italie voisins de Rome ; et cet usage avait dû passer chez les Romains, comme l'atteste l'emploi du mot *ludus*, dans leur langue : mais il n'avait produit sans doute, comme l'indique aussi le choix de ce mot, que des écoles de peu d'importance, regardées comme un lieu de passe-temps, au milieu des rudes exercices du Champ de Mars, bornées à l'enseignement de quelques notions fort simples, et présidées sans doute par des affranchis, qui s'en faisaient une industrie, dont l'État avait fort peu à s'occuper. Quand les Romains de ces premiers temps de la République voulaient pour leurs enfants une instruction plus sérieuse et plus étendue, ils les envoyaient étudier chez les Étrusques : c'est un fait curieux attesté par Tite-Live.

L'Étrurie, dans les premiers temps de la République, était pour les Romains ce que la Grèce fut quelques siècles plus tard. Ils en avaient tiré leurs augures, leurs auspices, plusieurs de leurs rois ; ils y cherchaient également l'espèce d'éducation littéraire, que comportait l'état de leur civilisation. « J'ai de bons garants, » dit Tite-Live, parlant du troisième siècle de Rome, » qu'a-
« lors les jeunes Romains étaient habituellement élevés
« dans l'étude des lettres étrusques, comme ils le sont

« aujourd'hui dans l'étude des lettres grecques [1]. »

On doit supposer, au reste, que ces expressions de l'historien ne s'appliquent qu'aux enfants des grandes familles de Rome, qui cherchaient à réunir en elles les lumières et toutes les dignités. Et on conçoit alors que ces études faites en Étrurie se liaient à cette science des auspices, dont les Étruriens étaient les inventeurs, et que la politique des patriciens se réservait exclusivement. Mais de là sans doute il ne résultait aucun système d'instruction publique et populaire.

Si des écoles plus savantes s'établirent dans la suite à Rome, elles furent fondées par les Grecs, et plutôt avec la tolérance des chefs de l'État que par aucune vue de leur politique. Suétone nous dit que le goût de la grammaire, c'est-à-dire de la littérature, fut introduit dans Rome par un certain Crates Mallotes, que le roi Attale avait chargé d'une ambassade pour le sénat, dans l'intervalle de la seconde à la troisième guerre punique. Ce Grec, s'étant cassé la jambe à Rome, ne trouva rien de mieux à faire, pendant sa convalescence, que de donner des leçons publiques. Il eut des imitateurs parmi les Romains. Rome avait déjà quelques poëtes : l'usage s'établit de lire, et sans doute de commenter leurs vers, devant des réunions nombreuses. Un certain Quintius Vargonteius faisait ainsi, à jours fixes, des lectures du poëme d'Ennius D'autres Romains,

---

[1] Cære educatus apud hospites, etruscis inde litteris eruditus erat, linguamque etruscam probe noverat. Habeo auctores vulgo tùm romanos pueros, sicut nunc græcis, ita etruscis litteris erudiri solitos. (*Tit.-Liv.*, lib IX, cap. XXXVI.)

parmi lesquels on nomme Lælius, lurent en public les satires de Lucile. Les maîtres de philosophie, d'éloquence se multiplièrent. Mais il semble qu'alors ces études nouvelles étaient plutôt une distraction recherchée par les hommes, qu'elles n'entraient dans un système d'éducation pour la jeunesse ; elles trouvèrent d'ailleurs bientôt de grands obstacles dans la défiance des magistrats.

Suétone [1] a conservé sur ce point deux actes infiniment curieux ; l'un est un ancien édit de préteur ainsi conçu : « Caïus Fannius Strabo, Marcus Valerius Mes-
« sala, étant consuls, Marcus Pomponius, préteur, a
« fait rapport au sénat ; et, sur ce qui a été dit tou-
« chant les philosophes et les rhéteurs, le sénat a dé-
« crété que Marcus Pomponius, préteur, y prît garde,
« et qu'il eût soin dans l'intérêt de la république et
« pour l'acquit de son devoir, de ne point laisser ces
« hommes dans la ville. »

Un autre édit d'une époque moins reculée, en exprimant la même réprobation de toutes ces sciences nouvelles, indique l'existence dans Rome d'autres écoles anciennement approuvées par l'État, et qui sans doute étaient ces écoles inférieures, dont nous avons parlé. Voici les termes de ce singulier monument : « Enæus
« Domitius Ænobarbus et Lucius Licinius Crassus Cen-
« ceurs ont déclaré ce qui suit : Nous avons été in-
« formés qu'il y avait des hommes qui ont établi un
« nouveau genre d'instruction, et près desquels la jeu-

---

[1] Suetonius, *de Claris rhetoribus.*

« nesse affluait dans les écoles ; que ces hommes s'é-
« taient donné le nom de rhéteurs latins ; que les jeunes
« gens restaient là des journées entières. Nos aïeux ont
« réglé ce qu'ils voulaient enseigner à leurs enfants,
« et quelles écoles ils voulaient leur faire suivre. Ces
« nouveautés qui choquent la coutume et l'usage de
« nos aïeux, nous déplaisent et ne nous paraissent pas
« bonnes : ainsi, il nous semble nécessaire de faire con-
« naître, et à ceux qui tiennent ces écoles, et à ceux
« qui ont l'habitude d'y venir, notre décision, que cela
« nous déplaît. »

Cet édit, qui semble plutôt une censure morale qu'une interdiction, n'empêcha pas sans doute la jeunesse romaine de courir à ces écoles d'éloquence, qui offraient tant d'attraits à la curiosité, et où même l'ambition politique pouvait chercher des instruments de succès, pour les combats du Forum. L'éloquence avait été certainement cultivée à Rome, dès les premiers jours de la république. Fit-on jamais une révolution populaire sans éloquence? et le Tribunat seul n'était-il pas un grand maître de rhétorique? Mais cette éloquence avait été d'abord inspirée par les passions et la nécessité, plutôt que soutenue et développée par l'étude. Lorsque les lettres grecques se présentèrent, on les reçut comme un secours, en dépit de la résistance des magistrats. Caton même, l'ennemi de la philosophie et des arts, finit par apprendre la langue grecque. Les deux premiers grands orateurs de Rome, les Gracques, fortifièrent dans l'étude des lettres attiques leur génie naturel. Dès cette époque, où la république romaine était déjà si puissante, si remplie de richesses, le luxe des grands fut d'avoir près d'eux et pour leur usage un grammairien, un rhéteur, ou un philosophe grec.

Tibérius Gracchus avait pour commensal et pour ami un célèbre philosophe grec, dont la conversation le fortifia dans ses hardis desseins. Il est inutile de rappeler que Scipion s'était également attaché deux Grecs d'un esprit supérieur, Polybe et Panætius. Un des premiers maîtres d'éloquence et de philosophie, qui s'était illustré dans Rome, Aurelius Opelus, quitta ce brillant théâtre par dévouement au vertueux Rutilius, et pour le suivre, dans son exil à Smyrne. Enfin, Cicéron fut un des plus zélés auditeurs de ces Grecs ingénieux, qui venaient réciter dans Rome les traditions du génie de leurs grands hommes, et s'exerçaient eux-mêmes à des déclamations sur des sujets factices. Il paraît que ce fut dans ces écoles grecques établies à Rome, que Cicéron, dès l'enfance, excita l'admiration notée par Plutarque : car, il nous apprend quelque part [1], que les hommes graves qui dirigeaient ses études, ne lui permirent pas d'aller entendre les rhéteurs romains, et particulièrement un certain Plotius, qui le premier s'était avisé de professer en langue latine, et qui attirait un grand concours.

On aimerait, sans doute, à savoir dans les dialogues de

---

[1] Equidem memoriâ teneo pueris nobis primum latine docere cœpisse Lucium Plotium quemdam : ad quem cùm fieret concursus, quòd studiosissimus quisque apud eum exerceretur, dolebam mihi idem non licere. Continebar autem doctissimorum hominum auctoritate, qui existimabant græcis exercitationibus ali melius ingenia posse. (Cicero, *ad Marcum Titinium.*)

la République, comment Cicéron jugeait l'influence morale de ces études oratoires, qu'il ne considère ailleurs, que sous le rapport de l'art et du génie. Il nous eût sans doute révélé, par la bouche des illustres Romains qu'il mettait en scène, beaucoup de précieux détails sur cette première époque de culture littéraire et de politesse sociale, dont Scipion fut contemporain. A son défaut, le hasard nous a conservé un monument fort singulier de cette même époque, un passage d'une harangue authentique du principal interlocuteur employé par Cicéron, de Scipion Émilien lui-même, passage qui porte précisément sur la molle éducation des jeunes Romains, et sur l'abus que l'on faisait déjà des arts d'agrément. Ce morceau précieux, transcrit par le compilateur Macrobe, se trouvait dans le discours que Scipion prononça contre la loi proposée par Tibérius Gracchus, pour ôter au Sénat le pouvoir judiciaire. Ce sont des réflexions qui sans doute faisaient partie de quelque avertissement sévère, que Scipion adressait aux patriciens, dont il défendait la cause, en blâmant leur luxe et leurs vices, qui compromettaient leur pouvoir. « On enseigne, dit-il, à nos jeunes Ro-
« mains des arts prestigieux et déshonnêtes. Au milieu
« de petits baladins [1], de guimbardes, de flûtes, ils vont

---

[1] Docentur præstigias inhonestas : cum cinædulis, et sambucâ, psalterioque eunt in ludum histrionum; discunt cantare : quæ majores nostri ingenuis probro ducier voluerunt. Eunt, inquam, in ludum saltatorium inter cinædos virgines, puerique ingenui. Hæc cùm mihi quisquam narrabat, non poteram animum inducere, ea liberos suos homines nobiles docere; sed cùm ductus sum in ludum saltatorium, plus, medius fidius, in eo ludo vidi

« dans une école d'histrions ; ils apprennent à chanter,
« chose que nos ancêtres voulaient que l'on regardât
« comme honteuse pour les personnes de condition
« libre ! Je le répète, les jeunes vierges, les jeunes Ro-
« mains vont dans une académie de danse, parmi les
« baladins. Quelqu'un m'ayant raconté cela, je ne pou-
« vais me persuader que des patriciens donnassent une
« semblable instruction à leurs enfants ; mais m'étant
« fait conduire dans une école de danse, j'ai vu dans
« cette école plus de cinq cents jeunes garçons et jeunes
« filles, et dans ce nombre (ce qui me fit pitié pour la
« République) le fils d'un candidat, un enfant qui n'a-
« vait pas moins de douze ans, et qui dansait aux cym-
« bales, exercice qu'un esclave débauché ne pourrait
« faire sans déshonneur. »

Cette molle éducation de la jeunesse, ces danses ioniennes dont se plaint Horace, ou des danses qui ne valaient pas mieux, avaient, comme on le voit, précédé de longtemps la monarchie d'Auguste. Scipion, auquel un historien [1] attribue l'introduction du luxe dans Rome, Scipion, accusé lui-même par l'austère Caton d'être un corrupteur de la vertu romaine, avait déjà besoin de réprimander les mœurs de son temps. Il avait voulu donner à sa patrie la politesse et les arts : et il

---

pueris virginibusque quingentis ; in his unum (quo me rei publicæ maximè misertum est) puerum bullatum, petitoris filium, non minorem annis duodecim, cum crotalis saltare : quam saltationem impudicus servulus honestè saltare non posset. (Macrob., *Saturn.*, lib. II, cap. x.)

[1] Potentiæ Romanorum prior Scipio viam aperuerat ; luxuriæ posterior aperuit. (*Velleius*, lib. II.)

était devancé par le débordement du luxe et des vices. Cette corruption hâtive et précipitée des Romains doit trouver, ce me semble, encore son explication dans leur négligence à l'égard de l'éducation publique. Ils n'avaient pas, comme les Grecs, cette foule de jeux, d'exercices et de fêtes établis, pour développer les corps et les âmes de la jeunesse. Leurs exercices étaient uniquement bornés à la guerre. Ce n'était pas cette gymnastique élégante de la Grèce. C'était seulement un apprentissage militaire commencé dans le *Champ de Mars*, et continué sous le drapeau, pour se rendre plus capable de soutenir de longues marches, de porter de lourds fardeaux, et de manier adroitement les armes. Nulle image de ces danses graves et religieuses, où paraissaient les jeunes files de l'Attique, la tête couronnée de fleurs; point de ces chœurs de musique, où chantaient les vieillards, les jeunes hommes et les enfants; point de ces *théories* gracieuses qui parcouraient, aux sons de la lyre, les flots et les rivages de la Grèce; point de ces jeux olympiques, où l'on couronnait tour à tour la force de l'athlète, l'art du musicien et le génie du poëte. Rome avait méprisé, dans l'instruction de ses enfants, tout ce qui ne servait pas immédiatement à la guerre : elle n'eût pas compris comment le plus habile général[1] de la Grèce avait su danser et jouer de la flûte. Qu'arriva-t-il de cette rude indifférence? Ces mêmes choses que Rome avait dédaignées comme des arts, elle les reçut bientôt comme des vices, alors qu'elles entrèrent

---

[1] *Cornelius Nepos, in præf.*

dans son sein, avec tout le cortége du luxe asiatique, et qu'elles furent trouvées, pour ainsi dire, dans le butin de la victoire, parmi des amas d'esclaves qui en étaient les précepteurs, les dépositaires, et qui empoisonnaient de leur corruption ces sciences frivoles et innocentes, dont les magistrats de la Grèce avaient su jadis faire un instrument de gloire et d'enthousiasme.

Cicéron, qui, d'après les nouveaux fragments du quatrième livre de la République, adressait aux peuples de la Grèce des reproches trop fondés [1], et accusait avec justice l'infâme souillure qui déshonorait trop souvent les mœurs de leur jeunesse, avait-il également reconnu ce qui manquait à l'éducation de ces Romains infectés sitôt par tous les vices du reste de la terre? Il paraît avoir blâmé cette bizarre institution qui exerçait au larcin les enfants de Sparte [2]. Il félicite Rome de n'avoir jamais eu de plan d'éducation uniforme et publique; mais, n'avait-il rien à blâmer dans ces institutions domestiques confiées, dans Rome, presque toujours à des affranchis, ou à des esclaves? N'était-ce pas, pour les plus riches Romains, une déplorable grandeur, que celle qui leur permettait de ne placer auprès de leurs enfants, pour les instruire même dans les plus hautes études, que des hommes de condition servile, achetés chèrement, à cause de leurs talents, comme ce

---

[1] Adeo ut Cicero dicat in libris de Re Publicâ, opprobrio fuisse adolescentibus, si amatores non haberent. (Servius, *ad Eneid.* lib. X, v. 325.)

[2] Non modo ut Spartæ, rapere ubi pueri et clepere discunt. (*Nonius*, voc. *clepere*.)

Dionysius, dont Cicéron admirait le savoir, qu'il avait affranchi, pour lui confier le soin d'élever son fils et son neveu, et par lequel il fut lâchement trahi! L'instruction n'est qu'une partie de l'éducation. Quel enseignement libéral un esclave peut-il donner? La timidité, la flatterie, l'abjection d'âme attachée à son sort, ne doivent-elles pas altérer, dans sa bouche, ce que la science a de plus noble et de plus pur? N'est-il pas tenté naturellement de faire des calculs sur les vices du maître qu'il élève? Si on cherche la cause principale de cette corruption, trop fréquente dans les derniers temps de la République et sous l'Empire, on la trouvera peut-être dans l'usage de donner pour précepteurs aux jeunes patriciens et même aux héritiers des Césars, de misérables affranchis, pour qui la science n'était qu'un métier appris dans l'esclavage, et qui la transmettaient, comme ils l'avaient reçue, sans en faire la force et la lumière de l'âme. Au reste, ce ne serait pas le seul exemple de cette justice de la Providence, qui veut que les vices produits par l'oppression servent à corrompre encore les oppresseurs, et qui leur renvoie ainsi la plus grande partie du mal qu'ils ont fait.

Aussitôt que, chez les Romains, l'austère simplicité de l'éducation paternelle eut fait place à l'enseignement de ces arts étrangers qu'apportaient des esclaves ou des vaincus, aucune institution publique n'étant établie pour en régler l'usage, la pente vers la corruption fut irrésistible; et on vit paraître cette insatiable frénésie de jouissances qui, nourrie sans cesse par les trésors de la conquête, enfanta ces prodigieux raffinements de luxe et de débauche, dont l'histoire de Rome est remplie. Ils étaient portés à l'excès du temps de Cicéron ; et le siècle de Scipion les avait vus naître et se développer rapidement. Les efforts de la législation, pour arrêter ce torrent, les diverses métamorphoses du luxe, pour éluder les lois somptuaires, la nature même et la succession de ces lois, leur sévérité décroissante, et pour ainsi dire, la corruption progressive qui les gagnait elles-mêmes, ou les rendait inutiles : voilà des choses qui, dans les idées de l'antiquité, tenaient de trop près à l'histoire de la Constitution romaine, pour ne pas occuper une grande place dans l'ouvrage de Cicéron. Nous voyons dans Tacite que, sous les empereurs, ces questions étaient encore agitées dans le sénat, bien que le despotisme n'ait rien à redouter du luxe et de la mollesse. Combien ne devaient-elles pas avoir eu d'importance, à une époque où la liberté florissante et jalouse s'effrayait de tout ce qui portait atteinte aux anciennes mœurs ! Tout ce qui, chez les Romains corrompus, produisit dans la suite tant d'inventions bizarres de faste et de débauche, avait été d'abord réprimé par les lois. Nous avons vu celle qui restreignait la parure des femmes. Le luxe de table attira également des prohibitions sévères : il paraît même que l'on ordonna, pendant quelque temps, de tenir, aux heures des repas, les portes des maisons ouvertes, et de ne souper que sous les yeux et, pour ainsi dire, sous la censure du public[1]. C'était un acheminement vers l'ins-

---

[1] Imperari cœpit, ut patentibus januis pransitaretur et cœnaretur ; ut sic, oculis civium testibus factis, luxuriæ modus fieret. (Macrob., *Saturn.* lib. II, cap. XIII.)

titution de ces tables communes établies à Lacédémone, et qui ne pouvaient guère convenir à Rome, divisée en deux ordres inégaux, et sans cesse enrichie par le butin de la guerre. Aussi cette loi ne dura point; et on se borna bientôt à régler par d'autres décrets la forme et la magnificence des repas. La loi *Orchia* [1] intervint la première : elle réduisit le nombre des convives. Cette disposition ne tarda pas à être violée, malgré les plaintes et les cris de Caton qui, dans ses harangues, revenait souvent sur cet éternel abus des invitations à dîner. Vingt-deux ans après, une loi plus forte et mieux observée parut nécessaire : et l'on rendit la loi *Fannia;* elle avait été présentée par les Consuls, et sur le vœu de tous les gens de bien. « Car, dit un auteur ancien, « cité par Macrobe [2], le mal était venu à ce point, que « la plupart des jeunes citoyens vendaient, pour les « jouissances de table, leur honneur et leur liberté, et

---

[1] Prima autem omnium de cœnis lex ad populum orchia pervenit, quam tulit C. Orchius tribunus plebis de senatûs sententiâ, tertio anno, quàm Cato censor fuerat, cujus verba, quia prolixiora sunt, prætereo. Summa autem ejus præscribebat numerum convivarum. Et hæc est lex orchia, de quâ mox Cato in orationibus suis vociferatur, quòd plures, quàm præscripto ejus cavebatur, ad cœnam vocarentur. (Macrob., *Saturn. loco prædicto.*)

[2] De hâc lege Sammonicus Serenus ita refert : Lex fannia ingenti omnium ordinum consensu pervenit ad populum; neque eam prætores aut tribuni, ut plerasque alias, sed ex omni bonorum consilio et consensu ipsi consules pertulerunt, cùm res publica ex luxuriâ conviviorum majora, quàm credi potest, detrimenta pateretur. Siquidem eò res redierat, ut gulâ illecti plerique ingenui pueri pudicitiam et libertatem suam venditarent : plerique ex plebe romanâ vino madidi in comitium venirent, et ebrii de rei publicæ salute consulerent. (Macrob., *Saturn.* lib. II, cap. XIII.)

« que beaucoup de gens du peuple romain se rendaient
« pris de vin à l'assemblée des comices, et délibéraient
« dans un état d'ivresse sur le salut de la République. »
Un orateur, qui soutint le projet de loi, porta plus loin
l'amertume de ces descriptions, et représenta ceux de
ses concitoyens qui exerçaient les fonctions de législateurs et de juges, sous des traits peu conformes à nos
idées de la dignité romaine, et trop librement énergiques pour permettre une traduction entièrement fidèle :
« On reste, dit-il [1], à jouer aux dés, la tête parfumée
« d'encens, parmi des courtisanes ; dix heures arrivent-
« elles, on fait venir un esclave, que l'on charge d'aller
« sur la place s'enquérir de ce qui a été fait dans le
« forum, quels orateurs ont parlé pour ou contre, com-
« bien de tribus ont décrété l'adoption d'une loi, com-
« bien ont voté le rejet. On arrive aux comices, triste
« et appesanti ; on ordonne aux orateurs de parler :
« ceux dont c'est l'affaire parlent. Le juge appelle les
« témoins ; puis il sort pour quelques besoins ; il rentre ;

---

[1] Ludunt aleâ, studiose unguentis delibuti, scortis stipati. Ubi horæ decem sunt, jubent puerum vocari, ut comitium eat percunctatum quid in foro gestum sit, qui suaserint, qui dissuaserint, quot tribus jusserint, quot vetuerint. Dum eunt, nulla est in angiporto amphora, quam non impleant, quippe qui vesicam plenam vini habeant. Veniunt in comitium tristes ; jubent dicere. Quorum negotium est, dicunt. Judex testes poscit : ipsus it minctum. Ub redit, ait se omnia audivisse, tabulas poscit, litteras inspicit, vix præ vino sustinet palpebras. Eunti in consilium, ibi hæc oratio : Quid mihi negotii est cum istis nugacibus ? Quàm potius potamus mulsum mixtum vino græco ? edimus turdum pinguem, bonumque piscem, lupum germanum, qui inter duos pontes captus fuit ? (Macrob., *Saturn*. lib. II, cap. XII.)

« il dit qu'il a tout entendu, il demande les bulletins, il
« regarde les votes. A peine soutient-il ses paupières
« demi-fermées par l'ivresse. Au moment de délibérer,
« voici son discours : Qu'ai-je à faire avec tous ces
« drôles? Que ne suis-je plutôt à boire du vin doux
« mêlé de vin grec, à manger une grive bien grasse,
« ou quelque bon poisson, un vrai loup du Tibre,
« pêché entre les deux ponts? »

La loi Fannia réglait la dépense de la table : elle la fixait habituellement à dix sous d'airain par jour, portait cette somme à trente sous, pendant dix jours de chaque mois, et l'étendait jusqu'à cent sous, pendant les jeux romains, les saturnales, et quelques autres jours privilégiés. Douze ans après, cette loi trop faible et hors d'usage fut fortifiée par la loi *Didia*, qui appliquait à toute l'Italie des prohibitions bornées d'abord aux habitants de Rome, et qui rendait passibles des peines fixées, non-seulement ceux qui auraient donné des festins défendus, mais tous les convives et tous les assistants.

Nous ne parlerons pas des lois qui suivirent, et particulièrement d'une loi somptuaire, portée par le dictateur Sylla, monument de luxe bien plus que de sévérité[1], puisqu'elle s'occupait seulement de taxer le prix

---

[1] Has sequitur lex cornelia, et ipsa sumptuaria, quam tulit Cornelius Sulla dictator ; in quâ non conviviorum magnificentia prohibita est, nec gulæ modus factus, verum minora pretia rebus imposita : et quibus rebus, dii boni! quàmque exquisitis et pene incognitis generibus deliciarum! quot illic pretia, quasque offulas nominat. (Macrob., *Saturn.* lib. II, cap. XIII.)

des mets, et qu'elle en énumérait une quantité prodigieuse, composés des substances les plus rares. Mais on voit que, bien avant cette époque, et dans le temps seul qui nous occupe, les désordres de la table avaient été portés assez loin ; et on peut supposer que, dans le quatrième livre de la République, Scipion ne faisait pas sur ce point des plaintes moins inutiles et moins sévères que sur les danses corruptrices de la jeunesse romaine.

Le luxe de la parure, faiblement réprimé dans les femmes par la loi *Oppia*, se communiquait aussi dès lors à ces Romains, qui longtemps n'avaient eu d'autre ornement que leurs armes et les couronnes de chêne conquises sur le champ de bataille. Ce luxe, fort différent dans nos États modernes, où il n'est considéré que comme un objet de commerce, pouvait avoir trop d'influence sur des mœurs républicaines pour ne pas inquiéter le zèle des bons citoyens. On sait quel soin les Romains avait apporté au choix, à la distinction graduée, à la simplicité des vêtements : la dignité de la toge caractérisait la paisible autorité du commandement.

Le respect pour la toge romaine faisait considérer la moindre altération dans la forme d'un si noble vêtement, comme un luxe blâmable. Nous pouvons encore invoquer sur ce point l'autorité de Scipion lui-même. Dans un passage rapporté par Aulu-Gelle[1], Scipion s'élevant

---

[1] Hâc antiquitate inductus, P. Africanus Pauli filius, vir omnibus bonis artibus atque omni virtute præditus, P. Sulpicio Gallo homini delicato, inter pleraque alia quæ objectabat, id quoque probro dedit, quòd tunicis uteretur manus totas operientibus.

avec amertume contre un certain Sulpicius Gallus, dont il accusait publiquement les mœurs et la vie dissolue, lui reprochait, entre autres griefs, de paraître dans les festins avec une tunique à longues manches. Nous voyons ailleurs que Virgile désigne ces tuniques comme une parure efféminée, peu faite pour une jeunesse guerrière :

Et tunicæ manicas et habent redimicula mitræ.

Cet éloignement pour un luxe si commun dans l'Asie, et même dans la Grèce, se concevra sans peine, si on songe qu'à Rome le commerce fut longtemps ignoré ou méprisé. La monnaie même, agent principal du commerce, n'y était point connue, dans les deux premiers siècles. On ne frappa de pièces de cuivre que sous le règne de Servius ; et le métal d'argent ne fut employé au même usage, qu'après les guerres contre Pyrrhus, et cinq années seulement avant la première guerre punique[1]. Enfin, l'or monnayé n'eut cours que soixante-douze ans après cette époque, c'est-à-dire, du temps

---

Verba sunt hæc Scipionis : « Nam qui quotidie unguentatus ad-
« versum speculum ornetur, cujus supercilia radantur, qui, barbâ
« volsâ, feminibusque subvolsis ambulet, qui, in conviviis ado-
« lescentulus cum amatore, cum chiridotâ tunicâ inferior accu-
« buerit, qui non modo vinosus, sed virosus quoque sit ; eumne
« quisquam dubitet, quin idem fecerit, quod cinædi facere so-
« lent ? » (Aul. Gell., *Noct. attic.* lib. VII, cap. XII.)

[1] Populus romanus ne argento quidem signato, ante Pyrrhum regem devictum, usus est, etc. Argentum signatum est anno urbis CDLXXXV, C. Fabio, consule, quinque annis ante primum bellum punicum. (*C. Plinii natur. Histor.*, lib. XXXIII.)

même de Scipion. Pline[1] observe même que les Romains n'exigeaient pas des peuples vaincus de l'or pour rançon, et que dans le tribut imposé aux Carthaginois, après la défaite d'Annibal, ce métal n'est point spécifié. Il était, à cette époque, d'un usage fort rare à Rome; et, suivant une autre remarque de Pline, ce ne fut qu'après la troisième guerre punique et la ruine de Carthage, que l'on dora les lambris du Capitole, magnificence qui, sous les empereurs, devint commune dans les maisons des simples particuliers.

Ces faits, qui supposent bien peu de développement donné au commerce, expliquent comment, lors même que la conquête de tant d'États eût livré à Rome les productions et les industries du reste du monde, le négoce était encore, aux yeux des admirateurs de l'ancien temps, une profession avilissante, compagne du luxe et de la décadence. Ce qui paraissait autrefois une occupation indigne d'un peuple laboureur et guerrier, paraissait alors également indigne d'un peuple dominateur. Les lois fiscales, les taxes sur les produits que le commerce étranger apportait à Rome, ne semblait pas non plus un mode assez honorable de remplir ce trésor de la République, enrichi par la dépouille des rois. « Je ne « veux pas[2], » disait Scipion, dans une phrase de ce quatrième livre conservée par le grammairien Nonius,

---

[1] Aureus nummus post annum LXII percussus est, quàm argenteus. (*C. Plinii natur.*, lib. XXXIII.)

[2] Nolo eumdem populum imperatorem et portitorem esse terrarum. Optimum autem et in privatis familiis, et in re publicâ, vectigal duco esse parcimoniam. (*Nonius.*)

« je ne veux pas que le même peuple soit le roi et l'entre-
« poseur de l'univers; et j'estime, que pour les États,
« comme pour les particuliers, le meilleur revenu c'est
« l'économie. » Une telle maxime suffirait pour indiquer
la prodigieuse différence qui sépare les temps anciens de
nos temps modernes, où l'on trouverait peut-être, que
le peuple roi est précisément celui qui est en même temps
le facteur et le douanier de l'univers.

A côté des progrès du luxe matériel, jugés suivant
les opinions de l'antiquité, Cicéron avait dû traiter plus
soigneusement encore ce qui tient au luxe de l'esprit,
les arts, les lettres, les théâtres, tout ce brillant cortége
de la civilisation et de la richesse. Rien n'était plus ancien, chez les Romains, que les fêtes et les pompes publiques. Mais ces fêtes, assorties d'abord au goût d'un
peuple de pâtres et de soldats, avaient conservé l'empreinte de cette rude origine; et lors même que la magnificence et le génie des arts étaient venus les embellir,
il y était resté quelque chose de dur et de barbare, comme
les premières mœurs qui les avaient inspirées.

Fort anciennement, les citoyens prenaient part aux
combats du cirque, soit par eux-mêmes, soit en y faisant
paraître leurs chevaux ou leurs esclaves. Pline le naturaliste cite[1] un fragment de la loi des Douze Tables relatif
aux récompenses et aux couronnes qui pouvaient s'obtenir ainsi dans ces jeux guerriers. Cela, comme on voit,

---

[1] Inde illa XII Tabularum lex : *Qui coronam parit ipse, pecu-
niáve, ejus virtutis ergo duitor ei.* Quam servi equive meruissent,
pecuniâ partam lege dici, nemo dubitaret. (C. Plin. *nat.*, *Hist.*
lib. XXI.)

se rapprochait assez des coutumes élégantes de la Grèce, dans ses fêtes d'Olympie. Mais le jeu sanguinaire des gladiateurs n'appartenait qu'à Rome, ou du moins aux Samnites, à qui Rome l'avait emprunté. Cicéron, dans aucun de ses ouvrages connus, n'a réprouvé cet affreux usage qui faisait du sang et du meurtre le passe-temps des spectateurs romains. N'en avait-il rien dit dans ce quatrième livre? L'exemple de Platon, si attentif à rendre les guerriers de sa république aussi humains que braves, et à fortifier leurs muscles et leurs âmes par des exercices sans danger pour les vertus morales, ne lui avait-il pas fait sentir, sur ce point, ce qui manquait aux vieilles mœurs romaines? Nous l'ignorons et nous en doutons : telle est la puissance d'un préjugé national sur les plus beaux génies d'une nation! Les Romains, il faut le dire, comparés aux Grecs, ne furent jamais que des sauvages civilisés, des barbares pleins d'un admirable talent d'imitation, et instruits, à force d'art, dans une urbanité qui ne passait pas jusqu'au fond de leurs mœurs, et qui polissait leur langage, sans humaniser leur nature. La guerre continuelle, le besoin de la destruction ou de l'esclavage des autres peuples, renouvelaient sans cesse en eux cette férocité primitive. Les combats de gladiateurs avaient été d'abord, dans leurs usages religieux, une espèce d'hécatombe offerte à la mort, et par laquelle on honorait les funérailles des citoyens illustres. Le goût du sang inné dans ce peuple en fit bientôt une partie nécessaire de toutes les fêtes publiques, et de ces jeux sans nombre consacrés à la foule des divinités que Rome adorait.

Comment Scipion Émilien, malgré son atticisme, aurait-il blâmé cette coutume? Nous lisons dans l'histoire que le premier Africain, son illustre et vertueux modèle, donna dans Carthagène un spectacle de gladiateurs, d'où l'on rejeta les esclaves comme un sang trop vil, et où l'on n'admit que des hommes de condition libre, qui se dévouaient à la mort, pour plaire au général. Bien plus, deux jeunes princes d'Ibérie, parents et issus des deux sœurs, se disputaient alors le misérable trône d'une ville soumise à la protection romaine. Scipion leur permit de combattre corps à corps dans cette fête sanglante, avec un acharnement qui ne se termina que par la mort du plus jeune, et qui, ajoute froidement Tite-Live, fit voir à l'armée, par un remarquable exemple, combien la passion du Pouvoir est un dangereux fléau pour les mortels.

Il est à croire que la philosophie, complice de l'orgueil et de l'ambition de Rome, n'éleva aucune plainte contre cette barbare coutume, et laissa le peuple jouir d'un spectacle, que l'on croyait salutaire au courage, et politiquement utile. Cette réclamation, comme beaucoup d'autres, était réservée au christianisme, qui la fit entendre dans les premiers siècles de l'empire, où ce genre de férocité, mêlé à des mœurs molles et lâches, était devenu encore plus révoltant. Et cependant telle était la puissance d'une atroce habitude, que les combats de gladiateurs se renouvelèrent même sous les empereurs chrétiens, et ne cédèrent qu'à la longue opiniâtreté de l'éloquence évangélique. Le poëte Prudence, dans le quatrième siècle, représentait en vers énergiques ces affreux spectacles, et les jeunes Romaines attentives aux vicissitudes du combat, à la chute du vaincu, et donnant elles-mêmes le signal de sa mort :

> Pectusque jacentis
> Virgo modesta jubet converso pollice rumpi.

Il pressait Théodose le Jeune d'abolir ces jeux barbares, et de mériter cette palme d'humanité, que son père lui avait laissée à cueillir. « Plus de supplicié, disait-il, dont « la souffrance soit un amusement public. Que ce « cirque odieux, satisfait du sang des bêtes, ne se « fasse plus un jeu des meurtres humains. »

> Arripe dilatam tua, dux, in tempora famam,
> Quodque patris superest, successor laudis, habeto.
> Nullus in urbe cadat, cujus sit pœna voluptas.
> Jam, solis contenta feris, infamis arena
> Nulla cruentatis homicidia ludat in armis.

Rome chrétienne avait encore besoin de telles leçons ; et il y avait cependant plus de six siècles que Térence avait fait applaudir, dans l'*Andrienne*, ce beau vers qui semblait inspiré par l'humanité la plus tendre :

> Homo sum, et humani nihil a me alienum puto !

Tant les maximes ont peu d'influence sur les mœurs !

Au reste, si le théâtre romain avait quelquefois retenti d'accents si purs, il avait été plus souvent l'image d'une société corrompue ; et peut-être les sages de l'ancienne Rome s'étaient-ils montrés moins indulgents pour la licence de la scène que pour la cruauté du cirque. On connaît ce trait de Caton assistant aux jeux de la déesse Flore, et sortant de l'assemblée, parce que le peuple n'osait pas, sous ses yeux, demander la représentation de quelques bouffonneries obscènes, qui faisaient un accessoire ordinaire de la fête.

Quelle que soit l'idée que cette anecdote nous donne du caractère des jeux scéniques, n'oublions pas que ces jeux, à Rome, comme dans la Grèce, avaient une origine religieuse. Ce fut l'an 391 de Rome, après les ravages d'une maladie contagieuse, qu'on employa ce moyen de conjurer le fléau et d'apaiser les dieux [1]. Ce n'était d'abord qu'une sorte de pantomime jouée par des Étruriens appelés pour cet usage. Ensuite, la jeunesse romaine, mêlant à l'imitation de ces danses des plaisanteries en vers grossiers, il en naquit un art nouveau. Des histrions romains se formèrent; et bientôt s'exercèrent à des représentations nommées *satires*, mélange de chants, de danses, et de vers semblables à ces vers fescennins dont parle Horace. Livius Andronicus fut le premier qui remplaça ces *satires* par des espèces de fables dramatiques. Rien n'était plus imparfait et plus grossier que ces commencements. L'auteur, à ce qu'il paraît, représentait à lui seul toute sa pièce. Un premier pas vers le progrès de l'art fut la permission donnée à Livius de se faire aider par un enfant qui chantait, tandis que lui-même continuait à faire la pantomime. La loi s'occupa bientôt de réprimer les écarts de ces jeux nouveaux, et les réduisit, comme dit Tite-

---

[1] Cùm vis morbi nec humanis consiliis, nec ope divinâ levaretur, victis superstitione animis, ludi quoque scenici, nova res bellicoso populo (nam circi modo spectaculum fuerat) inter alia cœlestis iræ placamina instituti dicuntur. (*Tit.-Liv.*, lib. VII c. ii.)

Live, à être un art. Alors de jeunes Romains empruntèrent aux Osques, peuple d'Italie fort anciennement civilisé, une autre forme de drame plus régulier, plus décent, et qui prit le nom d'*atellanes*, genre de composition théâtrale, dont il ne nous reste aucun vestige.

Avec quelle curiosité n'aurions-nous pas entendu Scipion, le protecteur et l'ami de Térence, expliquer les progrès de cet art du théâtre qui, se développa si vite à Rome, et en marquer l'influence sur les mœurs publiques ! De précieux et trop courts fragments de cette partie du quatrième livre nous ont été conservés. On y voit les différences, assez connues, qui séparèrent le théâtre romain de celui des Grecs, et ne permirent jamais qu'il eût le même génie et la même puissance. Mais ces fragments nous laissent bien des questions à faire et des doutes insolubles.

Quant à la tragédie romaine, il ne paraît pas qu'elle ait pu fournir, du temps de Scipion, beaucoup de remarques et de vues morales. Elle était toute grecque et toute mythologique. Cicéron aimait et citait les vieux poëtes, qui donnèrent à cette tragédie quelque énergie mêlée de rudesse. Il leur enlève souvent des expressions hardies et nerveuses, dont il admire la force, dans un temps où la poésie romaine était encore si loin de la perfection. Mais ces mêmes poëtes, considérés sous un point de vue plus élevé, ne pouvaient rien lui offrir de ce que la tragédie d'Athènes présentait aux méditations des sages et au patriotisme des citoyens. Ennius, qui chanta en vers héroïques les actions des Romains, n'avait mis sur la scène que les traditions de la Grèce.

Pacuvius, contemporain de Scipion, n'avait traité aucun sujet national, et n'avait ainsi fait de la tragédie qu'une œuvre littéraire, une imitation des fables de la Grèce. Ce ne fut que plus tard, et presque du temps de Cicéron, que l'idée vint au poëte Accius de mettre sur la scène l'expulsion des Tarquins. Mais jusque-là Hécube, Priam, Oreste, Achille, Agamemnon, et tout ce fonds de tragédie grecque qui dure encore, avait seul occupé le théâtre romain.

Du reste, ce point admis que, chez les Romains, la tragédie fut d'abord et longtemps étrangère à toute intention politique et nationale, il restait à examiner, pour Scipion et pour ses amis, l'influence que pouvaient avoir sur les mœurs de la république ces représentations tout idéales, toutes littéraires, des crimes, des passions, des aventures qui formaient les annales héroïques de la Grèce. De plus, ces premières tragédies d'Ennius et de Pacuvius, imitées entièrement de Sophocle et d'Euripide, étaient pleines des maximes et des sentences de la philosophie grecque : et cette philosophie, ainsi rendue populaire, était une innovation qui avait son importance.

Cicéron, dans un ouvrage entièrement philosophique, dans les *Tusculanes* [1], a blâmé la morale de la tragédie, les fausses idées qu'elle donnait des héros et des dieux, et le tort même qu'elle faisait à la nature humaine, en la montrant faible, furieuse, abattue par la

---

[1] Videsne poetæ quid mali afferant? Lamentantes inducunt fortissimos viros : molliunt animos nostros; ita sunt dulces, ut non legantur modo, sed ediscantur. (*Tusc.* lib. II, cap. XI.)

douleur. Il a supposé que ces spectacles de larmes et de désespoir affaiblissaient les âmes; et cette observation, empruntée de Platon [1], porte évidemment sur les mœurs de la tragédie grecque, où, comme on le sait, tous les excès de la souffrance, et même les cris et les gémissements de la douleur physique, étaient un moyen convenu d'attendrissement et de terreur. De là Cicéron conclut, dans ce passage, que Platon avait eu raison, en traçant sa république idéale, d'en bannir ces poëtes qui, par leurs accents trop pathétiques, brisent la mâle vigueur de la vertu. Mais, malgré cette proscription philosophique une première fois exprimée, je ne suis pas convaincu qu'il ait dû reproduire le même anathème dans la théorie de sa propre république, beaucoup moins spéculative que celle de Platon. Les Romains du temps de Scipion n'étaient pas comme les Grecs de l'*Académie*, ou comme les Français du siècle de Rousseau, des hommes fatigués de toutes les jouissances littéraires, et ramenés par la satiété même de ce noble délassement à une sorte d'austérité systématique et paradoxale, qui discute et réprouve ses propres émotions. Platon argumente sérieusement contre les vices de la morale d'Homère. Le premier Scipion, au contraire, avait encouragé de son admiration et de son amitié le vieux Ennius, qui traduisit pour les Romains l'*Iliade* avec tous les beaux délires dont elle est remplie. La poésie, les fables héroïques, les traditions de la Grèce, étaient

---

[1] Recte igitur a Platone educuntur ex eâ civitate, quam finxit ille, cùm mores optimos et optimum rei publicæ statum exquireret. (*Tusc.* lib. II, cap. XI.)

alors, pour les Romains, une passion de jeunesse, à laquelle ils se livraient sans calcul. Le second Scipion, l'Émilien de nos dialogues, était encore plus épris des lettres, et y portait un sentiment plus délicat et plus élevé. Celui qui, vainqueur de Carthage, et voyant, d'une colline élevée, l'incendie de cette malheureuse ville, et la chute de ses palais abîmés dans les flammes, redisait, les yeux en pleurs, et en songeant à Rome, les beaux vers d'Homère :

> « Un jour viendra que la ville sacrée de Troie, et Priam,
> « et le peuple du vaillant Priam, seront anéantis; »

cette âme douce et fière, tout émue du charme encore nouveau des beaux-arts, devait jouir du grand pathétique des tragédies grecques transportées sur le théâtre romain, plutôt que de discuter subtilement le danger que ces attendrissantes peintures pouvaient avoir pour la fermeté stoïque. Dans un autre ouvrage, Cicéron nous a retracé, par la bouche de Lælius [1], les vertueuses et pures émotions qu'excitait dans l'âme des Romains la belle scène imitée du théâtre grec, où les deux héros de l'amitié, Oreste et Pylade, se disputaient l'honneur de mourir l'un pour l'autre, et où chacun des deux amis se prétendait la victime, que le tyran voulait immoler.

---

[1] Qui clamores totâ caveâ nuper in hospitis et amici mei, M. Pacuvii, novâ fabulâ, cùm, ignorante rege, uter eorum esset Orestes, Pylades Orestem se esse diceret, ut pro illo necaretur; Orestes autem, ita ut erat, Orestem se esse, perseveraret! Stantes plaudebant in re fictâ : quid arbitramur in verâ fuisse facturos? Facile indicabat ipsa natura vim suam. (*De Amicitiâ.*)

Du reste, ou ce même Lælius, ou Scipion avait blâmé, dans le quatrième livre *de la République*, l'abus que les poëtes dramatiques pouvaient faire quelquefois de la puissance qu'ils exerçaient sur les cœurs égarés par le prestige du théâtre. Saint Augustin nous en a conservé la preuve dans un passage où lui-même, avec sa pureté chrétienne, s'élève contre les fictions dangereuses dont la mythologie remplissait les théâtres. Il représente la faiblesse des lois et des prohibitions morales contre les exemples de ces dieux qui, dit-il, « semblaient multi-
« plier et semer les crimes, en les faisant solennelle-
« ment connaître au peuple, parmi les pompes de la
« scène, comme des actions qu'eux-mêmes avaient
« faites, afin que la perversité humaine [1] fût animée par
« une autorité divine. » Il ajoute : « Vainement Cicéron
« réclamait-il ; vainement s'écriait-il, en parlant des
« poëtes : Lorsque ces hommes se voient encore appuyés
« par les cris et les suffrages du peuple, sage et beau
« précepteur sans doute, que de ténèbres ils répandent !
« que de vaines terreurs ils inspirent ! que de passions
« ils enflamment ! »

[1] Quomodo igitur tanta animi et morum mala, bonis præceptis et legibus, vel imminentia prohiberent, vel insita extirpanda curarent dii tales : qui etiam seminanda et augenda flagitia curaverunt, talia vel sua, vel quasi sua facta per theatricas celebritates populis innotescere cupientes ; ut tanquam auctoritate divinâ, suâ sponte nequissima libido accenderetur humana : frustra hoc exclamante Cicerone, qui, cùm de poetis ageret : « Ad quos cùm accessisset, inquit, clamor et approbatio populi, quasi magni cujusdam et sapientis magistri, quas illi obducunt tenebras ? quos invehunt metus ? quas inflammant cupiditates ? » (August., *de Civitate Dei*, lib. II, c. XIV.)

Cette corruption du théâtre, touchant les fausses idées qu'il donnait des dieux, les vices qu'il leur attribuait, était le tort commun de tout le paganisme; mais l'empreinte dut en être plus sensible encore dans la comédie que dans la tragédie. Les courroux injustes, les ressentiments implacables imputés aux dieux, sous la loi suprême d'une inexplicable fatalité, étaient bien moins dangereux pour le sentiment moral, que la peinture trop libre de leurs ridicules aventures et de leurs humaines faiblesses. Là, nécessairement, l'incrédulité sortait de l'image du vice; et le culte périssait avec les mœurs.

Les vieux Romains qui croyaient au dieu du Capitole, ne devaient-ils pas voir d'un front chagrin, Plaute lui faisant jouer la comédie, suivant son expression? et les défenseurs des anciennes mœurs, dans lesquelles l'adultère d'une femme était puni de mort, ne devaient-ils pas s'inquiéter, qu'aux yeux du peuple, ce délit fût consacré par l'exemple de Jupiter? On sait jusqu'à quel point avait été portée à cet égard la hardiesse du théâtre d'Athènes et l'impiété d'Aristophane, l'accusateur de Socrate. Le théâtre romain ne prenait pas des libertés moins étranges : on y voyait tous les caprices amoureux de Jupiter; on y voyait sa mort; et on y entendait lire sous son nom un testament burlesque. La chaste Diane était ignominieusement fouettée sur la scène. Il y paraissait trois Hercules, dont la voracité famélique était un sujet inépuisable de bouffonneries [1]. La loi n'avait

---

[1] Dispicite Lentulorum et Hostiliorum venustates, utrum mimos,

mis aucun terme à cette licence. Elle avait protégé contre toute attaque injurieuse la réputation des citoyens, mais nullement celle des dieux [1]. Aussi saint Augustin, frappé de cette apparente contradiction, s'écrie-t-il, en faisant allusion au traité *de la République*, et en apostrophant le principal interlocuteur de ce dialogue : « Eh quoi! Scipion, vous louez cette pré-
« caution qui interdit aux poëtes l'injure contre tout
« citoyen romain, tandis que nul des dieux n'est épar-
« gné! Vous tenez donc plus à la considération du
« sénat qu'à celle du Capitole : Rome vous paraît plus
« digne de respect que le ciel [2]. De sorte que les poëtes
« ne peuvent exercer leur malignité contre vos conci-
« toyens, et que, tranquilles à l'égard des dieux, ils
« peuvent leur prodiguer l'insulte, sans que ni cen-
« seur, ni magistrat, ni pontife les empêche. Il a paru

an deos vestros, in jocis et strophis rideatis : mœchum Anubim, et masculam Junam, et Dianam flagellatam, et Jovis mortui testamentum recitatum, et tres Hercules famelicos irrisos. (Tertull., *Apolog.* cap. xiv.)

[1] Nec tragici quidem aut comici parcunt, ut non ærumnas, vel errores domus alicujus dei præfentur. (Tertull., *Apolog.* cap. xiv.)

[2] Itane tandem, Scipio, laudas hanc poetis romanis negatam esse licentiam, ut cuiquam opprobrium infligeret Romanorum, cùm videas eos nulli deorum pepercisse vestrorum? Itane pluris tibi habenda visa est existimatio vestræ curiæ, quàm Capitolii, imo Romæ unius, quàm cœli totius, ut linguam maledicam in cives tuos exercere poetæ etiam lege prohiberentur, et in deos tuos securi, tanta convicia, nullo senatore, nullo censore, nullo principe, nullo pontifice prohibente, jacularentur? Indignum videlicet fuit, ut Plautus, aut Nævius Publio et Cneio Scipioni, aut Cœcilius M. Catoni malediceret : et dignum fuit, ut Terentius vester flagitio Jovis optimi maximi adolescentium nequitiam concitaret. (August., *de Civitate Dei*, lib. II, cap. xii.)

« scandaleux apparemment, que Plaute, que Nævius
« pût médire des Scipions, ou Cœcilius de Caton : et il
« a paru convenable que votre ami Térence excitât les
« vices d'un jeune homme, par l'exemple de Jupiter
« très-grand et très-bon. »

Le passage auquel l'apôtre chrétien fait une allusion si sévère, est, au reste, le seul qui, dans les six comédies de Térence, soit marqué d'une telle empreinte. Partout ailleurs ce pur et gracieux écrivain, lors même qu'il peint la passion sous de vives couleurs, conserve la décence du langage, et respire même une sorte de bonté morale, qui sans doute n'est pas la vertu, mais qui n'est dénuée ni de charme, ni de puissance. La politesse et la dignité de Scipion semblent avoir passé sur ces élégants ouvrages; et sans doute c'est à Térence que s'appliquait, dans le dialogue de la *République*, cette définition de la comédie conservée par le grammairien Donat : « La comédie est l'imitation de la vie[1], « le miroir de la coutume, et l'image fidèle de la vérité. »

Pour exprimer quelques idées sur l'influence morale du théâtre comique, le cadre choisi par Cicéron était d'autant plus favorable, que ce fut précisément dans le siècle de Scipion que la comédie latine fit ses plus heureux progrès, et reçut un degré de perfection refusé, dans la même époque, au reste de la littérature romaine. De plus, cette renommée qui attribuait à Lælius une part dans les ouvrages de Térence, ne paraît

---

[1] Comœdia est imitatio vitæ, speculum consuetudinis, et veritatis imago. (Donat. *Frag. de comœd. et tragœd.*)

pas avoir été un vain bruit; et le poëte, dans un de ses prologues, la combat[1] avec une molle complaisance qui semble la fortifier. Il est même resté sur ce point des traditions détaillées. Un certain Mummius, dans une harangue citée par Suétone, avait dit en termes exprès[2]: « Scipion l'Africain, empruntant le personnage de « Térence, fit sous ce nom paraître sur la scène les « jeux secrets de son loisir. » Cornélius Népos, autorité plus connue, raconte à ce sujet une anecdote assez piquante, si elle est vraie. Un jour, Lælius, alors à sa campagne de Putéoles, étant à composer dans son cabinet, fit longtemps attendre, pour souper, sa femme et ses amis; venant enfin, il dit qu'il n'avait jamais été mieux inspiré, en écrivant. On le pressa de montrer ce qu'il avait fait; et il récita des vers qui se trouvent aujourd'hui dans l'*Heautontimorumenos*. Au reste, pour contre-partie de cette anecdote, Suétone nous a conservé une vieille épigramme assez spirituellement maligne, où l'on reproche à Térence d'avoir perdu son temps et sa gloire à fréquenter les palais des grands de Rome, à écouter la voix éloquente de Scipion, à sou-

---

[1] Nam quod isti dicunt malevoli, homines nobiles
Eum adjutare, assidueque una scribere,
Quod illi maledictum vehemens existimant,
Eam laudem hic ducit maximam, cùm illis placet,
Qui vobis universis et populo placent;
Quorum operâ in bello, in otio, in negotio,
Suo quisque tempore usus est sine superbiâ.
(*Adelph. in prologo.*)

[2] Q. Mummius in oratione pro se ait : P. Africanus, qui a Terentio personam mutuatus, quæ domi luserat ipse, nomine illius in scenam detulit. (Sueton., *de Claris Poetis.*)

per chez Lælius, pour aller mourir ensuite dans la pauvreté, et loin de sa patrie, oublié de ses illustres amis [1]. Ne croyons pas cette épigramme. En vérité, il serait trop cruel que ce patronage de la puissance envers le talent, toujours assez redoutable pour les hommes de lettres, ait si mal fini, même de la part de Scipion, et lorsqu'il s'agissait de Térence.

Quoi qu'il en soit de ces minutieuses anecdotes, dont certainement Cicéron ne parlait pas dans le quatrième livre de la *République*, on conçoit assez l'ingénieuse supposition d'un dialogue, où l'on avait le plaisir d'entendre parler sur l'influence du théâtre Scipion et Lælius, soupçonnés d'avoir fait des comédies. Un peu avant eux, ou de leur temps, six poëtes s'étaient déjà illustrés dans cette carrière, en imitant, non pas le cynisme politique d'Aristophane, mais le ton de la moyenne comédie, et les pièces de Ménandre, Philemon, Diphile, Epicharme, et de cette foule d'ingénieux comiques produits par la Grèce.

---

[1] Dum lasciviam nobilium, et fucosas laudes petit;
Dum Africani vocem divinam inhiat avidis auribus;
Dum ad Furium se cœnitare et Lælium, pulchrum putat;
Dum se amari ab hisce credit, crebro in albanum rapi
Ob florem ætatis suæ : ipsis sublatis rebus ad summam
Inopiam redactus est.
Itaque e conspectu omnium abiit in Græciam, in terram ultimam.
Mortuus est in Stymphalo Arcadiæ oppido : nil Publius
Scipio profuit, nihil ei Lælius, nil Furius :
Tres per idem tempus, qui agitabant nobiles facillime,
Eorum ille operâ ne domum quidem habuit conductitiam,
Saltem ut esset, quò referret obitum domini servulus.
(*Suetonius, in vitâ Terentii.*)

On sait, et Milton a dit, il y a longtemps, que dans Athènes, la comédie politique était véritablement ce que la liberté de la presse est dans quelques États modernes, une espèce de puissance démocratique jugeant des affaires et des hommes. Le caractère des mœurs romaines, et la fierté du patriciat, n'admettaient pas l'imitation de cette licence athénienne. D'ailleurs, les lois des Douze Tables[1], fort antérieures aux monuments connus de la poésie latine, avaient condamné tous les écrits satiriques avec la rigueur, que l'aristocratie porte dans la répression de ce genre de délit; et ces lois subsistaient. On ne peut douter que leurs dispositions menaçantes n'aient servi, autant que l'attrait d'un travail facile, à porter les comiques latins vers l'imitation exclusive et la traduction presque littérale de la moyenne comédie grecque, de celle qui se bornait uniquement aux tableaux de la vie commune, et à la supposition de quelques aventures particulières. Tel est le caractère de tout le théâtre de Plaute et de Térence. Noms des personnages, lieux de la scène, peintures de mœurs, choix de détails, tout est étranger, grec, sicilien, asiatique; tout se passe dans Athènes, à Calydon, à Épidamme, à Éphèse, etc. : et, en même temps tout appartient à l'ordre privé, aux situations domestiques; et rien ne rappelle, même par des allusions éloignées et inoffensantes, même par des imitations qui n'auraient plus été qu'historiques, les souvenirs de la comédie po-

---

[1] Id quidem etiam XII Tabulæ declarant, condi jam tum solitum esse carmen; quod ne liceret fieri ad alterius injuriam, leges sanxerunt. (*Tuscul.* lib. IV. c. II.)

litique d'Eupolis et d'Aristophane. Quelques essais dans le genre hardi de la vieille comédie grecque avaient été cependant tentés à Rome, un peu avant Plaute, et se reproduisirent du temps de Cicéron, au milieu des luttes si vives de l'ambition et de la liberté. Après la première guerre punique, Nævius, qui fut poëte et soldat, et qui chanta cette guerre, dans laquelle il avait combattu, s'était avisé, dans des espèces de drames nationaux, de traduire sur la scène, et de poursuivre de ses sarcasmes, les personnages les plus illustres de Rome. Le croira-t-on? il n'avait pas respecté la vertu même du premier Scipion, et cette pureté de mœurs, dont les historiens ont fait tant de bruit. Dans ses vers malins, il représentait le vainqueur de l'Afrique, le héros des Romains, arraché demi-nu, par son père, de chez une courtisane. Telle fut même, au rapport d'Aulu-Gelle [1], l'influence de ces méchancetés du poëte, qu'elles induisirent, dans la suite, un historien célèbre, Valérius Antias, à démentir l'opinion commune sur la magnanimité de Scipion en Espagne, et à prétendre que le

---

[1] Nos satis habebimus, quod ex historiâ est, id dicere : Scipionem istum, verone an falso incertum, famâ tamen, cùm esset adolescens, haud sincerâ fuisse, et propemodum constitisse hosce versus a Cn. Nævio poetâ in eum scriptos esse :

> Etiam qui res magnas manu sæpe gessit gloriose ;
> Cujus facta viva nunc vigent ; qui apud gentes solus
> Præstat ; eum suus pater cum pallio uno ab amicâ abduxit.

His ego versibus credo, adductum Valerium Antiatem adversum cæteros omnes scriptores de Scipionis moribus sensisse ; et eam puellam captivam non redditam patri scripsisse, contra quam nos supra diximus, sed retentam a Scipione, atque in deliciis amoribusque ab eo usurpatam. (*Auli-Gellii*, lib. VI, cap. VIII.)

jeune Romain, loin de rendre généreusement la belle captive à ses parents, l'avait aimée avec passsion, et au lieu d'imiter Alexandre, avait fait ce que fit Masinissa. Et puis maintenant, croyez à l'histoire; ou plutôt dites, si vous l'osez, que les calomnies des poëtes ne sont pas dangereuses !

Le second Africain, apparemment par dépit d'une telle insulte à la gloire de son aïeul, ne ménageait pas, comme nous le verrons dans quelques fragments de ce quatrième livre, les abus de la licence théâtrale ; et il félicitait la législation romaine de les avoir sévèrement réprimés. En effet, l'audace de Nævius n'avait pas été impunie. Jeté dans un cachot par l'ordre des magistrats nommés *Triumvirs*, il fut en vain réclamé par les tribuns, protecteurs naturels de tous les médisants; il ne put sortir de prison qu'après avoir eu le temps d'y composer deux comédies, où il rétractait les injures et les sarcasmes, dont il avait blessé plusieurs des principaux personnages de l'État [1]. Mais toujours poursuivi par la haine de ces puissants ennemis, il fut réduit à s'expatrier, et il alla mourir à Utique, dans le même pays qui bientôt après devait envoyer à Rome l'élégant et sage Térence.

Cet exemple, et sans doute l'exacte surveillance des

---

[1] Sicuti de Nævio quoque accepimus, fabulas eum in carcere duas scripsisse, Hariolum et Leontem; cùm ob assiduam maledicentiam et probra in principes civitatis de græcorum poetarum more dicta, in vincula Romæ a triumviris conjectus esset. Unde pòst a tribunis plebei exemtus est, cùm in iis, quas supra dixi, fabulis, delicta sua et petulantias dictorum, quibus multos ante læserat, diluisset. (*Auli-Gellii*, lib. III, cap. III.)

édiles qui jugeaient les pièces de théâtre, détourna les poëtes comiques d'une franchise, ou d'une malignité si dangereuse. Nous voyons bien dans les lettres de Cicéron, que Publius, auteur de petites comédies appelées *mimes*, laissait échapper contre la puissance de malignes allusions, vivement saisies par cette sagacité populaire, que développe le sentiment de la servitude [1]. Macrobe nous raconte aussi comment Labérius, dans une pièce, où César l'avait forcé de jouer lui-même, glissa quelques vers dont l'application, faite par tous les assistants, blessa le dictateur. Mais ces anecdotes appartiennent à une époque de politesse sociale où l'extrême raffinement des esprits donne à la satire des armes puissantes, fussent-elles imperceptibles. Il n'en est pas moins vrai que, dans le long intervalle depuis Nævius jusqu'à César, la comédie, constamment cultivée à Rome, paraît n'y avoir été qu'une œuvre littéraire, un amusement de l'esprit, étranger à toute intention morale ou politique.

Elle n'en fut pas moins florissante, et elle n'en peignit pas moins quelquefois des personnages romains, mais toujours, à ce qu'il semble, sans personnalités contemporaines, sans désignation individuelle. Indépendamment des pièces imitées des Grecs, telles que celles de Plaute, de Cæcilius, de Térence, le théâtre romain eut des comédies nationales, où l'on mettait en scène tous les rangs des citoyens, et qui portaient les noms de

---

[1] Duas a te accepi epistolas heri : ex priore theatrum Publiumque cognovi, bona signa consentientis multitudinis. (*Cicer. ad Familiares.*)

Prætextæ, de *Togatæ*, de *Tabernariæ*, suivant qu'elles offraient des personnages du premier ordre, de simples citoyens, ou des esclaves. Afranius s'était exercé dans ce genre, et avait mérité presque d'être comparé à Ménandre.

> Dicitur Afrani toga convenisse Menandro.

Il paraît que ses pièces bornées à des peintures de mœurs privées, et remarquables par la gracieuse élégance du style, respiraient un genre de corruption trop commun dans les mœurs antiques [1], mais dont l'impudente publicité sur un théâtre paraît le plus honteux et le plus inconcevable degré de l'abjection humaine.

Ce poëte était contemporain de Scipion et de Térence. Si Quintilien trouve que les comédies de Térence, dont l'expression conserve tant de décence, ne devaient pas être lues avant l'âge *où les mœurs sont en sûreté*, suivant sa belle expression, de quelle censure les grands hommes de la république ne devaient-ils pas frapper, dans Afranius, une licence odieuse?

Sans parler de cette affreuse dépravation, nous voyons assez, par les comédies de Plaute, à quel excès de grossièreté impure était porté le langage habituel de la scène comique chez les Romains. On ne doit pas s'étonner dès lors qu'elle eût plus d'une fois attiré la réprobation des censeurs, de ces magistrats gardiens des mœurs publiques, et dont quelques arrêts offrent une sévérité que

---

[1] Togatis excellit Afranius : utinamque non inquinasset argumenta fœdis amoribus, mores suos fassus! (*Quintil.*, lib. X, cap. I.)

nous avons peine à concevoir. L'énergique Tertullien, en attaquant les théâtres de son temps, s'appuyait de cette antique autorité, et citait à cette occasion une curieuse anecdote : « Souvent, dit-il[1], les censeurs fai-
« saient détruire les théâtres, dans l'intérêt des mœurs.
« Aussi, lorsque le grand Pompée, petit par cette seule
« faiblesse, fit bâtir son théâtre, ce réceptacle de tous
« les vices, craignant dans l'avenir, pour sa mémoire,
« le blâme des censeurs, il construisit au-dessus un
« édifice consacré à Vénus ; et, convoquant le peuple
« par un édit pour l'inauguration de ce lieu, il en fit la
« dédicace sous le titre, non pas de théâtre, mais de
« temple de Vénus, au pied duquel, ajouta-t-il, j'ai fait
« placer des gradins pour un spectacle. Ainsi il couvrit
« du frontispice d'un temple ce monument condamné
« et digne de l'être ; et il éluda la morale par la su-
« perstition. »

On voit par ce fait, et par la réflexion de l'orateur chrétien, que le théâtre latin remontait, en vieillissant, vers l'origine toute religieuse qu'avaient eue ses premiers et informes essais, et dont il avait paru si longtemps s'écarter. Le vice affectait par calcul ce qui n'a-

[1] Nam sæpe censores nascentia cùm maxime theatra destruebant, moribus consulentes, quorum scilicet periculum ingens de lasciviâ providebant, etc. Itaque Pompeius magnus, solo theatro suo minor, cùm illam arcem omnium turpitudinum exstruxisset, veritus quandoque memoriæ suæ censoriam animadversionem, Veneris ædem superposuit ; et ad dedicationem edicto populum vocans, non theatrum, sed Veneris templum nuncupavit, « cui subjecimus, inquit, gradus spectaculorum. » Ita damnatum et damnandum opus templi titulo prætexit, et disciplinam superstitione elusit. (*Tert. de spectaculis*, c. X.)

vait été d'abord que le résultat du hasard et de l'ignorance. On concevra, pour le dire en passant, que cette disposition dut s'accroître, dans la suite, par les progrès du christianisme, et qu'ainsi les théâtres devinrent le point d'appui, et pour ainsi dire la principale forteresse du culte païen faiblement défendu par ses prêtres. C'est l'explication des anathèmes terribles lancés par les premiers chrétiens contre les théâtres ; et cela montre aussi combien ces anciens anathèmes s'appliqueraient peu justement à nos théâtres modernes, et à un état de société si différent de cette première époque.

Quoi qu'il en soit, une sorte d'hypocrisie publique eut beau vouloir, à Rome, consacrer les théâtres, jamais on ne leur donna, chez un peuple fier et grave, l'importance et la considération qu'ils avaient dans la Grèce. Cette vérité se marque assez par la manière différente, dont les acteurs étaient traités dans les deux pays [1]. Cicéron n'avait pas cru ce fait indigne d'observation. Il remarquait, dans le quatrième livre de *la République*, qu'Eschine [2] qui, dans sa jeunesse, avait joué la tragédie, prit part au gouvernement d'Athènes ; et que le comédien Aristodème fut envoyé en ambassade auprès de Philippe, pour les négociations les plus importantes.

---

[1] In scenam vero prodire, et populo esse spectaculo, nemini in eisdem gentibus fuit turpitudini. (*Cornelius Nepos.* Præf.)

[2] Siquidem, quod in eo quoque de Re Publicâ libro commemoratur, et Æschines atheniensis, vir eloquentissimus, qui cùm adolescens tragœdias actitavisset, rem publicam capessivit ; et Aristodemum, tragicum item actorem, maximis de rebus pacis et belli legatum ad Philippum Athenienses sæpe miserunt. (August., *de Civ. Dei*, lib. II, c. x.)

A Rome, au contraire, la profession d'acteur était réputée déshonorante; et non-seulement elle éloignait de toute dignité, mais elle entraînait la privation des droits civiques, et l'exclusion du service militaire. Cette sévérité souffrait pourtant une exception, pour ceux qui jouaient dans les pièces nommées *Atellanes* [1].

Cicéron, l'élève de Roscius dans l'art de la déclamation, son ami, son admirateur passionné, souscrivait-il, dans le traité de *la République*, à cet anathème, dont les vieilles mœurs romaines frappaient la profession du théâtre? Nous sommes tentés de le croire, en l'entendant ailleurs, lors même qu'il fait le plus touchant éloge du caractère et des vertus de Roscius, regretter qu'un si honnête homme ait paru sur la scène. De son temps, il est vrai que déjà la licence des comédiens, le scandale de leurs fortunes, l'orgueil de leur luxe étaient portés à un excès qui devait, aux yeux des partisans de l'ancienne discipline, renforcer le préjugé défavorable attaché à cette profession. Æsopus, acteur célèbre, contemporain de Cicéron, laissa en mourant deux millions de biens à sa fille. Et le sage Roscius, dont Cicéron vante le désintéressement, ne paraissait jamais dans une représentation, à moins d'une somme considérable que lui payait l'État.

Au siècle de Scipion, il était à croire que l'on ne connaissait pas encore ces abus, qui furent si prodigieuse-

---

[1] Atellani autem ab Oscis acciti sunt, quod genus delectationis italicâ severitate temperatum, ideoque vacuum notâ est: nam neque tribu movetur, neque a militaribus stipendiis repellitur. (*Val. Max.* lib. II.)

ment surpassés dans la suite par les honneurs et les richesses, dont la folie des empereurs combla quelquefois un danseur, ou un baladin. Sous Tibère, on rendit un décret[1], pour interdire à tout sénateur de faire visite à des pantomimes, et aux chevaliers de les accompagner, lorsqu'ils sortaient en public. Mais dans les premiers siècles de la République, les acteurs, confondus sous le nom d'histrions, étaient passibles des verges, sur l'ordre du préteur. L'histoire ne nous a transmis le nom d'aucun de ceux qui jouèrent dans les pièces de Térence. Il semble que ces comédies, pleines de délicatesse et d'élégance, exigeaient un jeu aussi naturel que savant, et qui élevait déjà les efforts du comédien à la dignité d'un art, et d'un art difficile autant que flatteur pour le goût et l'imagination. Était-il juste que des hommes occupés d'un tel emploi, et qui le remplissaient avec distinction, fussent traités comme gens de condition servile? Et n'y avait-il pas un milieu entre cette dure proscription et l'apothéose du comédien Paris, sous le règne de Néron? L'art théâtral, dans ses rapports avec une des parties les plus importantes de l'art oratoire, devait d'ailleurs, dans une république, patrie naturelle de l'éloquence, paraître fort digne d'intérêt. Sans doute c'était une grande présomption à Roscius lui-même de composer un livre, où il mettait le talent de l'acteur en parallèle avec celui de l'orateur; mais ce don précieux de la scène, lorsqu'il est porté à la perfection, n'en est pas

---

[1] Multa decernuntur ex quis maxime insignia : ne domos pantomimorum senator introiret; « ne egredientes in publicum romani equites cingerent. » (Tacit., *Ann.* lib. I, c. LXXVII.)

moins une grande puissance, une source de belles émotions, un rare talent, dont il est d'autant plus juste de jouir avec enthousiasme, qu'il ne dure que l'instant de la vie, et meurt tout entier.

Dans ce quatrième livre, où conversaient les esprits les plus polis d'une époque éclairée, et où Cicéron tenait la plume, sans doute à l'examen moral et politique du théâtre se trouvaient joints des jugements ingénieux et rapides, sur le mérite des principales productions de l'art dramatique. Quintilien nous dit [1], avec toute l'autorité d'une opinion mûrement approfondie, que le poëte comique Ménandre est, de tous les écrivains grecs, le plus propre à former l'orateur homme d'État et philosophe. Bien qu'au jugement de César, Térence ne soit qu'un demi-Ménandre, cependant des pièces qui, pour l'élégance du style et l'expression naïve des mœurs, étaient une image de cet admirable modèle, devaient fournir plus d'une remarque, touchant les progrès de la langue et du goût. Elles avaient paru, d'ailleurs, au milieu d'une foule d'autres comédies [1] éga-

---

[1] Menander, qui vel unus, meo quidem judicio, diligenter lectus, ad cuncta quæ præcipimus effingenda sufficiat. Ita omnem vitæ imaginem expressit; tanta in eo inveniendi copia, et eloquendi facultas; ita est omnibus rebus, personis, affectibus accomodatus. Nec nihil profecto viderunt, qui orationes, quæ Charisii nomine eduntur, a Menandro scriptas putant. Sed mihi longe magis orator probari in opere suo videtur, nisi forte aut illa mala judicia, quæ Epitrepontes, Epicleros, Locri habent; aut meditationes in Psophodee, et Nomothete, et Hypobolimæo, non omnibus oratoris numeris sunt absolutæ. (*Quintiliani* lib. X, cap. I.)

[2] Dulces latini leporis facetiæ per Cæcilium Terentiumque et Afranium suppari ætate nituerunt. (*Vell. Paterc.* lib. I, c. XVII.)

ment distinguées par toutes les grâces de la diction romaine. Dans quel rang s'y trouvaient-elles placées? Faut-il en croire un écrivain cité par Aulu-Gelle [1], qui dans une liste des poëtes comiques de Rome, n'accorde à Térence que la sixième place? Nous pouvons juger cette décision par rapport à Plaute, que le nomenclateur place le second. Mais Cæcilius, Nævius, Licinius, Attilius, méritaient-ils d'être préférés à Térence? S'il en est ainsi, quels trésors d'élégance et d'esprit renfermait donc cette partie de la littérature latine, où Quintilien prétend cependant que Rome ne possédait rien, en comparaison de la Grèce?

Aulu-Gelle, dans un chapitre de ses *Nuits attiques*, a rapproché divers passages de ce désespérant Ménandre, et de Cæcilius, son imitateur habituel; et il montre combien l'expression grecque l'emporte par le tour, la grâce, l'abandon, sur tout l'art du comique latin. Mais

---

[1] Sedigitus in libro, quem scripsit de poetis, quid de iis sentiat, qui comœdias fecerunt, et quem ex omnibus præstare cæteris putet, ac deinceps quo quemque in loco et honore ponat, his versibus demonstrat :

> Multos incertos certare hanc rem vidimus,
> Palmam poetæ comico cui deferant.
> Eum meo judicio errorem dissolvam tibi :
> Ut contra si quis sentiat, nihil sentiat.
> Cæcilio palmam Statio do comico.
> Plautus secundus facile exsuperat cæteros ;
> Dein Nævius, qui fervet, pretium tertium est :
> Si erit, quod quarto datur, dabitur Licinio.
> Pòst insequi Licinium facio Attilium.
> In sexto sequitur hos loco Terentius;
> Turpilius septimum, Trabea octavum obtinet ;
> Nono loco esse facile facio Luscium ;
> Decimum addo causâ antiquitatis Ennium.
>   (*Auli Gellii Noct. attic.* lib. XV, cap. XXIV.)

ces parallèles sont courts, choisis peut-être avec peu de goût, et appliqués à des citations d'un intérêt médiocre. Combien quelques mots de Scipion, ou de Lælius, nous en auraient dit davantage!

La comédie paraît avoir été le fruit le plus abondant et le plus heureux de la littérature latine, dans le siècle de Scipion; mais, elle était loin d'être le seul. Les lettres, sans devenir encore une espèce de profession, comme dans nos temps modernes, et sans être animées par l'enthousiasme inspirateur qui les fit naître dans la Grèce, se produisaient déjà sous des formes diverses. Il faut nommer d'abord la satire, dont Quintilien [1] attribue l'invention aux Romains, et qui fut pour eux une espèce de supplément à leur théâtre comique, trop gêné par les lois, et une véritable imitation des libertés de la vieille comédie d'Athènes. Lucile, encore admiré du temps d'Horace, dont il importunait la renommée, fut le premier maître dans ce genre hardi. Ses satires, fort nombreuses, et divisées en trente livres, s'il faut en croire les citations éparses qui nous restent, attaquaient sans réserve les vices des grands et du peuple, désignaient librement un juge prévaricateur, un citoyen pervers, un fripon, un débauché. Son vers âpre et dur

---

[1] Satira quidem tota nostra est, in quâ primus insignem laudem adeptus est Lucilius, qui quosdam ita deditos sibi adhuc habet amatores, ut eum non ejusdem modò operis auctoribus, sed omnibus poetis præferre non dubitent. Ego quantum ab illis, tantum ab Horatio dissentio, qui Lucilium fluere lutulentum, et esse aliquid quod tollere possis, putat : nam et eruditio in eo mira, et libertas, atque inde acerbitas, et abunde salis. (*Fabii Quintil.* lib. X, cap. I.)

était un fer chaud, qui imprimait des notes d'infamie.

Mais Lucile, au milieu de ses témérités et de son ardent cynisme, avait recherché, par conscience ou par politique, l'amitié de Scipion et de Lælius, les premiers des Romains. Sous l'abri de leur crédit et de leurs vertus, il lançait les traits de sa verve meurtrière; il peignait d'un style d'airain les vices et la corruption de ses concitoyens; il les montrait attentifs [1] à se tromper les uns les autres par de fausses caresses et de faux semblants d'amitié, se faisant, sous le masque de la probité, une guerre sourde et continue, comme des peuples ennemis, enfin, usant déjà de tous les vices d'une vieille société. Mais dans ses plus amères invectives, il laissait quelque chose de consolant pour l'orgueil national. Nommait-il le peuple romain, il avait soin de dire : « Ce peuple [2] qui vaincu dans beaucoup de combats, ne « l'a été dans aucune guerre; avantage qui renferme « tous les autres. » Ailleurs, il fait consister la vertu à être l'ennemi public et personnel des méchants et des mauvaises mœurs; définition parfaitement analogue au caractère et au besoin des États libres. Enfin, dans l'ordre des intérêts qui sont à consulter, il place d'a-

---

[1] Nunc vero, a mane ad noctem, festo atque profesto,
Totus item pariterque dies, populusque patresque
Jactare indu foro se omnes, decedere nusquam ;
Uni se atque eidem studio omnes dedere et arti ;
Verba dare ut caute possint, pugnare dolose,
Blanditiis certare, bonum simulare virum se,
Insidias facere, ut si hostes sint omnibus omnes.
(*C. Lucil. in Fragmentis.*)

[2] Ut populus romanus victus vi, et superatus præliis
Sæpe est multis; bello vero nunquam, in quo sunt omnia.
(*C. Lucil. in Fragmentis.*)

bord l'intérêt de notre patrie, ensuite celui de nos parents, et le nôtre, au troisième et dernier rang [1].

Sans doute, aux yeux du sage Scipion et du doux Lælius, ce virulent accusateur des vices était un citoyen utile, dont ils calculaient l'influence, au profit des mœurs et de la vertu. Un demi-siècle auparavant, Ennius, uniquement attentif à chanter les guerres et les faits d'armes des Romains, avait mérité l'estime du premier Africain, dont il célébrait la gloire. Rome, encore rude et toute belliqueuse, n'avait pas alors besoin d'une autre poésie, et n'aurait pas voulu l'entendre. Les expressions ardentes d'Ennius, sa verve toute pleine du feu des combats, étaient assorties à des imaginations sans cesse occupées par les travaux de la guerre. C'était le poëte d'une armée. L'époque plus avancée de Scipion Émilien devait demander autre chose aux lettres et à la poésie; elle pouvait y chercher un correctif salutaire contre les vices grossiers et la licence. Lucile était le poëte d'une société déjà corrompue.

[1] Virtus, Albine, est pretium persolvere verum
Queis inversamur, queis vivimu' rebu' potesse :
Virtus est homini, scire id, quod quæque habeat res;
Virtus, scire homini rectum, utile, quid sit honestum;
Quæ bona, quæ mala item, quid inutile, turpe, inhonestum :
Virtus, quærendæ rei finem scire modumque;
Virtus, divitiis pretium persolvere posse;
Virtus, id dare, quod re ipsâ debetur honori;
Hostem esse atque inimicum hominum morumque malorum,
Contra defensorem hominum morumque bonorum,
Magnificare hos, his bene velle, his vivere amicum :
Commoda præterea patriæ, sibi prima putare,
Deinde parentum, tertia jam postremaque nostra.
(*C. Lucil. in Fragmentis.*)

Du reste, à cette époque, on écrivait encore assez peu en prose, et seulement sur des objets d'utilité immédiate, la guerre, l'agriculture, l'histoire. Caton, que Pline appelle le premier des hommes dans la pratique de toutes les choses utiles, avait embrassé, à cet égard, toutes les connaissances de son temps, dans un style concis et simple, dont le siècle d'Auguste prisait encore le bon sens et l'énergie. Son ouvrage *de Re Rusticâ*, conservé jusqu'à nous, semble le recueil des axiomes d'un fermier laborieux. Passionné pour l'étude, mais ennemi des arts de la Grèce, dont Rome devait subir le joug, Caton avait eu pour principal objet, dans son livre des *Origines*, de contester aux Grecs l'honneur d'avoir colonisé l'Italie; et il s'était attaché à retrouver sur le sol du *Latium* la trace des vieilles mœurs nationales et de la civilisation indigène. Il racontait aussi, dans cet ouvrage, la première et la seconde guerre punique, et plusieurs autres expéditions des Romains, mais avec une grande brièveté, et en marquant les événements décisifs de chaque campagne, sans nommer les généraux. Les autres historiens [1] latins de cette époque inspiraient peu d'estime à Cicéron; et dans son traité *des*

---

[1] Si aut ad Fabium, aut ad eum, qui tibi semper in ore est, Catonem, aut ad Pisonem, aut ad Fannium, aut ad Vennonium venias; quamquam ex his alius alio plus habet virium, tamen quid tam exile, quàm isti omnes? Fannii autem ætate conjunctus Antipater paulo inflavit vehementius, habuitque vires agrestes ille quidem atque horridas, sine nitore ac palæstrâ; sed tamen admonere reliquos potuit, ut accuratius scriberent. Ecce autem successêre huic Gellii, Clodius, Asellio; nihil ad Cælium, sed potius ad antiquorum languorem atque inscitiam. (*Cicero, de Legibus*, lib. I, c. II.)

Lois, il les nomme d'une manière assez dédaigneuse, en leur reprochant d'être tout à fait privés de force et d'élégance. Un de ces historiens jugés avec tant de rigueur avait cependant une idée très-vraie de son art, si nous en jugeons par un court passage que nous a conservé Aulu-Gelle. « Raconter, disait cet écrivain, « sous quel consul la guerre a commencé, de quelle ma- « nière elle s'est terminée, quel général est entré en « triomphe dans Rome ; puis, rebattre en détail tous les « faits de cette guerre, et en même temps oublier de « dire quelle mesure a décrétée le sénat, quelle loi, « quelle proposition a passé, quelle politique a tout di- « rigé, c'est faire des contes pour les enfants, et non « pas écrire l'histoire [1]. »

Il paraît enfin que Cicéron, à l'exemple de Platon, avait, dans ce quatrième livre, blâmé l'influence de la musique, et qu'un des interlocuteurs du dialogue la proscrivait comme un art dangereux pour les mœurs. Un Grec du quatrième siècle, Quintilien Aristide, auteur d'un traité sur la musique, rappelle et combat cette opinion, « qu'il ne peut, dit-il, imputer à Cicéron lui- « même, admirateur du comédien Roscius, et si pas- « sionné pour tout ce qui tenait au rhythme oratoire. » On voit, par ce genre d'objection, à quel point la musique, chez les anciens, se confondait avec tous les arts ;

---

[1] Scribere autem, bellum quo initum consule, et quo modo confectum sit, et quis triumphans introierit, et quæ eo in bello gesta sunt iterare ; non prædicare autem interea quid senatus decreverit, aut quæ lex rogatiove lata sit, neque quibus consiliis ea gesta sint : id fabulas pueris est narrare, non historias scribere. (*Aul. Gell.* lib. V, cap. XVIII.)

et cela même peut expliquer l'importance qu'on lui attribuait, et le soin jaloux, avec lequel on surveillait tous les effets d'un art si puissant. Pour nous, froids habitants d'une zone humide, nous ne pouvons juger de la domination que le charme des sons exerçait sur ces nations poétiques et musicales, dont la langue seule était une perpétuelle mélodie. Les Romains mêmes semblent déjà, sur ce point, doués d'une sensibilité bien inférieure à celle des Grecs; et nous ne croyons pas que ce soit à Rome qu'on ait jamais pu dire qu'une innovation dans la musique faisait une révolution dans l'État, ni que jamais aucun censeur se soit cru obligé, comme cet éphore de Sparte, de couper, par mesure de prudence, quelques cordes nouvelles ajoutées à la lyre. Il semble d'ailleurs que la musique est une science de doux loisir et de vie voluptueuse, dont l'influence, lors même qu'elle était favorisée, chez les Romains, par la nature et le climat, devait être restreinte et tempérée par l'austérité laborieuse des mœurs. La perfection dans la musique est bonne pour les Italiens de Rome : les Romains avaient mieux à faire.

En examinant tout ce qui touchait à la civilisation et aux arts, Cicéron avait dû parler plus d'une fois, dans ce livre, de la Censure qui, sous d'autres rapports, tenait une si grande place dans la Constitution romaine. Mais, en ne la considérant ici que sous le rapport des mœurs privées, que de remarques faisait naître cette singulière institution, qui était, pour ainsi dire, dans l'ordre moral ce que la Dictature était dans l'ordre politique et militaire, c'est-à-dire, qui blâmait, réprimandait, flétrissait, sans discussion, sans jugement et sans appel ! Rien ne prouve mieux, ce semble, combien l'autorité est nécessaire aux hommes, que ces pouvoirs extrêmes qui, dans les sociétés les plus libres, sont établis, sur certains points. Le censeur blâmait un citoyen, dont le champ[1] était mal cultivé ; il frappait de sa réprobation le célibataire, le parjure, le débiteur infidèle ou négligent ; il punissait de la même peine un Consul, pour avoir indiscrètement embrassé sa femme, en présence de sa fille.

Cicéron nous dit, dans un fragment de ce quatrième livre, qu'une magistrature si sévère épouvanta d'abord les Romains[2] ; et il ajoute : « L'arrêt du censeur n'inflige presque au condamné que de la honte ; aussi, comme toute cette pénalité se résout en flétrissure nominale, le châtiment appliqué en ce cas s'appelle *ignominie*[3]. » Admirable rapprochement d'idées ! cette magistrature, dont la rigueur fit trembler Rome, n'avait pour frapper que des peines d'opinion. Elle était simplement l'organe d'un point d'honneur public. N'y a-t-il pas dans ce peu de mots un bel éloge du peuple qu'elle effrayait ?

Nous verrons plus tard, et Cicéron avait probablement examiné ailleurs, comment la censure était un

---

[1] Agrum male colere censorium probrum judicabatur. (*Plin. Hist. nat.*, lib. XV.)

[2] Horum enim severitatem dicitur inhorruisse primum civitas. (*Nonius*, voc. *horridum*.)

[3] Censoris judicium nihil fere damnato affert, nisi ruborem ; itaque quia omnis judicatio ea versatur tantummodo in nomine, animadversio illa ignominia dicta est. (*Nonius*, voc. *ignominia*.)

des principaux ressorts du gouvernement même, par l'influence qu'elle exerçait sur la formation de ce sénat, dont la politique profonde et constante préparait l'esclavage du monde. Rappelons seulement ici que, lorsque Scipion Émilien[1] élevé à la dignité de censeur, célébra l'imposante cérémonie du *Lustre*, et qu'au milieu de toutes les pompes religieuses et guerrières, dont cette fête était entourée, le héraut prononça la formule de la prière publique, par laquelle on demandait aux dieux l'agrandissement du peuple romain, le vainqueur de Carthage fit suspendre cette lecture ; et déclara que désormais la République était assez puissante, et qu'il suffisait de demander aux dieux la conservation de sa prospérité.

Dans la pensée de l'ouvrage écrit par Cicéron, dans ce désir si noble de montrer la République au comble de sa gloire, et libre encore, pouvait-il choisir un plus heureux interprète, que ce même Scipion qui avait ainsi rectifié les vœux de l'ambition romaine, que le grand homme qui semblait avoir ainsi voulu, en présence des dieux, poser un terme au prodigieux accroissement de cette grandeur, qui ne pouvait plus

---

[1] Ne Africanus quidem posterior nos de se tacere patitur : qui censor, cùm lustrum conderet, inque solito fieri sacrificio scriba ex publicis tabellis solemne ei precationis carmen præiret, quo dii immortales, ut populi romani res meliores amplioresque facerent, rogabantur : « Satis, inquit, bonæ ac magnæ sunt. Itaque « precor ut eas perpetuo incolumes servent. » Ac protinus in publicis tabulis ad hunc modum carmen emendari jussit : quâ votorum verecundiâ deinceps censores in condendis lustris usi sunt. (*Valer.-Maxim.* lib. IV. c. 1)

périr que par elle-même? Imaginez quel admirable mouvement, quelle touchante allusion l'idée de ce grand jour et de ce vœu sublime, devait inspirer à Cicéron faisant parler l'Africain! Quelle éloquence de l'âme et du patriotisme devait vivifier ces peintures des mœurs romaines, que nous, compilateurs du dix-neuvième siècle, nous avons faiblement essayé de remplacer par des anecdotes et des traits épars recueillis sur les ruines de la littérature romaine, à deux mille ans de tels hommes et de tels souvenirs!

LIVRE QUATRIÈME.

I..... (¹) Quelle convenance dans la distinction par ordres, par âges (²), par classes, en y comprenant l'ordre équestre, où votent les sénateurs ! Trop de gens veulent, il est vrai, follement détruire cette institution, dans l'espoir de quelque largesse sur la valeur des chevaux, qu'un plébiscite ferait restituer au trésor.

II. Voyez d'ailleurs que de précautions sagement prises, afin d'assurer aux citoyens les avantages d'une vie heureuse et pure : tel est en effet le premier but de la société, et ce qui doit résulter, pour les individus, des soins de la République, par le concours des mœurs et des lois. D'abord, quant à la manière d'élever des enfants de condition libre, objet habituel des vains

I..... gratiam. Quàm commode ordines descripti, ætates, classes, equitatus, in quo suffragia sunt etiam senatûs : nimis multis jam stulte hanc utilitatem tolli cupientibus, qui novam largitionem quærunt aliquo plebiscito reddendorum equorum.

II. Considerate nunc cætera quàm sint provisa sapienter ad illam civium beate et honeste vivendi societatem : ea est enim prima causa coeundi ; et id hominibus effici ex re publicâ debet, partim institutis, alia legibus. Principio, disciplinam puerilem ingenuis, de quâ Græci multum frustra laborârunt, et in quâ unâ

efforts des Grecs, et le seul point sur lequel Polybe accuse la négligence de nos institutions, les Romains ont voulu que l'éducation ne fût ni fixée, ni réglée par les lois, ni donnée publiquement, ni uniforme pour tous.

. . . .

III. Dans nos mœurs anciennes, il était interdit au jeune homme pubère de se montrer nu dans le bain : tant on s'y prenait de loin, pour jeter le germe des sentiments de pudeur ! Chez les Grecs (³), au contraire, quelle inconvenante école pour la jeunesse que les exercices de leurs gymnases ! quelle frivole préparation aux travaux de la guerre ! quelles luttes indécentes, quels impurs amours libres et permis ! Je ne parle point des Éléens et des Thébains, chez lesquels cette passion jouit d'une licence entière et autorisée ; mais les Lacédémoniens, même en permettant tout à cet égard, hors le crime de violence, n'ont laissé à la pudeur et à l'honnêteté que de bien faibles barrières.

Lælius. Je vois parfaitement, Scipion, qu'au sujet de ces institutions grecques dont vous faites la censure,

Polybius noster hospes nostrorum institutorum negligentiam accusat, nullam certam aut destinatam legibus, aut publice expositam, aut unam omnium esse voluerunt. Nam. . . . .
. . . .
III. . . . . ri, nudari puberem. Ita sunt alte repetita quasi fundamenta quædam verecundiæ. Juventutis vero exercitatio quàm absurda in gymnasiis ! quàm levis epheborum illa militia ! quàm contrectationes et amores soluti et liberi ! Mitto apud Eleos et Thebanos, apud quos in amore ingenuorum libido etiam permissam habet et solutam licentiam. Lacædemonii ipsi cùm omnia concedunt in amore juvenum, præter stuprum, tenui sane muro dissepiunt id, quod excipiunt ; complexus enim concubitusque permittunt : pallas inter pecus. — Hic Lælius : Præclare intelligo,

vous aimez mieux encore vous attaquer aux coutumes des peuples les plus renommés, que de lutter contre votre cher Platon : vous ne l'effleurez même pas. . . .
. . . .

IV. (⁴) Jamais la comédie (⁵), si l'habitude des mœurs publiques n'avait autorisé, n'aurait pu faire goûter les infamies qu'elle étalait sur le théâtre. Les anciens Grecs mêmes avaient été conséquents à cette erreur de l'opinion chez eux, en donnant par la loi à la comédie le privilége de dire ce qu'elle voudrait, et de qui elle voudrait, en propre nom.

Qui n'a-t-elle pas atteint? ou plutôt qui n'a-t-elle pas déchiré? à qui fit-elle grâce? Qu'elle ait blessé des flatteurs populaires, des citoyens malfaisants, séditieux, Cléon, Cléophon, Hyperbolus, à la bonne heure; souffrons-le : bien que, pour de tels hommes, la censure du magistrat vaille bien mieux que celle du poëte. Mais que Périclès, gouvernant la république depuis tant d'années, avec le plus absolu crédit, dans la paix ou dans la guerre, soit outragé par des vers, et qu'on les

---

Scipio, te in his Græciæ disciplinis, quas reprehendis, cum populis nobilissimis malle, quàm cum tuo Platone luctari, quem ne adtingis quidem ; præsertim cùm. . . . .
IV. Nunquam comœdiæ, nisi consuetudo vitæ pateretur, probare sua theatris flagitia potuissent. Et Græci quidem antiquiores vitiosæ suæ opinionis quamdam convenientiam servaverunt, apud quos fuit etiam lege concessum, ut, quod vellet comœdia, de quo vellet, nominatim diceret.
Quem illa non adtigit? vel potius quem non vexavit? cui pepercit? Esto, populares homines improbos in re publicâ, seditiosos, Cleonem, Cleophontem, Hyperbolum læsit. Patiamur; etsi ejusmodi cives a censore melius est, quàm a poetâ notari. Sed Pe-

récite sur la scène : cela n'est pas moins étrange que si, parmi nous, Plaute et Nævius se fussent avisés de médire de Scipion, ou Cæcilius de Caton.

Nos lois des Douze Tables, au contraire, si attentives à ne porter la peine de mort que pour un bien petit nombre de faits, ont compris dans cette classe le délit d'avoir récité publiquement, ou d'avoir composé des vers, qui attireraient sur autrui le déshonneur ou l'infamie ; et elles ont sagement décidé : car, notre vie doit être soumise à la sentence des tribunaux, à l'examen légitime des magistrats, et non pas aux fantaisies des poètes ; et nous ne devons être exposés à entendre une injure, qu'avec le droit d'y répondre, et de nous défendre, devant la justice.

riclem, cùm jam suæ civitati maximâ auctoritate plurimos annos domi et belli præfuisset, violari versibus, et eos agi in scenâ, non plus decuit, quàm si Plautus noster voluisset, aut Nævius Publio et Cnæo Scipioni, aut Cæcilius Marco Catoni maledicere.

Nostræ contra Duodecim Tabulæ, cùm perpaucas res capite sanxissent, in his hanc quoque sanciendam putaverunt, si quis occentavisset, sive carmen condidisset, quod infamiam faceret flagitiumve alteri. Præclare ; judiciis enim magistratuum, disceptationibus legitimis propositam vitam, non poetarum ingeniis, habere debemus ; nec probrum audire, nisi eâ lege, ut respondere liceat, et judicio defendere.

FRAGMENTS.

Un soin minutieux nous fait rassembler ici quelques fragments du quatrième livre, qui n'ont pu se lier aux passages retrouvés par l'éditeur romain, ni même s'encadrer dans l'espèce de supplément que nous avons essayé. Ce sont des phrases, ou peu significatives, ou citées d'une manière incomplète par les grammairiens, qui n'y cherchaient que l'exemple de l'emploi d'un mot. Faut-il les traduire? Apprendrai-je quelque chose au lecteur, en répétant dans notre langue des termes presque isolés qui ne disent rien, même dans l'original?

« On emploie des bergers pour la garde des trou-
« peaux. »

« *Armentum* vient d'*armentarius*. »

« Dans cette discussion, je n'ai pas pris la cause du
« peuple, mais celle des gens de bien. »

« Puissé-je lui avoir fait d'avance une prédiction assez
« fidèle ! »

D'autres phrases apprennent quelques petits faits de philologie. « J'admire dans ces lois non-seulement la
« justesse des choses, mais celle des termes : s'agit-il
« **de plaider?** la discussion entre amis, et non la que-

« relle entre ennemis, s'appelle plaidoirie, dit la loi. »

Dans une autre de ces phrases mutilées, Cicéron paraît rappeler la barbare sentence des Athéniens, qui firent périr les capitaines de leur flotte, parce qu'ils n'avaient pu, après une tempête, recueillir les corps de leurs soldats, et leur donner la sépulture.

Cependant, au milieu de ces débris énigmatiques de phrases sans liaison, il en est une qui conserve beaucoup de sens :

« On ne résiste pas aisément au peuple devenu puis-
« sant, soit qu'on ne lui accorde aucun droit, soit qu'on
« lui en accorde trop peu. »

NOTES SUR LE LIVRE IV.

(¹) Ce livre est réduit à un seul feuillet dans le manuscrit du Vatican. L'éditeur de Rome réunit à ce faible débris les passages, que saint Augustin avait transcrits dans *La Cité de Dieu*, et dans une épître à Nectaire. Il croit pouvoir y rapporter aussi quelques fragments de Cicéron, transmis et conservés sans indication de l'ouvrage auquel ils appartenaient. Ces fragments, précieux pour les philologues, ne pouvaient trouver place dans la traduction. Ils sont cités au bas du texte latin.

(²) « Romulus avait divisé le peuple romain en vieillards et en
« jeunes gens. Servius Tullius établit, dans la suite, cinq divi-
« sions dans la classe des jeunes gens. » Aulu-Gelle donne ce détail, d'après un historien nommé Tubéron. (*Aul. Gell.* liv. X, chap. XXVIII.)

(³) Dans cette juste et vive censure, Cicéron s'est abstenu de rappeler la république de Platon. Polybe, en comparant les Institutions des divers États, ne parle pas non plus des Institutions idéales proposées par Platon. Il donne une raison ingénieuse de ce silence. « Je ne puis, dit-il, admettre cette constitution toute
« chimérique à entrer en concurrence avec les Républiques réel-
« les et effectives ; de même que l'on ne permet pas l'accès de
« la lice à ceux qui n'ont pas fait les exercices ordonnés, et qui
« ne sont pas inscrits sur le rôle des athlètes. »

(⁴) De longues lacunes séparent ce passage du précédent ; et il n'est lui-même qu'un bien faible débris de ce que ce livre contenait sur le théâtre.

(⁵) Cicéron paraissait goûter assez médiocrement les jeux scéniques de son temps ; du moins, si nous en jugeons par la manière chagrine et dédaigneuse, dont il rend compte à un ami de la plus magnifique de ces solennités, de celle qui eut lieu pour inaugurer le théâtre du grand Pompée. On voit par sa lettre à Marius, que la profusion et l'entassement des spectacles divers réunis dans ces fêtes en rendaient la pompe fatigante, et que le bon goût avait peu de choses à y faire. C'étaient déjà tous les inconvénients dont se plaint Horace, et surtout l'empiétement du cirque sur le théâtre, l'abus des représentations matérielles, des spectacles qui ne parlent qu'aux yeux, substitués à l'intérêt dramatique et aux beautés littéraires.

> Verum equitis quoque jam migravit ab aure voluptas
> Omnis ad incertos oculos et gaudia vana.
> Quatuor aut plures aulæa premuntur in horas,
> Dum fugiunt equitum turmæ, peditumque catervæ.
> Mox trahitur, manibus, regum fortuna, retortis,
> Esseda festinant, pilenta, petorrita, naves ;
> Captivum portatur ebur, captiva Corinthus.
>
> (Horat. Epist. II, 1.)

Cet abus existait au siècle de Scipion, puisqu'il causa la chute de la plus intéressante des pièces de Térence, de l'*Hecyre*, dont le peuple interrompit la représentation, pour courir à une danse de pantomimes.

A l'époque de Cicéron, il paraît, qu'afin de satisfaire toutes les curiosités à la fois, on s'était avisé d'introduire dans les pièces mêmes tout ce que l'on pouvait rassembler de magnificences et de merveilles faites pour les yeux ; et c'est là ce qui choquait Cicéron. « Quel plaisir, écrivait-il à son ami, peut-on trouver « à voir, dans *Clytemnestre*, des multitudes de mulets, dans *le* « *cheval de Troie*, plusieurs milliers de boucliers, et, à l'occasion « du plus mince combat, un équipement complet d'infanterie et « de cavalerie? »

ANALYSE

DU CINQUIÈME LIVRE.

Ce cinquième livre n'a pas moins péri que le précédent; et les fragments nouveaux découverts par le savant éditeur, bien que l'on y retrouve quelques traces du dialogue original, ne présentent que de médiocres indices sur les questions qu'il devait embrasser. Nous sommes donc réduits à des conjectures, faiblement appuyées sur quelques mots, quelques phrases éparses; et sur des inductions tirées du plan général de l'ouvrage. Nous n'avons pas même de nombreux débris. A peine pouvons-nous, en rapprochant les diverses questions que Cicéron, avait traitées dans les livres précédents, supposer avec quelque vraisemblance celles qu'il avait dû réserver pour ces derniers livres. Mais, l'importance qu'il donnait à ces questions, le rapport qu'il établissait entre elles, le problème, l'examen, la solution, tout nous échappe, tout nous manque; tout est inaccessible à nos efforts.

Essayons cependant de rassembler quelques souvenirs, et de hasarder quelques recherches sur les parties de la politique et de la civilisation romaine, que Cicéron n'a pas traitées dans les premiers livres *de la République*, et qui pouvaient trouver place dans celui-ci.

Le cinquième livre s'ouvrait par un préambule, dont saint Augustin nous a conservé d'admirables traits, et dans lequel Cicéron, avant de ramener ses interlocuteurs sur la scène, exprimait la profonde douleur que lui causait l'affaiblissement des anciennes mœurs, et la décadence de la République.

De tels aveux et de telles plaintes, placés à l'entrée de ce livre, font assez naturellement présumer qu'il était consacré à retracer les vertus antiques et les fortes Institutions qui, du temps de Scipion, existaient encore, et se maintenaient contre la corruption naissante, dont nous avons plus haut indiqué les progrès. On ne peut douter, en effet, que, du temps de Scipion, Rome, comme tous les États rapidement agrandis, n'offrît un singulier mélange de luxe et d'austérité, de magnificence et de parcimonie, de vices nouveaux et de vertus antiques, qui n'avaient pas encore eu le temps de céder à la prospérité.

Indiquer la source de ces vertus, montrer leur alliance avec la gloire de Rome, les défendre, les prémunir, appeler les lois à leur aide, expliquer enfin les principes de la Constitution romaine, était un texte naturel, dont nous ne pouvons mesurer toute l'étendue, et que nos préjugés modernes ne nous laissent peut-être pas saisir dans toutes ses parties.

On a dit, en effet, et souvent répété que ces vertus romaines si célèbres n'étaient qu'un résultat de la nécessité, ne prouvaient que le défaut de civilisation et d'industrie; qu'elles avaient duré précisément autant que la pauvreté, ou plutôt qu'elles n'étaient autre chose que cette pauvreté même parée d'un beau nom. L'esprit philosophique introduit dans l'histoire n'a pas sur ce point épargné les plaisanteries. Une vraie philosophie pourrait cependant trouver autre chose dans ces traditions; et Cicéron s'était proposé sans doute une telle recherche, afin d'opposer de grands exemples à ces prodiges de luxe et d'avarice qui, de son temps, désolaient la république.

Ne perdons pas de vue un premier fait. Le peuple romain fut dès l'origine un peuple agricole autant que guerrier : de là naquirent des habitudes de simplicité, qui subsistèrent longtemps, et se soutinrent au milieu même des richesses. Le pyrrhonisme historique essayera, s'il veut, de plaisanter sur la charrue de Cincinnatus : mais pouvons-nous douter, cependant, que ce genre de modération n'ait été longtemps, à Rome, commun et volontaire, lorsque nous voyons dans Pline un triomphateur célèbre, un consul qui avait ajouté au territoire de la République la plus grande partie de l'Italie, déclarer à la tribune [1], que tout Romain, à qui sept arpents de terre ne suffisaient pas, était un citoyen pernicieux? A cette époque cependant, on avait déjà rendu la loi qui défendait seulement de posséder plus de cinq cents arpents; et déjà Licinius Stolo, auteur de cette loi, avait été puni, pour l'avoir transgressée. Ce n'était donc

---

[1] Manii Curii post triumphos immensumque terrarum adjectum imperio nota concio est : « Perniciosum intelligi civem, cui septem jugera non erant satis. » (*Plin. Hist. natur.*, lib. XVIII, c. IV.)

pas, comme on le voit, la matière qui manquait à l'avarice; et les mœurs étaient plus sévères que les lois.

Telle était l'influence des premières Institutions et des antiques coutumes de Rome, dont il faut reconnaître partout la trace dans le génie de la république agrandie. Un des premiers établissements de Romulus avait été celui de douze prêtres, nommés les prêtres des champs. Dans le partage des citoyens en tribus, les tribus rurales [1], formées de ceux qui habitaient la campagne, étaient les plus honorées. Les tribus urbaines, au contraire, peu nombreuses et peu estimées, étaient celles où l'on reléguait les citoyens oisifs et négligents. Les premiers citoyens de la République vivaient aux champs; et de là même le nom et l'usage de ces officiers, appelés *viatores*, parce qu'ils étaient toujours en route, pour porter à ces illustres Romains, occupés des travaux rustiques, les ordres des Consuls, ou les convocations pour le sénat.

En rappelant ces souvenirs, avec une imagination peut-être trop poétique, en montrant la terre du Latium autrefois heureuse et fière de produire sous des mains triomphales [2], Pline ajoutait, d'ailleurs avec beaucoup de vérité, un fait historique, dont l'importance ne pour-

---

[1] Rusticæ tribus laudatissimæ eorum, qui rura haberent. Urbanæ vero in quas transferri ignominia esset, desidiæ probro. Itaque quatuor solæ erant a partibus urbis, in queis habitabant Suburrana, Palatina, Collina, Esquilina. (*Plin. Hist. nat.*, lib. XVIII, c. III.)

[2] Ipsorum tunc manibus imperatorum colebantur agri : ut fas est credere, gaudente terrâ vomere laureato, et triumphali aratore. (*Plin. Hist. nat.*, lib. XVIII, c. IV.)

rait être contestée. « Maintenant, dit-il, ces mêmes
« champs sont abandonnés à des esclaves enchaînés [1],
« à des mains coupables, à des hommes flétris par la
« marque. » Dans ce changement qui substituait à une
population indépendante, propriétaire et librement
laborieuse, des bandes de captifs ou de malfaiteurs
travaillant sous le fouet d'un maître [2], se trouvent en
effet toutes les causes de la corruption et de la décadence romaine. Plutarque rapporte que le motif principal des Gracques, dans leur première et généreuse
entreprise, avait été l'indignation de voir l'Italie dépeuplée de cultivateurs romains, par les usurpations
des grands de Rome, qui livraient à des esclaves les
possessions immenses qu'ils avaient envahies. Les
hommes les plus attachés à la Constitution romaine
pouvaient, sur ce point, éprouver le même sentiment
que les Gracques, qui furent accusés d'avoir voulu la
détruire. En effet, avec les petites propriétés cultivées
par des possesseurs indépendants, disparurent les milices de citoyens attachés aux lois de leur pays : et alors
vinrent les armées de prolétaires, d'affranchis, d'étrangers, indifférentes à la patrie, et ne reconnaissant que
la voix du général. Salluste observe que ce fut ainsi que
Marius [3], nommé Consul, recruta ses légions ; et dès

---

[1] Nunc eadem vincti pedes, damnatæ manus, inscriptique vultus exercent. (*Plin. Hist. nat.*, ibid.)

[2] Coli rura ab ergastulis pessimum est, et quidquid agitur a desperantibus. (*Plin. Hist. nat.*, eod. lib., c. VII.)

[3] Ipse interea milites scribere, non more majorum, neque ex classibus, sed, uti cujusque libido erat, capite censos plerosque. (*Sallus. Jugurt.* 86.)

lors le chemin fut tracé pour tous les ambitieux. Lorsque plus tard, Sylla, proscripteur et spoliateur, voulut rendre ses soldats propriétaires, en leur partageant les terres des condamnés, le remède fut plus funeste que le mal : car ces hommes, introduits par la violence dans le rang des propriétaires, n'en devinrent pas meilleurs citoyens, et n'y furent que les défenseurs du crime et de l'usurpation d'un homme. Ils ne prirent ni le respect des lois, essentiel à la propriété, ni les habitudes d'ordre et d'économie naturelles à la vie agricole. Ils corrompirent les mœurs des campagnes. Regardant leurs domaines et leurs champs, comme le butin d'un jour, ils dissipèrent ces biens dans la débauche ; et ils furent prêts pour de nouvelles guerres civiles, parce qu'ils avaient besoin de confiscations nouvelles.

Voilà les maux que Cicéron avait vus, contre lesquels il avait lutté avec autant de courage que de génie. Ne devait-il pas se plaire à chercher dans les temps antiques un contraste à ces affligeantes images? et en était-il un plus frappant que le tableau des occupations rustiques des anciens Romains, si bien liées à leurs travaux guerriers, et que tout le détail de cette vie saine, forte et pure, qui préparait de vigoureux soldats, des milices citoyennes, et des généraux incorruptibles ? L'agriculture, comme étant une source de richesse publique, devait attirer l'attention de ce sage politique ; mais je ne doute pas que, suivant la manière habituelle de raisonner des anciens, elle ne lui ait paru plus importante, comme première gardienne des mœurs, du patriotisme et du courage. C'est ainsi que l'envisage

le vieux Caton, au commencement de son curieux traité
de *Re Rusticâ*.

« Il n'y aurait rien de mieux [1], dit-il, que de s'enri-
« chir par le négoce, si cette voie était moins périlleuse,
« ou que de prêter à usure, si le moyen était plus hon-
« nête; mais telle fut à cet égard l'opinion de nos
« ancêtres, et les dispositions de leurs lois, qu'ils con-
« damnaient le voleur à restituer le double, et l'usurier
« à rendre le quadruple. Vous pouvez juger par là
« combien l'usurier leur paraît un citoyen pire que le
« voleur. Voulaient-ils, au contraire, louer un homme
« de bien, ils le nommaient bon laboureur et bon fer-
« mier; et cet éloge paraissait le plus complet qu'on
« pût recevoir. Quant au marchand, je le trouve homme
« actif et soigneux d'amasser, mais de condition péri-
« clitante et calamiteuse. Pour les laboureurs, ils en-
« gendrent les hommes les plus courageux, et les soldats
« les plus robustes; c'est de leur profession que l'on
« tire le profit le plus légitime, le plus sûr et le moins

---

[1] Est interdum præstare mercaturis rem quærere, ni tam periculosum siet; et item fœnerari, si tam honestum siet. Majores
enim nostri hoc sic habuerunt, et ita in legibus posuerunt: furem
dupli condemnari, fœneratorem quadrupli. Quanto pejorem civem
existimârint fœneratorem quàm furem, hinc licet existimari : et
virum bonum cùm laudabant, ita laudabant, bonum agricolam
bonumque colonum. Amplissime laudari existimabatur, qui ita
laudabatur Mercatorem autem strenuum studiosumque rei quærendæ existimo; verum, ut supra dixi, periculosum et calami-
tosum. At ex agricolis et viri fortissimi et milites strenuissimi
gignuntur; maximeque pius quæstus stabilissimusque consequi-
tur, minimeque invidiosus : minimeque male cogitantes sunt, qui
in eos tudio occupati sunt. (*M. Porcius Cato, de Re Rusticâ*. Init.)

« attaquable ; et ceux qui y sont occupés sont le moins
« sujets à penser à mal. »

On voit dans la naïveté un peu grossière de ce langage toute la rudesse des vieilles mœurs romaines, lorsqu'elles n'étaient pas polies par l'urbanité naturelle d'un Scipion ou d'un Lælius. La simplicité de Caton semble bien plus près de l'avarice que de l'héroïsme ; il a l'air de repousser le luxe, surtout parce qu'il coûte cher ; il a peur du commerce, à cause des risques. On le soupçonnerait presque de regretter que les lois aient proscrit un aussi bon moyen de s'enrichir que l'usure ; et ce qui lui plaît dans le labourage, c'est la certitude et la solidité du gain. Cependant l'avantage moral de la vie agricole ne lui échappe pas non plus ; et après avoir dit qu'elle fournit les plus vigoureux soldats, il peint l'innocence de cette vie par cet éloge si vrai et si simplement exprimé : « Ceux qui sont adonnés à ce
« labeur pensent fort peu à mal. »

Du reste, Caton, dans ce traité, est uniquement un cultivateur intelligent, économe, âpre au gain. Plutarque lui reproche d'avoir donné le conseil de vendre les bœufs vieillis au service de la charrue ; et il s'attendrit, avec l'expression la plus touchante et la plus gracieuse, sur ce traitement fait à de vieux compagnons de peine et de travail. Caton n'entendait pas ces délicatesses ; il songeait seulement à faire une bonne maison. « Que le
« maître [1], dit-il, vende les vieux bœufs, les jeunes

---

[1] Vendat boves vetulos, armenta delicula, oves deliculas, lanam, pelles, plostrum vetus, ferramenta vetera, servum senem, servum morbosum, et si quid aliud supersit, vendat. Patrem-

« veaux, les petites brebis, la peau, la laine; qu'il vende
« les chariots usés, les ferrements inutiles, l'esclave
« vieux, l'esclave malade, et tout ce qu'il peut avoir de
« trop. Je veux qu'un père de famille soit de sa nature
« vendeur, et nullement acheteur. » Voilà une simplicité de mœurs qui n'est pas celle que notre imagination
prête à Régulus et à Cincinnatus. Il faut avouer aussi
qu'elle ne rappelle pas ces descriptions si agréables de
la vie agricole, cette passion des champs si naïvement
et si élégamment retracée, à laquelle Cicéron s'aban-
donne dans son admirable traité *de la Vieillesse*, et qu'il
exprime par l'organe même de Caton. La politesse du
siècle de Cicéron, et le charme de son heureux génie,
embellissent fort, dans ce dialogue, l'avare rusticité du
vieux Caton, telle qu'il l'a montrée lui-même dans ses
propres écrits.

Du reste, il est assez naturel de supposer que ce goût
du travail et du gain, cette activité avide et parcimo-
nieuse, représentée par Caton, marqua le passage entre
la modération véritable, la vertueuse simplicité des
premiers temps, ou plutôt des premiers grands hommes
de la république, et les excès de faste et de volupté
qui suivirent. La vie dure et laborieuse procura les
richesses, et servit à les augmenter; puis, quand elles
furent portées au comble, le luxe et les vices inventèrent
mille moyens de les dissiper; le crime et la violence
mille moyens de les reproduire.

---

familiâs vendacem, non emacem esse oportet. (*M. Porcius Cato,
de Re Rusticâ*, cap. II.)

Ce qui se conserva des anciennes mœurs, ce fut un goût pour l'agriculture, commun aux plus grands citoyens de Rome. Marius, qu'à la vérité son obscure naissance et ses premiers travaux avaient fait laboureur, Marius, sept fois consul, se fit remarquer par l'intelligence et l'étendue de ses exploitations agricoles. On admirait, entre autres travaux, des plants de vignes, qu'il avait distribués sur les coteaux de ses domaines, avec un si habile emploi du terrain, qu'on y reconnaissait, dit Pline [1], tout l'art du profond tacticien et du grand général. Pompée, simple dans ses mœurs, peu jaloux de vastes possessions, Pompée à qui l'on a donné cette louange, que jamais il n'avait acheté le champ d'un voisin pauvre, aimait et surveillait les travaux de ses terres. Le livre rempli de tous les détails de la culture la plus variée, que Varron écrivit, à quatre-vingts ans, et surtout les admirables *Géorgiques* de Virgile, nous prouvent que ce vif intérêt pour les objets champêtres subsista longtemps, au milieu du changement de tout le reste. Nous voyons, plus tard, un savant homme, Columelle, écrire sur cette matière, pour rappeler ses contemporains à la pratique d'un art qui avait été la gloire et la force de leurs aïeux. Enfin, dans la suite, l'agriculture, affaiblie depuis longtemps par l'accumulation des propriétés dans la même main, et l'emploi exclusif des esclaves, détruite enfin par les confiscations, les impôts arbitraires et la peste du despotisme,

---

[1] Villam in Miseneusi posuit C. Marius septies consul, sed peritiâ castrametandi; sic ut comparatos ei cæteros etiam Sulla felix cæcos fuisse diceret. (*Plin. Hist. natur.*, lib. XVIII, c. vii.)

nous montre l'Italie exposée à de continuelles famines, misérable après tant de conquêtes, impuissante au dehors, et ne se suffisant plus à elle-même.

On conçoit dès lors comment, aux yeux d'un esprit aussi prévoyant que Cicéron, la prospérité de l'agriculture devait être mise au nombre des premières causes et des plus indispensables appuis de la grandeur romaine. La prédilection habituelle pour l'ancien temps, qui fait le caractère de son ouvrage *sur la République*, trouvait ici naturellement sa place; et nulle part elle n'était mieux fondée.

Sénèque, dans une de ses lettres, nous retrace la maison de campagne du premier Scipion, et le bain étroit et simple, où il lavait son corps fatigué d'un travail rustique et couvert de poussière. Pline nous parle des arbres que ce grand homme avait plantés. Combien de telles allusions et de tels souvenirs devaient-ils animer l'entretien, que Cicéron attribuait au descendant adoptif de Scipion !

L'agriculture, si honorée dans les premiers jours de Rome, était-elle assujettie à quelque redevance, à quelque tribut envers l'État? Ces terres, originairement partagées par Romulus, ou conquises sur les peuples d'Italie, étaient-elles franches et libres? Cicéron[1] et Pline[2] nous apprennent qu'après la défaite de Persée,

---

[1] Omni Macedonum gazâ, quæ fuit maxima, potitus Paulus tantum in ærarium pecuniæ invexit, ut unius imperatoris præda finem attulerit tributorum. (*De Officiis*, lib. II, cap. XXII.)

[2] Intulit Æmilius Paulus, Perseo victo, e macedonicâ prædâ bis millies et trecenties cent. mill., a quo tempore populus romanus tributum pendere descivit. (*Plin. Hist. nat.*, lib. XXXIII, cap. XVII.)

Paul Émile ayant apporté dans le trésor de la République l'immense butin de cette victoire et les richesses du monarque prisonnier, depuis cette époque, le peuple romain cessa de payer l'impôt. L'imagination, à ce récit, croirait voir les antiques dépouilles de l'Orient amassées par les Macédoniens, passer aux Romains, comme la succession d'Alexandre, et suffire à l'exemption des charges publiques d'un si grand peuple. Mais Tite-Live [1] nous avertit que ces richesses n'étaient que le produit des mines, et le résultat des impôts accumulés, pendant trente ans, depuis la guerre de Philippe contre les Romains.

Scipion, dans le traité *de la République*, rappelait sans doute, à la gloire de son père Paul-Émile, ce présent, le plus magnifique, dont jamais un général victorieux ait doté ses concitoyens. Mais laissant de côté ce que de tels souvenirs ont de grand et d'extraordinaire, et considérant les choses, d'après la manière froide et positive des modernes, nous conclurons de ce fait, que chaque citoyen romain propriétaire payait un impôt annuel, jusqu'à la mémorable conquête de la Macédoine; que cet impôt était sans doute très-léger, puisque le butin d'une seule victoire avait pu suffire à racheter indéfiniment cette dette des particuliers envers l'État.

Mais cet impôt était-il unique, ou multiplié sous différentes formes? temporaire, ou permanent? Avait-il

---

[1] Eoque id mirabilius erat, quòd tantum pecuniæ intra triginta annos post bellum Philippi cum Romanis, partim ex fructu metallorum, partim ex vectigalibus aliis coacervatum erat. (*Tit.-Liv.*, lib. XLV, c. XL.)

besoin d'être sanctionné par le peuple? Toutes questions difficiles, sur lesquelles la négligence rapide des historiens nationaux nous donne peu de lumières, au moins pour les premiers temps. Il paraît que, dans l'origine, les rois avaient établi des taxes sur les terres et sur les marchandises. Aux premiers jours de la révolution républicaine, accomplie par les patriciens, ceux-ci, pour retenir et flatter le peuple, supprimèrent les droits d'entrée, et firent porter l'impôt, dit Tite-Live [1], sur la classe seule des riches. Le monopole du sel fut également retiré à des fermiers, qui l'exploitaient d'une manière onéreuse pour le peuple. Mais il est vraisemblable que ces mesures de faveur ne se prolongèrent pas au delà des premiers périls de la liberté romaine. Quoi qu'il en soit, un demi-siècle après, nous voyons, dans Tite-Live, le sénat établir [2] un nouvel impôt pour la solde des troupes en campagne, et le peuple acquitter cet impôt, malgré la résistance des tribuns. Tite-Live nous raconte, à ce sujet, que l'usage de l'argent monnayé n'existant pas encore, on amenait au trésor public des chariots tout chargés de cuivre. La censure venait

---

[1] Salis quoque vendendi arbitrium, quia impenso pretio venibat, in publicum omne sumptum, ademptum privatis. portoriis quoque et tributo plebe liberatâ, ut divites conferrent, qui oneri ferendo essent; pauperes satis stipendii pendere, si liberos educarent. (*Tit.-Liv.*, lib. II, c. IX.)

[2] Indicto jam tributo, edixerunt etiam tribuni, auxilio se futuros, si quis in militare stipendium tributum non contulisset. Patres bene cœptam rem perseveranter tueri; conferre ipsi primi; et quia nondum argentum signatum erat, æs grave plaustris quidem ad ærarium convehentes, speciosam etiam collationem faciebant. (*Tit.-Liv.*, lib. IV, c. LX).

d'être établie ; et c'était cette magistrature qui avait l'inspection et la surveillance des revenus publics. Le *Cens*, d'où elle prenait son nom, était, comme on sait, la revue ou le dénombrement des citoyens romains. Là, chaque citoyen déclarait, sous la foi du serment, son nom, son âge, le nombre de ses enfants, et la valeur de ses biens; la taxe lui était appliquée, d'après cette estimation. Ce mode d'imposer se rapprochait, comme on voit, de l'*income-tax*, quelquefois usité chez les Anglais. Les censeurs avaient de plus le droit de hausser la taxe d'un particulier, en punition de quelques fautes.

Mais l'impôt, considéré dans son universalité, était-il établi par les suffrages du peuple? Aucun souvenir historique ne le prouve ; et ce silence semble rendre plus vraisemblable l'induction contraire. Nous voyons dans Tite-Live[1], que, pendant la seconde guerre punique, la taxe des citoyens romains avait été doublée, et que le sénat, par un décret, la réduisit de moitié. Cette phrase ne fait-elle pas supposer que le pouvoir qui diminuait la taxe, était le même qui en avait ordonné la création? Ailleurs, il nous dit que les matelots[2] ve-

---

[1] Senatus, quo die primùm est in Capitolio consultus, decrevit, ut, quo eo anno duplex tributum imperatur, simplex confestim exigeretur, ex quo stipendium præsens omnibus militibus daretur, præterquam qui milites ad Cannas fuissent. (*Tit.-Liv.*, lib. XXIII, c. XXXI.)

[2] Cùm deessent nautæ, consules ex senatusconsulto edixerunt : « Ut qui L. Æmilio, C. Flaminio censoribus, millibus æris
« quinquaginta ipse aut pater ejus census fuisset, usque ad cen-
« tum millia, aut cui postea res tanta esset facta, nautam unum
« cum sex mensium stipendio daret : qui supra centum millia
« usque ad trecenta millia, tres nautas cum stipendio annuo; qui

nant à manquer pour une expédition importante, les Consuls, en vertu d'un sénatus-consulte, ordonnèrent une taxe proportionnelle, par laquelle les citoyens inscrits sur le rôle des derniers censeurs, étaient tenus à fournir un ou plusieurs matelots, et la solde qui leur était nécessaire pour six mois ou pour un an. Ces contributions semblent, à la vérité, des faits extraordinaires et accidentels; mais n'est-il pas manifeste que l'intervention du sénat suffisait pour les établir? Dans un autre passage, Tite-Live dit : « Sur la demande des « censeurs, on leur assigna, pour divers travaux pu- « blics, le produit d'un impôt établi pour un an. » Mais il ne daigne pas s'arrêter à plus de détails.

Au reste, l'impôt, qui fut aboli, depuis la victoire de Paul-Émile, c'était sans doute et uniquement le *cens*, la taxe personnelle, imposée d'après l'estimation de la fortune de chaque citoyen. Les droits d'entrée, que Scipion, comme nous l'avons vu plus haut, trouvait mal assortis à la dignité du peuple romain, subsistèrent toujours, et devaient même s'accroître avec le luxe et la richesse publique.

Il paraîtrait, d'après quelques mots de Tite-Live, que les censeurs étaient maîtres d'établir des droits de cette espèce, par l'autorité de leurs charges. En parlant d'Emilius et de Licinius, qui remplissaient cette dignité dans l'année 573 de Rome, et qui firent de grands travaux publics, achevés depuis par Scipion Émilien,

« supra trecenta millia usque ad decies æris, quinque nautas;
« qui supra decies, septem; senatores octo nautas cum annuo
« stipendio darent. » (*Tit.-Liv.*, lib. XXIV, c. xi.)

Tite-Live dit négligemment : « Les censeurs établirent « aussi beaucoup de droits de douane, et d'autres taxes. »

Le trésor de la république recevait, d'ailleurs, divers tributs des peuples vaincus et alliés ; il avait la dépouille des rois, et quelquefois leur succession testamentaire ; mais quant à ce que les citoyens eux-mêmes payaient à l'État, il paraît, nous l'avons dit, que cette contribution, peu considérable, abolie dans ce qui touchait à la taxe personnelle, depuis la victoire de Paul-Émile, était réglée par le sénat. Ainsi, le point principal de la liberté politique chez les peuples modernes, le vote libre de l'impôt, n'était pas compté parmi les droits du peuple romain et les objets habituels de ses délibérations. C'était, pour ainsi dire, un intérêt médiocre et secondaire, abandonné à la prudence des magistrats.

Il ne semble pas à présumer que Cicéron eût discuté, dans ce livre, les divers points de la législation romaine qui pouvaient servir de sauvegarde et d'appui à ces mœurs antiques, dont il fait l'éloge exclusif, et dont il déplore la perte irrémédiable. Un si vaste sujet l'aurait entraîné trop loin. Il y consacra, plus tard, un ouvrage entier, le traité *des Lois*[1]. C'est là que, suivant ses propres expressions, il cherche, il recueille les lois qui

---

[1] Quoniam scriptum est a te de optimo rei publicæ statu, consequens esse videtur, ut scribas tu idem de legibus. Sic enim fecisse video Platonem illum tuum. (*De Legibus*, lib. I, c. v.)

Quoniam igitur ejus rei publicæ, quam optimam esse docuit in illis sex libris Scipio, tenendus est nobis et servandus status; omnesque leges accommodandæ ad illud civitatis genus, serendi etiam mores, nec scriptis omnia sancienda, repetam stirpem juris a naturà. (*Ibidem*, c. vi.)

An censes, cùm in illis de Re Publicâ libris persuadere videatur

lui paraissent le plus convenables et le mieux assorties à la nature et aux formes de cette république, définie par lui, dans un premier ouvrage. C'est là, pour ainsi dire, qu'à l'exemple de Platon, mais avec un but différent, il se propose de rédiger le code de la *Cité*, qu'il a non pas théoriquement imaginée en philosophe spéculatif, mais décrite en orateur et en panégyriste. Mais s'il avait cru nécessaire de réserver pour un travail particulier la discussion abstraite des lois romaines, nous voyons, dans les nouveaux fragments découverts par M. Mai, qu'il n'avait pas cru pouvoir séparer du traité *de la République*, tout ce qui touchait à l'administration de la justice et à la puissance judiciaire. Il est, en effet, aussi impossible de concevoir une société sans justice légale, que de la concevoir sans gouvernement. D'ailleurs, dans les républiques de l'antiquité, le droit de juger, souvent exercé par le peuple lui-même, disputé et envahi successivement par les divers corps de l'État, faisait une partie trop essentielle de l'ordre politique, pour en être séparé dans la théorie et dans l'examen.

Fidèle à son plan, et toujours respectueux pour les antiques traditions romaines, Cicéron, comme nous le

---

Africanus, omnium rerum publicarum nostram veterem illam, fuisse optimam, non necesse esse optimæ rei publicæ leges dare consentaneas? — Imo prorsus ita censeo. — Ergo adeo exspectate leges, quæ genus illud optimum rei publicæ contineant. (*Ibid.* lib. II, c. x.)

Quoniam leges damus liberis populis, quæque de optimâ re publicâ sentiremus, in sex libris ante diximus, accommodabimus hoc tempore leges ad illum, quem probamus, civitatis statum. (*Ibid.* lib. III, cap. ii.)

verrons dans un précieux fragment de ce cinquième livre, remonte à l'image de cette première justice, de cette justice paternelle exercée par les rois. Il rapporte même, à ce sujet, que la sagesse des premiers temps assignait aux rois de vastes possessions, des terres, des prairies cultivées et entretenues par le travail du peuple, pour que nul soin ne détournât les rois de la noble fonction de rendre la justice. Mais ces idées, empruntées à une civilisation simple et patriarcale, sont fort loin sans doute de répondre à notre curiosité sur les juridictions romaines, telles que les besoins et les mœurs d'une puissante république avaient dû les établir. On ne peut douter cependant, que Cicéron n'eût traité cette partie sérieuse de la question. La vraisemblance du dialogue, et le nom même de ses interlocuteurs devaient le ramener à cet examen. C'était au temps et sous les yeux de Scipion Émilien, que s'était agité le grand débat sur l'exercice du pouvoir judiciaire, et que Gracchus avait fait une loi, pour transférer à l'ordre des chevaliers le droit de juger, dont les sénateurs étaient investis jusqu'alors. Cette loi, qui fut un changement notable dans la Constitution romaine, avait dû laisser de trop vifs et de trop récents souvenirs, pour ne pas occuper une place dans les entretiens de Scipion, de Lælius, illustres appuis de cette aristocratie sénatoriale, à laquelle C. Gracchus ne porta point de coup plus rude, et plus cruellement ressenti. L'examen de cette innovation devait amener celui des tribunaux romains, question curieuse et difficile, que l'érudition n'a pas encore parfaitement éclaircie.

Il faut remarquer, au reste, que les difficultés qui subsistent encore à cet égard, tiennent surtout à la confusion des temps, et aux contradictions apparentes des historiens. Cette mobilité dans les Institutions, qui résultait, à Rome, de la lutte violente des partis, est en effet la véritable cause de l'incertitude jetée sur quelques parties du gouvernement romain. Comme un demi-siècle voyait quelquefois s'opérer les changements les plus décisifs, à moins d'une attention minutieuse à la série des faits et des dates, on est exposé à mêler des choses à la fois très-diverses et très-rapprochées, et à se former de fausses idées, par la réunion de circonstances qui, bien que voisines dans l'histoire, n'appartiennent pas à un même système de gouvernement.

Pour nous, nous arrêtant à l'époque où Cicéron plaçait ce dialogue, il nous sera moins difficile de rappeler quelles étaient, jusqu'à cette époque, les variations qu'avaient subies les tribunaux romains, et quelle était enfin l'espèce de juridiction et les formes de justice légale, dont Scipion et ses contemporains avaient dû parler : on retrouve d'abord l'ancienne et très-naturelle division du civil et du criminel, ou, comme le dit Cicéron, des jugements publics et des jugements privés[1]. Les rois avaient réuni les deux juridictions. Cicéron nous dit dans un passage de ce cinquième livre : « Les « particuliers venaient demander au roi toutes les déci- « sions de justice. » Et Denys d'Halicarnasse nous

---

[1] Omnia judicia aut distrahendarum controversiarum, aut puniendorum maleficiorum reperta sunt. (*Cicer. pro Cœcinâ*, cap. II.)

apprend que les rois prononçaient les sentences de mort. Mais l'antique tradition du jugement d'Horace montre aussi que l'intervention du peuple existait déjà, au moins sous la forme d'appel contre une première sentence. Ce double pouvoir, les rois eux-mêmes avaient été bientôt obligés de le déléguer en partie. Tite-Live compte parmi les actes tyranniques de Tarquin, d'avoir jugé les crimes capitaux personnellement et sans conseil, contre l'usage de ses prédécesseurs.

Les consuls, héritiers presque absolus du pouvoir des rois, exercèrent d'abord cette double juridiction ; nous voyons en frémissant Brutus juger ses fils à mort, soit comme magistrat, soit peut-être comme père ; mais il est certain que dans la même année le consulat perdit cette terrible prérogative, par une loi de Valérius, qui rétablit l'appel au peuple. Dès lors, les accusations criminelles étaient jugées par des commissaires nommés à cet effet, et qui prirent le nom de *quæsitores parricidii*, d'après l'acception étendue que l'ancienne langue romaine donnait à ce mot de *parricidium*. C'étaient des espèces de jurés élus par le peuple. Le dictateur avait également, et il conserva le droit du glaive, mais plutôt par une attribution militaire que par une prérogative politique. Ainsi, Manlius donnant un second exemple de l'atrocité de la vertu romaine fait trancher la tête à son fils, pour avoir violé la discipline. Toutefois, ce fut ce même droit dictatorial, dont se prévalut dans la suite le barbare Sylla, pour faire assassiner, au sein de Rome, tant de citoyens paisibles et désarmés. Depuis la loi de Valérius, le droit de juger à mort paraissait d'ailleurs avoir été exclusivement délégué au peuple, qui l'exerçait, soit comme nous l'avons dit, en nommant des commissaires, soit en statuant lui-même dans les *Comices* assemblés. L'histoire nous montre cette dernière forme employée dans toutes les grandes condamnations politiques : c'est par sentence du peuple que Manlius fut précipité de la roche Tarpéïenne : c'était par le peuple qu'avait été jugé Coriolan ; et, pour anticiper sur une époque postérieure à celle de Scipion, c'était en vertu de cet antique privilége du peuple, confirmé par plusieurs lois, que les ennemis de Cicéron lui reprochèrent avec tant d'amertume d'avoir fait périr, par une simple sentence du sénat, les complices de Catilina, ces hommes si criminels et si justement condamnés.

Le peuple et les commissaires nommés *quæsitores parricidii* : voilà quels étaient donc les juges légitimes, qui pouvaient porter des sentences de mort. La loi des Douze Tables avait prodigué, avec une barbare rigueur, les cas où cette punition était applicable. Par exemple, elle prononçait la peine capitale contre l'homme, qui avait conduit son troupeau sur une terre ensemencée, ou coupé le blé d'autrui ; inhumanité odieuse, mais concevable, dans la barbarie des premières mœurs d'une peuplade agricole et guerrière. Mais cette législation si sanglante s'adoucit beaucoup, dans la suite. La loi Porcia supprima la peine de mort, et permit qu'elle fût remplacée par le bannissement pour tout citoyen romain. Il semblerait naturel de supposer que cette restriction n'était relative qu'aux crimes politiques, et laissait subsister la peine de mort pour beaucoup de crimes privés compris dans les lois anciennes. On ne croira point, par exemple, que la peine portée contre le *parricide*, dans la loi des Douze Tables, ait été jamais abolie. Il paraît donc qu'à dater d'une époque fort ancienne, depuis la loi Porcia, les jurisconsultes introduisirent une fiction légale, qui détruisait le bénéfice de cette loi pour les meurtriers, les empoisonneurs, pour les criminels proprement dits. Tout Romain convaincu de crime était considéré comme déchu de son rang de citoyen, et tombé dans la classe des esclaves : il devenait, suivant la belle expression des jurisconsultes romains, esclave du châtiment, *servus pœnæ* : il était puni en cette qualité ; et le privilége du citoyen se maintenait à côté du supplice, que les lois infligeaient au scélérat. Mais cette fiction ne s'étendait pas aux hommes accusés pour des crimes d'État : et si l'on songe à l'effrayante mobilité et aux passions furieuses des républiques anciennes, on doit croire que la loi Porcia, qui avait ainsi limité les vengeances et les erreurs populaires, en rendant sacrée la personne d'un Romain, fut un bienfait public, jusqu'au moment où l'excès de la corruption enfantant des crimes inouïs, cette inviolabilité même du citoyen devint un péril pour l'État.

Ce qu'il y a de certain, c'est que depuis la loi Porcia, une foule de citoyens illustres, accusés par ces animosités de faction si communes dans les États libres, satisfirent par un exil momentané à la haine de leurs ennemis, et à l'aveugle emportement du peuple qui les condamnait. Ainsi, ce vertueux Rutilius, dont le nom est si heureusement rappelé dans le préambule de ce dialogue, Rutilius qui, suivant l'expression de Cicéron, attaqué par de puissants ennemis, se défendit comme s'il eût parlé dans la république de Platon, ne porta point la peine de cette généreuse indifférence, et ne subit le sort, ni de Socrate, ni de Phocion. Par là, Rome évita la honteuse tache qui souille les annales des Athéniens; elle ne prononça la mort d'aucun de ses grands hommes. Sous ce rapport, la loi Porcia semble avoir été le plus heureux correctif aux passions du gouvernement républicain, et à la nature même de ces tribunaux souvent composés de tout un peuple.

La juridiction civile, attribuée d'abord aux consuls comme un démembrement de l'autorité royale, resta dans leurs mains ou fut déléguée par eux seuls, jusqu'à l'époque où l'accroissement de la république et la complication des intérêts privés exigèrent la création d'une magistrature nouvelle. Ce fut l'an 380 de Rome qu'on établit un préteur chargé particulièrement de l'administration de la justice. Dans l'intervalle écoulé depuis l'expulsion des rois, jusqu'à l'an 380, les magistratures passagères qui avaient été substituées quelquefois aux consuls, le décemvirat, le tribunat militaire, enfin, le pouvoir public de l'État, avaient constamment exercé la juridiction civile; mais il paraît aussi que, dès l'origine, les sénateurs avaient été dans cette fonction les auxiliaires du premier pouvoir de l'État : et c'était là même qu'ils avaient pris leur principal ascendant et leur plus durable autorité. Denys d'Halicarnasse pense que cet usage de désigner des juges parmi les sénateurs était pratiqué par les rois, pour toutes les affaires qu'ils ne se réservaient pas à eux-mêmes. Les expressions de la loi des Douze Tables [1] indiquent également l'exercice fréquent de cette faculté. Les juges ainsi nommés recevaient une formule, d'après laquelle ils devaient prononcer, en appliquant les termes de la loi : c'étaient pour ainsi dire des jurés de droit pris dans une seule classe, et qui prononçaient dans les limites de la question qui leur était proposée : *si paret, condemna.*

Le préteur hérita du droit de nommer les juges ; et le privilége de ces désignations paraît avoir continué de ne s'appliquer qu'à des membres de l'ordre sénatorial, jusqu'à l'année de Rome 630, c'est-à-dire jusqu'à la fameuse loi de T. Gracchus qui dépouilla les sénateurs de cette grande prérogative, pour la transférer tout entière à l'ordre des chevaliers.

Mais ici viennent s'offrir de graves difficultés, que le texte perdu de Cicéron laisse indécises, et qui vont changer nos observations en controverses. Trois cents sénateurs, occupés la plupart de fonctions militaires, pouvaient-ils suffire au jugement de toutes les affaires de Rome ? Tout le pouvoir judiciaire était-il en effet renfermé dans les sénateurs ? Ne faut-il pas supposer, avec plusieurs érudits, que c'était seulement la juridiction criminelle qui leur était attribuée par privilége, et qui leur fut tour à tour enlevée par Caïus Gracchus, et restituée par Sylla ? L'histoire nous montre en effet qu'avant l'époque de Gracchus, de simples citoyens

---

[1] Judicem arbitrumve in jure datum. (*Aul. Gell.*, lib. XX, cap. I.)

avaient été juges dans des causes civiles ; et Cicéron, parlant sous le régime des lois de Sylla, soutint plusieurs actions civiles, devant des juges choisis dans l'ordre équestre. Cette difficulté pourra peut-être se résoudre par quelques distinctions. Pour tous les crimes publics, il n'y avait eu d'abord d'autre juge que le peuple, lorsque ces crimes intéressaient la sûreté, ou la dignité de l'État ; mais lorsqu'ils n'étaient que des attentats contre la vie ou la fortune des citoyens, la connaissance en était quelquefois dévolue au sénat. Ainsi, dans le récit de Tite-Live sur le crime d'empoisonnement commis par un grand nombre de femmes romaines, il paraît manifeste que le jugement de cette affaire fut prononcé par le sénat.

Quant à la juridiction civile, on ne peut douter que le sénat ne l'ait exclusivement exercée, aussi longtemps que les consuls, qui seuls avaient le droit de désigner les juges, furent exclusivement choisis dans l'ordre des patriciens. Cela même était une conséquence de cette forte aristocratie, qui embrassait tous les moyens de dominer et de conduire un peuple fier et tumultueux. L'anecdote célèbre du greffier Flavius, qui publia le premier les jours précis des audiences judiciaires, prouve bien que l'application des lois civiles était alors dirigée par les seuls membres du sénat, puisque l'époque même des séances des tribunaux était un mystère d'État, dont la révélation parut aux patriciens un dangereux scandale.

Mais lorsque le peuple eut enfin obtenu l'admission au consulat et à toutes les grandes dignités, il est difficile de croire que les consuls plébéiens n'aient pas, dans le nombre des juges qu'ils désignaient, compris des membres du peuple. Au reste, si l'on observe que chaque tribunal se formait par la désignation d'un seul juge, qui choisissait lui-même ses assesseurs, il est naturel de penser que, lors même que cette désignation eût porté toujours sur un sénateur, les auxiliaires qu'il se donnait devaient être souvent choisis dans l'ordre équestre et dans le peuple. Même résultat suivit sans doute l'établissement de la préture : en effet, le préteur continua de désigner pour différentes affaires un juge qui prenait le nom de *judex quæstionis*, et qui choisissait des conseillers ou assesseurs ; mais il paraît que dans un tribunal, où le préteur présidait lui-même, siégeaient dix conseillers nécessairement choisis dans l'ordre sénatorial. On ne peut croire qu'un second tribunal, également présidé par le préteur, et qui se composait de cent cinq juges, eût été choisi en entier parmi les membres du sénat. C'est ici que l'impossibilité tirée du petit nombre de sénateurs se montre dans toute sa force ; mais les anciens nous apprennent que ce tribunal des *centumvirs* avait fort peu d'importance sous la république. Ainsi les affaires civiles les plus nombreuses et les plus importantes étaient probablement jugées, soit par les juges de l'ordre sénatorial sous la présidence du préteur, soit par les juges de *la question* que désignait ce même préteur, et qui formaient chacun leur tribunal. On conçoit dès lors, comment le sénat pouvait suffire à cette juridiction, et sous quel mode les plébéiens étaient admis à en faire partie. Ce juge de la question nommé par le préteur représentait en quelque sorte le *juge* des assises anglaises et on pouvait considérer les *assesseurs* comme des jurés choisis dans le peuple.

Quant à la juridiction criminelle d'intérêt public, qui, selon quelques savants, aurait seule appartenu au sénat, il est manifeste que dans l'origine elle ne lui était pas attribuée, et qu'elle n'aurait pas formé ce pouvoir judiciaire si exorbitant, qui faisait la force du sénat, et qui lui fut enlevé par Caïus Gracchus. En effet, comme nous l'avons dit, et de l'aveu universel, la plus grande partie des crimes publics était jugée directement par le peuple, ou par des commissaires de son choix. Est-il naturel de supposer qu'il se fût constamment assujetti à ne prendre ces commissaires que dans le sénat?

Mais on peut reporter à une époque plus rapprochée l'influence presque absolue du sénat sur la justice criminelle, et la faire dater du premier établissement des juridictions permanentes, qui furent substituées au jugement même du peuple. Ce fut l'an 609 de Rome, que, pour obvier à la multitude des délits politiques, on institua quatre tribunaux chargés de connaître, le premier, des crimes de lèse-majesté, le second, de la brigue, le troisième, des concussions, le quatrième, du péculat. Comme chacun de ces tribunaux fut placé sous la présidence d'un préteur, la composition des juges fut la même que pour le premier tribunal, originairement composé d'un préteur et de dix sénateurs. C'est ainsi que le sénat, maître de la plus importante partie de la juridiction civile, se trouva saisi de la nouvelle juridiction criminelle qui naissait de la multiplicité des délits politiques. On conçoit aussi les fréquentes collusions, que dut amener la nature des crimes et des coupables qui paraissaient devant ces tribunaux, et comment Gracchus put facilement arracher au sénat cette extension nouvelle d'une immense prérogative.

Ces formes de la justice dans Rome, liées de si près aux intérêts réciproques et à la lutte continuelle des pouvoirs de l'État, devaient occuper une grande place dans le cinquième livre *de la République*. Que de réflexions ne faisait pas naître cette justice arbitraire et corrompue, que les partis s'enviaient et s'arrachaient l'un l'autre, comme une arme puissante et un instrument de domination et de vengeance! Il faut le dire, les peuples de l'antiquité n'ont presque point connu la justice telle qu'on peut la concevoir, impartiale, exacte, impassible. « Aux dieux ne plaise, disait Thémistocle, « que je préside au tribunal, où mes amis n'aient pas « plus d'avantage que mes ennemis! » Et les anciens, en citant cette parole, y voient presque l'expression d'un vœu naturel et légitime. Toute l'histoire des républiques grecques montre la justice faible, incertaine, arbitraire, assiégée par le génie des orateurs, comme une conquête assurée au plus audacieux et au plus habile. Au temps de Cicéron, la dépravation de cette justice était portée à un excès de scandale et d'impudence, dont ses lettres sont remplies, et qui nous étonne encore. La manière même dont ce grand homme conçoit et enseigne l'éloquence, semble supposer qu'il n'attendait dans le juge que des vices, ou des passions au moins. En admettant que cette corruption des tribunaux publics, dans ce qu'elle avait de plus vil, eût suivi le progrès du luxe romain, et se fût développée, surtout depuis Scipion, il n'est pas moins vraisemblable que dès l'époque de ce grand homme, elle avait déjà ce caractère mobile et passionné que devaient entretenir les Institutions mêmes de Rome.

Sans doute, on n'avait pas encore vu ce que Cicéron raconte dans ses lettres, un Clodius, convaincu de profanation, absous à une majorité surabondante, et réclamant tout haut l'argent qu'il avait donné à plusieurs de ses juges, dont le complaisant suffrage avait été superflu pour l'absolution. Cette naïveté de corruption, cette publique vénalité n'appartenait qu'aux derniers temps de la république ; mais l'injustice, la passion, le caprice, avaient marqué souvent les sentences de la justice romaine, dans les plus beaux jours de la république. Scipion, le premier Africain, avait été condamné à l'exil. Toutefois, cette justice inégale et tumultueuse rendue par le peuple, avait une sorte de grandeur et rappelait de beaux souvenirs. Un tribun avait infligé une amende à Scipion l'Asiatique, frère de l'Africain ; et il menaçait de le faire conduire en prison. Sempronius Gracchus, père des deux illustres frères, tribun du peuple et l'adversaire acharné des Scipions, s'oppose à cette violence par le décret suivant [1] : « Attendu

---

[1] Cùm Augurinus tribunus plebei L. Scipionem praedes non dantem prehendi et in carcerem duci jussisset, tum Tib. Sempronius Gracchus, tribunus plebei, pater Tiberii atque Caii Gracchorum, cùm P. Scipioni Africano inimicus gravis, ob plerasque in re publicà dissensiones, esset, juravit palam in amicitiam inque

« que Lucius Cornélius Scipion l'Asiatique a jeté dans
« les fers des généraux ennemis, dont il avait triomphé,
« il me paraît contraire à la dignité de la république
« de conduire un général du peuple romain dans ce
« même lieu, où lui-même a jeté nos ennemis vaincus;
« ainsi je défends Lucius Cornélius Scipion l'Asiatique,
« contre la poursuite de mon collègue. » On comprend
assez que dans une forme de gouvernement, où tous les
pouvoirs et toutes les passions interviennent ainsi dans
les jugements publics, aucune justice paisible et régulière ne fut possible; c'était beaucoup qu'elle ne fût
troublée du moins que par des passions généreuses :
tout fut perdu, lorsque l'arbitraire des jugements fut
vénal, au lieu d'être seulement partial et capricieux.
Scipion, le grand Scipion, accusé de concussion devant
le peuple, qui prononçait encore sur ce genre de délit,
ne répondit que par un mot sublime : « Romains, à
« pareil jour, j'ai vaincu Annibal : allons au Capitole
« rendre grâces aux dieux ! » Et cette manière de finir
une question de comptabilité, qui ne serait point admise aujourd'hui, confondit les accusateurs, les juges,
et enleva tous les suffrages. Mais un siècle plus tard,
les plus vils prévaricateurs, les plus déhontés concussionnaires s'arrogeaient, par la corruption ou la menace,

gratiam se cum P. Africano non redisse; atque ita decretum ex
Tabulâ recitavit. Ejus decreti verba hæc sunt : « Cùm L. Cornelius
Scipio, Asiaticus, triumphans hostium duces in carcerem conjectaverit, alienum videtur esse a dignitate rei publicæ, in eum locum
imperatorem populi romani, duci, in quem locum ab eo conjecti
sunt duces hostium. Ita Q. L. Cornelium Scipionem Asiaticum a
collegæ vi prohibeo. » (*Aul. Gell.*, lib. VII, cap. XIX.)

la même inviolabilité, qu'un grand homme avait obtenue par enthousiasme.

Ainsi la justice, à Rome, avait été, juqu'au temps des Gracques, dans les mains du sénat; les causes politiques étaient seules portées devant le peuple; et dans le sixième siècle, la plupart de ces causes retombaient encore sous la juridiction du sénat, par l'établissement des quatre tribunaux perpétuels, qui furent présidés chacun par un préteur.

Mais ce sénat, dont la prérogative était si étendue, comment lui-même se formait-il, aux diverses époques de la république? Ce problème, souvent agité, aurait besoin d'une solution précise. Il y a plus d'un siècle, un ministre anglais proposa cette question à l'élégant auteur des *Révolutions romaines*, qui ne s'était nullement occupé d'une telle difficulté dans son ouvrage. Vertot répondit par une ingénieuse dissertation. Midleton écrivit sur le même sujet avec plus de profondeur; et le savant M. de Beaufort a discuté ce même point dans son *Histoire du Gouvernement romain*. Tant de recherches et de conjectures n'ont pas tout éclairci. Pour les premiers temps de Rome, il paraît bien que les sénateurs étaient choisis par le souverain; mais ensuite la question devient douteuse. D'une part, Tite-Live[1] nous dit que Brutus compléta le nombre de trois cents sénateurs, ce qui semble supposer qu'il les choisit lui-même. Et ailleurs, ce même Tite-Live fait dire[2] au tribun Ca-

---

[1] Cædibus diminutum Patrum numerum ad trecentorum summam explevit. (*Tit.-Liv.*, lib. II, cap. I.)

[2] Aut ab regibus lecti, aut post reges exactos, jussu populi. (*Tit.-Liv.*, lib. IV, cap. IV.)

nuléius que les anciens sénateurs avaient été choisis ou par les rois, ou par l'ordre du peuple, depuis l'expulsion des rois. Mais, cette contradiction n'est qu'apparente; et ces mots, *l'ordre* du peuple, *jussu populi*, peuvent désigner un acte consulaire fait sous l'autorité du peuple; et en effet, si le peuple avait réellement et directement choisi les sénateurs, serait-il possible que l'histoire n'offrît aucune trace de ces élections, qui auraient dû être si importantes, et si disputées? Les consuls paraissent donc évidemment avoir exercé seuls ce droit de nomination au sénat, jusqu'à l'époque de l'institution de la censure, l'an 310 de Rome. Et tant que le consulat fut le privilége des patriciens, on conçoit comment des patriciens seuls composèrent le sénat. Mais rien ne permet de croire, comme le supposait lord Stanhope, que la naissance donnât de plein droit entrée dans ce premier conseil de la république : elle n'était, pour ainsi dire, qu'une candidature, une condition d'éligibilité.

Il paraît qu'à cette époque, la fonction de sénateur n'était pas même à vie. A l'époque du *cens* quinquennal, les consuls, ou les tribuns militaires alors en charge, dressaient une liste du sénat; et ils la composaient à leur choix, sans être assujettis à conserver les anciens membres, et sans que l'omission fût déshonorante pour ceux qui n'étaient pas désignés de nouveau. A l'époque de la création de la censure, les *censeurs* eurent le privilége exclusif de former la liste du sénat. Mais depuis lors, ce fut un déshonneur d'être effacé de la liste. Un passage du grammairien Fes-

tus¹ est positif à cet égard : « Autrefois, dit-il, les séna-
« teurs omis sur la liste n'encouraient aucune flétris-
« sure : de même que les rois choisissaient et rempla-
« çaient à leur gré ceux qu'ils voulaient admettre dans
« le conseil public; ainsi, depuis l'expulsion des rois,
« les consuls et les tribuns militaires y appelaient leurs
« plus proches parents parmi les patriciens, et ensuite
« parmi le peuple : mais la loi tribunitienne Ovinia
« prescrivit aux censeurs d'admettre au sénat les plus
« gens de bien dans toutes les curies. De là ceux qui
« furent, à l'avenir, omis et rayés de la liste passèrent
« pour flétris. »

Tite-Live ne se sert, pour désigner sur ce point le pouvoir des censeurs, que de ces expressions générales, *choisir la liste du sénat*, *lire la liste du sénat*. Mais il semble que cette loi Ovinia, citée par Festus, avait dû sans doute prescrire quelques règles, pour l'exercice de ce pouvoir si exorbitant remis aux censeurs. La première était de conserver, lorsqu'il n'y avait pas de motif contraire, les sénateurs anciennement inscrits, et d'admettre ceux² qui avaient exercé les magistratures

---

¹ Præteriti senatores quondam in opprobrio non erant, quòd, ut reges sibi legebant sublegebantque, quos in consilio publico haberent, ita post exactos eos, consules et tribuni militum potestate, conjunctissimos sibi quosque patriciorum, deinde plebeiorum legebant; donec Ovinia tribunitia intervenit, quâ sancitum est, ut censores optimum quemque curiatim senatu legerent. Quo factum est, ut qui præteriti essent, et loco moti, ignominiosi haberentur. (*Festus*, voc. *præteriti*.)

² Senatores, aut qui eos magistratus gessissent, unde in senatum legi deberent. (*Tit.-Liv.*, lib. XXII, cap. XLIX.)

curules. Ces magistratures ne donnaient donc pas directement l'entrée au sénat. Il en était ainsi du moins jusqu'à la troisième guerre punique. Mais, l'an 623 de la fondation de Rome, le tribun Attinius fit adopter un plébiscite, par lequel les tribuns devinrent sénateurs, en vertu de leur charge. L'histoire offre aussi l'exemple d'un dictateur choisi pour recréer, au milieu de la seconde guerre punique, le sénat, dont la plupart des membres avaient péri; mais cet exemple unique ne déroge pas au droit, dont jouirent constamment les censeurs[1], de former la liste du sénat, en suivant certaines règles, que même ils oubliaient quelquefois. Les troubles de Rome et la tyrannie de Sylla ayant amené, pendant dix-sept ans, l'interruption de la censure, Cicéron ne fut pas redevable de son entrée dans le sénat à la désignation des censeurs; mais il y prit place de droit, comme ayant exercé la questure. Toutes les grandes dignités curules[2] entraînaient le même privilége pour ceux qui n'étaient pas déjà sénateurs, avant d'y être appelés. Enfin, les tribuns furent également

[1] Adeo magnâ caritate patriæ omnes tenebantur, ut arcana consilia patrum conscriptorum multis sæculis nemo senator enunciaverit. Q. Fabius Maximus tantummodo, et is ipse per imprudentiam, de tertio punico bello indicendo, quod secreto in curiâ erat actum, P. Crasso, rus petens, domum revertenti in itinere narravit; memor eum triennio ante quæstorem factum, ignarusque nondum a censoribus in ordinem senatorium allectum : quo uno modo etiam his, qui jam honores gesserant, aditus in curiam dabatur. (*Val.-Max.*, lib. II, cap. II.)

[2] Tum legit, qui ædiles, tribuni plebei, quæstoresve fuerant; tum ex iis, qui magistratus non cepissent, qui spolia ex hoste domi fixa haberent, aut civicam coronam accepissent. (*Tit.-Liv.*, lib. XXIII, cap. XXIII.)

sénateurs de droit, après l'année de leur tribunat.

Ainsi, l'autorité des censeurs se trouva bornée par des exceptions assez nombreuses, en même temps que l'exercice de cette autorité était soumis à certaines traditions, à certains usages, et même à quelques lois positives.

Nous voyons d'abord, dans Denys d'Halicarnasse, que l'âge nécessaire pour être choisi sénateur avait été fixé par un règlement; et l'on peut conjecturer que cet âge était celui de trente ans. La naissance semblait également une condition importante; mais, elle ne fut pas exactement observée. A l'époque de la révolution républicaine, Brutus fit entrer dans le sénat des plébéiens, qui prirent ou reçurent un nom collectif indiquant une infériorité de naissance : : *Patres minorum gentium*.

Il paraît que ces nouveaux élus devinrent sénateurs[1] sans être patriciens, et qu'il se conserva entre eux et les anciens sénateurs une différence d'origine, quoiqu'il y eût égalité de prérogative. Eux seuls d'abord portaient ce titre de *pères conscrits* qui devint, dans la suite, la dénomination commune, pour désigner les membres du sénat. Quoi qu'il en soit, les charges publiques étant la voie naturelle et ordinaire pour arriver

---

[1] Traditum inde fertur, ut in senatum vocarentur, qui Patres, quique conscripti essent, conscriptos, videlicet, in novum senatum appellabant lectos. (*Tit.-Liv.*, lib. II, cap. 1.)

Adlecti dicebantur apud Romanos, qui propter inopiam ex equestri ordine in senatorum sunt numero adsumpti; nam Patres dicuntur qui sunt patricii generis, conscripti qui sunt scriptis adnotati. (*Festus*, voc. *Conscripti*.)

au sénat, et cette voie étant, depuis le quatrième siècle de Rome, ouverte à tous les citoyens, l'admission des plébéiens dans le sénat, dont Brutus avait donné l'exemple, dut se renouveler sans cesse; et on peut croire que la distinction primitive entre les sénateurs d'ancienne et de nouvelle origine, ne tarda point à s'affaiblir. C'était surtout l'ordre des chevaliers, classe intermédiaire dans la République, qui servait ainsi à recruter le sénat, et à réveiller l'émulation des familles patriciennes. On voit dans Tite-Live que, du temps de Persée, roi de Macédoine (et c'est l'époque de ce dialogue), l'ordre équestre était appelé *le séminaire du sénat*. Dans le cinquième siècle de la République, un censeur, le fameux Appius Claudius, s'étant avisé de porter sur la liste du sénat des fils d'affranchis, les consuls [1] déclarèrent au peuple ne tenir aucun compte de cette élection, qui resta comme annulée; et ils rétablirent la liste faite par les censeurs précédents.

Une certaine quotité de biens était également exigée, au moins dans les derniers temps de la République : elle se montait alors à huit cent mille sesterces; mais la condition principale était d'avoir servi l'État. Et voilà sans doute ce qui, dans les beaux siècles de Rome, donnait au corps du sénat tant d'expérience et de vigueur. Les fonctions publiques étaient la candidature pour y parvenir; et comme ces fonctions étaient conférées dans les élections des comices, les patriciens mêmes, pour arriver au sénat, étaient obligés de mériter les suffra-

---

[1] Tit.-Liv., lib. IX, cap. XLVI.

ges de leurs concitoyens : ainsi, les hommes les plus braves et les plus habiles de l'État composaient nécessairement ce conseil de la République. Il avait à la fois quelque chose de permanent et de mobile ; il était aristocratique et populaire, immuable dans ses desseins, toujours le même dans sa forme ; représentant tous les antiques souvenirs et tous les noms glorieux de la patrie, il se recrutait sans cesse par les services présents et les illustrations nouvelles. Il offrait tous les avantages de l'hérédité, comme on le voit assez par ces grandes familles, dont les noms s'y reproduisent et s'y perpétuent sans interruption, pendant plusieurs siècles ; et il imposait aux héritiers de ces mêmes familles la nécessité d'une continuelle émulation, pour arriver, par l'épreuve des emplois publics, à la dignité sénatoriale. On conçoit dès lors comment le sénat déployait, et tant de persévérance dans ses vues, et tant de sagacité dans sa politique. Il avait constamment le même intérêt ; et il acquérait constamment des forces et des lumières nouvelles.

Un corps si fortement organisé devait exercer un grand pouvoir ; et ce pouvoir, objet des vœux, des regrets et des théories de Cicéron, était sans doute habilement exposé et défendu dans le *cinquième livre de la République*. C'est là même que se rattache cette prédilection pour les premiers temps, qui avait dicté tout l'ouvrage. Plus on remonte, en effet, aux premières époques de la liberté romaine, plus on y trouve l'autorité du sénat dominante et paisible. Bien que les maximes de la souveraineté du peuple eussent suivi la chute de Tarquin, cette prétendue souveraineté avait été réellement interceptée par le sénat. En reconnaissant au peuple le droit d'élire les magistrats, et de décider la paix ou la guerre, le sénat s'était réservé le droit exclusif de réunir les assemblées du peuple, et d'approuver, ou de rejeter les résolutions du Forum : il avait seul la convocation, l'initiative et la sanction. Ce pouvoir était une continuation et un accroissement de celui que les sénateurs avaient exercé à l'égard du peuple, du temps même des rois ; ou plutôt c'était la réunion dans un même corps de la juridiction sénatoriale et de la royauté même[1].

Sans doute le sénat ne demeura point dans une possession paisible de cette exorbitante autorité; mais les conquêtes extérieures lui rendirent bien plus en étendue de pouvoir qu'il ne perdit en puissance directe sur le peuple de Rome : et au milieu des réclamations perpétuelles du Tribunat, des séditions fréquentes du peuple, parmi tous les orages de la place publique, le sénat romain exerça, pendant plusieurs siècles, la plus haute et la plus irrésistible autorité que des hommes aient eue sur d'autres hommes.

Les principaux appuis de cette autorité tenaient à la grandeur des intérêts qu'il avait à traiter, et dont il disposait souverainement. Il était le gardien suprême de la religion, dont tous les ministres étaient choisis dans son sein et soumis à ses ordres. Aucune innovation ne

---

[1] Libertatis originem inde, magis quia annuum imperium consulare factum est, quàm quòd deminutum quicquam sit ex regiâ potestate numeres. (*Tit.-Liv.*, lib. II, cap. 1.)

pouvait s'introduire dans le culte public, sans un sénatus-consulte, quelquefois confirmé par une loi, mais qui la précédait toujours. Cette prérogative chez un peuple superstitieux enfermait de grandes conséquences. On consultait les auspices, avant de procéder aux élections, aux délibérations, enfin à toute affaire publique; et les sénateurs avaient seuls le droit de prendre les auspices. Dès lors ils pouvaient à leur gré interrompre, différer, suspendre les assemblées du peuple. Seuls ils avaient également le dépôt des livres sibyllins, et pouvaient en permettre la lecture et en donner l'interprétation.

Le sénat avait d'autres prérogatives, non pas plus puissantes, mais dont la forme se rapporte davantage aux idées modernes. Il recevait les ambassadeurs des rois et des nations étrangères; il nommait également les ambassadeurs de Rome, toujours choisis dans le nombre des sénateurs[1]; il les dirigeait par ses ordres et par sa politique. Ce droit seul, chez un peuple faisant toujours des guerres et des alliances, était l'instrument d'un immense pouvoir. Ce n'était pas sur la place publique comme dans Athènes, que des envoyés étrangers venaient plaider devant une multitude mobile et passionnée; c'était dans le sénat qu'ils étaient reçus, dans ce sénat que l'éloquent Cynéas prit pour une assemblée

---

[1] Ne hoc quidem senatui relinquebas, quod nemo unquam ademit, ut legati ex ejus ordinis auctoritate legarentur? Adeone tibi sordidum consilium publicum visum est? Adeo afflictus senatus, adeo misera et prostrata res publica, ut non nuntios belli ac pacis, non curatores, non interpretes, non bellici consilii auctores, non ministros muneris provincialis senatus more majorum deligere posset. (*Cic. in Vatinium*, cap. XV.)

de rois. Là souvent les rois eux-mêmes venaient demander grâce, et négocier les débris de leurs États.

Le sénat réglait également, avec un pouvoir absolu, l'administration des provinces et le commandement des armées. Il tenait sous sa main tous les capitaines, excepté les consuls; il leur accordait des gouvernements plus ou moins avantageux; il en prolongeait la durée; il disposait de ces prodigieuses récompenses, de ces proies si opulentes, que la conquête de tant d'États offrait, dès le sixième siècle, à l'avidité des préteurs romains. Le sénat seul accordait ce titre d'allié ou d'ami du peuple romain, devenu l'ambition des rois. Il réglait la destinée des nations vaincues; c'est à lui qu'un préteur venait dire après la défaite de la confédération des Latins : « Les Dieux vous ont rendus « maîtres si absolus dans cette question, qu'il dépend « de vous que le Latium soit anéanti ou conservé [1]. » Le sénat jugeait aussi, à la fin de chaque guerre, les services qu'avaient rendus, les sentiments qu'avaient montrés les peuples alliés; il leur distribuait des récompenses ou des châtiments.

Il ordonnait les fêtes, les réjouissances publiques, les grands et petits triomphes, et il avait ainsi dans sa main le prix le plus élevé de l'ambition patriotique. Il tenait la couronne de lauriers suspendue sur la tête de ces généraux vainqueurs du monde; il assurait leur soumission par l'espoir d'un glorieux salaire, ou les punissait par un refus.

[1] Ita vos hujus consilii potentes dii fecerunt, ut, sit Latium nec-ne, in vestrâ manu positum sit. (*Tit.-Liv.*, lib. VIII, c. XIII.)

Puissant à Rome, mais sous la condition d'y trouver les perpétuelles résistances des tribuns, il étendait sur le reste de l'Italie une juridiction incontestée. Il connaissait de tous les crimes qui s'y commettaient; et il se donnait l'attribution plus haute et vraiment impériale de juger les différends des villes entre elles, et de régler souverainement leurs droits.

Il possédait sans contrôle, ce qui dans nos idées modernes est la puissance même, l'administration de tous les deniers publics, dont il était le dépositaire et le dispensateur. Nous avons vu plus haut que souvent les taxes publiques furent établies par la seule autorité d'un sénatus-consulte.

Mais indépendamment de cette prérogative singulière, dont l'application était peu fréquente, et ne nous est pas bien nettement connue, le sénat était le premier et suprême inspecteur du trésor public, placé dans le temple de Saturne, sous la garde des questeurs[1].

Le sénat exerçait aussi une haute juridiction sur tous les magistrats à l'exception des consuls et des tribuns. Il pouvait leur infliger une flétrissure, les éloigner de Rome, blâmer et casser leurs actes.

Enfin il avait en lui-même, il possédait virtuellement pour ainsi dire, cette dictature, dont l'emploi ne semblait permis à Rome que par intervalle, et pour un temps li-

---

[1] Eripueras senatui provinciæ decernendæ potestatem, imperatoris deligendi judicium, ærarii dispensationem, quæ nunquam sibi populus romanus appetivit, qui nunquam hæc a summi consilii gubernatione auferre conatus est. (*Cic. in Vatinium*, cap. xv.)

mité ; il pouvait par un seul mot, la simple formule, *ne quid detrimenti res publica capiat*, revêtir les consuls d'un pouvoir illimité.

Tant de prérogatives attaquées sans cesse, et battues pour ainsi dire en brèche par les perpétuels assauts du Tribunat, furent successivement affaiblies. Le plus ancien et le plus décisif de ces empiétements populaires, fut la création des plébiscites, c'est-à-dire des décrets qui, rendus par le peuple seul, étaient ratifiés d'avance par un sénatus-consulte qui avait précédé la tenue même des comices. Beaucoup d'autres priviléges du sénat lui furent arrachés ; mais, on peut dire cependant, et on voit par tous les ouvrages de Cicéron, que jusqu'à l'usurpation de César, le gouvernement résida dans ce corps illustre, qui l'emportait sur le peuple par la constance et la sagesse des vues, et par l'avantage de tenir et de manier tous les ressorts de l'empire.

Cicéron qui avait fondé sa gloire et sa force sur la puissance du sénat, ne trouve point d'expressions assez magnifiques pour le célébrer. Il le nomme le conseil perpétuel, le gardien, le chef de la République ; le juge, le protecteur, le refuge de tous les peuples.

Du milieu de cette puissante et habile assemblée, Cicéron faisait sans doute sortir l'homme d'État, le grand citoyen qui règne sur tout un peuple par la sagesse et l'éloquence. Cette idée d'une dictature pacifique fondée sur la justice et sur le charme de la parole, cette imitation du pouvoir, que Périclès avait si longtemps exercé dans Athènes, le séduisait toujours : il la rêvait encore, lorsque la République n'était déjà plus, et que le jeune Octave venait paisiblement recueillir l'usurpation de César. Mais, une si haute ambition, dans un temps, où les armes et la force pouvaient seules prendre la première place, le trompa presque toujours, et lui fit successivement adopter la fortune et l'imprudence de Pompée, flatter la victoire de César, et enfin préparer, à son insu, l'élévation d'Octave.

Quoi qu'il en soit, Cicéron se formait les idées les plus pures de ce citoyen prédominant, de cet homme d'État par excellence, pour lequel il réclamait une autorité que, dans son cœur, il se déférait à lui-même. Il lui proposait pour récompense et pour soutien la gloire, et pour terme de ses efforts, le bonheur des citoyens, la grandeur et l'illustration de l'État. Il a lui-même rappelé, dans une de ses lettres, les paroles dont il s'était servi pour rendre cette idée, en la revêtant de ces vives comparaisons qui sont familières à son génie. « De même, disait-il [1], que le pilote se propose pour « but le succès de la navigation, le médecin la santé, « le général la victoire, ainsi cet homme qui conduit la « république a devant les yeux le bonheur des citoyens, « un bonheur appuyé sur la force, enrichi par l'abon-

---

[1] Consumo igitur omne tempus, considerans quanta vis sit illius viri, quem nostris libris satis diligenter, ut tibi quidem videtur, expressimus. Tenesne igitur, moderatorem illum rei publicæ quo referre velimus omnia? Nam sic quinto, ut opinor, in libro loquitur Scipio : « Ut enim gubernatori cursus secundus, medico salus, imperatori victoria, sic huic moderatori rei publicæ beata civium vita proposita est; ut opibus firma, copiis locuples, gloriâ ampla, virtute honesta sit : hujus enim operis, maximi inter homines atque optimi, illum esse perfectorem volo. » (*Cic. ad Att.* VIII, 12.)

« dance, illustré par la gloire, ennobli par la vertu :
« c'est là cette œuvre grande et glorieuse parmi les
« hommes, dont je veux qu'il assure l'accomplisse-
« ment. »

La nature de ce pouvoir, qui naissait tout entier de la
persuasion, était liée de trop près à la pratique et à
l'art de l'éloquence, pour que Cicéron n'ait pas dû,
dans ce cinquième livre, l'envisager sous ce dernier
point de vue. Il avait, dans le livre précédent, considéré l'influence des premiers rhéteurs établis à Rome,
sur l'éducation de la jeunesse ; mais ne devait-il pas,
ensuite, examiner l'éloquence comme un ressort de
l'État, tour à tour si dangereux, ou si salutaire ? Parler d'un homme d'État, c'était parler d'un orateur.
Scipion, Lælius, Scévola, tous les personnages que Cicéron introduisait sur la scène, avaient exercé, dans
leur temps, la puissance de la parole. Les adversaires
contre lesquels ils avaient lutté, dans le gouvernement
de la République, étaient également célèbres par le talent oratoire. On ne peut donc supposer que l'éloquence
n'ait pas occupé quelque place dans cette revue des
principes et des effets de la constitution romaine. D'a-
près cette diversité d'opinions, qu'admettait la forme
du dialogue, sans doute, l'éloquence était tour à tour,
dans ce cinquième livre, attaquée, défendue, justifiée.
Quelques mots conservés par les grammairiens, et qui
ne peuvent s'appliquer qu'à une discussion de ce genre,
nous montrent que Scipion était représenté comme
blâmant beaucoup les orateurs, et reproduisant contre
eux les arguments et les reproches, dont Platon fait

usage dans le *Gorgias*. Nous voyons, par quelques autres fragments, que la brièveté était recommandée à l'orateur politique ; et qu'en remontant aux premières origines de l'éloquence, on la cherchait dans Homère, et qu'on reconnaissait dans Ménélas [1] le premier modèle du genre tempéré. Le paradoxe se mêlait sans doute à cette discussion : un des interlocuteurs se plaignait que l'éloquence exerçât sur les assemblées publiques et sur les juges une corruption plus dangereuse et plus inévitable que celle de l'or ; et il proposait presque des peines afflictives contre le talent de la parole. Un auteur latin du quatrième siècle nous a conservé ce curieux passage, qu'il mêle dans une longue digression sur la mauvaise foi et la rapacité des orateurs et des avocats de son temps. Voici ce fragment, qui faisait partie sans doute du cinquième livre [2] :

« S'il n'est rien dans la république qui doive être
« plus incorruptible que les suffrages des citoyens, que
« les votes des juges, je ne puis concevoir par quel mo-
« tif, tandis que la corruption pécuniaire est punie,
« celle que l'on exerce par l'éloquence obtient, au con-

---

[1] Cicero in libris de Re Publicâ : « Ut Menelao Laconi quædam « fuit suaviloquens jucunditas. » Et alio loco : « Breviloquentiam « in dicendo colat. » (*Seneca apud Gellium*, XII, 2.)

[2] Harum artium scævitate, ut Tullius adseverat, nefas est, religionem decipi judicantis. Ait enim « : Cùmque nihil tam incorruptum esse debeat in re publicâ, quàm suffragium, quàm sententia ; non intelligo cur, qui eâ pecuniâ corruperit, pœnâ dignus sit ; qui eloquentiâ, laudem etiam ferat. Mihi quidem hoc plus mali facere videtur, qui oratione, quàm qui pretio judicem corrumpit : quòd pecuniâ corrumpere prudentem nemo potest, dicendo potest. » (*Ammianus Marcellinus*, lib. XXX, c iv.)

« traire, de la gloire. A mes yeux, celui qui corrompt
« le juge par l'éloquence fait plus de mal que celui qui
« le corrompt à prix d'or : car, on est le maître de ne
« pas se laisser corrompre par l'argent; on ne l'est
« point de résister à la séduction de l'éloquence. »

Cette exagération, qui ne pouvait être considérée
que comme un jeu d'esprit, un sophisme platonique,
n'empêchait pas les justes éloges accordés à l'orateur
politique et judiciaire. L'époque, où Cicéron plaçait son
dialogue, lui interdisait les noms des grands orateurs
qu'il a célébrés tant de fois, et qui furent surpassés par
lui. Crassus, qui devint si célèbre dans la suite, et qui
fut gendre de Scévola, était encore dans la première
jeunesse; et on peut croire que c'était à lui que se
rapportait une phrase ingénieuse extraite de ce dialogue [1] : « Dans un jeune homme on ne peut louer que
« l'espérance, et non la réalité. » Cependant, si nous
en croyons Cicéron lui-même, l'éloquence romaine
avait eu déjà deux âges de puissance et de gloire : le
premier remontait à ce vieux Claudius l'aveugle, qui,
dans le sénat romain, combattit la paix proposée par
Pyrrhus. Son discours se conservait encore, au temps
de Cicéron. Le second âge de l'éloquence romaine,
parmi une foule d'orateurs, comptait au premier rang
Scipion et Lælius. Cicéron nous apprend ailleurs, que
les discours de Scipion étaient plus élégants et d'un
style moins vieilli; mais que l'opinion commune avait

[1] Fanni, causa difficilis laudare puerum : non enim res laudanda, sed spes est. (*Servius ad Æneidem*, lib. VI, v. 876, *e Ciceronis dialogo.*)

donné la préférence à ceux de Lælius [1], par ce préjugé qui ne veut pas qu'un même homme excelle dans plusieurs choses à la fois. Bien que les siècles suivants aient beaucoup blâmé cette première éloquence et que, du temps de Tacite et de Quintilien, elle fût tout à fait dédaignée, le patriotisme qui l'animait, les grands intérêts, dont elle disposait, ont dû lui donner beaucoup de force et d'élévation. Quelle plus grande puissance exercée par la parole, que celle des Gracques sur le peuple romain! Dans la même époque, l'éloquence de Caton fut admirable, au rapport de Cicéron, qui n'y blâmait qu'un peu de négligence et de rudesse. Avec quel intérêt n'aurions-nous pas vu, dans l'ingénieuse fiction de ce dialogue, les effets de cette éloquence retracés par le plus illustre contemporain de Caton et des Gracques! Sans doute, dans ce jugement, l'emploi de l'éloquence était apprécié, en même temps que l'éloquence même. Cicéron avait déjà, dans un autre

---

[1] De ipsius Lælii et Scipionis ingenio, quamquam ea jam est opinio, ut plurimum tribuatur ambobus, dicendi tamen laus est in Lælio illustrior. At oratio Lælii de collegiis non melior, quàm de multis quàm voles, Scipionis : non quò illâ Lælii quidquam sit dulcius, aut quòd de religione dici possit augustius; sed multò tamen vetustior, et horridior ille, quàm Scipio : et cùm sint in dicendo variæ voluntates, delectari mihi magis antiquitate videtur, et lubenter verbis etiam uti paulò magis priscis Lælius.

Sed est mos hominum, ut nolint cumdem pluribus rebus excellere. Nam ut ex bellicâ laude adspirare ad Africanum nemo potest, in quâ ipsâ egregium Viriatico bello reperimus fuisse Lælium : sic ingenii, litterarum, eloquentiæ, sapientiæ denique, etsi utrique primas, priores tamen libenter deferunt Lælio. Nec mihi cæterorum judicio solum videtur, sed etiam ipsorum inter ipsos concessu ita tributum fuisse. (Cic. *de Claris Oratoribus*, c. XXI.)

ouvrage, examiné le génie de ces grands orateurs, et tracé l'histoire littéraire de l'éloquence romaine. Mais il restait à considérer comment elle se mêlait à la constitution de l'État; quelle était l'influence des accusations publiques; quel était le caractère de la profession du barreau exercée gratuitement par les plus illustres citoyens; quel patronage, quel lien de clientèle et de reconnaissance elle établissait entre les patriciens et le peuple.

La puissance du tribunat, établie tout entière sur le talent de la parole et sur l'art de passionner la multitude, rentrait dans cette question de l'éloquence. Il est facile de conjecturer comment Scipion, qui déclara dans le Forum que la mort violente de Tibérius était légitime, devait juger les entreprises de ce tribun et celles de Caïus, en qui l'amour de la popularité était encore animé par le désir de la vengeance.

Pour nous, sans reviser ce grand procès, où l'aristocratie romaine eut le malheur de donner l'exemple de la violence et du meurtre, dans la défense de ce qu'elle appelait la justice et les lois, essayons de recueillir ici les idées qu'on peut se former de l'éloquence des Gracques. Scipion les avait entendus, les avait plus d'une fois combattus l'un et l'autre. Sans doute Cicéron rappelait par sa bouche quelques-unes des puissantes séductions, que prodiguait leur éloquence.

Le temps ne nous a transmis aucun monument de Tibérius Gracchus. Cicéron lui-même jugeait de son éloquence, surtout par le souvenir et les traditions qu'elle avait laissées. Les harangues écrites de ce tribun célèbre qui s'étaient conservées, semblaient, aux yeux du maître de l'éloquence romaine trop peu brillantes, mais remplies de finesse et d'habileté. Caïus Gracchus au contraire lui apparaissait avec tous les caractères du grand orateur : et mêlant à de sévères reproches une admiration qui semble un peu les contredire, Cicéron disait : « Quelle perte la grandeur romaine et les lettres « latines ont faite par sa mort prématurée[1] ! » Ailleurs, pour donner une idée du plus haut degré de pathétique et d'éloquence, il cite les paroles de Caïus Gracchus rappelant le meurtre de son frère; il ajoute que ces paroles étaient prononcées avec une expression si véhémente qu'elles arrachaient des larmes aux ennemis mêmes du tribun. « Malheureux, s'écriait-il, où por- « terai-je mes pas? Dans le Capitole? il est inondé du « sang de mon frère; dans ma demeure? j'y trouverai « ma malheureuse mère, gémissante et désespérée[2]. » Ce trait si court et si admirable de l'éloquence de Gracchus, et l'idée même qui s'attache à son nom et à ses entreprises, le ferait considérer surtout comme un orateur plein de force et de passion. Plutarque en cite quelques autres passages qui justifient cette opinion : ils respirent toute l'éloquence de l'invective et de la haine. Cependant il paraît, contre l'opinion commune, que le caractère habituel de son éloquence était la

---

[1] Damnum illius immaturo interitu res romanæ latinæque litteræ fecerunt. (Cic. *De Claris Oratoribus*, cap. XXXIII.)

[2] Quò me miser conferam? quò me vertam? in Capitoliumne? at fratris sanguine redundat. An domum? matremne ut miseram lamentantemque videam et abjectam. (Cic. *De Orat.* lib. III, c. LVI.)

pureté, la précision, et une simplicité qui dégénérait quelquefois en faiblesse.

On nous pardonnera cette digression littéraire, qui pourra servir à faire mieux connaître le génie de l'époque, dont parlait Scipion. S'il faut en croire les réflexions et plus encore les citations faites par Aulu-Gelle, l'éloquence de C. Gracchus se rapprochait de cette brièveté, de cette finesse de langage admirée dans les comédies de son siècle, beaucoup plus que de la richesse et de l'énergie oratoire, dont Cicéron donna le modèle. Comparées aux chefs-d'œuvre de ce grand maître, les narrations, les peintures de Gracchus, dans les sujets les plus touchants et les plus terribles, n'étaient que des esquisses dessinées avec correction. Ce tribun si redoutable, cet ennemi des patriciens retraçait-il quelques-uns des actes d'injustice et de violence reprochés à la jeunesse noble, ses expressions paraissent toutes froides et toutes décolorées, à côté des descriptions véhémentes de Cicéron accusant Verrès [1]. On pourrait tirer de là une réflexion assez juste. C'est que dans les œuvres de l'imagination et du génie, la force

[1] Idem Gracchus alio in loco ita dicit : « Quanta libido quantaque intemperantia sit hominum adolescentium, unum exemplum vobis ostendam. His annis paucis, ex Asiâ missus est, qui per id tempus magistratum non ceperat, homo adolescens pro legato. Is in lecticâ ferebatur. Ei obviam bubulcus de plebe venusinâ advenit, et per jocum, cùm ignoraret quis ferretur, rogavit num mortuum ferrent. Ubi id audivit, lecticam jussit deponi ; stuppis, quibus lectica deligata erat, usque adeo verberari jussit, dum animam efflavit. » Hæc quidem oratio super tam violento atque crudeli facinore nihil profecto abest a quotidianis sermonibus. (*Aul. Gell.* lib. X, c. III.)

même est le produit d'une époque perfectionnée, et qu'elle n'appartient pas aux premiers essais de l'art; ou du moins qu'elle ne s'y montre que par instants, et sous l'inspiration momentanée de la passion : ces éclairs du talent suffisent pour animer la parole improvisée. Mais le style n'en reçoit pas cette énergie durable, cette véhémence continue qui, seule, le fait vivre.

Voilà sans doute par quelle cause les harangues de C. Gracchus, si puissantes et si admirées de son temps, disparurent dans la suite, devant les génies des Crassus et des Antoine, qui furent eux-mêmes anéantis par Cicéron. Au reste, cette simplicité trop nue était quelquefois fort piquante. Nous en citerons un modèle; c'est le fragment le plus étendu qui soit resté de l'éloquence de C. Gracchus[1] : « Romains ! disait-il dans ce

---

[1] Nam vos, Quirites, si velitis sapientiâ atque virtute uti, et si quæritis, neminem nostrum invenietis sine pretio huc prodire. Omnes nos, qui verba facimus, aliquid petimus; neque ullius rei causâ quisquam ad vos prodit, nisi ut aliquid auferat. Ego ipse, qui apud vos verba facio, uti vectigalia vestra augeatis, quò facilius vestra commoda et rem publicam administrare possitis, non gratis prodeo : verum peto a vobis, non pecuniam, sed bonam existimationem atque honorem. Qui prodeunt dissuasuri, ne hanc legem accipiatis, petunt non honorem a vobis, verum a Nicomede pecuniam. Qui suadent, ut accipiatis, hi quoque petunt non a vobis bonam existimationem, verum a Mithridate rei familiari suæ pretium et præmium. Qui autem ex eodem loco et ordine tacent, hi vel acerrimi sunt : nam ab omnibus pretium accipiunt, et omnes fallunt. Vos, cùm putatis, eos ab his rebus remotos esse, impertitis bonam existimationem. Legationes autem a regibus, cùm putant eos suâ causâ reticere, sumptus atque pecunias maximas præbent; uti in terrâ Græciâ, quo in tempore tragœdus gloriæ sibi ducebat, talentum magnum ob unam fabu-

« morceau, si vous voulez user de sagesse et de discer-
« nement, et si vous y songez, vous verrez que per-
« sonne de nous ne vient ici sans intérêt : nous tous
« qui portons la parole, nous demandons quelque chose;
« et nul n'approche de vous par un autre motif que
« celui d'en tirer avantage. Moi-même, qui vous parle
« pour que vous augmentiez vos revenus, afin de pou-
« voir plus facilement administrer vos affaires et celles
« de la République, je ne suis pas sans intérêt : seule-
« ment ce n'est pas de l'argent que je vous demande,
« mais de l'estime et de la considération. Ceux qui vien-
« nent pour vous dissuader d'accepter la loi proposée,
« ne prétendent pas, il est vrai, à votre estime; mais
« ils en veulent à l'argent de Nicomède. Ceux qui vous
« conseillent de recevoir cette loi, ne prétendent pas
« non plus à votre estime; mais ils espèrent obtenir de
« Mithridate une récompense et un salaire. Enfin ceux
« qui, placés dans le même lieu et dans les mêmes
« rangs, gardent le silence, sont les plus actifs de tous
« dans leur cupidité; car ils se font payer de tous les
« côtés, et ils trompent tout le monde; et vous qui les
« supposez étrangers à de telles manœuvres, vous leur
« accordez votre estime. Cependant les ambassadeurs
« des rois, qui se croient obligés de leur savoir gré de
« ce silence, leur font de riches présents. C'est ainsi

iam datum esse, homo eloquentissimus civitatis suæ Demades ei
respondisse dicitur : « Mirum tibi videtur, si tu loquendo talentum
quæsisti ? Ego, ut tacerem, decem talenta a rege accepi. » Idem
nunc isti pretia maxima ob tacendum accipiunt. (*Aul. Gell.*
lib. XI, cap. x.)

« qu'en Grèce, un acteur tragique, tirant un jour vanité
« de ce qu'il avait reçu un talent pour une seule repré-
« sentation, Démades l'homme le plus éloquent d'A-
« thènes, lui répliqua, dit-on : Quoi ! tu trouves mer-
« veilleux d'avoir gagné un talent, à force de parler !
« Moi, j'ai reçu du grand roi dix talents pour me taire.
« De même aujourd'hui ces hommes vendent au plus
« haut prix leur silence. »

Ce passage sans doute se rapproche beaucoup plus de certaine ironie amère usitée quelquefois dans le parlement d'Angleterre, que de la véhémence séditieuse, que fait supposer le nom de Gracchus. Nous sommes étonnés que l'on parlât ainsi à ce peuple romain, dont notre imagination se forme une plus haute idée. Sous ce rapport, une telle citation est historique; et elle rentre dans l'objet même du cinquième livre, en nous faisant voir, par une autorité contemporaine, à quel point, dans le siècle de Scipion, les assemblées du peuple romain étaient déjà corrompues, et combien d'influences étrangères y dominaient.

Nous devons au savant éditeur de Cicéron, à M. Mai, la découverte récente d'un autre passage de C. Gracchus, qui répond mieux aux souvenirs, que rappelle la fin si tragique des deux fils de Cornélie. Ce passage est beau d'éloquence; et on y voit l'âme de Caïus, ses craintes, ses animosités, et l'hésitation qu'il put éprouver dans ses audacieuses entreprises, et dans cette guerre mortelle, où il se sentait engagé.

« Romains ! disait-il, si je voulais prendre devant vous la parole, et vous demander, moi, le descendant

« d'une si noble famille, moi qui ai perdu mon frère
« pour vous, et qui, de la maison de Scipion l'Africain
« et de Tibérius Gracchus, reste seul avec un enfant,
« de souffrir que je trouve maintenant le repos, afin
« que notre famille ne soit pas anéantie tout entière,
« et qu'il en survive quelque débris, je ne sais si vous
« ne m'accorderiez pas volontiers cette grâce [1]. »

[1] Si vellem apud vos verba facere, et a vobis postulare, cùm genere summo ortus essem, et cùm fratrem propter vos amisissem, nec quisquam de P. Africani et Tiberii Gracchi familiâ, nisi ego et puer restaremus, ut pateremini hoc tempore me quiescere, ne a stirpe genus nostrum interiret, et uti aliqua propago generis nostri reliqua esset, haud scio an lubentibus a vobis impetrassem. (*C. Gracchi in oratione de Legibus promulgatis*, *desumptum ex inedito Ciceronis interprete.*)

LIVRE CINQUIÈME.

I. Ennius a dit :

Rome a pour seul appui ses mœurs et ses grands hommes.

Et ce vers, par la vérité comme par la précision, me semble un oracle émané du sanctuaire. Ni les hommes en effet, si l'État n'avait eu de telles mœurs, ni les mœurs, s'il ne s'était montré de tels hommes, n'auraient pu fonder ou maintenir, pendant si longtemps, une si grande république, une domination si juste et si étendue. Aussi voyait-on, avant notre siècle, la force des mœurs héréditaires appeler naturellement (¹) les hommes supérieurs, et ces hommes éminents retenir

---

I.   Moribus antiquis res stat romana virisque.

Quem quidem ille versum, vel brevitate vel veritate tamquam ex oraculo mihi quodam esse effatus videtur. Nam neque viri, nisi ita morata civitas fuisset, neque mores, nisi hi viri præfuissent, aut fundare, aut tamdiu tenere potuissent tantam et tam juste lateque imperantem rem publicam. Itaque ante nostram memoriam, et mos ipse patrius præstantes viros adhibebat, et veterem morem ac majorum instituta retinebant excellentes viri. Nostra vero ætas cùm rem publicam sicut picturam accepisset egregiam, sed jam evanescentem vetustate, non modo eam colo-

les vieilles coutumes et les institutions des aïeux. Notre siècle au contraire, recevant la république comme un admirable tableau, qui déjà commençait à vieillir et à s'effacer, non-seulement a négligé d'en renouveler les couleurs, mais ne s'est pas même occupé d'en conserver au moins le dessin et comme les derniers contours.

Que reste-t-il, en effet, de ces mœurs antiques, sur lesquelles le poëte appuyait la république romaine? Elles sont tellement surannées, et mises en oubli, que loin de les pratiquer, on ne les connaît même plus. Parlerai-je des hommes? Les mœurs elles-mêmes n'ont péri que par le manque de grands hommes : désastre qu'il ne suffit pas d'expliquer, et dont nous aurions besoin de nous faire absoudre, comme d'un crime capital : car, c'est par nos vices, et non par quelque coup du sort, que, conservant encore la république de nom, nous en avons dès longtemps perdu la réalité (²). . .

. . . .

II.... Il n'y avait pas d'œuvre plus royale que la recherche des règles de l'équité : cela comprenait l'interprétation du droit positif. Aussi, les particuliers ve-

---

ribus iisdem, quibus fuerat, renovare neglexit, sed ne id quidem curavit, ut formam saltem ejus, et extrema tamquam lineamenta servaret. Quid enim manet ex antiquis moribus, quibus ille dixit rem stare romanam? quos ita oblivione obsoletos videmus, ut non modo non colantur, sed etiam ignorentur. Nam de viris quid dicam? Mores enim ipsi interierunt virorum penuriâ; cujus tanti mali non modo reddenda ratio nobis, sed etiam tamquam reis capitis quodam modo dicenda causa est. Nostris enim vitiis, non casu aliquo, rem publicam verbo retinemus, re ipsâ vero jam pridem amisimus.

II. . . . . . *Nihil esse tam* regale, quàm explanationem æquitatis :

naient-ils demander aux rois toutes les décisions de justice. Par ce motif, des terres, des champs, des bois, des pâturages, étaient réservés comme appartenant aux rois, et cultivés pour eux, sans travail ni soin de leur part, afin qu'aucun souci de leurs intérêts personnels ne les détournât des affaires de la nation. Jamais homme privé n'était juge ni arbitre, dans aucun débat. Tout se terminait par les sentences royales. Numa me paraît avoir été celui de nos rois qui conserva le plus cet antique usage des rois de la Grèce. Les autres, en effet, bien qu'ils aient aussi rempli ce devoir, prirent souvent les armes, et pratiquèrent surtout le droit de la guerre. Mais cette longue paix de Numa fut mère de la religion et de la justice dans Rome. Il semble même que Numa avait écrit des lois, qui, vous le savez, subsistent encore; et ce génie du législateur est précisément le caractère propre au grand citoyen que nous cherchons. . . .
. . . .

in quâ juris erat interpretatio : quod jus privati petere solebant a regibus; ob easque causas agri, arvi, et arbusti, et pascui, lati atque uberes definiebantur, qui essent regii, colerenturque sine regum operâ et labore, ut eos nulla privati negotii cura a populorum rebus abduceret. Nec vero quisquam privatus erat disceptator, aut arbiter litis; sed omnia conficiebantur judiciis regiis. Et mihi quidem videtur Numa noster maxime tenuisse hunc morem veterem Græciæ regum. Nam cæteri, etsi hoc quoque munere fungebantur, magnam tamen partem bella gesserunt, et eorum jura coluerunt. Illa autem diuturna pax Numæ mater huic urbi juris et religionis fuit : qui legum etiam scriptor fuisset, quas scitis exstare; quod quidem hujus civis proprium, de quo agimus.. . . . .
. . . .

III. Scipion..... Qu'un fermier connaisse la nature des plantes et des semences, cela vous choquerait-il?— Manilius. Nullement, pourvu que l'ouvrage se fasse.— Scipion. Mais croyez-vous que cette étude soit l'œuvre d'un fermier?— Manilius. Non; car souvent la culture languirait, faute de travail. — Scipion. Eh bien! de même qu'un fermier connaît la nature d'un champ; de même que l'intendant sait écrire, et que tous deux cherchent dans ces notions, non pas un amusement savant, mais une pratique utile; ainsi notre homme d'État peut fort bien s'être livré à la connaissance du droit et de la législation, en avoir approfondi les sources; mais il ne s'embarrasse pas dans un dédale de consultations, de lectures, de discussions écrites. Il s'occupera surtout d'administrer la République en habile intendant, et d'être pour elle en quelque sorte un bon fermier. Il sera très-versé dans ce droit primitif et général, sans lequel personne ne saurait être juste; il ne sera pas ignorant du droit civil: mais il en usera

---

III. Scipio. . . . . . Radicum seminumque cognoscere, num te offendet?— Manilius. Nihil, si modo opus exstabit.— Scipio. Num id studium censes esse villici? — Manilius. Minime; quippe cùm agri cultura sæpissime operâ deficiat. — Scipio. Ergo ut villicus naturam agri novit, dispensator litteras scit, uterque autem se a scientiæ delectatione ad efficiendi utilitatem refert; sic noster hic rector studuerit sane juri et legibus cognoscendis; fontes quidem earum utique perspexerit; sed se responsitando, et lectitando, et scriptitando ne impediat, ut quasi dispensare rem publicam, et in eâ quodam modo villicare possit: summi juris peritissimus, sine quo justus esse nemo potest; civilis non imperitus; sed ita, ut astrorum gubernator, physicorum medicus: uterque enim illis ad artem suam utitur, sed se a suo munere non impedit. Illud autem videbit hic vir. . . . .

comme le pilote use de l'astronomie, et le médecin, des sciences naturelles. L'un et l'autre, en effet, exploitent ces connaissances, au profit de leur art; mais ils ne négligent pas leur art, et ne s'en laissent pas détourner.

. . . .

IV. Dans ces républiques, les bons ambitionnent la gloire et l'estime, et fuient l'ignominie et le déshonneur. En effet, de tels hommes sont moins effrayés par les menaces et les punitions de la loi, que par ce sentiment d'honneur, dont la nature a doué l'homme, et qui n'est autre chose que la crainte d'un blâme légitime. Le sage législateur fortifie cet instinct par l'opinion, le perfectionne par les Institutions et les mœurs ; et les citoyens sont éloignés de faillir, plus encore par la honte que par la crainte. Au reste, ceci rentre dans les considérations sur la gloire, qui ont pu être présentées ailleurs avec plus d'étendue.

V. Quant à la vie privée, et aux mœurs de la cité, toute chose est disposée par la sainteté des mariages, par la naissance légitime des enfants, par la protection des dieux Pénates et des dieux Lares autour du foyer

IV. . . . . . . civitatibus, in quibus expetunt laudem optimi et decus, ignominiam fugiunt ac dedecus. Nec vero tam metu pœnâque terrentur, quæ est constitutâ legibus, quàm verecundiâ, quam natura homini dedit, quasi quemdam vituperationis non injustæ timorem. Hanc ille rector rerum publicarum auxit opinionibus, perfecitque institutis et disciplinis, ut pudor civis non minus a delictis arceret, quàm metus. Atque hæc quidem ad laudem pertinent, quæ dici latius uberiusque potuerunt.

V. Ad vitam autem usumque vivendi ea descripta ratio est justis nuptiis, legitimis liberis, sanctis Penatium deorum Larumque familiarum sedibus, ut omnes et communibus commodis, et

domestique, de manière à donner à chaque citoyen une participation dans les avantages publics, et une jouissance paisible de ses avantages personnels. D'où il suit qu'on ne peut vivre heureux sans un bon état social et qu'il n'est rien de plus fortuné qu'une république sagement établie. . . . .

suis uterentur ; nec bene vivi sine bonâ re publicâ posset, nec esse quicquam civitate bene constitutâ beatius. Quocirca permirum mihi videri solet, quæ sit tanta doc. . . . .
. . . .

NOTES SUR LE LIVRE V.

(¹) Montesquieu avait été frappé de cette belle pensée, et il l'a reproduite, en la généralisant, au commencement *de la Grandeur et de la Décadence des Romains :* « Dans la naissance des so-« ciétés, dit-il, ce sont les chefs des républiques qui font l'insti-« tution ; et c'est ensuite l'institution qui forme les chefs des « républiques. »

(²) Ce passage et ceux qui suivent, isolés entre eux, sont les fragments nouveaux de ce cinquième livre découverts par M. Mai : ils nous aident seulement à conjecturer quelles grandes questions étaient discutées dans cette partie du texte original.

ANALYSE
DU SIXIÈME LIVRE.

La découverte de M. Mai n'ajoute rien à l'admirable fragment, qui nous était resté de ce sixième livre ; mais elle en fait mieux connaître le prix, par la comparaison de cet éloquent épisode avec les autres parties de l'ouvrage, dont il était comme le terme et le couronnement. C'est là que Cicéron, en discutant le principe du sentiment religieux, et en posant le dogme de l'immortalité de l'âme, avait cherché le dernier germe de la vie des sociétés. Quel caractère auguste et solennel dans un semblable entretien, prolongé entre les premiers génies de la république romaine, quelques jours avant la mort violente du plus illustre d'entre eux ! Ne devait-il pas sembler que Scipion, en exprimant à ce moment une conviction sublime sur la nature impérissable de l'âme, avait eu le pressentiment [1] de cette fin soudaine, qui allait l'enlever au monde, et que ses paroles empreintes

---

[1] Quod item Scipioni videbatur, qui quidem, quasi præsagiret, perpaucis ante mortem diebus, cùm et Philus, et Manilius adessent, et alii plures, triduum disseruit de re publicâ; cujus disputationis fuit extremum de immortalitate animorum : quæ se in quiete per visum ex Africano audisse dicebat. (*Cic. de Amicitiâ,* cap. IV.)

d'une tristesse majestueuse, et bientôt après consacrées par sa mort, étaient restées dans le cœur de ses amis, non-seulement comme le dernier conseil [1] d'une si haute sagesse, mais comme la seule consolation égale à la douleur de sa perte et à la gloire de sa vie.

C'est là cette belle manière de promulguer les vérités morales qui appartient à l'antiquité. Ce sont là ces rapprochements pathétiques et simples qui lui étaient familiers. Socrate condamné, et près de boire la ciguë, au milieu de quelques disciples en pleurs, s'occupe d'établir avec la raison la plus lumineuse les preuves de l'immortalité de l'âme. Scipion, le premier des Romains par la grandeur de ses actions et de son génie, élevé, à force de gloire, au-dessus même des caprices de l'inconstance populaire, Scipion, discutant avec d'illustres amis, dans la sécurité d'un noble repos, les destinées et les révolutions des États, se livre tout à coup à des idées plus hautes, et expose ce dogme de l'immortalité de l'âme, que les religions grossières de l'antiquité n'affirmaient pas, et qu'il avait appris, dans un songe mystérieux, de la bouche de son immortel aïeul, et de son père Paul-Émile. Dans quelques jours Scipion ne sera plus : une main invisible, un crime obscur frappera ce grand homme, dans l'asile de sa maison, au milieu du respect et de l'amour des Romains : mais, tous les sentiments qu'il exprimait naguère, ce dogme sacré, cette foi d'un avenir immortel,

---

[1] Qui numeros optimatum et principum obtulit his vocibus, et gravitatis suæ liquit illum tristem et plenum dignitatis sonum. (*Nonius*, voce *tristis*.)

en paraîtront plus vraisemblables. N'est-ce pas sur la tombe récente de l'homme vertueux, ou du grand homme, que l'on est plus invinciblement forcé de croire à la céleste origine de l'âme ? Telles étaient, ce semble, les impressions nobles et touchantes, dont Cicéron, dans le dessein de son ouvrage, avait voulu entourer cette doctrine qu'il avait reçue de Platon, et qu'il voyait dans son temps attaquée par les sophismes de César et des autres corrupteurs de la République. Si on se souvient en effet que César, dans le sénat romain, pour défendre les complices de Catilina[1], soutint que les opinions sur la vie future étaient des fables, et que tout finissait à la mort, on sentira combien Cicéron avait besoin de combattre une doctrine qui s'annonçait pour servir de protection aux coupables et d'instrument aux ambitieux.

Cicéron a plus d'une fois reproduit cette idée; plus d'une fois il s'est plaint qu'on avait préludé, par l'avilissement des auspices, à la destruction des lois et de la République[2]. Lui-même il remplissait les fonctions d'augure; il en était fier; il les avait vivement souhaitées. Et cependant, tous ses traités philosophiques ne sont qu'une spirituelle et longue dérision du polythéisme : et il a fait exprès son dialogue *de Divinatione*, pour tourner en ridicule la vanité des augures, et la

---

[1] De pœnâ possum equidem dicere in quod res habet : in luctu atque miseriis mortem ærumnarum requiem, non cruciatum esse; eam cuncta mortalium mala dissolvere; ultra neque curæ, neque gaudio locum esse. (*Sall. de Conjur. Catilin.* c. LI.)

[2] Eversores hujus imperii, auspicia quibus hæc urbs condita est, quibus omnis res publica atque imperium tenetur, contempserunt. (*Pro Sextio.*)

sotte crédulité du vulgaire. Cette contradiction dans la vie d'un grand homme mérite un examen curieux; elle tient de près à l'histoire même de la civilisation romaine, sur le point si important des croyances religieuses.

Montesquieu, dans une courte dissertation, a saisi d'une vue ferme et pénétrante ce qu'il appelle la *politique des Romains dans la religion*. Il lui semble que, dès l'origine, le culte des dieux avait été dans la main des chefs de l'État, un instrument de pouvoir et d'influence habilement dirigé, un calcul d'ambition et d'adresse fondé sur l'ignorance du peuple. A cette explication viennent se lier les traditions de l'histoire, qui nous représentent Romulus pratiquant déjà la science des augures, Numa pliant le génie des Romains à toutes les cérémonies d'une piété superstitieuse. Mais, si la religion fut, dans Rome païenne, une invention et un ressort de la politique, elle devait y subir des mutations fréquentes, et changer comme cette politique même. Comment supposer en effet que les croyances, qui avaient utilement secondé le pouvoir des rois, aient pu s'allier également aux formes de la république?

Et que veut dire Montesquieu, quand, après avoir montré les premiers souverains de Rome soigneux d'asservir en tout la religion à la politique, il ajoute : « Le culte et les cérémonies qu'ils avaient institués, « furent trouvés si sages que, lorsque les rois furent « chassés, le joug de la religion fut le seul dont ce « peuple, dans sa fureur pour la liberté, n'osa s'affran- « chir. » L'explication de ce problème embrasse toute l'histoire des premiers temps de la république; là se rattache l'autorité des patriciens sur les plébéiens, la puissance de l'oligarchie sénatoriale, et tout à la fois l'enthousiasme et la docilité du peuple romain. Les patriciens avaient en effet détourné à leur profit tout l'empire de la superstition populaire, par l'établissement de ce principe, que seuls ils avaient droit de consulter les auspices; ils devenaient ainsi une caste sacerdotale qui dominait l'État. Mais cette classe privilégiée était-elle dupe elle-même du pouvoir qu'elle exerçait? ou faut-il supposer, avec Montesquieu, que ces premiers sénateurs qui remplissaient les divers sacerdoces, étaient des fourbes habiles qui se moquaient de la crédulité, dont ils se servaient? Une hypocrisie commune à toute une classe est de difficile usage. Une association de fraude et de mensonge se trahit toujours par quelque endroit. La superstition est sans doute un grand moyen d'influence : mais, pour être puissante, il faut qu'elle soit sincère, non-seulement dans ceux qui lui obéissent, mais dans ceux qui commandent par elle. C'est un instrument que l'on ne fait pas à volonté, que l'on reçoit du temps, des circonstances; c'est une baguette magique dont il faut sentir soi-même la vertu, avant de pouvoir en frapper les autres. La longue domination des augures et des aruspices, dans Rome, prouve que cette superstition, tout absurde qu'elle paraît, n'agissait pas seulement sur la foule et le vulgaire ignorant. Il semble résulter du traité de Cicéron, sur *la Divination*, que son frère Quintus, homme éclairé, homme savant, était fortement convaincu de toutes ces fables ridicules. Brutus croyait à des visions bizarres. Et sans doute, durant les guerres de Sylla, ce consul, prêtre de Jupiter, qui se donnant la mort, pour échapper au barbare vainqueur, eut soin de constater par un écrit les précautions qu'il avait prises pour ne pas manquer au rituel sacré, et ne pas tacher de sang les bandelettes et le diadème, dont il était revêtu par son sacerdoce, cet homme, d'une superstition si exacte dans un pareil moment, croyait au culte, dont il était le ministre.

Que si nous trouvons de tels indices d'une conviction sincère, dans les derniers temps de la république, à l'époque où le changement des mœurs, la philosophie d'Épicure, et tout ensemble les vices et les lumières avaient si fort décrédité l'ancien polythéisme; combien n'est-il pas vraisemblable que, plusieurs siècles auparavant, le culte public était pratiqué de bonne foi, par ceux mêmes qui s'en servaient pour dominer les autres? N'est-il pas plus naturel de croire à cette supposition, que d'admettre avec Montesquieu, une dissimulation si ancienne, si générale, si constante, pratiquée par une classe entière de citoyens, pour tromper tout un peuple? Tite-Live [1], en nous retraçant la piété mystérieuse du premier Africain, en nous le montrant toujours attentif à consulter les dieux dans leurs temples, toujours en-

---

[1] Fuit Scipio non veris tantum virtutibus mirabilis, sed arte quoque quâdam ab juventâ in ostentationem earum compositus : pleraque apud multitudinem, aut per nocturnas visa species, aut velut divinitus mente monitâ agens : sive et ipse capti superstitione quâdam animi, sive ut imperia consiliaque, velut sorte oraculi missa, sine cunctatione assequeretur. (*Tit.-Liv.* lib. XXVI, c. XIX.)

touré de révélations nocturnes, de songes merveilleux, dont il paraissait en public faire dépendre ses projets et toute sa conduite; ajoute : « Il agissait ainsi, soit « par un instinct de superstition, qui lui était naturel, « soit, pour assurer à ses desseins et aux ordres émanés « de lui une exécution rapide, comme celle des oracles. » On aurait peine à supposer, dans une si grande âme, un charlatanisme soutenu pendant la vie entière; et il semble plus probable d'admettre ici cet enthousiasme superstitieux, qui peut s'accorder avec le génie, et qui n'est qu'un égarement du principe religieux inné dans le cœur de l'homme.

Dans ces diverses suppositions, le polythéisme, si puissant à Rome, à l'époque où Rome avait le plus de gloire et de liberté, devait paraître aux yeux des meilleurs citoyens essentiel à la constitution de l'État; et Cicéron, dans son culte pour le passé, dans son zèle pour l'autorité du sénat, devait invoquer cet antique soutien de tout ce qu'il voulait défendre ou rétablir. D'ailleurs, au temps où il plaçait l'entretien de ses personnages, l'irréligion épicurienne avait encore obtenu peu de crédit dans Rome. A l'époque des guerres de Pyrrhus, les vieux Romains, qui avaient entendu Cynéas expliquer à la fois les doctrines de la volupté et du scepticisme, avaient prié les dieux de laisser de telles maximes aux ennemis des Romains; et le patriotisme s'était gardé longtemps de cette philosophie, comme d'une séduction nuisible au courage. Aussi, Polybe nous rapporte que, de son temps, c'est-à-dire au temps même de Scipion Émilien, la crainte superstitieuse des dieux et des enfers maintenait inviolablement, chez les Romains, la foi du serment oubliée chez les Grecs.

Le passage de cet écrivain est assez remarquable pour être fidèlement cité, comme le témoignage le plus authentique sur le siècle, dont Cicéron avait voulu peindre les institutions et l'esprit. « Une chose, dit Polybe,
« qui est fort blâmée dans les autres hommes, me paraît
« constituer la force des Romains ; je parle de la supers-
« tition : car ce sentiment est porté chez eux, dans la
« vie publique et particulière, à un excès, au delà
« duquel il n'est rien. Quelques esprits s'en étonneront
« beaucoup ; moi, je pense que les Romains ont agi
« ainsi, à cause du peuple. Sans doute, si on pouvait
« réunir une république de *sages*, un tel moyen ne
« serait nullement nécessaire ; mais, comme le peuple
« est léger, plein de passions illégitimes et de violence,
« il reste de contenir cette foule par d'invisibles ter-
« reurs, et par tout cet épouvantail de tragédie. Aussi,
« dans mon opinion, ce n'est pas légèrement ni sans
« motif que les anciens ont répandu parmi le peuple les
« idées, que l'on a sur les dieux et sur les peines de
« l'enfer ; et c'est au contraire à tort et follement que
« les hommes de ce temps rejettent ces idées. Je n'en
« donnerai qu'un exemple : chez les Grecs, si vous
« confiez aux hommes qui manient les fonds publics
« un seul talent, eussiez-vous appelé dix notaires, et
« scellé l'acte de dix sceaux, en présence de vingt
« témoins, ils vous manqueront de foi ; chez les Romains,
« au contraire, des hommes qui manient des trésors,
« dans les magistratures et les ambassades, gardent

« une exacte probité, sous la foi d'un simple serment ;
« et, tandis qu'il est rare ailleurs de trouver un homme
« qui ne pille pas le public, et dont les mains soient
« pures, il est rare chez les Romains de surprendre
« quelqu'un dans de telles pratiques. »

Il y a sans doute de la philosophie dans ces réflexions ; mais il n'y en a point assez. Recommander la croyance en Dieu, et le dogme sublime de l'immortalité de l'âme comme un frein salutaire et commode, un supplément utile aux lois, c'est une vue courte qui se propose un but trop rapproché, et n'y parvient même pas. Lorsqu'on renvoie la religion au peuple, le peuple ne la reçoit plus. Ce n'est pas sur la base de l'intérêt qu'il faut fonder la religion ; c'est dans le cœur même de l'homme, dans le sentiment de sa dignité qu'on doit chercher et qu'on trouve un point d'appui, pour s'élever aux vérités éternelles.

La philosophie grecque avait plus d'une fois tenté ce noble ouvrage ; de là sans doute étaient sorties de sages maximes, qui pouvaient rectifier ce qu'il y avait d'absurde dans les croyances populaires, sans altérer, et même en épurant le germe de vérité morale, que renfermaient quelques-unes de ces croyances. Mais telle ne fut pas la politique des premiers génies de Rome. Le grand-pontife Scévola, et Varron, le plus savant homme de la république, disaient qu'il fallait que le peuple ignorât beaucoup de choses vraies, et qu'il en crût beaucoup de fausses. Cette même pensée présidait sans doute à l'entretien de Scipion et de ses amis.

Le traité *des Lois*, commentaire naturel du traité

de la République, renferme un livre entier qui se rapporte à la religion. Bien que les détails de discipline et de cérémonie remplissent presque toute cette législation, on voit que le soin des mœurs s'y trouvait compris : en voici les principales dispositions [1]. « Que l'on s'approche des dieux, avec un cœur pur ; que l'on y apporte de la piété ; que l'on éloigne les richesses. Dieu lui-même punira celui qui fait mal. Que l'impie n'ose pas offrir des dons, pour apaiser la colère des dieux. » Quelle que fût l'extravagance et l'obscénité des fables qui se mêlaient à un culte, au nom duquel on commandait les maximes que nous venons de lire, on conçoit que les premières atteintes portées à ce culte durent ébranler les mœurs publiques, et que l'on passa du mépris de la superstition à l'oubli des devoirs. Voilà sans doute le motif qui, dans la pensée de Cicéron, avait pu lui inspirer, sur ce point, un langage si différent de son incrédulité personnelle. Un autre intérêt politique venait se joindre à cette première considération : c'était sans doute une invention bien ridicule que les augures et les aruspices ; c'était, comme le dit Montesquieu, *les grotesques du paganisme*. Mais c'était un beau et puissant privilége que de pouvoir dissoudre une assemblée du peuple romain, annuler une résolution souveraine, faire abdiquer des consuls irrégulièrement nommés. On voit dans le traité *des Lois* quelle importance Cicéron attachait à de telles

---

[1] Ad divos adeunto caste, pietatem adhibento, opes amovento ; qui secus faxit, deus ipse vindex erit ; impius ne audeto placare donis iram deorum. (*De Legibus*, lib. II, c. VIII.)

prérogatives, quel contre-poids salutaire il croyait y trouver [1].

Cicéron dit ailleurs que la négligence de la noblesse [2] a fait tomber les augures dans le mépris, et qu'il n'en est resté qu'une vaine apparence. Les patriciens se lassèrent donc de cette longue fourberie, que leur attribue Montesquieu ; ou plutôt, ils ne furent plus en état de la soutenir, du moment qu'eux-mêmes ne crurent plus à leur rôle. De quelle époque peut-on dater cette importante innovation ? Il semblerait qu'elle a dû commencer, au siècle même de Scipion, au temps où les lettres grecques se répandaient dans Rome. Cependant, nous voyons dans l'histoire que Tibérius Gracchus, s'étant aperçu qu'il avait omis une formalité augurale, en présidant à l'élection des consuls, écrivit à ce sujet au collége des augures, et que sur l'ordre de ce collége, les deux consuls, qui étaient déjà partis l'un pour la Gaule cisalpine, et l'autre pour l'île de Corse, revinrent à Rome, abdiquèrent leur charge et furent remplacés.

[1] Maximum autem et præstantissimum in re publicâ jus et augurum, et cum auctoritate conjunctum : neque vero hoc, quia sum ipse augur, ita sentio, sed quia sic existimare nos est necesse. Quid enim majus est, si de jure quærimus, quàm posse a summis imperiis et summis potestatibus comitiatus et concilia vel instituta dimittere, vel habita rescindere ? Quid gravius, quàm rem susceptam dirimi, si unus augur alio die dixerit, quid magnificentius, quàm posse decernere, ut magistratu se abdicent consules ? Quid religiosius, quàm cum populo, cum plebe agendi jus aut dare, aut non dare ? (*De Legibus*, lib. II, c. xii.)

[2] Negligentiâ nobilitatis, augurii disciplinâ omissâ, veritas auspiciorum spreta est, species tantum retenta. (*De Naturâ Deorum*, lib. II, c. iii.)

Ce qui dut favoriser de bonne heure cette insouciance des nobles, à laquelle Cicéron impute la perte et l'avilissement des augures, c'est que les plébéiens furent admis au partage et au mystère de ce singulier sacerdoce. L'an 453 de Rome, les plébéiens qui avaient déjà obtenu de concourir à toutes les dignités civiles, obtinrent aussi d'être reçus dans le collége des augures, où ils eurent même la majorité. Ils furent en effet au nombre de cinq ajoutés à ce collége, anciennement composé de quatre patriciens.

Ces augures n'étaient pas le seul corps sacerdotal qui eût, à Rome, de l'influence sur les affaires civiles. Le grand-pontife, chef suprême de la religion, donnant des ordres à tous les autres pontifes, pouvait atteindre, en cette qualité, des hommes qui remplissaient en même temps de grandes fonctions dans l'État. Ainsi, l'an 511 de Rome, Posthumius Albinus étant à la fois consul et grand-prêtre de Mars, le grand-pontife Métellus lui défendit, comme à son subordonné dans l'ordre religieux, de quitter l'Italie, et d'aller commander une armée en Sicile. Le grand-pontife exerçait d'ailleurs, avec le concours du collége des pontifes qu'il présidait, une juridiction absolue sur les causes de divorce et sur les adoptions.

Mais, ce qui donnait un caractère particulier au sacerdoce romain, c'est qu'il ne formait pas une profession à part, et qu'il était réuni sans cesse à des fonctions militaires et civiles. Ainsi, la religion, toujours représentée par des hommes liés à l'intérêt civil, n'intervenait dans les affaires de l'État qu'avec le même esprit, dont les citoyens étaient eux-mêmes animés. La charge de grand-pontife, quoique donnée par les suffrages du peuple, demeura jusqu'à la fin du cinquième siècle dans le domaine exclusif des patriciens. Cette dignité, et généralement toutes les fonctions religieuses, furent le privilége qu'ils conservèrent le plus longtemps, et le dernier point, sur lequel ils souffrirent le partage et l'égalité.

Au reste, et c'est là que se trouve la politique romaine, les Pontifes, quelle que fût l'étendue de leurs priviléges, ne pouvaient rien innover dans les formes et les objets du culte. Cette grave matière était sous la juridiction du sénat et du peuple. On a vu au seizième siècle, dans la lumière du christianisme, le parlement d'un peuple célèbre rédiger des symboles religieux, et fixer, non pas seulement les formes du culte, mais les fondements de la croyance. Telle était, s'il n'y avait pas une sorte de profanation dans le parallèle, l'étendue de la puissance qu'exerça le sénat romain. Mais s'il est étonnant, s'il est ridicule, lorsqu'il s'agit des principes d'une religion toute spirituelle, de voir un peuple construire et modifier sa foi par des décrets, et mettre aux voix quelle doit être la conviction des âmes pieuses, on conçoit cette bizarrerie dans l'absurde chaos du polythéisme, au milieu de ces cultes sans morale, au milieu de ces divinités innombrables, dont le monde était inondé. Le pouvoir politique, dans Rome, accordait le droit de cité aux dieux étrangers, comme il le donnait aux peuples voisins.

Le culte des Romains fut tout grec, à l'exception

de quelques dieux indigènes sortis des traditions de leur histoire ; mais, ce culte n'avait rien eu d'abord de l'élégante idolâtrie de la Grèce. Varron, cité par saint Augustin, disait [1] que les anciens Romains furent 170 ans sans avoir de simulacres consacrés. Nous les voyons successivement recueillir de nouveaux dieux, chez les peuples qu'ils assujettissent, appeler de loin et recevoir avec solennité la déesse Cybèle, repousser au contraire, avec mépris et par des lois rigoureuses, le culte d'Isis et les mystères égyptiens. Au sénat seul appartenait le droit d'autoriser la construction d'un temple nouveau. Souvent, on le voit dans l'histoire donner des ordres, pour rappeler à l'observance du culte ordinaire, et interdire les sacrifices inusités [2].

Mais trouvait-il un grand intérêt politique à paraître associer aux destinées romaines quelque dieu nouveau, il proclamait l'adoption de son culte, avec des solennités singulières et faites pour frapper l'imagination. Ce soin n'était jamais négligé devant les villes assiégées, à l'heure où les Romains allaient s'en rendre maîtres. Macrobe nous a conservé la curieuse formule qui était alors employée : c'était une espèce d'évocation, par laquelle on appelait au dehors des murs de la malheureuse cité tous ses dieux protecteurs. Voici

---

[1] Dicit Varro, antiquos Romanos plus quàm annos centum et septuaginta deos sine simulacro coluisse. (August., *De Civitate Dei*, lib. IV, cap. XXXI.)

[2] Datum est negotium ædilibus, ut animadverterent, ne qui nisi romani dii, neu quo alio more, quàm patrio colerentur (*Tit.-Liv.* lib. IV, c. XXX.)

cette formule dans les termes, où elle fut prononcée au siége de Carthage, par la bouche de Scipion [1] :

« S'il est un dieu, une déesse, qui protége le peuple
« et la ville de Carthage, et vous, qui que vous soyez,
« dieu puissant qui avez reçu sous votre tutelle ce peu-
« ple et cette ville, je vous conjure, je vous supplie
« d'abandonner le peuple et la ville de Carthage, de
« quitter leurs demeures, leurs temples, leurs sanctuai-
« res, leurs murs, de vous retirer loin d'eux, et de jeter
« dans ce peuple et dans cette ville la crainte, la ter-
« reur et l'oubli : je vous conjure et vous supplie de
« venir dans Rome, vers moi et les miens, de préférer
« nos demeures, nos temples et notre ville, et de servir
« de guides au peuple romain, à mes soldats, et à moi,
« afin que nous ayons la lumière et l'intelligence : si
« vous le faites, je promets par un vœu solennel de
« vous offrir des temples et des jeux. »

Indépendamment de ces dieux, dont Rome victorieuse enrichissait son Olympe, et qu'elle traînait, pour ainsi dire, à la suite de chaque triomphe; sans cesse l'imitation des mœurs étrangères, la superstition, l'i-

---

[1] Si deus, si dea est cui populus civitasque carthaginiensis est in tutelà, teque, maxime, ille qui urbis hujus populique tutelam recepisti, precor, venerorque, veniamque a vobis peto, ut vos populum civitatemque carthaginiensem deseratis, loca, templa, sacra, urbemque eorum relinquatis; absque his abeatis, eique populo civitatique metum, formidinem, oblivionem injiciatis; proditique Romam ad me meosque veniatis; nostraque vobis loca, templa, sacra, urbs acceptior probatiorque sit : mihique populoque romano militibusque meis præpositi sitis, ut sciamus intelligamusque. Si ita feceritis, voveo vobis templa ludosque facturum. (Macrob. *Saturn.* lib. III, cap. IX.)

gnorance populaire introduisait de nouvelles divinités. Après avoir consacré tous les dieux et tous les héros de la mythologie grecque, Rome adora les passions et les vices personnifiés, sous leurs propres noms. Elle dressa des temples aux maladies, dont elle redoutait la contagieuse influence, sans doute, par le même sentiment de terreur et de haine secrète, qui lui fit plus tard placer dans l'Olympe ses tyrans les plus abhorrés. L'idolâtrie en vint à ce point, que, suivant l'expression d'un ancien, il était plus facile de trouver à Rome un dieu qu'un homme [1]. Les Romains, dont l'orgueilleuse politique tirait parti de tout, voyaient dans ce religieux chaos un gage de leur domination sur tous les peuples [2].

> Dignus Roma locus quò deus omnis eat;

disait un de leurs poëtes. Il leur semblait que Rome devait être le Panthéon de tous les cultes, pour être plus sûrement la capitale de tous les empires.

Au temps du premier Africain, l'absurdité de ce système religieux était couverte par une simplicité de mœurs encore assez répandue ; et elle s'ennoblissait par toutes les idées de grandeur et de gloire. Dans la confusion de leur culte, les Romains se sentaient sous la protection de quelque divinité puissante ; ils avaient foi à cette protection, à la valeur qu'elle leur inspirait, au génie de la république toujours victorieuse. La

---

[1] Facilius deum quàm hominem invenias.
(*Petron. Satyric.*)
[2] Sic, dum universarum gentium sacra suscipiunt, etiam regna meruerunt. (*Minutius Felix*, c. VI.)

pompe des cérémonies, les actions de grâces à la suite
d'un triomphe, les sacrifices, les évocations de ces dieux
étrangers, qui semblaient toujours obéir à la voix des
Romains, en leur livrant les villes assiégées, tous ces
spectacles entretenaient dans les âmes la superstition
par le patriotisme. Les défaites, quand les Romains en
éprouvèrent, fortifiaient ce sentiment, et produisaient
un redoublement de ferveur, et de nouvelles offrandes.
Ainsi, dans cette émotion de gloire et de péril, où
Rome était sans cesse entretenue, le sentiment religieux, quelle que fût l'extravagance de son objet et de
ses formes, s'animait d'un perpétuel et véritable enthousiasme.

Mais il est manifeste que, dès l'époque de Scipion
Émilien, les arts et la philosophie de la Grèce commencèrent à jeter quelque ridicule sur l'idolâtrie. Le poëte
Lucile, dans un entretien qu'il supposait entre les dieux,
les faisait plaisanter eux-mêmes sur ce titre de père [1],
que les hommes leur donnaient à tous indistinctement.
Ailleurs ce même poëte raillait [2] ceux qui tremblent

---

[1] Hoc Lucilius in deorum concilio irridet :

> Ut nemo sit nostrûm quin pater optimus divûm,
> Ut Neptunus pater, Liber, Saturnus pater, Mars,
> Janus, Quirinus pater nomen dicatur ad unum.
>
> (Lactant. *Divin. Institut.* lib. IV, c. iii.)

[2] Lucilius eorum stultitiam qui simulacra deos putant esse
deridet his verbis :

> Terricolas lamias, Fauni quas, Pompiliique
> Instituêre Numæ, tremit has, hic omnia ponit.
> Ut pueri infantes credunt signa omnia ahena
> Vivere, esse homines; sic isti omnia ficta
> Vera putant : credunt signis cor inesse ahenis
> Pergula pictorum ; veri nihil; omnia ficta.
>
> (Lactant. *Divin. Instit.* lib. I, c. xxii.)

devant les idoles, comme devant des divinités ; et il les comparait à ces enfants qui ont peur d'une statue de marbre ou d'airain, et la prennent pour un homme.

Mais ce qui prouve les grands progrès de cette incrédulité, et sa promptitude à devancer même la marche des arts, c'est qu'un siècle après Lucile, Lucrèce choisit pour unique sujet de ses chants le système irréligieux d'Épicure, et attaqua sans réserve les fables du polythéisme. Les idées philosophiques ne tombent jamais dans le domaine du poëte, qu'après avoir longtemps occupé les esprits. Lucrèce annonce qu'il a entrepris son ouvrage, pour affranchir les âmes des liens de la superstition ; mais on peut croire que ces liens étaient déjà brisés, puisque la poésie, encore à son berceau dans Rome, la poésie naturellement portée vers les traditions religieuses, se donnait à elle-même une tâche si éloignée de sa vocation primitive et naturelle. Le poëme de Lucrèce, animé par un génie, que n'a pu vaincre la sécheresse même de l'athéisme, cet ouvrage singulier, écrit à la fois sous l'inspiration d'Homère et d'Épicure, et qui réunit la verve d'une littérature naissante au scepticisme d'une société corrompue, ce monument qui ne pouvait appartenir qu'à un peuple imitateur, comme le furent les Romains, est la plus grande preuve que, dès le septième siècle de Rome, le polythéisme tombait en ruines, et que la même incrédulité s'étendait au dogme sacré de l'immortalité de l'âme. Les magistrats se contentaient de maintenir les rites et les cérémonies du culte.

C'est ainsi que paraît avoir raisonné le célèbre Varron,

que Montesquieu appelle un des plus grands théologiens de Rome. Dans son ouvrage sur les antiquités, il avait placé à la fin ce qui concernait la religion, parce que, disait-il, les Etats se constituent, avant de se donner une religion. Il divisait ensuite la connaissance des dieux en trois espèces différentes, qu'il nommait mythologique, naturelle et civile. « La première, disait-il, « renferme beaucoup de fables contraires à la majesté « et à la nature d'êtres immortels : par exemple, qu'ils « soient nés de la cuisse ou de la tête d'un dieu, qu'ils « aient commis des vols, des adultères. La seconde se « compose des systèmes de la philosophie, sur l'essence « des dieux. Enfin, la théologie civile se borne à la con- « naissance des dieux reconnus par le culte public, et « aux devoirs des citoyens et des prêtres, pour la célé- « bration des sacrifices. La première de ces théologies[1], « ajoutait Varron, est faite pour le théâtre, la seconde « pour l'univers, la troisième pour Rome. » Il paraît que Varron, dans cet ouvrage, expliquait, par des allégories, les plus grandes absurdités du polythéisme, et qu'il le réduisait à des observances légales, dont la politique devait diriger l'usage.

Cicéron porta plus loin et le scepticisme et la vraie philosophie : non-seulement, il attaqua le principe des théogonies païennes, et répéta ce que les Grecs avaient dit à ce sujet de plus fort et de plus moqueur; mais il s'éleva souvent au dogme d'un seul dieu, d'une suprême

---

[1] Prima theologia maxime accommodata est ad theatrum; secunda ad mundum, tertia ad urbem. (August. *De Civit. Dei*, lib. VI, c. v.)

et pure intelligence. Deux siècles plus tard, les premiers chrétiens triomphèrent des aveux d'un si grand homme et, dans leurs combats contre le paganisme, ils ne trouvaient pas d'argument plus puissant que le mépris, dont Cicéron avait flétri les traditions mythologiques. Les défenseurs du paganisme au contraire, s'apercevant que les écrits de Cicéron avaient préparé, par l'avilissement des croyances antiques, la victoire d'un culte nouveau, demandaient que le sénat fît détruire de si dangereux ouvrages [1].

A la vérité, on pouvait répondre que ce même Cicéron avait cent fois célébré et embelli de son éloquence le culte des dieux. Ses opinions varient en effet, selon qu'il parle en orateur, qu'il raisonne en politique, ou qu'il conjecture en philosophe. Orateur, il emploie les pieuses croyances, l'intervention miraculeuse des dieux, l'inviolabilité des autels, la sainteté des rites antiques. Poursuit-il Verrès, son ardente prière fait descendre tous les dieux autour du tribunal, pour accabler un spoliateur sacrilége. Défend-il Fonteius, il invoque sur lui les mains tutélaires d'une sœur qui veille à la durée de l'empire et des feux de Vesta. Homme d'État, il veut maintenir le culte établi, il le défend, il l'admire comme un monument du passé, comme une tradition de la sagesse antique, comme un gage de la perpétuité de l'empire; il redoute l'irréligion et les superstitions

---

[1] *Alios audio mussitare indignanter, et dicere oportere statui per senatum, ut aboleantur hæc scripta, quibus christiana religio comprobetur, et vetustatis opprimatur auctoritas.* (*Arnob. advers. Gent. fere mit.* lib. III.)

nouvelles, et ne veut permettre aux citoyens qu'un culte formellement admis par l'État[1]. Mais dans ses ouvrages philosophiques, Cicéron, libre et ingénieux disciple des Grecs, ne voit plus dans la mythologie vulgaire qu'un tissu de fausses traditions, ou d'allégories mal comprises. Bien que la diversité des opinions qu'il prête à ses interlocuteurs laisse quelquefois une sorte d'incertitude sur sa propre pensée, il est clair qu'il ne croit pas au polythéisme, et qu'il doute de tout le reste. Ses ouvrages ne sont à la vérité que des analyses contradictoires de toutes les opinions déjà répandues dans la Grèce; mais on ne peut douter que Cicéron, leur donnant le crédit de son nom et la popularité de son éloquence, n'ait puissamment contribué à détruire dans sa patrie l'ancien système religieux, dont ces opinions montraient le ridicule et l'inconséquence. A travers quelques précautions qui semblent des égards pour la croyance reçue par l'État, les dialogues des *Tusculanes* et *de la Nature des Dieux* renversent tout l'édifice du paganisme, et le réduisent à des fables ou à des symboles. Le traité *de la Divination*, moins spéculatif et moins imité des Grecs, détruit par le ridicule une des parties essentielles du culte public.

Toutes les espèces d'oracles et de prédictions, toutes les fourberies des prêtres païens, et toutes les sottises de la crédulité humaine, sont attaquées dans le second

---

[1] Separatim nemo habessit deos, neve novos; sed nec advenas, nisi publice adscitos privatim colunto. (*De Legibus*, lib. II, c. VIII.) — On peut voir pour ce traité la belle traduction de M. C. de Rémusat.

livre de ce singulier ouvrage, avec une hardiesse que Cicéron ne cache plus sous le nom d'un interlocuteur étranger, mais qu'il avoue librement. Les paroles, par lesquelles il termine, semblent une profession de déisme opposée aux fables du polythéisme, et aux vaines terreurs du vulgaire. « Parlons avec vérité, dit-il[1] ; la « superstition répandue chez les peuples, a opprimé « presque toutes les âmes, et s'est emparée de la fai- « blesse humaine. Nous l'avions dit dans l'ouvrage sur « la *Nature des Dieux*, et nous l'avons plus particu- « lièrement démontré dans ce dernier écrit, convaincus « comme nous le sommes, que nous aurions fait une « chose utile à nos concitoyens et à nous-mêmes., si « nous avions extirpé une telle erreur. Cependant (car, « sur ce point, je veux que ma pensée soit bien com- « prise) la chute de la superstition n'est pas la ruine « de la religion. Il est d'un sage de conserver les Insti- « tutions de nos aïeux, pour l'observance des sacrifices « et des cérémonies ; et l'existence d'une nature supé-

---

[1] Ut vere loquamur, superstitio fusa per gentes, oppressit omnium fere animos, atque hominum imbecillitatem occupavit : quod et in iis libris dictum est, qui sunt *de Naturâ Deorum ;* et hâc disputatione id maxime egimus : multum enim et nobismet ipsis, et nostris profuturi videbamur, si eam funditus sustulissemus. Nec vero (id enim diligenter intelligi volo) superstitione tollendâ religio tollitur. Nam et majorum instituta tueri sacris cæremoniisque retinendis, sapientis est ; et esse præstantem aliquam, æternamque naturam, et eam suspiciendam, admirandamque hominum generi, pulchritudo mundi, ordoque rerum cœlestium cogit confiteri. Quam ob rem, ut religio propaganda etiam est, quæ est juncta cum cognitione naturæ, sic superstitionis stirpes omnes ejiciendæ. (*De Divinatione*, lib. II, c. LXXII.)

« rieure, éternelle, la nécessité pour l'homme de la
« reconnaître et de l'adorer, est attestée par la magni-
« ficence du monde, et l'ordre des choses célestes.
« Ainsi, de même qu'il faut propager la religion qui
« se lie à la connaissance de la nature, il faut arracher
« toutes les racines de la superstition. »

On ne peut confondre ce langage avec celui de Lucrèce, qui prétendait également délivrer les âmes des terreurs imbéciles de la superstition. Une cause première, une nature divine remplace ici le mouvement inexplicable des atomes d'Épicure. Était-ce le terme où s'arrêtaient invariablement les pensées de Cicéron? Son esprit était-il étranger à toutes les croyances superstitieuses, dont nous apercevons quelquefois des traces dans la vie des plus grands hommes de l'antiquité. Il semble que, s'il avait eu ce genre de faiblesse, ses lettres, monument si vrai de tous les mouvements de son âme, offriraient sur ce point quelque révélation; mais je n'y découvre qu'un passage qui réponde un peu à notre curiosité : c'est dans une lettre familière à sa femme Térentia, en lui annonçant qu'il a été malade et promptement guéri. « J'ai été soulagé si vite, dit-il[1],
« qu'il semble que quelque dieu m'ait secouru; aussi
« ne manquez pas d'offrir, avec le soin pieux et la pu-
« reté qui vous est ordinaire, un sacrifice à ce dieu,
« c'est-à-dire à Apollon et à Esculape. »

Mais ce passage est-il sérieux? n'est-ce pas quelque

[1] Statim ita sum levatus, ut mihi deus aliquis medicinam fecisse videatur. Cui quidem tu deo, quemadmodum soles, pie et caste satisfacias, id est, Apollini et Æsculapio. (Lib. XIV, Ep. vii.)

allusion légèrement ironique, comme celle de Socrate ordonnant d'immoler un coq à Esculape? Voilà ce qu'il est assez difficile de deviner, ou du moins d'affirmer.

Un des apologistes du christianisme, pour prouver que Cicéron avait cru que les premiers dieux étaient des hommes divinisés, nous a conservé un passage d'un caractère bien différent, et qui fut inspiré à Cicéron par la plus douloureuse épreuve de sa vie, la perte de sa fille. « Si jamais créature mortelle, écrivait Cicéron « dans sa douleur [1], mérita d'être divinisée, sans doute, « c'est Tullie ; si la renommée a placé dans le ciel la « postérité de Cadmus, d'Amphion ou de Tyndare, le « même honneur doit être dédié à Tullie ; et certes, je « le ferai : ô toi, la plus vertueuse et la plus éclairée « des femmes, placée parmi les dieux qui te reçoivent, « je te consacrerai dans la croyance de tous les mor- « tels. » Mais ce délire d'une imagination vive et tendre, ce paganisme de l'amour paternel ne peut servir à prouver le sentiment réel de Cicéron sur l'efficacité des apothéoses, et sur la vérité du polythéisme. Deux siècles plus tard, lorsque Quintilien invoquait les mânes d'un fils, qu'il avait perdu, et les nommait les divinités de sa douleur, il savait bien que ce dieu nouveau n'existait que pour le cœur d'un père.

[1] Quod si illum unquam animal consecrandum fuit, illud profecto fuit. Si Cadmi, aut Amphionis progenies, aut Tyndari in cœlum tollenda famâ fuit, huic idem honos certe dicandus est. Quod quidem faciam, teque omnium optimam, doctissimamque, approbantibus diis immortalibus ipsis, in eorum cœtu locatam, ad opinionem omnium mortalium consecrabo. (Lactant. *Divin. Instit.* lib. I, c. xv.)

Il est vraisemblable que Cicéron, dans le traité *de la République*, avait tenu le milieu entre les opinions toutes païennes, la foi explicite au culte romain qu'il professe dans ses ouvrages oratoires, et le hardi scepticisme, la liberté railleuse, qu'il avait réservée pour ses conférences philosophiques. Quelques siècles plus tard, les mêmes chrétiens qui invoquaient contre les restes du paganisme persécuteur l'autorité de Cicéron, lui reprochaient cependant de n'avoir pas donné assez de force et de franchise à son mépris pour de vaines fables. « O Cicéron, dit Lactance, que n'essayais-tu
« d'éclairer le peuple ? Cette œuvre était digne d'exer-
« cer toute ton éloquence : tu ne devais pas craindre
« que la parole te manquât dans une cause si juste. —
« Mais, apparemment, tu redoutes le cachot de Socrate,
« et tu n'oses prendre en main la défense de la vérité :
« il était plus beau de mourir ainsi ; et les Philippiques
« n'ont pu te donner autant de gloire que tu en aurais
« mérité, en dissipant l'erreur du genre humain. Je te
« vois adorer des statues d'argile, sorties de main
« d'homme. Tu sais combien elles sont impuissantes et
« vaines ; mais tu imites dans ton culte ceux dont tu
« reconnais la folie. Que te sert-il donc d'avoir vu la
« vérité, si tu ne devais ni la suivre ni la défendre[1]. »

---

[1] Quin potius, si quid tibi, Cicero, virtutis est, experire populum facere sapientem. Digna res est, ubi omnes eloquentiæ tuæ vires exeras. Non enim verendum est, ne te in tam bonâ causâ deficiat oratio, qui sæpe etiam malas copiose ac fortiter defendisti. Sed nimirum Socratis carcerem times, ideoque patrocinium veritatis suscipere non audes. Pulchrius, ut ob bene potius dicta,

Ces vives apostrophes de l'éloquent chrétien n'empêchent pas de concevoir l'espèce de réserve que s'imposait Cicéron, et la crainte qu'il avait de porter trop loin le doute philosophique. Ce n'était pas le martyr de Socrate qui l'effrayait. La profanation fut quelquefois punie dans Rome : mais il ne paraît pas que l'irréligion spéculative eût jamais attiré la sévérité des magistrats. Le poëme de Lucrèce en est une preuve suffisante. Mais, si l'on songe à l'état imparfait de la société, à l'esclavage domestique, à la rareté des livres, à la difficulté de répandre les connaissances et les lumières, on concevra que Cicéron n'ait pas formé la grande entreprise que lui demande Lactance. Ce dogme sublime de l'unité de Dieu, cette idée d'une suprême intelligence rémunératrice et vengeresse ne pouvait se communiquer à tout un peuple nourri de tant de fables grossières, entouré de tant de dieux matériels et visibles : elle n'eût pas été comprise ; elle n'eût paru qu'un athéisme ; et dès lors, elle eût été sans force et sans vertu. L'annonce publique de cette grande vérité devait former une ère toute nouvelle, une rénovation du genre humain. A l'ancienne religion était liée l'ancienne société tout entière ; et le livre de Cicéron, les pensées, les efforts de sa vie avaient pour objet de défendre cette ancienne société [1].

quàm ob maledicta morereris ; nec tibi laudis plus Philippicæ afferre potuerunt, quàm discussus error humani generis, et mentes hominum ad sanitatem tuâ disputatione revocatæ. Video te terrena, et manu facta venerari. Vana esse intelligis, et tamen eadem facis, quæ faciunt ipsi, quos ipse stultissimos confiteris. Quid igitur profuit, vidisse te veritatem, quam nec defensurus esses, nec secuturus. (Lactant. *Divin. Instit.* lib. II, c. III.)

[1] Intelligebat Cicero falsa esse, quæ homines adorarent. Nam,

Nous voyons en effet, par quelques citations éparses[1], que même dans ce sixième livre consacré à la religion et au culte, beaucoup de choses se rapportaient directement à la politique et au patriotisme. Cicéron y traçait l'image de l'homme d'État vertueux et éclairé. Il y flétrissait les ambitieux et les corrupteurs qui préparaient l'esclavage public par de funestes dissensions. Il armait les bons citoyens contre les factieux ; il établissait la supériorité de la sagesse et de la vertu sur le nombre. A côté de l'ambition séditieuse, il montrait la corruption de mœurs qui lui servait d'auxiliaire ; il accusait ces passions qui, « maîtresses de l'âme, prennent « sur elle un empire sans limite ; et, ne pouvant être « rassasiés ni satisfaites, poussent à tous les crimes « ceux qu'elles ont enflammés de leurs séductions. » A ces traits, où l'on reconnaît les complices de Catilina

cùm multa dixisset, quæ ad eversionem religionum valerent, ait tamen non esse illa vulgo disputanda, ne susceptas publice religiones disputatio talis exstinguat. (Lactant. *Divin. Instit.* lib. II, *ibid.*)

[1] Totam igitur exspectas prudentiam hujus rectoris, quæ ipsum nomen hoc nacta est ex providendo. (*Nonius*, voc. *prudentia*.)

Quam ob rem se comparet hic civis ita necesse est, ut sit contra hæc, quæ statum civitatis permovent, semper armatus. (*Nonius*, voc. *comparare*.)

Eaque dissensio civium, quòd seorsum eunt alii ad alios, seditio dicitur. (*Nonius*, voc. *seditio*, et *Servius ad Æne.* lib. I, v. 149.)

Et vero in dissensione civili, cùm boni plus quàm multi valent, expendendos cives, non numerandos puto. (*Nonius*, de Doct. indag.)

Graves enim dominæ cogitationum libidines infinita quædam cogunt atque imperant ; quæ quia nec expleri, nec satiari ullo modo possunt, ad omne facinus impellunt eos, quos illecebris suis incenderunt. (*Nonius*, voc. *expleri*.)

et les amis de César, on voit assez quelle idée préoccupait incessamment Cicéron dans cet ouvrage, et comment il croyait avoir besoin de respecter toutes les croyances antiques, d'invoquer et de maintenir tout ce qui pouvait exister de saint et de sacré, pour opposer ces barrières, aux entreprises de la violence et de l'audace. Catilina, meurtrier d'un proscrit, avait lavé ses mains sanglantes dans la fontaine lustrale d'Apollon, sur la place publique de Rome; et sa fureur avait paru s'accroître de son impiété. César devait un jour, méprisant l'anathème que la politique religieuse du sénat romain avait inscrit sur son passage, pénétrer jusqu'à la ville sacrée, briser les portes du temple de Saturne, et enlever le trésor de la République, placé sous la garde du plus ancien des dieux. Étrange phénomène, qui prouve qu'il y a quelque chose de salutaire dans un culte quelconque! L'homme devint d'abord plus méchant et plus vicieux, en cessant de croire à une religion qui semblait permettre tous les vices.

A l'aspect ou dans la prévoyance de tels maux, Cicéron embrassait les images des dieux, ces images qui lui paraissaient protectrices des lois et de la liberté romaines. Il s'efforçait d'oublier [1] les subtils raisonne-

---

[1] Opiniones, quas a majoribus accepimus de diis immortalibus, sacra, cæremonias religionesque, ego eas defendam semper, semperque defendi, nec me ex eâ opinione, quam a majoribus accepi de cultu deorum immortalium, ullius unquam oratio aut docti, aut indocti movebit. Sed cùm de religione agitur, T. Coruncanium, P. Scipionem, P. Scævolam, pontifices maximos, non Zenonem, aut Cleanthem, aut Chrysippum sequor. (*De Naturâ deorum*, III, 2.)

ments du pyrrhonisme grec; et il espérait remonter vers la crédulité des premiers temps de la République, comme s'il eût pu rendre à son siècle les vertus et l'héroïsme de ces temps antiques. D'ailleurs, en abjurant publiquement les traditions religieuses de son pays, quelles vérités pouvait-il y substituer ? L'esprit de l'homme, laissé à lui-même, ne suffisait pas pour entreprendre la réforme des croyances humaines. Cicéron, naturellement indécis, avait encore fortifié cette disposition dans les écoles de la secte académique. « Plût « aux dieux, disait-il lui-même [1], qu'il me fût aussi « facile de trouver la vérité que de prouver l'erreur ! » Ainsi, dans le doute de son esprit, et dans l'impuissance de l'esprit humain, comme citoyen et même comme philosophe, il était reporté vers ce culte de la vieille Rome, qu'il avait plus d'une fois attaqué par ses railleries : il le louait, il l'admirait comme une sauvegarde publique.

Les noms des personnages, qu'il avait mis en scène, rendaient d'ailleurs ce langage vraisemblable et nécessaire. Scipion avait rempli les fonctions de grand pontife; Lælius qui, comme le dit quelque part Cicéron, fut tout ensemble un augure et un sage, avait prononcé sur une question du culte romain [2] un discours célèbre. Nous voyons par un fragment du sixième

[1] Utinam tam facile possem vera invenire, quàm falsa convincere. (Lact. *Divin. Instit.* lib. II, c. III.)

[2] Lælium augurem eumdemque sapientem potius audiam de religione dicentem, quàm quemquam stoicorum. (*De Naturâ deorum*, lib. III, c. II.)

livre[1] qu'il était fait dans le dialogue allusion à ce discours, où les anciennes cérémonies et les vases sacrés des ancêtres étaient vantés comme les plus agréables aux dieux immortels. Une autre phrase, également conservée par un grammairien, se rapporte à la sainteté, à l'inviolabilité que les anciens Romains donnaient à l'union conjugale[2], en la plaçant sous l'intervention des auspices. Il suffit de ces faibles indices, pour apprendre quel respect des anciennes coutumes, quelle gravité religieuse devait régner dans ce livre, et comment Cicéron avait dû s'y refuser les saillies de *scepticisme*, qu'il laisse échapper dans d'autres ouvrages.

Mais à côté des fables du polythéisme, il avait placé les belles inspirations de la philosophie platonicienne, et cette croyance de l'immortalité de l'âme, principe d'un culte tout spirituel et tout moral. C'était là le triomphe de son génie; et heureusement cette partie de son ouvrage s'était conservée jusqu'à nous : le songe de Scipion est un exemple de ce que la raison et l'enthousiasme peuvent faire pour s'élever à l'éternelle vérité, et de ce qui leur manque pour y parvenir : c'est un monument précieux, tout à la fois parce qu'il est sublime, et parce qu'il est insuffisant. Quelle que soit en effet l'élévation et l'éloquence de ce morceau, il semble que la simplicité de la grande vérité qu'il ren-

---

[1] Oratio exstat Lælii, quam omnes habemus in manibus, quàm simpuvia pontificum diis immortalibus grata sint, samiæque, ut hic scribit, capedines. (*Nonius*, voc. *samium*.)

[2] Firmiter enim majores nostri stabilita matrimonia esse voluerunt. (*Nonius*, voc. *firmiter*.)

ferme, est souvent altérée par les raisonnements d'une philosophie argutieuse et subtile. Que d'efforts, que d'expressions scolastiques, pour prouver que l'âme est immortelle, parce qu'elle a son mouvement en elle-même! Les descriptions du monde céleste, le bruit harmonieux des sphères, et toute cette théurgie pythagoricienne, dont Cicéron fait un grand usage, forment aussi un bien petit spectacle, à côté de l'immensité réelle de l'univers. Mais l'épisode entier n'en conserve pas moins une singulière magnificence de pensées et d'expressions.

Sans doute, depuis Cicéron, le génie de l'homme, aidé par le temps et la science, a prodigieusement agrandi le spectacle de l'univers : il a remplacé toutes les imaginations des philosophes et des poëtes sur le système du monde, par des réalités bien autrement merveilleuses : il a calculé l'infini avec une rigueur mathématique, bien plus sublime que toutes les hypothèses de l'enthousiasme ; mais, il n'a fait en cela que donner une nouvelle certitude aux nobles pressentiments de la sagesse antique, sur les destinées de l'homme : il n'a fait que manifester avec plus de puissance la grandeur de Dieu, et la divine origine de l'âme.

LIVRE SIXIÈME.

I. . . . . . Bien que, pour les sages, la conscience des belles actions soit la plus magnifique récompense de la vertu, cependant cette divine vertu, sans ambitionner ces statues qu'un plomb vil retient sur leurs bases, ou ces triomphes ornés de lauriers qui sèchent si vite, aspire à des couronnes plus vertes et plus durables. Quelles sont ces couronnes? dit Lælius. Souffrez, reprit Scipion, puisque nous sommes libres encore pendant ce troisième (¹) jour de fête, que je vous fasse un dernier récit. . . . .

II. Lorsque j'arrivai en Afrique, où j'étais, comme

I. . . . . Quamquam sapientibus conscientia ipsa factorum egregiorum amplissimum virtutis est præmium, tamen illa divina virtus non statuas plumbo inhærentes, nec triumphos arescentibus laureis, sed stabiliora quædam et viridiora præmiorum genera desiderat. — Quæ tandem ista sunt? inquit Lælius. — Tum Scipio : Patimini me, inquit, quoniam tertium diem jam feriati sumus. . . . .

II. Cùm in Africam venissem, M. Manilio consuli ad quartam legionem tribunus, ut scitis, militum; nihil mihi potius fuit, quàm ut Masinissam convenirem, regem familiæ nostræ justis de causis amicissimum. Ad quem ut veni, complexus me senex, collacrymavit, aliquantòque pòst suspexit in cœlum : « Et grates, in-

vous le savez, tribun dans la quatrième légion, sous le consul Manilius, mon premier empressement fut de voir le roi Masinissa, que de justes motifs liaient à notre famille par une étroite amitié. Quand je fus devant lui, ce vieillard m'embrassant, versa des larmes ; puis, il leva les yeux au ciel : « Je te rends grâces, dit-il, souverain soleil, et vous tous dieux de l'Olympe ! Avant de sortir de la vie, je vois dans mon royaume, et dans cette demeure, Publius Cornélius Scipion ; et ce nom seul m'a ranimé : tant mon âme conserve toujours le souvenir du vertueux et invincible Scipion ! » Alors, je lui fis des questions sur son royaume ; il m'interrogea sur notre République ; et, dans la longueur de ces mutuelles confidences, le jour se consuma pour nous.

III. Après un repas d'une magnificence royale, notre entretien continua fort avant dans la nuit. Le vieux roi ne parlait que de Scipion l'Africain ; et il avait présentes à la mémoire toutes ses actions et même ses paroles. Ensuite, lorsque nous fûmes retirés, pour prendre du repos, fatigué du voyage et d'une veille prolongée si

quit, tibi ago, summe sol, vobisque reliqui cœlites, quòd antequam ex hâc vitâ migro, conspicio in meo regno et his tectis Cornelium Scipionem, cujus ego nomine ipso recreor : ita nunquam ex animo meo discedit illius optimi atque invictissimi viri memoria. » Deinde ego illum de suo regno, ille me de nostrâ re publicâ percunctatus est ; multisque verbis ultro citròque habitis, ille nobis consumptus est dies.

III. Pòst autem regio apparatu accepti sermonem in multam noctem produximus, cùm senex nihil nisi de Africano loqueretur, omniaque ejus non facta solum, sed etiam dicta meminisset. Deinde, ut cubitum discessimus, me et fessum de viâ, et qui ad multam noctem vigilassem, arctior quàm solebat somnus complexus est.

tard, un sommeil plus profond que de coutume enveloppa tous mes sens. Alors, je le suppose, par une impression qui me restait de notre entretien (car il arrive souvent que les sujets habituels de nos pensées et de nos discours produisent, dans le sommeil, un effet semblable à ce que raconte Ennius touchant Homère(²), dont vous concevez bien qu'il était sans cesse occupé, durant le jour), l'Africain m'apparut, avec ces traits, que je connaissais plutôt, pour avoir contemplé ses images que pour l'avoir vu lui-même. A peine l'eus-je reconnu que je frissonnai ; mais, lui : « Reste calme, Scipion, « me dit-il, bannis la crainte ; et grave mes paroles dans « ton souvenir.

IV. « Vois-tu cette ville qui, forcée par moi d'obéir « au peuple romain, renouvelle d'anciennes guerres, « et ne peut se tenir paisible ? » En même temps, du haut d'un lieu rempli d'étoiles, et tout éclatant de lumières, il me montrait Carthage. « Aujourd'hui, tu viens « l'assiéger, presque soldat encore ; dans le cours de « ces deux années, tu seras consul, pour la détruire ; et

---

Hic mihi (credo equidem ex hoc, quod eramus locuti : fit enim fere ut cogitationes sermonesque nostri pariant aliquid in somno tale, quale de Homero scribit Ennius, de quo videlicet sæpissime vigilans solebat cogitare et loqui), Africanus se ostendit illâ formâ, quæ mihi ex imagine ejus, quàm ex ipso, erat notior. Quem ut agnovi, equidem cohorrui ; sed ille : « Ades, inquit, animo, et omitte timorem, Scipio, et quæ dicam, trade memoriæ.

IV. « Videsne illam urbem, quæ parere populo romano coacta per me, renovat pristina bella, nec potest quiescere (ostendebat autem Carthaginem de excelso, et pleno stellarum, illustri et claro quodam loco), ad quam tu oppugnandam nunc venis pene miles ? hanc hoc biennio consul evertes, eritque cognomen id tibi

« tu auras conquis par toi-même ce surnom, que main-
« tenant tu tiens de moi par héritage. Lorsque tu auras
« renversé Carthage, que tu auras été censeur, et que
« tu auras visité, comme envoyé de Rome, l'Égypte,
« la Syrie, l'Asie, la Grèce, tu seras de nouveau choisi
« consul, en ton absence ; tu finiras la plus grande de
« nos guerres ; tu ruineras Numance. Mais, après que,
« sur un char de triomphe, tu auras monté au Capitole,
« tu retomberas au milieu du désordre de la République
« troublée par les projets de mon petit-fils.

V. « Là, Scipion l'Africain, il te faudra faire briller
« pour la patrie le flambeau de ton âme, de ton génie,
« de ta prudence. Je vois, à cette époque, la destinée
« incertaine, pour ainsi dire, de sa route : car, lorsque
« ta vie mortelle aura vu passer huit fois sept révolu-
« tions de soleil, et que ces deux nombres, qui, l'un et
« l'autre, par des raisons différentes, sont également
« parfaits([3]), auront, par le cours de la nature, complété
« pour toi le nombre fatal, Rome entière se tournera
« vers ton nom et vers toi. C'est toi, que le sénat, toi,

per te partum, quod habes adhuc a nobis hereditarium. Cùm autem Carthaginem deleveris, triumphum egeris, censorque fueris,
et obieris legatus Ægyptum, Syriam, Asiam, Græciam, deligere
iterum consul absens, bellumque maximum conficies, Numantiam
exscindes. Sed cùm eris curru Capitolium invectus, offendes rem
publicam perturbatam consiliis nepotis mei.

V. « Hic tu, Africane, ostendas oportebit patriæ lumen animi,
ingenii, consiliique tui. Sed ejus temporis ancipitem video quasi
fatorum viam. Nam cùm ætas tua septenos octies solis anfractus
reditusque converterit, duoque hi numeri, quorum uterque ple-
nus, alter alterâ de causâ, habetur, circuitu naturali summam
tibi fatalem confecerint ; in te unum atque in tuum nomen se tota

« que les bons citoyens, toi, que les alliés chercheront
« de leurs regards ; tu seras l'homme sur qui reposera
« le salut de la patrie. Enfin, Dictateur, il te faudra
« de nouveau constituer la République, si tu peux échap-
« per aux mains parricides de tes proches. » Au cri
d'effroi que fit alors Lælius, au soudain gémissement
de tous les autres, Scipion reprenant avec un sourire
grácieux : « Je vous en prie, dit-il, ne me réveillez pas ;
« que tout demeure en paix ; écoutez le reste :

VI. « Pour te donner, ô vainqueur de l'Afrique, plus
« d'ardeur à défendre l'État, sache bien que tous ceux
« qui auront sauvé, défendu, agrandi leur patrie, ont
« dans le ciel une place certaine et fixée d'avance, où
« ils doivent jouir d'une éternité de bonheur : car, il
« n'est rien, sur la terre, de plus agréable aux regards
« de ce dieu suprême qui régit l'univers, que ces réu-
« nions, ces sociétés d'hommes formées sous l'empire
« du droit, et que l'on nomme cités. Ceux qui les gou-
« vernent, ceux qui les conservent, sont partis de ce
« lieu ; c'est dans ce lieu qu'ils reviennent. »

convertet civitas : te senatus, te omnes boni, te socii, te Latini
intuebuntur : tu eris unus, in quo nitatur civitatis salus ; ac, ne
multa, dictator rem publicam constituas oportet, si impias propinquorum manus effugeris. » Hic cùm exclamasset Lælius, inge-
muissentque cæteri vehementius ; leniter arridens Scipio : « Quæso,
inquit, ne me e somno excitetis, et pax sit rebus ; audite cætera.
VI. « Sed quò sis, Africane, alacrior ad tutandum rem publicam, sic habeto : omnibus, qui patriam conservârint, adjuverint,
auxerint, certum esse in cœlo definitum locum, ubi beati ævo
sempiterno fruantur : nihil est enim illi principi deo, qui omnem
hunc mundum regit, quod quidem in terris fiat, acceptius, quàm
concilia cœtusque hominum jure sociati, quæ civitates appellan-

VII. A ces mots, malgré le trouble qui m'avait saisi, moins par la crainte de la mort que par l'idée de la trahison des miens, je lui demandai si lui-même, si mon père Paulus vivait encore, ainsi que tous les autres, qui, à nos yeux, ne sont plus. « Dis plutôt, répondit-il ; « ceux-là vivent, qui sont échappés des liens du corps « et de cette prison. Ce que vous appelez la vie, dans « votre langage, c'est la mort. Regarde : Paulus, ton « père, vient vers toi. » Quand je l'aperçus, je répandis une grande abondance de larmes ; mais lui, m'embrassant avec tendresse, me défendait de pleurer.

VIII. Et moi, sitôt que, retenant mes larmes, j'eus la force de parler : « Je vous en prie, lui dis-je, ô mon « divin et excellent père ! puisque c'est ici la vie, « comme je l'apprends de Scipion, pourquoi langui- « rais-je sur la terre? pourquoi ne pas me hâter de re- « venir à vous ? » « Il n'en est pas ainsi, répondit-il : à « moins que le dieu, dont tout ce que tu vois est le « temple, ne t'ait délivré des chaînes du corps, l'entrée « de ces lieux ne peut s'ouvrir pour toi ; car les hommes

---

tur. Harum rectores et conservatores hinc profecti, huc revertuntur. »

VII. Hic ego, etsi eram perterritus, non tam metu mortis, quàm insidiarum a meis, quæsivi tamen, viveretne ipse, et Paulus pater, et alii, quos nos exstinctos arbitraremur. « Imo vero, inquit, ii vivunt, qui ex corporum vinculis, tamquam e carcere evolaverunt ; vestra vero quæ dicitur vita, mors est : quin tu aspicias ad te venientem. Paulum patrem. » Quem ubi vidi, equidem vim lacrymarum profudi : ille autem me complexus atque osculans, flere prohibebat.

VIII. Atque ego ut primùm, fletu represso, loqui posse cœpi : « Quæso, inquam, pater sanctissime atque optime, quoniam hæc

« sont nés sous la condition d'être les gardiens fidèles
« du globe que tu vois, au milieu de cet horizon cé-
« leste, et qu'on appelle la terre : leur âme est tirée de
« ces feux éternels, que vous nommez constellations,
« étoiles, et qui, substances mobiles et sphériques,
« animées par des esprits divins, fournissent, avec une
« incroyable célérité, leur course circulaire. Ainsi,
« Publius, toi, et tous les hommes religieux, vous de-
« vez retenir votre âme dans la prison du corps; et
« vous ne devez pas quitter la vie, sans l'ordre de celui
« qui vous l'a donnée, de peur d'avoir l'air de fuir la
« tâche d'homme, que Dieu vous avait départie. Mais
« plutôt, comme ce héros, ton aïeul, comme moi qui
« t'ai donné le jour, cultive la justice et la piété, cette
« piété, grand et noble devoir envers nos parents et
« nos proches, mais devoir le plus sacré de tous envers
« la patrie. Une telle vie est le chemin pour arriver au
« ciel et dans la réunion de ceux qui ont déjà vécu, et

est vita, ut Africanum audio dicere, quid moror in terris? quin
hinc ad vos venire propero? » — « Non est ita, inquit ille : nisi deus
is, cujus hoc templum est omne, quod conspicis, istis te corporis
custodiis liberaverit, huc tibi aditus patere non potest. Homines
enim sunt hâc lege generati, qui tuerentur illum globum, quem
in hoc templo medium vides, quæ terra dicitur : hisque animus
datus est ex illis sempiternis ignibus, quæ sidera et stellas voca-
tis : quæ globosæ et rotundæ, divinis animatæ mentibus, circos
suos orbesque conficiunt celeritate mirabili. Quare et tibi, Publi,
et piis omnibus retinendus est animus in custodiâ corporis; nec
injussu ejus, a quo ille est vobis datus, ex hominum vitâ migran-
dum est, ne munus humanum assignatum a deo defugisse videa-
mini. Sed sic, Scipio, ut avus hic tuus, ut ego, qui te genui,
justitiam cole, et pietatem; quæ cùm sit magna in parentibus et
propinquis, tum in patriâ maxima est : ea vita via est in cœlum,

« qui, délivrés du corps, habitent le lieu que tu
« vois. »

IX. Il désignait ce cercle lumineux de blancheur qui brille, au milieu des flammes du ciel, et que, d'après une tradition venue des Grecs, vous nommez la Voie lactée. Ensuite, portant de tous côtés mes regards, je voyais dans le reste du monde des choses grandes et merveilleuses : c'étaient des étoiles que, de la terre où nous sommes, nos yeux n'aperçurent jamais ; c'étaient partout des distances et des grandeurs, que nous n'avions point soupçonnées. La plus petite de ces étoiles était celle qui, située sur le point le plus extrême des cieux, et le plus rabaissé vers la terre, brillait d'une lumière empruntée : d'ailleurs les globes étoilés surpassaient de beaucoup la grandeur de la terre ; et cette terre elle-même se montrait alors à moi si petite, que j'avais honte de notre empire, qui ne couvre qu'un point de sa surface.

X. Comme je la regardais avec plus d'attention :

et in hunc cœtum eorum, qui jam vixerunt, et corpore laxati illum incolunt locum, quem vides. »

IX. Erat autem is splendidissimo candore inter flammas circus elucens, quem vos, ut a Graiis accepistis, orbem lacteum nuncupatis : ex quo omnia mihi contemplanti præclara cætera et mirabilia videbantur. Erant autem eæ stellæ, quas nunquam ex hoc loco vidimus ; et eæ magnitudines omnium, quas esse nunquam suspicati sumus : ex quibus erat illa minima, quæ ultima cœlo, citima terris, luce lucebat alienâ. Stellarum autem globi terræ magnitudinem facile vincebant. Jam ipsa terra ita mihi parva visa est, ut me imperii nostri, quo quasi punctum ejus attingimus, pœniteret.

X. Quam cùm magis intuerer : « Quæso, inquit Africanus, quousque humi defixa tua mens erit ? Nonne aspicis, quæ in tem-

« Jusques à quand, dis-moi, reprit Scipion, ton âme
« restera-t-elle attachée à la terre? Ne vois-tu pas au
« milieu de quels temples tu es parvenu? Devant toi,
« neuf cercles, ou plutôt neuf globes enlacés composent
« la chaîne universelle : le plus élevé, le plus lointain,
« celui qui enveloppe tout le reste, est le Souverain
« Dieu lui-même, qui dirige et qui contient tous les
« autres. A lui sont attachés ces astres qui roulent, avec
« lui, d'un mouvement éternel : plus bas, paraissent
« sept étoiles qui sont emportées d'une course rétro-
« grade, en opposition à celle des cieux. Une d'elles est
« le globe lumineux que, sur la terre, on appelle Sa-
« turne; ensuite vient cet astre propice et salutaire au
« genre humain, qu'on nomme Jupiter; puis cette
« étoile rougeâtre et redoutée de la terre, que vous ap-
« pelez Mars; ensuite, presque au centre de cette ré-
« gion domine le soleil, chef, roi, modérateur des
« autres flambeaux célestes, intelligence et principe
« régulateur du monde, qui, par son immensité, éclaire
« et remplit tout de sa lumière. Après lui, et comme à

pla veneris? Novem tibi orbibus vel potius globis connexa sunt omnia : quorum unus est cœlestis, extimus, qui reliquos omnes complectitur, summus ipse deus, arcens et continens cæteros ; in quo infixi sunt illi, qui volvuntur, stellarum cursus sempiterni ; cui subjecti sunt septem, qui versantur retrò contrario motu, atque cœlum ; ex quibus unum globum possidet illa, quam in terris Saturniam nominant ; deinde est hominum generi prosperus et salutaris ille fulgor, qui dicitur Jovis ; tum rutilus horribilisque terris, quem Martium dicitis ; deinde subter mediam fere regionem sol obtinet, dux et princeps et moderator luminum reliquorum, mens mundi et temperatio, tantâ magnitudine, ut cuncta suâ luce illustret et compleat. Hunc ut comites consequuntur,

« sa suite, Vénus et Mercure. Dans le cercle inférieur,
« marche la lune enflammée des rayons du soleil. Au-
« dessous, il n'y a plus rien que de mortel et de corrup-
« tible, à l'exception des âmes données à la race hu-
« maine par le bienfait des dieux : au-dessus de la lune,
« toutes les existences sont éternelles : quant à cette
« terre, qui, placée au centre, forme le neuvième
« globe, elle est immobile et abaissée; et tous les corps
« gravitent vers elle par leur propre poids. »

XI. Dans la stupeur, où m'avait jeté ce spectacle,
lorsque je repris possession de moi-même : « Quel est,
« dis-je, quel est ce son qui remplit mes oreilles, avec tant
« de puissance et de douceur ? » « Vous entendez, me
« répondit-il, l'harmonie qui, par des intervalles iné-
« gaux, mais calculés dans leur différence, résulte de
« l'impulsion et du mouvement des sphères, et qui, mê-
« lant les tons aigus et les tons graves, produit réguliè-
« rement des accents variés : car, de si grands mouve-
« ments ne peuvent s'accomplir en silence; et la nature
« veut que, si les sons aigus retentissent à l'un des deux

alter Veneris, alter Mercurii cursus ; in infimoque orbe luna,
radiis solis accensa, convertitur. Infra autem jam nihil est, nisi
mortale et caducum, præter animos generi hominum munere
deorum datos ; supra lunam sunt æterna omnia : nam ea, quæ est
media et nona tellus, neque movetur, et infima est, et in eam
feruntur omnia suo nutu pondera. »

XI. Quæ cùm intuerer stupens, ut me recepi : « Quid? hic, inquam, quis est qui complet aures meas tantus et tam dulcis
sonus? » — « Hic est, inquit ille, qui intervallis conjunctus impa-
ribus, sed tamen pro ratâ portione distinctis, impulsu et motu
ipsorum orbium conficitur ; qui acuta cum gravibus temperans,
varios æquabiliter concentus efficit : nec enim silentio tanti mo-

« extrêmes, les sons graves sortent de l'autre. Ainsi,
« ce premier monde stellaire, dont la révolution est plus
« rapide, se meut avec un son aigu et précipité, tandis
« que le cours inférieur de la lune ne rend qu'un son
« très-grave : car, pour la terre, neuvième globe, dans
« son immuable station, elle reste toujours fixe au point
« le plus abaissé, occupant le centre de l'univers. Les
« huit sphères mobiles, parmi lesquelles deux ont la
« même portée, Mercure et Vénus, produisent sept
« tons distincts et séparés ; et il n'est presque aucune
« chose dont ce nombre ne soit le nœud. Les hom-
« mes, qui ont imité cette harmonie par le son des
« cordes, ou de la voix, se sont ouvert une entrée dans
« ces lieux, ainsi que tous les autres qui, par la supé-
« riorité de leur génie, ont, dans une vie mortelle, cul-
« tivé les sciences divines ; mais, les oreilles des hommes
« sont assourdies par le retentissement de ce bruit cé-
« leste. Et en effet, le sens de l'ouïe est le plus impar-
« fait chez vous autres mortels. C'est ainsi qu'aux lieux,
« où le Nil se précipite du haut des monts vers ce

tus incitari possunt ; et natura fert, ut extrema ex alterâ parte
graviter, ex alterâ autem acute sonent. Quam ob causam summus
ille cœli stellifer cursus, cujus conversio est concitatior, acuto et
excitato movetur sono ; gravissimo autem hic lunaris atque infi-
mus : nam terra, nona, immobilis manens, imâ sede semper hæret,
complexa medium mundi locum. Illi autem octo cursus, in quibus eadem vis est duorum, Mercurii et Veneris, septem efficiunt
distinctos intervallis sonos : qui numerus rerum omnium fere
nodus est. Quod docti homines nervis imitati atque cantibus,
aperuêre sibi reditum in hunc locum : sicut alii qui præstantibus
ingeniis in vitâ humanâ divina studia coluerunt. Hoc sonitu op-
pletæ aures hominum obsurduerunt ; nec est ullus hebetior sen-

« qu'on nomme les *cataractes*, la grandeur du bruit a
« rendu sourds les habitants voisins. Cette harmonie
« de tout l'univers, dans la rapidité du mouvement
« qui l'emporte, est telle que l'oreille de l'homme ne
« peut la supporter, de même que vous ne pouvez
« regarder en face le soleil, et que la force, la sensibi-
« lité de vos regards est vaincue par ses rayons. » Dans
mon admiration de ces merveilles, je reportais cependant quelquefois mes yeux vers la terre.

XII. L'Africain me dit alors : « Je vois que, même
« en ce moment, tu contemples la demeure et la patrie
« du genre humain. Si elle se montre à toi, dans toute
« sa petitesse, ramène donc toujours tes regards vers
« le ciel; méprise les choses humaines. Quelle étendue
« de renommée, quelle gloire désirable peux-tu obtenir
« parmi les hommes ? Tu vois sur la terre leurs habita-
« tions disséminées, rares, et n'occupant qu'un étroit
« espace; tu vois même entre ces petites taches, que
« forment les points habités, de vastes déserts inter-
« posés; tu vois enfin ces peuples divers tellement

sus in vobis : sicut ubi Nilus ad illa, quæ Catadupa nominantur,
præcipitat ex altissimis montibus, ea gens, quæ illum locum
accolit, propter magnitudinem sonitûs, sensu audiendi caret. Hic
vero tantus est totius mundi incitatissimâ conversione sonitus,
ut eum aures hominum capere non possint, sicut intueri solem
adversum nequitis, ejusque radiis acies vestra sensusque vinci-
tur. » Hæc ego admirans, referebam tamen oculos ad terram iden-
tidem.

XII. Tum Africanus : « Sentio, inquit, te sedem etiam nunc
hominum ac domum contemplari : quæ si tibi parva, ut est, ita
videtur, hæc cœlestia semper spectato; illa humana contemnito.
Tu enim quam celebritatem sermonis hominum, aut quam expe-

« séparés que rien ne peut se transmettre de l'un à
« l'autre; tu les vois jetés çà et là, sous d'autres lati-
« tudes, dans un autre hémisphère, trop éloignés de
« vous, pour que vous puissiez attendre d'eux aucune
« gloire.

XIII. « Tu vois ces espèces de ceintures qui semblent
« environner et revêtir la terre : les deux d'entre elles
« qui sont les plus distantes, et dont chacune s'appuie
« sur un pôle du ciel, tu les vois glacées d'un éternel
« hiver, tandis que celle qui les sépare, et la plus grande,
« est brûlée par l'ardeur du soleil. Deux zones sont
« habitables; la zone australe, dont les peuples sont
« vos antipodes, race étrangère à la vôtre; enfin, cette
« zone septentrionale que vous habitez, vois dans quelle
« faible proportion elle vous appartient. Toute cette
« partie de la terre, en effet occupée par vous, resserrée
« vers les pôles, plus large vers le centre, n'est qu'une
« petite île, de toutes parts baignée par une mer, qui
« s'appelle l'Atlantique, la grande mer, l'Océan, comme
« vous dites sur la terre; et pourtant, avec tous ces

tendam gloriam consequi potes? Vides habitari in terrâ raris et
angustis in locis; et in ipsis quasi maculis, ubi habitatur, vastas
solitudines interjectas; hosque, qui incolunt terram, non modo
interruptos ita esse, ut nihil inter ipsos ab aliis ad alios manare
possit, sed partim obliquos, partim aversos, partim etiam adver-
sos stare vobis : a quibus exspectare gloriam certe nullam po-
testis.

XIII. « Cernis autem eamdem terram quasi quibusdam redimi-
tam et circumdatam cingulis; e quibus duos maxime inter se
diversos, et cœli verticibus ipsis ex utrâque parte subnixos, obri-
guisse pruinâ vides; medium autem illum et maximum, solis
ardore torreri. Duo sunt habitabiles : quorum australis ille, in quo

« grands noms, tu vois quelle est sa petitesse. Mais
« enfin, partant du point qu'occupent ces terres culti-
« vées et connues, ta gloire, ou celle de quelqu'un des
« nôtres, a-t-elle pu franchir ce Caucase que tu vois, ou
« traverser les flots du Gange? Qui jamais, dans le
« reste de l'orient ou de l'occident, aux bornes du
« septentrion ou du midi, entendra ton nom? et, tout
« cela retranché, tu vois dans quelles étroites limites
« votre gloire cherche une carrière pour s'étendre :
« ceux mêmes qui parlent de vous, combien de temps
« en parleront-ils ?

XIV. « Et, quand même les races futures, recevant
« de leurs aïeux la renommée de chacun d'entre nous,
« seraient jalouses de la transmettre à la postérité, ces
« inondations, ces embrasements de la terre, dont le
« retour est inévitable, à certaines époques marquées,
« ne permettraient pas que nous puissions obtenir, je
« ne dis pas l'éternité, mais seulement la longue durée
« de la gloire. Et de plus, que t'importe d'être nommé

qui insistunt, adversa vobis urgent vestigia, nihil ad vestrum
genus; hic autem alter subjectus aquiloni, quem incolitis, cerne,
quàm tenui vos parte contingat. Omnis enim terra, quæ colitur a
vobis, angusta verticibus, lateribus latior, parva quædam insula
est, circumfusa illo mari, quod Atlanticum, quod magnum, quem
Oceanum appellatis in terris : qui tamen tanto nomine quàm sit
parvus, vides. Ex his ipsis cultis notisque terris, num aut tuum
aut cujusquam nostrûm nomen vel Caucasum hunc, quem cernis,
transcendere potuit, vel illum Gangem transnatare? Quis in reliquis orientis aut obeuntis solis, ultimis aut aquilonis austrive
partibus, tuum nomen audiet? Quibus amputatis, cernis profecto,
quantis in angustiis vestra gloria se dilatari velit. Ipsi autem, qui
de vobis loquuntur, quàm loquentur diu ?

XIV. « Quin etiam, si cupiat proles illa futurorum hominum

« dans les discours des hommes qui naîtront à l'ave-
« nir, lorsque tu ne l'as pas été dans ceux des hommes
« qui sont nés, avant toi ; générations non moins nom-
« breuses, et certainement meilleures ?

XV. « Surtout enfin, s'il est vrai que, parmi ceux
« auxquels peut arriver ton nom, nul ne saurait em-
« brasser les souvenirs d'une seule année : car, les
« hommes calculent vulgairement l'année sur la révo-
« lution du soleil, c'est-à-dire d'un seul astre : mais,
« lorsque tous les astres seront revenus au point, d'où
« ils étaient partis une première fois, et qu'ils auront,
« après de longs intervalles, ramené la première posi-
« tion de toutes les parties du ciel, alors seulement,
« on peut véritablement dire l'année accomplie ; et
« j'ose à peine dire combien une telle année ren-
« ferme de générations humaines. Le soleil parut
« jadis s'éclipser et s'éteindre, au moment que l'âme
« de Romulus entra dans le sanctuaire des cieux :
« quand le soleil, au même point, éprouvera une se-

---

deinceps laudes uniuscujusque nostrûm a patribus acceptas posteris prodere, tamen propter eluviones exustionesque terrarum,
quas accidere tempore certo necesse est, non modo æternam, sed
ne diuturnam quidem gloriam assequi possumus. Quid autem interest, ab iis, qui postea nascentur, sermonem fore de te, cùm ab
iis nullus fuerit, qui ante nati sint, qui nec pauciores, et certe
meliores fuerunt viri ?

XV. « Cùm præsertim apud eos ipsos, a quibus audiri nomen
nostrum potest, nemo unius anni memoriam consequi possit. Homines enim populariter annum tantummodo solis, id est unius
astri reditu metiuntur ; cùm autem ad idem, unde semel profecta
sunt, cuncta astra redierint, eamdemque totius anni descriptionem longis intervallis retulerint, tum ille vere vertens annus

« conde éclipse, tous les astres, toutes les planètes
« étant replacées au même lieu, alors seulement vous
« aurez une année complète ; mais sachez que, d'une
« telle année, la vingtième partie n'est pas encore ré-
« volue.

XVI. « Si donc tu avais perdu l'espoir d'être rappelé
« dans ces lieux, le terme unique des grandes âmes, de
« quel prix serait enfin cette gloire des hommes, qui
« peut à peine s'étendre à une faible partie d'une seule
« année ? Donc, si tu veux élever tes regards et les
« fixer sur cette patrie éternelle, ne dépends plus des
« discours du vulgaire, ne place plus dans des récom-
« penses humaines le but de tes grandes actions. Que,
« par son charme puissant, la vertu seule t'entraîne à
« la véritable gloire ! Laisse aux autres à juger ce qu'ils
« diront de toi : ils en parleront sans doute ; mais, tout
« le bruit de leurs entretiens ne retentit pas au delà
« des régions que tu vois ; il ne se renouvelle éternel-
« lement pour personne ; il tombe, avec les générations

appellari potest ; in quo vix dicere audeo, quàm multa sæcula
hominum teneantur. Namque ut olim deficere sol hominibus
exstinguique visus est, cùm Romuli animus hæc ipsa in templa
penetravit ; ita quandoque eâdem parte sol eodemque tempore
iterum defecerit, tum signis omnibus ad idem principium stel-
lisque revocatis, expletum annum habeto : hujus quidem anni
nondum vigesimam partem scito esse conversam.

XVI. « Quocirca si reditum in hunc locum desperaveris, in quo
omnia sunt magnis et præstantibus viris, quanti tandem est ista
hominum gloria, quæ pertinere vix ad unius anni partem exiguam
potest ? Igitur altè spectare si voles, atque hanc sedem et æternam domum contueri, neque te sermonibus vulgi dederis, nec in
præmiis humanis spem posueris rerum tuarum ; suis te oportet

« qui meurent; il disparait dans l'oubli de la posté-
« rité. »

XVII. Lorsqu'il eut ainsi parlé : « O Scipion ! lui dis-je,
« si les hommes qui ont bien mérité de la patrie trou-
« vent un sentier ouvert, pour les conduire aux cieux,
« moi qui, dès l'enfance, marchant sur les traces de
« mon père et sur les tiennes, n'avais point déshonoré
« votre gloire, je veux cependant aujourd'hui, dans la
« vue d'un prix si beau, travailler avec plus de zèle en-
« core. » Il dit : « Travaille en effet ; et sache bien que
« tu n'es pas mortel, mais ce corps seulement : car, tu
« n'es pas ce que manifeste cette forme extérieure.
« L'individu est tout entier dans l'âme, et non dans
« cette figure, qu'on peut désigner du doigt. Ap-
« prends donc que tu es dieu ; car il est dieu celui qui
« vit, qui sent, qui se souvient, qui prévoit, qui exerce
« sur ce corps, dont il est le maître, le même empire,
« le même pouvoir, la même impulsion que Dieu sur
« l'univers ; celui enfin qui fait mouvoir, intelligence

illecebris ipsa virtus trahat ad verum decus. Quid de te alii loquantur, ipsi videant ; sed loquentur tamen. Sermo autem omnis
ille et angustiis cingitur iis regionum, quas vides ; nec unquam
de ullo perennis fuit ; et obruitur hominum interitu ; et oblivione posteritatis exstinguitur. »

XVII. Quæ cùm dixisset ; « Ego vero, inquam, o Africane,
si quidem bene meritis de patriâ quasi limes ad cœli aditum patet,
quamquam a pueritiâ vestigiis ingressus patriis, et tuis, decori
vestro non defui ; nunc tamen, tanto præmio proposito, enitar
multò vigilantius. » — Et ille : « Tu vero enitere, et sic habeto, non
esse te mortalem, sed corpus hoc : nec enim tu es, quem forma
ista declarat ; sed mens cujusque, is est quisque, non ea figura,
quæ digito demonstrari potest. Deum te igitur scito esse : siquidem deus est qui viget, qui sentit, qui meminit, qui providet, qui

« immortelle, un corps périssable, comme le Dieu
« éternel anime lui-même un corps corruptible.

XVIII. « En effet, le mouvement éternel, c'est l'é-
« ternelle vie. Mais l'être qui communique le mouve-
« ment, et qui le reçoit d'ailleurs, doit nécessairement,
« sitôt qu'il s'arrête, cesser de vivre. Il n'y a donc que
« l'être doué d'un mouvement spontané, qui ne cesse
« jamais d'être mû, parce qu'il ne saurait être délaissé
« par lui-même : bien plus, c'est en lui que tous les
« autres corps trouvent une cause, un principe d'im-
« pulsion. Or, ce qui est principe n'a point d'origine.
« Car, du principe sort tout le reste ; et lui-même ne
« peut tenir son être d'aucune chose ; il ne serait pas
« principe, comme nous l'entendons, s'il émanait du
« dehors. Si donc il n'a pas d'origine, il n'a pas non
« plus de fin : car un principe anéanti ne pourrait ni
« renaître d'un autre principe, ni en créer lui-même un
« nouveau, puisqu'un principe est nécessairement le
« premier point de départ de toutes choses. »

tam regit, moderatur et movet id corpus, cui præpositus est,
quàm hunc mundum ille princeps deus; et ut mundum ex quâdam
parte mortalem ipse deus æternus, sic fragile corpus animus sem-
piternus movet.

XVIII. « Nam quod semper movetur, æternum est; quod autem
motum affert alicui, quodque agitatur aliunde, quando finem habet motus, vivendi finem habeat necesse est. Solum igitur quod
sese movet, quia nunquam deseritur a se, nunquam ne moveri
quidem desinit; quin etiam cæteris quæ moventur, hic fons, hoc
principium est movendi. Principio autem nulla est origo : nam ex
principio oriuntur omnia, ipsum autem nullâ ex re; nec enim
esset principium, quod gigneretur aliunde. Quòd si nunquam
oritur, ne occidit quidem unquam; nam principium exstinctum,
nec ipsum ab alio renascetur, nec ex se aliud creabit : siquidem

« Ainsi, le principe du mouvement réside dans
« l'être qui se meut par lui-même : il ne peut donc ni
« commencer, ni finir : autrement, le ciel s'écroulerait,
« la nature resterait en suspens, et ne trouverait aucune
« force qui lui rendît l'impulsion primitive.

XIX. « Or, maintenant qu'il est manifeste que l'im-
« mortalité appartient à l'être qui se meut de soi-
« même, peut-on nier que telle ne soit la nature dé-
« partie à nos âmes? En effet, tout ce qui reçoit le
« mouvement d'ailleurs est inanimé. Ce qui est vivant
« agit par une impulsion intérieure et personnelle : et,
« telle est la propre nature de l'âme et sa puissance.
« Si, parmi tous les êtres, seule elle porte en soi
« le mouvement, dès lors elle n'a pas pris naissance ;
« dès lors elle est éternelle. Occupe-la, Scipion, des
« choses les meilleures; il n'en est pas de meilleures que
« les veilles pour le salut de la patrie. L'âme déve-
« loppée, exercée par ce noble travail, s'envolera plus
« vite vers cette demeure, sa maison natale. Sa course

necesse est a principio oriri omnia. Ita fit, ut motûs principium
ex eo sit, quod ipsum a se movetur : id autem nec nasci potest,
nec mori ; vel concidat omne cœlum, omnisque natura consistat
necesse est, nec vim ullam nanciscatur, quâ a primo impulsu
moveatur.

XIX. « Cùm pateat igitur æternum id esse, quod a se ipso moveatur, quis est qui hanc naturam animis esse tributam neget?
Inanimum est enim omne, quod pulsu agitatur externo ; quod
autem animal est, id motu cietur interiore, et suo; nam hæc est
natura propria animi, atque vis. Quæ si est una ex omnibus, quæ
se ipsa moveat, neque nata certe est, et æterna est. Hanc tu exerce
in optimis rebus : sunt autem optimæ, curæ de salute patriæ :
quibus agitatus et exercitatus animus, velocius in hanc sedem et
domum suam pervolabit. Idque ocius faciet, si jam tum, cùm erit

« en sera plus libre et plus légère si, du temps même
« qu'elle est enfermée dans le corps, elle s'élance au
« dehors, et par la contemplation s'arrache à la ma-
« tière. Car les âmes de ceux qui se livrèrent aux plai-
« sirs des sens, qui s'en firent comme les esclaves et,
« par l'entraînement des désirs que donne la vo-
« lupté, violèrent les lois des dieux et des hommes, ces
« âmes une fois sorties du corps, sont retenues errantes
« autour de la terre, et ne rentrent dans ce lieu, qu'a-
« près le tourment d'une agitation de plusieurs siècles. »
Alors, il disparut ; et je m'éveillai.

inclusus in corpore, eminebit foras, et ea, quæ extra erunt, con
templans, quàm maxime se a corpore abstrahet. Nam eorum animi,
qui se corporis voluptatibus dediderunt, earumque se quasi ministros præbuerunt, impulsuque libidinum voluptatibus obedien-
tium, deorum et hominum jura violaverunt, corporibus elapsi
circum terram ipsam volutantur, nec hunc in locum, nisi multis
exagitati sæculis, revertuntur. » Ille discessit ; ego somno solu-
tus sum.

FRAGMENTS.

A la fin de cet admirable sixième livre, pour la dernière fois nous sommes obligés de reproduire, avec un soin minutieux et désolant, les faibles parcelles, les phrases, les mots, qui ne pouvant s'encadrer dans la précieuse découverte de M. Mai, ou se lier à nos observations générales, appartiennent cependant au traité *de la République*. Les philologues ne nous pardonneraient pas une omission.

Dans l'un de ces passages, Cicéron rapportant la résolution généreuse de Sempronius Gracchus, qui voulut suivre en exil son collègue accusé, disait, avec un choix d'expressions remarqué par Aulu-Gelle[1] : « L'action « était d'autant plus noble, que bien qu'ils fussent col- « lègues et dans la même situation, ils n'excitaient pas « la même haine; mais que plutôt la popularité de « Gracchus demandait grâce pour la publique défaveur « de Claudius. »

Mais à quoi bon interpréter ces débris, qui se réduisent quelquefois à un seul mot? Ceux même qui semblent rappeler quelque souvenir historique, quelque fait, ont été si malheureusement mutilés par les grammairiens qui les ont conservés, que l'on ne peut leur donner aucune importance.

[1] Quod quidem eò fuit majus, quia cùm causâ pari collegæ essent, non modo invidiâ pari non erant, sed etiam Claudii invidiam Gracchi caritas deprecabatur. (Aul. Gell. liv. VI, ch. XVI.)

NOTES SUR LE LIVRE VI.

(¹) Ce mot prouve que, dans le plan définitivement adopté par Cicéron, le dialogue était supposé n'avoir eu lieu que pendant trois jours.

(²) Cette apparition d'Homère à Ennius avait été décrite par le vieux poëte latin, en vers que rappelle et qu'a sans doute surpassés Lucrèce* : « Comme l'a chanté, dit-il, notre Ennius, « qui le premier, du gracieux sommet de l'Hélicon, apporta le « feuillage toujours vert d'une couronne fameuse parmi les peu- « ples d'Italie. Ennius d'ailleurs raconte, dans ses vers immor- « tels, qu'il est une région souterraine, où ne pénètrent ni les « âmes ni les corps, mais seulement certaines images d'une mer- « veilleuse pâleur. C'est de là que, selon ses récits, lui avait « apparu la jeunesse éternelle d'Homère versant des flots de larmes « et dévoilant les secrets de la nature. »

(³) Le nombre huit était réputé parfait comme nombre pair ; le nombre sept, à cause d'une certaine excellence mathématique e théurgique qu'on lui attribuait.

*   Ennius ut noster cecinit, qui primus amæno
    Detulit ex Helicone perenni fronde coronam,
    Per gentes Italas hominum quæ clara clueret ;
    Etsi præterea tamen esse Acherusia templa
    Ennius æternis exponit versibus, edens,
    Quò neque permanent animæ, neque corpora nostra ;
    Sed quædam simulacra modis pallentia miris :
    Unde sibi exortam semper florentis Homeri
    Commemorat speciem, lacrymas et fundere salsas
    Cœpisse, et rerum naturam expandere dictis.
            (*Lucret.* l. I, v. 118-127.

FIN.

TABLE ANALYTIQUE

DES MATIÈRES CONTENUES DANS CET OUVRAGE.

A

ACTEURS. Manière différente dont les acteurs étaient traités à Rome et dans la Grèce. 254.

AGRICULTURE. Le goût pour l'agriculture fut commun aux plus grands citoyens de Rome. 286. — L'agriculture était-elle assujettie à quelque taxe? Conjectures à ce sujet. *Ibid.*

ALEXANDRE SÉVÈRE n'avait pas de lecture plus assidue que le traité *des Devoirs* et celui *de la République* par Cicéron. XXIII.

ANCUS MARTIUS, quatrième roi de Rome. Son règne. Sa mort. 112. — Il fit bâtir, selon tous les historiens, le fameux aqueduc appelé de son nom. 154.

ANDRIEUX, poëte et professeur. 82. Sa traduction en vers d'un passage du traité *de Re Publicâ*. 31.

ARCHYTAS, de Tarente, philosophe pythagoricien. Ses sentiments sur la colère et les moyens de la réprimer. 58.

ARISTOTE. Ses huit livres politiques, qui sont, pour ainsi dire, l'*Esprit des Lois* de l'antiquité, ont été mis à profit par Cicéron dans son traité *de la République*. XLI.

ARCHIMÈDE avait construit une sphère mobile qui représentait le mouvement des astres et des planètes. 22.

ASTRONOMIE (digression remarquable sur l'). 18 et suiv.

AUGUSTIN (S.). On trouve dans ses œuvres plusieurs passages du traité *de Re Publicâ* de Cicéron. Citations à ce sujet. XXV. 80, 169. — Analyse du troisième livre, tirée de la *Cité de Dieu*. 162. — Dans sa *Cité de Dieu*, il reproduit les idées de Cicéron sur le moyen de concilier les conquêtes et la domination des Romains avec le principe que la politique doit être fondée sur la justice. 195. — Il nous a conservé la preuve que Cicéron blâmait l'abus des représentations de théâtre. 242.

Augures. Importance de ce corps sacerdotal, et leur influence sur les affaires civiles. 348.

Aulu-Gelle rapporte plusieurs passages des harangues de C. Gracchus. 326.

B

Beaufort (M.), auteur d'une dissertation sur l'incertitude de l'histoire des premiers siècles de Rome. 148.

Bernardi (M.) avait entrepris de recomposer le traité *de Re Publicâ*, avec les phrases sur la politique, disséminées dans les ouvrages de Cicéron. xxxv.

C

Carnéade, philosophe de Cyrène. Exposition et réfutation de sa fausse doctrine sur le juste et l'injuste. 201. — Cette doctrine renouvelée par Montaigne et l'Anglais Mandeville, détruite par Rousseau. 200.

Carthage. Sa fondation a précédé celle de Rome. Son gouvernement avait quelque chose d'analogue à celui de la république romaine. 119 et suiv.

Caton (le vieux). Son éloge. Son opinion sur l'origine et les causes de la prospérité de la république romaine. 89. — Il avait composé un ouvrage *de Re Rusticâ*, et un livre *des Origines*. Jugement sur ces deux ouvrages. 262. — Citation du commencement du traité *de Re Rusticâ*. 283.

Censure. Sentiment de Cicéron sur cette magistrature. 265.

Chateaubriand (M. de) paraît s'être trompé en avançant que le gouvernement représentatif était une découverte des modernes. Le traité *de Re Publicâ* prouve que le gouvernement mixte était connu et désiré par les philosophes grecs et latins. LI.

Cicéron (Quintus), frère de l'orateur. Lettre que celui-ci lui adresse, tout entière relative au traité *de Re Publicâ*. xii.

Comédie latine, fit les plus heureux progrès du temps de Scipion et de Lælius, à qui on attribuait une part dans les ouvrages de Térence. 245 et suiv. — Elle n'était qu'une imitation exclusive et littérale de la moyenne comédie grecque. 247. — Elle était étrangère à toute intention morale ou politique. 248. — Cicéron censure vivement la comédie grecque. 271 et 276.

Constitutions politiques. Discussion sur les différentes sortes de pouvoirs de la société. 46. — La constitution politique la meilleure, selon Cicéron, devait être composée du mélange égal de la monarchie, de l'aristocratie et de la démocratie, tempérées l'une par l'autre. 70.

Cornélius Népos rapporte une anecdote curieuse qui tendrait à prouver que Lælius travailla effectivement aux comédies de Térence. 247.

Cumes, ville d'Italie. Cicéron y commença son traité *de Re Publicâ*. xi.

D

Davy, célèbre chimiste anglais, a fait des essais infructueux pour décomposer les manuscrits d'Herculanum et en séparer les pages. ii.

Décemvirs (création des). 135. — Leur tyrannie. 136 et suiv. — Réflexion de Montesquieu à ce sujet. 158.

Définition. Nécessité de bien définir l'objet sur lequel on veut discuter. 38.

Définition de la chose publique. 40.

Définition de la monarchie, de l'aristocratie et de la démocratie. 43 et suiv.

Dettes. Les lois trop cruelles contre les débiteurs mirent plusieurs fois la république romaine en danger. Variation de la législation à ce sujet. 133.

Dialogue *de Re Publicâ* trouvé dans la bibliothèque du Vatican, avait été, dans le sixième siècle, recouvert par une nouvelle écriture renfermant des commentaires de saint Augustin sur les psaumes. viii.

Dictateur. Étymologie de ce mot. 63.

Digression sur les inconvénients politiques du voisinage de la mer. 94.

E

Éclectique. Nom que l'on donne aux philosophes qui, sans embrasser particulièrement aucun système, prennent de chacun ce qui leur paraît le plus vraisemblable et le mieux fondé. Cicéron semble avoir suivi la méthode éclectique dans son traité *de Re Publicâ*. xxxviii.

Écoles publiques à Rome de peu d'importance. 217.

Éducation. On est obligé de s'en tenir à des conjectures sur l'état de l'éducation à Rome au temps des Scipions. Les fragments du traité *de Re Publicâ* ne donnent aucun éclaircissement à ce sujet. 213 et suiv. — Fragment précieux d'un discours de Scipion Émilien, où il blâme la mollesse de l'éducation des jeunes Romains. 221. — Négligence des Romains à l'égard de l'éducation publique. 223.—Vices de l'éducation, cause principale de la corruption des derniers temps de la république. 225.

Égalité (l') absolue devient une extrême injustice. 53.

Ennius, ancien poëte latin. Vers de ce poëte sur la mort d un roi. 63.

F

Femmes. Mœurs et éloges des femmes romaines au temps de Scipion. 210.

G

Gallus, ami de Scipion l'Africain, renommé dans son temps pour ses connaissances astronomiques. 22 et 81.

Gladiateurs. Jeux sanguinaires. Cicéron, dans aucun de ses ouvrages connus, n'a réprouvé cet affreux spectacle. 234. — Le christianisme seul fit entendre ses réclamations contre ces jeux féroces. 235.

Gouvernements. Définition des trois formes de gouvernement, leurs avantages, leurs inconvénients. 43 et suiv. — Gouvernement mixte semble à Cicéron le meilleur possible. 45.

Gracques. Sentiments de Cicéron sur ces deux illustres frères. 157.—Idée que l'on peut se former de leur éloquence. 323.— Fragment d'un discours de C. Gracchus. 327.—Autre passage découvert par M. Angelo Mai. 329.

H

Harangues. Pourquoi celles de Cicéron paraissent moins politiques que celles de Démosthènes. lxv.

Herculanum. Essais inutiles pour tirer parti des manuscrits trouvés dans les ruines de cette ville. ii.

Hippodame, philosophe pythagoricien, avait composé un livre sur la république, dont un passage semble prédire le gouvernement britannique. xlvi.

Hobbes, philosophe anglais. Les principes de Cicéron opposés à ceux de ce partisan du despotisme. 83.

Homère. Il apparaît à Ennius. 373 et 392.

I

Impot (l') avait-il besoin d'être sanctionné par le peuple? Les historiens donnent peu de lumière sur cette question. Conjectures à ce sujet. 288.

J

Jérôme (saint), grand admirateur de Cicéron; connaissait le traité *de Re Publicâ*, et en a imité un passage. 80.
Justice. De quelle manière était-elle rendue à Rome. Les historiens donnent peu d'éclaircissements à cet égard. Conjectures à ce sujet. 293. — Au temps de Cicéron la dépravation de la justice était portée à l'excès. 304.

L

Lactance, célèbre écrivain chrétien du troisième siècle. Cite l'un de ces beaux fragments traduits de Platon, que Cicéron avait insérés dans son ouvrage *de Re Publicâ*, la comparaison du juste condamné et du coupable triomphant. xxv. — Le même cite un fragment précieux du troisième livre du traité *de la République*. xxviii. — Il a imité et transcrit de Cicéron quelques-uns des sophismes de Carnéade en faveur de l'injustice dans la politique. 201 ; leur réfutation. *ibid.* — Extrait où, à l'imitation de Cicéron, il réfute la république chimérique de Platon. 208 et 209. — Nous a conservé un passage de Cicéron où il déplore la mort de sa fille Tullie. 362.
Lælius, célèbre Romain, surnommé le sage ; ami de Scipion. Cicéron qui, dans le traité *de l'Amitié*, avait mis dans sa bouche l'éloge de cette vertu, l'introduit comme principal interlocuteur dans son dialogue *de Re Publicâ*. 18 et 80.
Lampride, historien latin du quatrième siècle, dans la vie d'Alexandre Sévère, remarque que cet empereur n'avait pas de lecture plus assidue que le traité *des Devoirs* et celui *de la République* par Cicéron. xxiii.
Larcius (T.) premier dictateur à Rome. 131.
Lettre de Cicéron à Quintus, son frère, sur les changements qu'il projetait de faire à son traité *de Re Publicâ*. xii. — Lettres de Cicéron à Atticus ; jugement sur ces lettres. lxv.

Lucile fut le premier poëte satirique à Rome ; fut protégé par Lælius et Scipion. 259.

Lucrèce, poëte romain, choisit pour unique sujet de ses chants le système irréligieux d'Épicure. 356. — Cité. 392.

Lycurgue, législateur de Sparte, forma un conseil de vieillards qui servit de modèle à Romulus pour établir le sénat de Rome. 123.

M

Macrobe, écrivain célèbre du cinquième siècle, avait transcrit et commenté le songe de Scipion. Épisode du traité sur la République. 371 et suiv. — Il nous a conservé un morceau précieux d'une harangue de Scipion Émilien, sur les vices de l'éducation des jeunes patriciens. 221. — Nous a conservé la formule employée par Scipion au siége de Carthage, pour évoquer les dieux de la ville assiégée. 353.

Mai (M. Angelo), savant d'Italie, a découvert sur un manuscrit palimpseste le dialogue de Cicéron *de Re Publicá*. III. — Il découvrit et publia, en 1814, des fragments de trois discours de Cicéron. VI.

Manuscrits d'Herculanum n'ont satisfait aucune des espérances que l'on avait conçues. II.

Masinissa, roi de Numidie, fut rétabli par Scipion dans ses États dont il avait été dépouillé par Syphax. 372.

Montesquieu établit en principe que la justice est antérieure à toute loi positive. 77. — Ses réflexions sur l'état de Rome, après l'expulsion des rois, conformes à celles de Cicéron. 158. — Sur la puissance des décemvirs. *Ibid.* Comparaison sur l'harmonie du corps social, imitée de Cicéron. 160.

Monarchie. Impartialité avec laquelle Cicéron, républicain, apprécie la monarchie. 84. — Éloge singulier de la monarchie, que Cicéron place dans la bouche de Scipion. 56 et suiv. — Elle est préférable aux trois autres gouvernements, mais elle est inférieure au gouvernement mixte. 70.

Montfaucon (le Père). Ses observations sur les manuscrits palimpsestes. IV.

Musique. Cicéron, dans son quatrième livre du traité *de la République*, paraît avoir blâmé l'influence de la musique. 263.

N

Nævius, poëte romain, ayant osé, dans des espèces de drames, attaquer le premier Scipion, fut puni par les magistrats et réduit à s'expatrier. 250.

Nonius, grammairien, auteur d'un traité *de Variâ verborum significatione*, a conservé plusieurs phrases du traité *de Re Publicâ*, mais seulement sous le rapport grammatical. *Passim*, dans tout l'ouvrage.

Numa, élu second roi de Rome. Son gouvernement religieux et pacifique. 106 et suiv. — Anecdote sur les livres de Numa, trouvés dans le septième siècle de la république, renfermés dans un coffre de pierre. 152. — Tradition qui faisait Numa contemporain et disciple de Pythagore, regardée comme une fable par Cicéron et Tite-Live. 109 et 152.

O

Origine et cause de la prospérité de la république romaine. 2.

P

Palimpseste. Ce mot désigne un manuscrit dont on a effacé en tout ou en partie l'écriture pour y copier un nouvel ouvrage. III. — Ce moyen est fort ancien, comme on le voit par une lettre de Cicéron. *Ibid.*

Panætius, philosophe stoïcien, né à Rhodes, l'an 38 avant J.-C., fut le maître et l'ami de Scipion l'Africain. Cicéron avait beaucoup étudié les ouvrages de ce philosophe. 15 et 79.

Parhélie. C'est le nom que les astronomes donnent aux fausses images d'un ou de plusieurs soleils qui paraissent quelquefois autour du véritable. Cicéron prend occasion d'un pareil phénomène, arrivé à Rome du temps de Scipion, pour commencer son dialogue *de Re Publicâ*. 15.

Paul-Émile envoie demander à Athènes des philosophes pour élever ses enfants. 83. — Ayant porté au trésor public l'immense butin de la victoire sur Persée, le peuple romain cessa de payer l'impôt. 288.

Peinture énergique du tyran populaire, s'élevant du milieu de l'anarchie, imitée de Platon. 66.

Péloponèse presque environné de toutes parts par la mer. 95. Inconvénients des villes maritimes plus exposées au luxe, à la corruption, à la cupidité. 95 et 146.

Périclès dissipe la terreur que les Athéniens avaient conçue

d'une éclipse de lune, en leur expliquant la cause de ce phénomène céleste. 25.
PEUPLE. Ce que signifie ce mot relativement à la société. 41.— Tableau d'un peuple qui a tué son roi ou son chef. 65 et suiv.
PHOTIUS (passage de), d'après lequel on peut conjecturer que les Grecs de Byzance eurent quelque connaissance du traité de Cicéron *sur la République*. XXXI.
PLATON. Sa république est plutôt un traité d'éducation qu'un système de gouvernement. XXXVIII. — Un passage, où il établit l'immortalité de l'âme, a fourni à Cicéron l'épisode du songe de Scipion. XXXIX.
PLINE le Naturaliste. — Témoignage curieux de cet écrivain, au sujet de l'aqueduc d'Ancus Martius. 154.
POLITIQUE (la) doit être fondée sur la justice. 184. — Développement de ce principe de Cicéron, par saint Augustin. 202.
POLYBE. Passage de son traité sur les diverses formes de la République. XLVIII. — Son opinion sur les institutions religieuses des Romains. 345 et suiv.
POUILLY (M. de) a fait une dissertation où il essaye d'ôter toute authenticité aux premiers siècles de l'histoire romaine. 147. — Réfutation de cette opinion. 148.
PROLOGUE du troisième livre, mutilé, dont on retrouve des fragments dans les œuvres de saint Augustin. 162.
PRUDENCE, poëte chrétien du quatrième siècle, presse dans un de ses poëmes Théodose d'abolir les spectacles barbares des gladiateurs. 236.

Q

QUINTILIEN. Son opinion favorable au poëte comique Ménandre. 257.

R

RELIGION (la) chrétienne a donné à la puissance une autre base que la force et le nombre. LV.
RELIGION (la) des Romains, appui du gouvernement. 339 et suiv. — Réfutation d'une opinion de Montesquieu à ce sujet. 342.
ROMULUS, fondateur de Rome, choisit la situation de cette ville avec une merveilleuse convenance. 92. — Il comprit et adopta le principe que l'unité d'empire et la puissance royale se fortifient par l'influence des principaux citoyens. 100.
ROUSSEAU donne à la pudeur une autre origine que Cicéron. 77.

Rutilius, célèbre Romain, élève de Panætius; ami de Scipion. Cicéron suppose tenir de lui les principes de gouvernement qu'il établit dans son traité *de Re Publicâ*. 14 et 78.

S

Sabines enlevées par les soldats de Romulus. 98.

Sallier, membre de l'Académie des Belles-Lettres, a réfuté les opinions de M. de Pouilly sur l'authenticité de l'histoire des premiers siècles de Rome. 148.

Satire (la). L'invention en est attribuée aux Romains par Quintilien. 259.

Scipion l'Africain, fils de Paul-Émile. C'est dans sa maison de campagne que le dialogue *de Re Publicâ*, dont il est le principal interlocuteur, est supposé avoir lieu. 14. — Il discute les avantages et les inconvénients des différents gouvernements, et semble préférer le gouvernement mixte à la monarchie tempérée. Raisons de cette préférence. 53 et suiv.

Sénat. Comment se formait-il aux diverses époques de la république? Ce problème historique n'est pas encore tout à fait éclairci. Réflexions à ce sujet. 307. — L'autorité du sénat a toujours été à Rome prépondérante. 343. — Prérogative du sénat. 315.

Sénèque cite assez longuement le traité *de la République*, mais seulement pour quelques curiosités historiques. xxi. — Il a imité un passage du traité *de la République*: le portrait de l'homme public. 78.

Servius, sixième roi de Rome. Son origine, ses institutions, sa division du peuple par centuries. 116 et suiv. — Analyse des lois de Servius. 118.

Songe de Scipion, épisode admirable du traité *sur la République*. xxix. — Ce songe fait partie du sixième livre du traité *de la République*. 373 et suiv.

Spurius Cassius ayant travaillé à s'emparer de la puissance royale, fut mis à mort par son propre père. 134.

Stobée, auteur grec, qui vivait vers l'an 400 de Jésus-Christ. On trouve dans le recueil de ses écrits un fragment extrait d'un livre *sur la République*, du pythagoricien Hippodame, qui semble une prédiction du gouvernement britannique. xlv et suiv.

Suétone donne quelques notions sur les écoles fondées à Rome par des Grecs, plutôt tolérées qu'autorisées par le gouvernement. 218.

Syracuse. Tableau du gouvernement de cette ville. 187.

T

Tableau des malheurs d'un peuple qui a frappé un roi juste ou ses chefs légitimes; traduit et imité de Platon par Cicéron. 66 et suiv. — Du juste accablé d'ignominie, et du méchant comblé de tous les prix de la vertu; imité de Platon. 180.

Tacite, dans ses *Annales*, liv. IV, chap. 33, fait allusion au premier livre du traité *de la République* de Cicéron. XXII.— Il a imité un passage du même traité dans sa *Vie d'Agricola*. 78.

Tarquin, septième et dernier roi de Rome. Jugement de Cicéron et de Montesquieu sur ce prince. 121 et suiv.

Térence, poëte comique, protégé par les Scipions, anecdote à ce sujet. 246 et 253.

Tertullien attaque les théâtres de son temps, et cite à cette occasion une anecdote curieuse sur le théâtre de Pompée. 253.

Théatres (origine des) romains. 253. — Corruption du théâtre relativement aux fausses idées qu'il donnait des dieux. 237. — Explication des anathèmes terribles lancés par les premiers chrétiens contre les théâtres. 254.

Tite-Live exprime avec une fierté de style remarquable les traditions sur la fondation de Rome. 145.

Tragédie romaine; était toute grecque et toute mythologique. 238. — Cicéron, dans les *Tusculanes*, a blâmé la morale de la tragédie. 239.

Tribuns. Occasion de leur création. 138.

Tuberon (Quintus Ælius), était petit-fils de Paul-Émile et neveu de Scipion. Cicéron l'introduisit comme interlocuteur dans le dialogue *de Re Publicâ*. 14 et 79.

Tullus-Hostilius, troisième roi de Rome. Il établit des formes légales pour les déclarations de guerre, par l'intervention des *féciaux*. 111. — Sa mort. 153.

Tyran (portrait du). Combien il diffère d'un roi légitime. 124.

V

Valérius-Publicola, premier consul à Rome. Changements qu'il apporte à la constitution monarchique par différentes lois. 129. — Il maintient fortement la puissance du sénat. 130.

Varron, dans son ouvrage sur les antiquités, traite ce qui concerne la religion des Romains. 357.

Vertu (la) inspire le désir de sacrifier son propre repos pour la défense du salut commun. 3.

Virginius, poussé par les fureurs d'un décemvir à immoler sa fille, fait soulever l'armée. 37.

X

Xénocrate (belle maxime de). 4.

W

Wilberforce. Une de ses pensées, qui marque la supériorité du principe religieux des sociétés modernes sur les bases fragiles de la société antique. LVI.

www.ingramcontent.com/pod-product-compliance
Lightning Source LLC
Chambersburg PA
CBHW071619230426
43669CB00012B/1995